GUÍA PRÁCTICA
PARA ENTENDER A LOS
PROFETAS
DE LA BIBLIA

B & H ESPAÑOL

GUÍA PRÁCTICA
PARA ENTENDER A LOS
PROFETAS
DE LA BIBLIA

GARY V. SMITH

NASHVILLE, TENNESSEE

© 2007 por Broadman & Holman Publishers
Todos los derechos reservados
Derechos internacionales registrados
Publicado por B&H Publishing Group
Nashville, Tennessee 37234

ISBN-13: 978-0-8054-3286-2

Clasificación Decimal Dewey: 224

Temas: BIBLIA- PROFETAS DEL ANTIGUO TESTAMENTO

Publicado originalmente en inglés por B&H Publishing Group con el título
The Prophets as Preachers © 1994 por Broadman & Holman Publishers

Traducción al español: Norma C. de Deiros
Tipografía: *Grupo Nivel Uno, Inc.*

Printed in Canada.
2 3 4 5 * 15 14 13 12 11

Dedicado a tres de los maravillosos regalos de Dios:
Dorothy Putnam, mi suegra
Susan Smith, mi esposa
Chirstine Brunko, mi hija

Índice

Abreviaturas

AB	Anchor Bible
ABD	*Anchor Bible Dictionary*
ANET	*Ancient Near Eastern Texts*
AUSS	*Andrews University Seminary Studies*
BA	*Biblical Archaeologist*
BAR	*Biblical Archaeologist Reader*
BASOR	*Bulletin of the American Schools of Oriental Research*
BBC	Broadman Bible Commentary
BBR	*Bulletin of Biblical Research*
Bib	*Biblica*
BKAT	Biblischer Kommentar Altes Testament
Bsac	*Bibliotheca Sacra*
BTB	*Biblical Theology Bulletin*
BZ	*Biblische Zeitschrift*
BZAW	Beihefte zur Zeitschrift für die alttestamentliche Wissenschaft
CBC	The Cambridge Bible Commentary on the New English Bible
CBQ	*Catholic Biblical Quarterly*
CC	Continental Commentary
CTR	Criswell Theological Review
DOTTE	*Dictionary of Old Testament Theology and Exegesis*

DSB	*Daily Study Bible*
EBC	Expositor's Bible Commentary
EJ	*Evangelical Journal*
Enc	*Encounter*
EvQ	*Evangelical Quarterly*
ExpT	*Expository Times*
FOTL	Forms of Old Testament Literature
HAR	Hebrew Annual Review
HAT	Handbuch zum Alten Testament
HBD	*Holman Bible Dictionary*
Her	*Hermenia*
HUCA	*Hebrew Union College Annual*
IB	*Interpreter's Bible*
ICC	International Critical Commentary
IEJ	*Israel Exploration Journal*
Int	*Interpretation*
IntCom	Interpretation Commentary: A Bible Commentary for Teaching and Preaching
ISBE	*International Standard Bible Encyclopedia*
ITC	International Theological Commentary
JAOS	*Journal of the American Oriental Society*
JBL	*Journal of Biblical Literature*
JETS	*Journal of the Evangelical Theological Society*
JJS	*Journal of Jewish Studies*
JNES	*Journal of Near Eastern Studies*
JSOT	*Journal for the Study of the Old Testament*
JSOT Sup	Journal for the Study of the Old Testament, Supplement Series
JSS	*Journal of Semitic Studies*
JTS	*Journal of Theological Studies*
KAT	Kommentar zum Alten Testament
LBBC	Laymen's Bible Book Commentary
LXX	*Septuagint*
NAC	New American Commentary
NCBC	New Century Bible Commentary
NICOT	New International Commentary on the Old Testament
NIVDOTTENIV	Dictionary of Old Testament Theology and Exegesis
OTL	Old Testament Library
OTS	*Oudtestamentische Studien*
OTWSA	Die Ou Testamentiese Werkgemeenskap in Suid-Afrika

PEQ	*Palestine Exploration Quarterly*
RevExp	*Review and Expositor*
RTR	*Reformed Theological Review*
SBT	Studies in Biblical Theology
SEÅ	*Svensk exegetisk arsbok*
ST	*Studia Theologica*
SWJT	*Southwestern Journal of Theology*
TB	*Tyndale Bulletin*
TBC	Torch Bible Commentary
TDOT	*Theological Dictionary of Old Testament*
TLZ	*Theologische Literaturzeitung*
TOTC	Tyndale Old Testament Commentary
TS	*Theological Studies*
TZ	*Theologische Zeitscrift*
UF	*Ugarit-Forschungen*
VT	*Vetus Testamentum*
VTSup	*Vetus Testamentum, Supplements*
WEC	Wycliffe Exegetical Commentary
WBC	World Bible Commentary
WTJ	*Westminster Theological Journal*
ZAW	*Zeitschrift für die alttestamentiche Wissenschaft*

Prefacio

Los libros proféticos son testigos del intento de Dios de transformar la vida de las personas en Israel y en el mundo del antiguo Cercano Oriente. La transformación fue posible porque los mensajeros de Dios, los profetas, estuvieron dispuestos a comunicar ideas que cambiarían el modo en que sus oyentes pensaban acerca del mundo, acerca de sus dioses/Dios, acerca de ellos mismos y acerca de otras personas. Los profetas inspirados desafiaron los engaños dentro de la cultura socialmente desarrollada de los oyentes, y los llamaron a transformar su manera de pensar.

Esta introducción no se enfoca en la composición de los libros proféticos, como es el caso de otras introducciones. Esta introducción usa la teoría de la comunicación y la sociología del conocimiento para analizar a los profetas. Los que están familiarizados con los profetas, la teoría de la comunicación y la sociología del conocimiento reconocerán mi gran deuda para con estudios anteriores. Mi oración es que este estudio despierte un nuevo aprecio por el ministerio profético.

Deseo agradecer al Seminario Teológico Bet-el por haberme provisto de un semestre sabático para trabajar sobre este proyecto. También quiero agradecer a Ken Goudy, quien me introdujo al enfoque sociológico de Berger y Luckmann, y a los muchos estudiantes que han animado y desafiado mi manera de pensar a lo largo del camino.

Introducción

Los profetas del Antiguo Testamento cambiaron vidas. Y continúan cambiándolas. ¿Cómo es posible ese cambio sorprendente? Esa es la cuestión básica que buscamos responder en este estudio.

Los profetas del Antiguo Testamento fueron los mensajeros de Dios para Judá e Israel. Declararon las palabras de Dios a hombres y mujeres comunes, a reyes y jueces ricos y a grandes grupos en eventos públicos. Los libros proféticos son el registro escrito de lo que el Espíritu les indicó a los profetas que comunicaran a sus audiencias. Algunos profetas condenaron a los que oprimían a los pobres, mientras que otros proveyeron respuestas espirituales a preguntas difíciles de la vida diaria. Los mensajeros de Dios desafiaron a sus oyentes a transformar su conducta de modo de poder disfrutar la bendición de la presencia de Dios.

Los profetas hebreos se dirigieron a personas que vivieron hace cientos de años, pero sus palabras contienen principios teológicos que son aplicables a cada nueva generación de lectores. La descripción de la santidad de Dios (Isa. 6) y el desafío de confiar en el poder y la promesa de Dios (Isa. 7) tienen relevancia en este mundo moderno de incertidumbre.

La fidelidad de los profetas al llamamiento de Dios es un ejemplo para todos aquellos que hoy desean proclamar la Palabra.

Antes que una persona pueda entender y beneficiarse de los mensajes proféticos, el lector necesita una comprensión básica de:

1) cuándo habló cada profeta,

2) cuál era el contexto político, social y espiritual,

3) quiénes formaban parte de la audiencia del profeta y

4) por qué esa audiencia necesitaba este mensaje.

Las respuestas a estas preguntas conducen a otras preguntas más detalladas sobre la estructura de cada libro, la interpretación de las formas literarias del discurso, el significado de la imaginería y del lenguaje simbólico, y la teología de sus mensajes.

Los eruditos modernos han desarrollado varios métodos para considerar asuntos de composición (crítica de las fuentes, crítica de la forma y crítica de la redacción),[1] los cuales concentran la atención en el desarrollo y en la autoría de los oráculos proféticos. Este libro aborda estas cuestiones de tanto en tanto en las notas al pie, pero la meta principal de este estudio es examinar la manera en que Dios usó a los profetas para transformar la manera de pensar y la conducta del pueblo de Israel.[2] Esto requiere:

1) un análisis de la persuasión en la comunicación profética;

2) una investigación de la teología del mensaje profético y

3) un estudio sociológico del proceso de transformación de la manera de pensar y de actuar del pueblo.

Este estudio introductorio de transformación discute la manera en que estos tres factores dinámicos influyen en el proceso de cambio. Incluye un examen de teorías acerca de la naturaleza de la comunicación y del cambio social (caps. 1–2) y la aplicación de esta estructura teórica a los mensajes transformadores de los profetas (caps. 3–18). El estudio termina (cap. 19) con algunos principios que caracterizan al ministerio profético. Algunos de estos asuntos plantean interrogantes acerca de la manera en que los mensajeros de Dios debieran comunicar el mensaje de Dios a sus audiencias en el día de hoy. Al final de cada capítulo, se plantean preguntas relacionadas con las consecuencias teológicas y prácticas de la experiencia de cada profeta. Estas deberían animar al lector a participar en los dilemas de la vida real que los profetas enfrentaron.

---

1. Estos enfoques los estudia J. Barton, *Reading the Old Testament* (Filadelfia: Westminster, 1984).
2. Preferimos un método más integrador para considerar la estructura y encontramos que la mayoría de las teorías de la composición no son convincentes. Revisar estos enfoques parece innecesario, ya que no promueven los métodos sociológicos y comunicativos considerados en este estudio.

Capítulo 1

La comunicación que transforma

A todo el mundo le gustaría cambiar algo o transformar alguna política. A algunas personas no les gustan las clases a la mañana temprano, otros tienen terror de ir al dentista y la mayoría quisiera no tener que pagar tantos impuestos. ¿Cómo se hace para cambiar estas experiencias desagradables? A un niño se lo puede advertir con un fuerte "¡NO!". La conducta incorrecta se puede corregir con un castigo apropiado. Pero ¿cómo hace uno para cambiar la manera en que los adultos o los gobiernos piensan y se comportan? Los empleadores pueden proveer entrenamiento laboral para aumentar la productividad u ofrecer incentivos monetarios para afectar la conducta de sus empleados. Un maestro puede motivar a los adultos en un contexto educacional ofreciendo una calificación por buen desempeño. Sin embargo, ¿cómo hace uno para producir un cambio en las creencias o actitudes de otra persona, cuando hay libertad para elegir entre dos o tres puntos de vista diferentes?[1]

Podría parecer imposible lograr ciertos cambios, pero aun así la gente sí cambia un poco todo el tiempo. La mayor parte de las personas son afectadas de manera inconsciente por una multitud de presiones sutiles.

Los cambios ocurren debido a presiones sociales tales como el deseo de aprobación, la necesidad psicológica de evitar el conflicto o en respuesta a una apelación emocional. La gente desea aprender mejores formas de satisfacer sus necesidades y está abierta a sugerencias que le sean presentadas de manera persuasiva. Las innovaciones tecnológicas se aceptan con rapidez porque facilitan la vida, pero los hábitos son más difíciles de cambiar.

La persuasión fue una de las herramientas clave que los profetas del Antiguo Testamento usaron para transformar la manera de actuar de la gente.[2] Al comunicarse en forma oral con sus audiencias, motivaron a algunos a reconsiderar la forma en que pensaban acerca de ellos mismos, de Dios y de su relación con Dios y con los demás. Si ellos cambiaban su manera de pensar (se arrepentían), Dios restauraría su relación con ellos. Si el pueblo abandonaba las costumbres de las naciones y seguía los caminos de Dios, el pacto con Él seguiría.

El papel de la comunicación

La comunicación profética

Los profetas oficiaron como voceros de Dios (Ex. 7:1-2; Jer. 1:4-10),[3] así que el papel principal era comunicar a otros las palabras de Dios. Como mensajeros de Dios, no estaban interesados en simplemente declarar la verdad.[4] Su propósito iba mucho más allá de la meta de tan solo repetir lo que oían.

Los profetas eran predicadores que comunicaron las palabras de Dios para transformar la manera de pensar y la conducta social de sus oyentes.[5] No se preocuparon principalmente en escribir un registro de un período histórico, una cartilla escatológica de eventos futuros ni una presentación sistemática de su teología. Eran personas reales que intentaron comunicar mensajes urgentes a sus amigos e incluso a algunos enemigos. Persuadieron a las personas a mirar la vida de una manera radicalmente diferente (Jer. 3:6-13). Ofrecieron esperanza a los desesperanzados y una evaluación realista de las debilidades del pueblo a los orgullosos líderes militares de la nación (Amós 6:1-14). Animaron a las personas a mirarse a sí mismas desde la perspectiva de Dios y a no conformarse a la perspectiva política prevaleciente en ese tiempo, debido a las presiones sociales. Exhortaron a las personas a dejar de lado sus antiguas formas de actuar, a hacer un juramen-to de cambio y a transformar su vida abriendo un nuevo surco (Jer. 4:1-4).

Modelos de comunicación

La comunicación es el proceso continuo por el cual una persona que actúa como emisor transmite a un receptor un mensaje deseado, a los efectos de obtener una respuesta de parte del que escucha.[6]

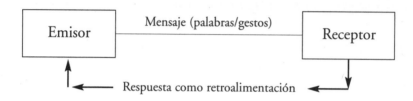

Como la gente tiene personalidades, experiencias de vida y percepcio-nes del mundo que les son únicas, las dinámicas de comunicación varían de una conversación a otra. Este proceso de comunicación de tres pasos (emitir-recibir-responder) se lleva a cabo a lo largo de un período de tiem-po y a través de una serie de eventos. Burke imagina una conversación completa como si fuera un drama con actos, escenas, agentes, agencia y propósito.[7] Ya que la mayor parte de las comunicaciones incluye una serie de interacciones entre dos personas, un modelo helicoidal ilustra la diná-mica de la comunicación.[8]

Modelo helicoidal de comunicación

	Orador A	Orador B
Paso 1	A	B
Paso 2	A	B
Paso 3	A	B

Estos modelos de comunicación diagraman algunas características regulares de la conversación, pero la mayoría de las personas también ha experimentado la dinámica impredecible de la comunicación. Una mujer que usted no conoce, puede decirle: "¡Cuidado con el carro!" Usted puede oír estas palabras, pero no estar seguro de si ella le está hablando a usted. Usted vuelve a mirar y se da cuenta de que lo está mirando y a la vez señala con desesperación hacia su izquierda. Recién ahí usted toma conciencia de que ella está tratando de advertirlo de un peligro. En seguida usted reacciona y evita el automóvil que, de repente, comenzó a dar marcha atrás en su dirección. Luego, le agradece a la mujer.

El proceso solo tomó segundos, pero incluyó la transmisión de una idea significativa a través de palabras y gestos, de modo que el receptor pudo entender la advertencia y actuar. Si usted hubiera continuado pensando que la extraña le estaba hablando a alguna otra persona, la comunicación no hubiera ocurrido. Si usted hubiera entendido que las palabras eran: "¡Cuidado con el barro!", hubiera habido una comunicación equivocada.

La comunicación exitosa incluye la recepción de la idea que el emisor quiere transmitir.[9] Los sonidos y los gestos conllevan un significado que se intenta transmitir, que puede ser interpretado correctamente o no. Si el mensaje no tiene sentido para el que lo escucha o si se interpreta como algo que no es, se produce un quiebre en la comunicación.[10] Las barreras para la comunicación podrían incluir: ruidos que distorsionan o interrumpen el mensaje, ignorancia acerca del tópico o actitudes preconcebidas acerca del que habla. Un discurso pobremente estructurado, afirmaciones sin respaldo o conclusiones exageradas también pueden interferir con una comunicación efectiva de ideas.

La comunicación teológica

La teoría de la comunicación no considera la dimensión teológica en este proceso, pero sí provee un examen útil de la interacción humana.[11] Debe agregarse el factor divino al paradigma de la comunicación, ya que tanto Dios como el mensajero juegan papeles clave para convencer a los oyentes que cambien su manera de pensar. Los mensajeros no pueden controlar ni limitar la obra de Dios, pero necesitan ser conscientes de los factores humanos que influyen en una buena comunicación. Esto complementará la obra de Dios en la mente del oyente, en lugar de desanimarla.

Cuando los factores divinos se insertan en las dos puntas de esta estructura de comunicación, se define un modelo más completo del discurso profético. El impacto del poder trascendente sobre el proceso de comunicación es difícil de cuantificar, pero el texto profético insiste en el papel que juega Dios en la comunicación (Miq. 3:8; Ezeq. 11:5).

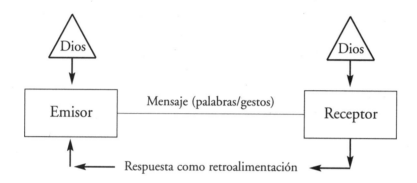

Los profetas transmitieron el mensaje de Dios a sus audiencias para obtener una respuesta. Una vez que el oyente decodificaba estas palabras (reproduciendo el significado exacto del que hablaba), la influencia de Dios obraba en la mente del receptor para producir convicción y deseo de actuar.[12] La audiencia puede escoger responder a la persuasión humana y a la obra divina ya sea en forma positiva, neutral o negativa.

La comunicación profética transcultural

Los profetas les hablaron tanto a los israelitas como a los extranjeros desde trasfondos culturales diferentes. Estas personas hablaban varias lenguas, obedecían leyes diferentes y tenían costumbres sociales únicas. Honraban a muchos dioses y adoraban de maneras variadas. Esta diversidad cultural era más evidente cuando un profeta iba a predicar a una ciudad extranjera como Nínive (Jon. 3:1-9), pero también existía dentro de Israel. No todos los residentes de Israel eran judíos y los mismos israelitas eran diferentes unos de otros. Algunos crecían con valores rurales, mientras que otros recibían el impacto de las prácticas comerciales en la ciudad. Un noble, un juez o un sacerdote en Jerusalén tenía un nivel social de privilegio y de riqueza del que no disfrutaba ese pobre pastor nómada del desierto de Sinaí. Las leyes, la usanza familiar y los compromisos religiosos variaban de un grupo a otro y de una familia a otra.

La cultura se define como "el depósito acumulativo de conocimiento, experiencia, significados, creencias, valores, actitudes, religiones, conceptos de sí mismo, del universo … de jerarquías de estatus, de expectativas, de relaciones espaciales y de conceptos temporales adquiridos por un gran grupo de personas".[13] Cultura es la conducta aprendida y los patrones de pensamiento compartidos por un grupo de personas. Aunque uno puede hablar en términos generales sobre una cultura israelita, es más útil reconocer que existieron muchos grupos subculturales dentro de Israel. Estos grupos más pequeños fueron las unidades primarias que establecieron las normas y la conducta. Fueron las fuentes de información que proveyeron paradigmas para la comprensión del mundo social, espiritual y natural.[14]

Las diferencias culturales necesitan ser minimizadas si es que dos personas de grupos culturales diferentes van a comunicarse. Esto se puede lograr encontrando puntos comunes de identificación mutua, que provean una base para la transmisión de significados compartidos. En el contexto cultural del que talla la madera, la palabra "cuchillo" evoca una imagen muy positiva de una herramienta favorita y muy apreciada. Sin embargo, la palabra "cuchillo" hace que una madre inmediatamente piense en un objeto peligroso que puede lastimar a su niño. Cuanto más grande sea la diversidad social, de conducta, filosófica y lingüística entre individuos, mayor será el potencial para la comprensión errónea no solo de lo que se connota (el significado secundario de una palabra), sino también de lo que se denota (el significado principal de una palabra). El diagrama ilustra la naturaleza del proceso de comunicación transcultural.

El significado de una idea que el emisor quiere transmitir pasa a través de varios filtros culturales, que definen las palabras codificadas de manera culturalmente específica. Cuando el receptor oye estas palabras,

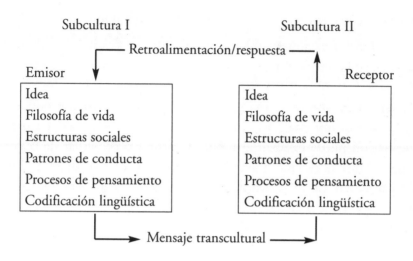

las decodifica y las pasa por una serie de diferentes filtros culturales, que pueden producir un significado no idéntico a la idea que tenía el emisor. Si un mensajero no reconoce ni compensa la diferencia en el trasfondo cultural o social del oyente, esa persona puede no entender exactamente el significado que se intenta transmitir. Para que tenga lugar una comunicación transcultural, el que habla debe conocer la manera de pensar de la audiencia y luego debe usar términos que se ajusten a ese marco de referencia.[15] Por ejemplo, un niño de cuatro años probablemente no entendería los argumentos filosóficos a favor de la existencia de Dios, pero podría creer en Dios a partir de un relato de la creación divina del hombre.

Los profetas no necesitaron considerar todas las perspectivas culturales únicas representadas en sus audiencias, pero sí tuvieron que hablar de modo que las personas pudieran entenderlos. Muchos profetas mencionaron la manera en que su visión del mundo contrastaba con la perspectiva cultural del grupo de oyentes. Jeremías le recordó su baalismo a su audiencia judía, usando imágenes e ilustraciones baalistas (Jer. 2). Ezequiel corrigió a los que le echaban la culpa de sus problemas al pecado de sus padres y a la injusticia de Dios (Ezeq. 18:1-29), mostrándoles que ellos eran culpables y Dios era justo. La brecha cultural entre los profetas y sus audiencias complicó el proceso de transmisión de ideas, haciendo más difícil convencer a las personas de que rechazaran sus patrones culturales y aceptaran las nuevas ideas de los profetas.

La comunicación para producir transformación

Las transformaciones implican un cambio significativo, una alteración o un desarrollo importante. Las transformaciones pueden alterar la forma externa, la textura o el aspecto de un objeto o persona; pero los cambios más dinámicos son la variación interna. Cambiar de ropa produce una diferenciación mínima en la manera en que luce una persona, pero la información puede cambiar el modo de pensar o de actuar de la gente. Todos los días se producen alteraciones mínimas en la manera de pensar de las personas. Si un nuevo descubrimiento o una manera diferente de enfocar la vida prueban ser ventajosos, la gente va a cambiar con agrado. Las filosofías políticas o las creencias religiosas generalmente están profundamente conectadas con la identidad propia de una persona y son más difíciles de cambiar.

Los profetas deseaban transformar la manera de pensar de sus oyentes con respecto a ellos mismos, a su mundo y a los poderes sobrenaturales que controlaban a ambos. Querían cambiar las normas que gobernaban las relaciones sociales de las personas, alterar sus deseos pecaminosos de cumplir con sus propios anhelos y alinear su vida con la voluntad de Dios. Aunque muchos israelitas escucharon el mensaje profético y permitieron que Dios transformara su manera de pensar, algunos se negaron a creer en lo que Dios decía.

El fracaso en comunicar

¿Por qué algunas personas continúan adorando ídolos generación tras generación? ¿Por qué la gente se aferra a costumbres antiguas y no cambia su conducta social? ¿Por qué fue tan difícil para los profetas transformar el modo en que los israelitas pensaban acerca de Dios? ¿Por qué el mensaje de Dios comunicado por los profetas produjo tan poco cambio? Hay varias razones que explican por qué las personas no cambian.

Porque Dios no habló

El conocimiento es liberador, poderoso y la base para una transformación exitosa. Una falta de conocimiento conduce al temor, la ignorancia, el fracaso y a una incapacidad para tener control de la vida. Los padres les enseñan a sus hijos cómo actuar para transformar su conducta y pasar del egoísmo de los dos años a la madurez de un graduado de escuela secundaria. Las universidades proveen la información detallada requerida por varias profesiones, a los efectos de hacer que un estudiante de primer año se torne en un profesional calificado. El conocimiento espiritual acerca de los caminos de Dios lo liberan a uno del temor de un Dios desconocido, que actúa de manera caprichosa y sin principios.

Antes que una persona pueda cambiar, debe oír acerca de una manera alternativa de entender la vida. Antes que un profeta pueda comunicar la manera en que Dios quiere que las personas vivan, Dios debe revelar conocimiento acerca de sus planes para un grupo de personas y enviar a un profeta que entregue ese mensaje. Los profetas verdaderos esperaron hasta que recibieron el conocimiento divino de parte de Dios. Recibir un mensaje divino fue un requisito previo porque le dio a los profetas propósito y autoridad. Si es que los profetas iban a ser dignos de confianza, si es que ellos esperaban mantener su rol profético como mensajeros de Dios, su consejo y sus predicciones tenían que ser verdaderos. Si Dios no hablaba, los profetas no tenían ninguna palabra divina y transformadora para proclamar.

Las referencias a la falta de frecuencia de las revelaciones de Dios durante el tiempo de los jueces (1 Sam. 3:1), en el tiempo de la destrucción de Israel, la nación del norte (Amós 8:11-12), y durante el exilio de Judá (Sal. 74:9; Ezeq. 7:26) muestran que Israel no siempre tuvo una palabra nueva de parte de Dios. Dado que Elí y sus hijos despreciaron a Dios y estuvieron bajo el castigo divino, no calificaron para recibir un mensaje de parte de Él (1 Sam. 2:27-36).[16] Israel y Judá rechazaron la Palabra de Dios por medio de los profetas durante muchos años, así que Dios no envió ningún mensaje nuevo en el tiempo de su destrucción (Ezeq. 7:23-27). Los falsos profetas pretendían engañosamente tener una palabra de parte de Dios, incluso cuando Él no había hablado (ver 1 Rey. 22; Jer. 28).

Porque ningún mensajero habla

Para que se produzca la transformación, un profeta debe tener la disposición de comunicar la voluntad divina cuando Dios la revela. El conocimiento que se guarda en secreto no tiene ninguna fuerza liberadora. La habilidad de Dios para cambiar la superstición y la conducta desviada se frustra si la audiencia nunca oye su sabiduría divina.

La vida de Naamán, el general sirio que tenía lepra, ilustra la importancia de compartir lo que uno sabe acerca de Dios (2 Rey. 5). Este guerrero valiente había ganado numerosas batallas para Siria, y aun así la temible enfermedad de la lepra lentamente estaba consumiendo su carne. Su rol profesional de soldado era brillante, pero su vida era deprimente porque no conocía cura para su dolencia. Una joven israelita, capturada durante una de las batallas de Naamán, conocía a un profeta de Dios en Samaria que podía curar la lepra (5:2-4). Esta información no hubiera ayudado a Naamán si la joven israelita no le hubiera hablado del profeta Eliseo. Después que Naamán fue a ver a Eliseo, el profeta le transmitió información sobre cómo ser sanado de la lepra. Naamán necesitaba sumergirse siete veces en el río Jordán, un acto ilógico que solo hubiera humillado a un hombre de su talla (5:10-12). Una vez que los siervos persuadieron a Naamán de que actuara conforme al consejo del profeta, Dios lo sanó milagrosamente. La consecuencia fue la transformación de su sistema de creencias y sus acciones. En lugar de adorar y servir a los dioses sirios, Naamán dijo: "He aquí ahora conozco que no hay Dios en toda la tierra, sino en Israel" (5:15). La vida de Naamán fue transformada porque una joven le habló acerca de un profeta que podía sanarlo y porque un profeta en forma voluntaria le dijo a un pagano qué hacer.

No comunicar suprime la posibilidad de transformación. Por lo tanto, Dios (el emisor primario) lo envió a Ezequiel (el mensajero) a los obstinados hijos de Israel (los receptores), para comunicar el mensaje que Dios había hablado (Ezeq. 2:3-4). Ezequiel debía hablar "[sus] palabras" (2:7; 3:4) ya sea que el pueblo escuchara o no (2:5; 3:11). Jeremías introdujo su mensaje en el capítulo 2 con: "Vino a mí palabra de Jehová diciendo". Miqueas anunció un mensaje de juicio contra el pueblo del pacto de Dios en el capítulo 6 llamándolos a oír "ahora lo que dice Jehová". En Isaías 3:16 el profeta simplemente dijo: "Asimismo dice Jehová", y Amós les gritó a los pecaminosos israelitas: "Así ha dicho Jehová" (Amós 2:6). Estas "fórmulas del mensajero" son un recordatorio de la voluntad de los profetas de transmitir el mensaje de Dios. Sus palabras son testimonio de la comunicación de la palabra de Dios por parte de los profetas. Si no hubieran hablado, ¿cómo habría oído el pueblo la comunicación divina?

Porque el que habla no es creíble

Una persona vestida con harapos, que usa una gramática pobre y que adhiere a procedimientos médicos cuestionables, podría tratar de comunicar una nueva cura para el cáncer a un grupo de facultativos. No obstante, la falta de un mensajero creíble podría oscurecer el brillante tratamiento médico. La información nueva es generalmente aceptada o rechazada sobre la base de respuestas a unas pocas preguntas simples. La gente pregunta: "¿Quién lo dijo? ¿Por qué debería yo creer en lo que dijeron? ¿Qué relevancia tiene eso en mi vida?" La gente ignora a los que no saben de qué están hablando, pero las vidas de las personas son transformadas cuando la información viene de parte de gente creíble que sabe lo que está diciendo.

Desde el tiempo de Aristóteles, los maestros de retórica y de comunicación han reconocido la desventaja de no ser un orador creíble. Aristóteles definió la retórica como "la facultad de descubrir los medios de persuasión con referencia a cualquier tema que sea".[17] Aristóteles creía que un medio clave para la persuasión era el *ethos*, un término que describe la influencia que la credibilidad del orador tiene sobre la aceptación de lo que dice por parte del que escucha. Para Aristóteles, los factores que respaldan un fuerte *ethos* persuasivo eran "inteligencia, carácter y buena voluntad".[18] Un estudio reciente de Whitehead sobre la retórica llega a la conclusión de que el que escucha aceptará las palabras del que habla si el orador demuestra "confiabilidad, competencia, dinamismo y objetividad".[19] Una persona de alto nivel, con una personalidad agradable, que se identifica con una audiencia, tiene más poder persuasivo.[20]

Cuando las personas del Antiguo Testamento oían hablar a los profetas, de manera consciente o inconsciente, evaluaban la credibilidad del orador. Fueron más receptivas hacia el mensajero profético que hablaba con convicción, demostraba confiabilidad, se identificaba con la historia pasada o con los problemas presentes de los oyentes y que testificaba ser llamado por Dios para desempeñar el rol de profeta (una posición de estatus).

Los israelitas no querían ser engañados; no querían hacer el ridículo creyendo algo que no tenía respaldo. Querían saber quiénes eran los profetas y de dónde obtenían su información. ¿Venían sus palabras de su propia imaginación (Jer. 23:16,26)? ¿Estaban haciendo propaganda política o sus palabras eran de Dios? Si los oyentes creían que el profeta no era digno de confianza, sincero ni objetivo, no aceptaban lo que se decía (Jer. 43:1-5). Estos ejemplos muestran que las palabras de Dios pocas veces transforman la manera de pensar de las personas, si el mensajero no tiene credibilidad.

Porque el oyente no cree

La comunicación es una tarea impredecible. Dios puede revelar un mensaje poderoso de esperanza y un mensajero creíble puede voluntariamente comunicar el mensaje de manera efectiva. Aun así, los oyentes pueden rehusarse a responder al mensaje. La audiencia puede no creer ni cambiar, porque disfrutan de lo que hacen, porque sus amigos lo hacen o porque interpretan mal el mensaje.

Cuando Josafat visitó a Acab, los dos reyes decidieron recapturar la ciudad de Ramot de Galaad (1 Rey. 22:1-4). Después de recibir una promesa de victoria de parte de los cuatrocientos profetas de la corte de Acab, Josafat quería oír lo que decía un profeta de Yahvéh. Micaías, el profeta de Dios, declaró que Israel sería esparcido y que serían como ovejas sin pastor (1 Rey. 22:17); es decir, Acab moriría y la nación quedaría sin líder. Acab se negó a creer en la predicción negativa de Micaías y puso al profeta en prisión. No confió en Micaías, porque este nunca había dicho nada positivo acerca de Acab (1 Rey. 22:8,18). El rey creyó que Dios les había hablado a los cuatrocientos profetas que predijeron victoria. Micaías comunicó las palabras de Dios y se cumplieron (1 Rey. 22:29-36). No obstante, estas palabras verdaderas no ayudaron a Acab, porque no creyó en ellas.

Lo humano y lo divino interactúan misteriosamente en el proceso de tomar decisiones. Dios envía a sus mensajeros para asistir en las batallas espirituales, a fin de conseguir la adhesión de todos los que escuchan. De última, los individuos son responsables de sus acciones, porque cada persona puede elegir entre aceptar o resistir la indicación de Dios.

La posibilidad de la persuasión

Muchas acciones pueden mejorar la posibilidad de éxito en la comunicación. Los mensajeros no pueden controlar todos los factores que producen un cambio de vida. Sin embargo, cuando Dios envía a un mensajero a dar un mensaje, generalmente provee una oportunidad para persuadir al oyente. Seguir los principios básicos de la persuasión efectiva hace posible la transformación.

Por supuesto, los profetas no tuvieron clases sobre técnicas de persuasión ni sobre la teoría de la comunicación, como los predicadores de hoy. Ellos observaron los patrones retóricos definidos por la cultura que usaban padres, amigos, políticos, maestros y líderes religiosos para convencer a otros de la necesidad de cambiar. Algún profeta persuadía mejor que otro; algunas audiencias estaban más abiertas a las nuevas ideas que otras; en algunos momentos, el poder de convencimiento de Dios se movió con más fuerza que en otros. Aunque el éxito no dependía totalmente de las habilidades del profeta, el mensajero jugó un papel fundamental en el proceso de persuasión. Dado que las actitudes de los oyentes, las personalidades de los profetas y los asuntos polémicos diferían, los mensajeros proféticos usaron una gran variedad de técnicas persuasivas. No obstante, algunos factores comunes ejercen influencia sobre la mayoría de los encuentros persuasivos.

Entender a la audiencia permite persuadir

Como sus oyentes vivían en circunstancias diversas, los profetas necesitaban saber algo acerca de la conducta cultural, las creencias, las necesidades y las actitudes de la audiencia, para hablarles en forma inteligente.[21] ¿Cuáles eran sus inclinaciones políticas? ¿Tenía la gente una necesidad de paz y seguridad? ¿Honraban al Dios de Israel y creían que Él estaba en control de la naturaleza? ¿No veían nada malo en orar a Dios y al mismo tiempo disfrutar de los rituales sensuales en los templos de Baal?

Estos factores tienen distintos grados de influencia sobre el proceso de persuasión. Las creencias centrales, los intereses fuertes, los valores medulares y las necesidades físicas eran más difíciles de cambiar que los valores periféricos, las necesidades no esenciales, los intereses temporales o las urgencias socio-psicológicas.[22] La interacción persuasiva, la argumentación lógica y la demostración de la veracidad de una declaración pueden producir un cambio. Así que, el orador sabio toma conciencia de la audiencia para aumentar el potencial para la transformación.

Cuando Elías fue a persuadir a Acab para que reconociera a Yahvéh en lugar de Baal, necesitó entender las actitudes y la conducta de su audiencia. No podía destruir su credibilidad acusándolos de adorar a Ra, el dios del sol egipcio, porque nadie en su audiencia creía en este dios. Necesitaba conocer las debilidades de la cosmovisión que ellos tenían, para poder demostrar la superioridad de Dios de manera convincente.[23]

Elías conocía el matrimonio de Acab con Jezabel, la hija del rey de Sidón. Sabía que Acab había construido un tempo a Baal en la ciudad de Samaria (1 Rey. 16:29-34). Elías se acercó a Acab en el contexto de una sequía de tres años, que ya había mellado el poder de Baal, el dios de la fertilidad (1 Rey. 17:1; 18:1). El pueblo estaba hambriento no solo de grano sino también de las bendiciones de dios/Dios, quien estaba en control de la lluvia. Elías demostró equidad estableciendo las mismas situaciones sacrificiales para Baal y para Yahvéh. Todos estuvieron de acuerdo con lo adecuado del desafío (1 Rey. 18:23-24). Elías fortaleció la efectividad de su caso, empapando en agua su madera y su sacrificio (1 Rey. 18:33-35), antes que el rayo del cielo consumiera el sacrificio, la madera, las piedras del altar y el agua (1 Rey. 18:38). El caso de Elías fue respaldado por la respuesta de Dios a la oración por lluvia. Las personas que oyeron lo que Elías dijo y vieron lo que Dios hizo se vieron obligadas a confesar: "¡Jehová es el Dios, Jehová es el Dios!" (v. 39). El mensaje y el milagroso dramatismo que lo respaldó afectaron de forma directa a los que estaban dispuestos a cambiar su manera de pensar.

La evidencia que respalda la afirmación produce persuasión

La mayoría de las personas necesita una razón para cambiar su conducta o sus creencias. Una apelación emocional al temor, una promesa de recompensa, la confianza en la integridad de un amigo o la relación lógica entre causa y efecto pueden motivar a una persona a aceptar las afirmaciones de otra.[24] Con frecuencia, las personas son persuadidas con una evidencia mínima, cuando las cuestiones no son tan fundamentales para la identidad de la persona o su sistema de creencias. Es extremadamente difícil cambiar las opiniones de una persona con respecto a cosas que son parte integral de sus creencias medulares. Las razones que tienen mayor impacto varían de persona a persona y de cultura a cultura. Así, lo que parece ser una evidencia lógica y persuasiva para una persona, será irrelevante para alguien en otro contexto cultural.

Aristóteles creía que la retórica producía persuasión mediante el *ethos*, el *pathos* y el *logos*.[25] El *ethos* se relaciona con la credibilidad de la persona que habla; el *pathos* se refiere a la apelación emocional del orador; mientras que el *logos* describe la naturaleza lógica de la argumentación. Aunque la lógica frecuentemente se asocia con los silogismos o con pautas sobre la verdad, este punto de vista es demasiado restringido como para comprender las relaciones sociales. Dado que las conversaciones persuasivas con frecuencia omiten lo que se da por sentado, o dejan de lado ciertas premisas no expresadas, las conexiones lógicas no son siempre evidentes ni explícitas.[26] Aunque algunos argumentos retóricos pueden expresarse en una afirmación (Israel es pecador) basada en una evidencia (los israelitas adoran a Baal), que está respaldada por una garantía (la adoración de Baal es pecaminosa),[27] la transformación del oyente no se asegura por incluir cada uno de estos elementos. Las personas pueden rechazar de manera pertinaz un argumento lógico cuidadosamente elaborado, que apunta a cambiar la conducta, mientras que en otra ocasión podrían cambiar enseguida en base a una evidencia más superficial. La persuasión es un proceso comunicativo fuertemente sopesado por la evidencia que respalda las aseveraciones del mensajero, pero el efecto de los argumentos dependen de su aceptación dentro de la cosmovisión y el contexto social del oyente.

Los oráculos proféticos frecuentemente intentaron motivar al pueblo a cambiar su manera de pensar y sus acciones, dándoles una serie de razones por las cuales debían transformar sus actos. La razón lógica por la que los líderes políticos y religiosos de Jerusalén debían creer las predicciones de Miqueas constituía la evidencia en su contra. Dado que aborrecían la justicia, derramaban sangre inocente, eran violentos, aceptaban coimas y cumplían deberes religiosos por precio, Dios destruiría la ciudad de Jerusalén (Miq. 3). Usando una lógica diferente, Hageo animó a sus oyentes a continuar construyendo el templo, recordándoles que el Espíritu de Dios estaba con ellos, que haría temblar a los poderes políticos que interrumpieran el proceso de construcción y que llenaría el templo de gloria (Hag. 2:4-9).

El profeta Amós presentó el caso del juicio de Judá con un argumento bastante lógico (Amós 2:4-5). Su introducción: "Así ha dicho Jehová", identificó la autoridad detrás del mensaje. La evidencia para su afirmación que Dios castigaría a Judá estaba basada sobre "tres pecados de Judá, y ... el cuarto" (2:4). Para corroborar aún más su evidencia general, Amós especificó el tipo de transgresiones ("porque han rechazado la ley del Señor y no guardaron sus estatutos; sino que sus líderes mentirosos los condujeron por malos caminos"),[28] y proclamó el castigo que la nación experimentaría ("prenderé, por tanto, fuego en Judá, el cual consumirá los palacios de Jerusalén"). En este caso, la lógica tuvo sentido y la audiencia israelita de Amós fue fácilmente persuadida.

Muchos tipos de evidencia son persuasivos, pero no todos son lógicos. El debate sobre cómo la presión social legitima la aceptación de conductas, valores y otros patrones culturales se analizará en el próximo capítulo.

El Espíritu produce cambio

Los profetas sabían que la comunicación efectiva, en última instancia, dependía de la obra del Espíritu de Dios en el corazón del que hablaba y del oyente. Miqueas dijo muy poco acerca de cómo este poder misterioso operaba en el oyente, pero sabía que él estaba "lleno de poder del Espíritu de Jehová, y de juicio y de fuerza, para denunciar a Jacob su rebelión, y a Israel su pecado" (Miq. 3:8). Esta era una "extensión indefinible de la personalidad [de Dios], que lo habilitó para ejercer una influencia misteriosa sobre la humanidad".[29] La mayor parte de los pasajes no identifican una relación causal directa entre el Espíritu y el poder y la valentía del profeta, pero en algunos casos se insinúa una conexión (1 Rey. 22:23; Ezeq. 11:5).

El Espíritu también tuvo un rol clave en la vida del oyente. Ezequiel se dio cuenta de que el Espíritu de Dios transformaría vidas en el futuro. Dios dijo: "un espíritu nuevo pondré dentro de ellos" (Ezeq. 11:19-20), y agregó que también quitaría de ellos su terco corazón de piedra. Después de años de desobediencia, el Espíritu haría que anduvieran "en [sus] estatutos" (Ezeq. 36:27). No importa cuán competente sea desde el aspecto técnico, la comunicación no persuadirá a la gente, a menos que el Espíritu esté produciendo de manera activa una apertura a las ideas comunicadas y una convicción de que el cambio es necesario.

Consecuencias teológicas y sociales

Los mensajeros actuales de Dios son enviados a transformar la manera de pensar y de actuar de las personas. El mensajero debe escuchar la forma en que la gente habla acerca de su mundo, de modo que las barreras transculturales, transgeneracionales y transeconómicas no inhiban la transferencia de ideas. El mensajero debe ser un testigo creíble dentro de la subcultura donde el mensaje es entregado. Así es que uno debe vestirse de otra manera, usar ilustraciones diferentes y emplear argumentos lógicos diferentes como para ganar aceptación en grupos diferentes. Es raro que se dé la aceptación social de las ideas que no son populares dentro de la sociedad si esta cree que los argumentos no tienen un buen sustento. Los mensajeros necesitan darse cuenta de que el éxito en la predicación, en última instancia, depende del Espíritu Santo, pero eso no es excusa para usar habilidades comunicativas poco sólidas.[30]

La tarea hermenéutica de interpretar a los profetas supone no solo el análisis de su teología, sino también de la interacción social con sus oyentes mediante la comunicación. Sus mensajes no eran disertaciones abstractas y sin vida sobre asuntos hipotéticos. Les estaban hablando a personas reales acerca de lo que debían hacer, cómo debían pensar y por qué debían transformar su vida. Al ser testigos de estos métodos de comunicación, los mensajeros de hoy pueden aprender a persuadir a las personas de nuestra cultura.

Preguntas para debatir

1. Describa por qué rechazaría el mensaje de una persona de otra religión.

2. Explique por qué estaría dispuesto a aceptar las ideas descritas en este capítulo.

3. ¿Qué haría para aumentar su credibilidad si le hablara a: (a) un grupo de adolescentes; (b) un musulmán?

4. ¿Por qué algunas veces le cuesta comunicarse con personas de otra generación?

5. ¿Qué papel juega el Espíritu en la toma de decisiones?

1. S. W. Littlejohn y D. M. Jabusch, *Persuasive Transactions* (Glenview, Ill.; Scott, Foresman, 1987), 7, han consignado que "por lo tanto, la elección es importante para distinguir entre persuasión y coerción". G. Cronkhite, *Persuasion: Speech and Behavioral Change* (Nueva York: Bobbs-Merrill, 1969), 4-6, cree que las amenazas producen cambio, pero no cambian las creencias ni la conducta; meramente resultan en una conformidad mecánica.

2. La persuasión es simplemente un intento de cambiar la conducta o la manera de pensar de otra persona.

3. Para un estudio de la investigación erudita sobre los profetas, ver G. M. Tucker, "Prophets and the Prophetic Literature", en *The Hebrew Bible and Its Modern Interpreters,* eds. D. A. Knight y G. M. Tucker (Chico, Calif.: Scholars Press, 1985), 325-68; o G. V. Smith, "Prophet, Prophecy", *ISBE* III (Grand Rapids: Eerdmans, 1986), 986-1004.

4. J. F. Ross, "The Prophet as Messenger", en *Israel's Prophetic Heritage,* ed. B. W. Anderson y W. Harrelson (Nueva York: Harper and Row, 1962), 98-107. F. B. Craddock, *Overwhearing the Gospel* (Nashville: Abingdon, 1978), 19, dice que el predicador no está simplemente tratando de "pronunciar la palabra, anunciar la verdad, sino hacer que la verdad sea oída, para lograr que la palabra sea oída de una nueva manera".

5. T. J. Overholt, *Channels of Prophecy: The Social Dynamics of Prophetic Activity* (Minneapolis: Fortress, 1989), 6-11, critica en forma apropiada a los que se enfocan solamente en la entrega profética del mensaje e ignoran la dinámica social de la profecía.

6. J. E. Baird, *Speaking for Results: Communication by Objectives* (Nueva York: Harper and Row, 1981), 7-8, hace una lista de alrededor de una docena de diferentes definiciones de comunicación, las cuales enfatizan uno o más de los aspectos en la definición usada aquí. Comparar K. O. Gangel y S. L. Canine, *Communication and Conflict Management* (Nashville: Broadman Press, 1992), 23-46. J. D. Baumann, *An Introduction to Contemporary Preaching* (Grand Rapids: Baker, 1972), 13, tiene una definición similar de comunicación en la predicación.

7. K. Burke, *A Grammar of Motives* (Cleveland: Meridian, 1962), 547. E. Berne, *Games People Play* (Nueva York: Grove, 1964) compara la comunicación con un juego.

8. Baird, *Speaking for Results,* 14-16.

9. Con respecto a la controversia sobre la fuente del significado (el mundo, el lenguaje de señas o lo que cree la mayoría de la gente), ver las opciones bosquejadas por C. Kraft, *Communication Theory for Christian Witness* (Nashville: Abingdon, 1983), 110-15.

10. Se puede encontrar una descripción completa del modelo de comunicación en D. Ehninger, B. Gronbeck, R. McKerrow y A. Monroe, *Principles and Types of Speech Communication,* 10ma ed. (Glenview, Ill.: Scott, Foresman, 1986), 5-17; o E. Bormann y N. Bormann, *Speech Communication: An Interpersonal Approach* (Nueva York: Harper and Row, 1972), 18-36.

11. D. J. Hesselgrave, *Communicating Christ Cross-Culturally* (Grand Rapids: Zondervan, 1991), 42-43, distingue entre emisor primario (divino), secundario (Pablo) y terciario (Timoteo) de una comunicación. Ver también R. D. Hughes, *Talking to the World in the Days to Come* (Nashville: Broadman Press, 1991) sobre diferentes papeles que puede jugar el que habla y cómo el rol que asume puede afectar la comunicación.

12. Baumann, *Contemporary Preaching*, 277-91, tiene un capítulo sobre el papel del Espíritu Santo en producir un cambio en la vida de la persona que oye la palabra de Dios.

13. R. E. Porter, "An Overview of Intercultural Communication" en L. A. Samovar y R. E. Porter, *Intercultural Communications: A Reader* (Belmont, Calif.: Wadsworth, 1972), 3.

14. C. H. Dodd, *Perspectives on Cross-Cultural Communication* (Debuque: Kendall/Hunt, 1977), 31-41, bosquejó la importancia de pertenecer a un grupo y dice que esto produce una subcultura.

15. Hesselgrave, *Communicating Christ Cross-Culturally*, 163-73, tiene una estructura similar en siete dimensiones para la comunicación transcultural.

16. R. W. Klein, *1 Samuel* en *WBC 10* (Waco: Word, 1983), 27-28, 32.

17. Aristóteles, *Rhetoric*, I. 2.

18. L. Cooper, *The Rethoric of Aristotle* (Nueva York: Appleton-Century, 1932), 8-9.

19. J. L. Whitehead, "Factors of Source Credibility", *Quarterly Journal of Speech* 54 (1966), 65-72; o H. Hazel, *The Power of Persuasion* (Kansas City: Sheed and Ward, 1989), 14-29.

20. W. A. Linkugel y E. C. Buehler, *Speech Communication for the Contemporary Student* (Nueva York: Harper and Row, 1975), 70-78; B. E. Bradley, *Fundamentals of Speech Communications: The Credibility of Ideas* (Dubuque: Brown, 1974), 134-52; K. Burke, *A Rhetoric of Motives* (Nueva York: Prentice-Hall, 1950), 55, acentúan la importancia de identificarse con la audiencia.

21. Baird, *Speaking for Results*, 35-43, define y explica la relevancia de cada factor.

22. M. Rokeach, *Beliefs, Attitudes, and Values* (San Francisco: Jossey Bass, 1968) discute algunos de estos factores motivacionales clave, mientras que Ehninger, Gronbeck, McKerrow y Monroe, *Principles and Types of Speech Communication*, 106-7, explican la jerarquía de necesidades de Maslow.

23. L. Bronner, *The Stories of Elijah and Elisha* (Leiden: Brill, 1968).

24. La teoría motivacional se discute en D. McClelland, *Human Motivations* (Glenview: Scott, Foresman, 1985); J. Houston, *Motivation* (Nueva York: Macmillan, 1985).

25. Aristóteles, *Rhetoric*, I. 2.

26. Aristóteles, *Rhetoric*, I. 2, llamó *enthymemes* a la lógica más suelta de los argumentos retóricos, para contrastarlos con los silogismos de un enfoque lógico estricto.

27. Este modelo está explicado en D. Ehninger, *Influence, Belie, and Argumentation: An Introduction to Responsible Persuasion* (Glenview, Ill.: Scott, Foresman and Co., 1974), 10-89; o S. Toulmin, *The Uses of Argument* (Cambridge: Univ. Press, 1958), 97-104.

28. G. V. Smith, *Amos* (Grand Rapids: Zondervan, 1989), 77, 80.

29. A. R. Johnson, *The One and the Many in the Israelite Conception of God* (Cardiff: Univ. of Wales, 1961), 16.

30. L. M. Perry, Biblical Preaching for Today's World (Chicago: Moody, 1973), 160; Baumann, Contemporary Preaching, 277-90; D. L. Hamilton, Homiletical Handbook (Nashville: Broadman Press, 1992), 19-29; R. A. Mohler (h.), "A Theology of Preaching", en Handbook of Contemporary Preaching, ed. Michael Duduit (Nashville: Broadman Press, 1992), 13-20.

Capítulo 2

Las dimensiones sociales de la transformación

La gente puede decidir estudiar más o ejercitarse regularmente, ahorrar dinero todos los meses o abandonar un mal hábito. Incluso cuando se toma en serio la decisión de volver a empezar, con frecuencia el proceso de transformar la conducta termina en frustración. Quizás esto no se deba a la falta de voluntad ni a la testarudez, sino al fracaso en incorporar la nueva práctica al mundo presente de las personas. La integración requiere la aceptación de una nueva conducta dentro de un contexto social existente.

Cuando una persona comunica de manera persuasiva un mensaje a una audiencia, existe un potencial para el cambio. Cuando los oyentes toman conciencia del mensaje y aceptan los argumentos del mensajero, puede comenzar el proceso de transformación. En general, el cambio no ocurre en forma instantánea. Transformar la manera en que la gente piensa y actúa es un proceso complejo, que puede incluir una redefinición de toda una cosmovisión y el reajuste de las relaciones sociales. Algunas veces el cambio es bienvenido, pero otras veces es difícil y doloroso.

Aun cuando se convenza a las personas de que deben decir la verdad, será difícil quebrar el hábito de decir pequeñas mentiras. Estas forman parte de la manera de pensar de algunas personas. Consideran que es una conducta social aceptable entre amigos. Es difícil cambiar, porque las historias fabricadas nos protegen a nosotros y a nuestros amigos de la vergüenza. Los intentos de cambiar pueden traer aparejada tal desaprobación social, que la gente hará lo que sabe que está mal, con tal de mantener sus relaciones con los demás.

Cuando los profetas trataron de persuadir al pueblo de Judá de que rechazara sus malos caminos y se volviera a Dios, también experimentaron algunos de estos problemas. Sus audiencias tenían una manera diferente de mirar la realidad. El contexto cultural daba aprobación social a patrones de conducta que los profetas rechazaban. Los profetas describieron estos cambios como arrepentimiento, rechazo de viejas costumbres y la creación de un corazón nuevo (Jer. 3:13; Ezeq. 11:19). Dios quería operar estas transformaciones espirituales, pero se requerían cambios en las relaciones humanas que algunas veces frustraban la obra de Dios.

Para comprender el lado humano del proceso de transformación es necesario mirar el contexto social de los mensajeros proféticos y de sus audiencias, a los efectos de trazar el dinámico proceso de cambio. Esto revelará la manera en que cada grupo describió su cultura y estructuró su sociedad. Conocer los roles que las personas desempeñan y entender la estratificación social mostrará cómo la transformación interrumpe normas culturales previamente establecidas y relaciones sociales existentes.

La preocupación creciente por el contexto social

La mayoría de los estudios antiguos sobre los profetas contenían comentarios sobre el contexto histórico de profetas individuales y alguna anotación ocasional sobre los males sociales que los profetas condenaban (Amós 2:6-8; Miq. 7:1-6).[1] Pocos incluían un análisis de cómo la ubicación social del profeta afectaba un mensaje particular o qué rol social desempeñaba un profeta en la sociedad israelita. La organización de la sociedad israelita, la naturaleza de la interacción social y las consecuencias sociales de los llamamientos proféticos a la transformación no se trataban.

Contribuciones de la crítica sobre la forma

Los estudios críticos de la forma de Gunkel incluyen un análisis del contexto social (*Sitz im Lebem*) de varios tipos de literatura, así como también de la ubicación social de los profetas que usaron estas obras literarias en tiempos posteriores.[2] Esto llevó a Mowinckel a colocar algunos profetas (Joel, Habacuc e Isaías) en el templo junto a los sacerdotes, en una hipotética fiesta de Año Nuevo, cuando Yahvéh fue coronado rey.[3] Von Waldow relaciona los oráculos de salvación en Isaías con el contexto del templo, mientras que Reventlow piensa que Jeremías era un mediador del pacto en el templo.[4]

Wolf relaciona el trasfondo social de Oseas con los círculos levíticos, a Miqueas con los ancianos de la ciudad de Moreset y a Amós con la sabiduría de un clan.[5] Gerstenberger encuentra una conexión entre el oráculo de lamentación y la literatura de sabiduría, mientras que Whedbee ve una fuerte influencia de la sabiduría en Isaías.[6] Estos estudios presentan la hipótesis de que existen relaciones sociales significativas, pero algunas veces se basan en cantidades mínimas de evidencias y no tratan los cambios sociales requeridos para el proceso de transformación.

Investigaciones sociológicas

El estudio antropológico comparativo de Wilson sobre la naturaleza de la actividad profética, la ubicación social y la función social de los profetas, hace varios avances importantes.[7] Haciendo uso de material comparativo, Wilson examina la conducta característica de la posesión espiritual y los patrones de conducta estereotipados. Enfatiza el papel que juega un grupo de apoyo en reconocer a un intermediario.[8] Adopta la distinción antropológica entre intermediarios centrales y periféricos.

La función social de los profetas
Intermediarios centrales
– respaldan las reglas políticas y cúlticas vigentes
– mantienen la estabilidad social
– quieren un cambio gradual en el orden social
Intermediarios periféricos
– se oponen a los que están en el poder
– demandan cambios sociales radicales
– quieren una justicia inmediata para los no poderosos[a]

[a] Wilson, *Prophecy and Society*, 69-73, 83.

La prueba de esta reconstrucción por parte de Wilson, en su tratamiento de la profecía de Efraín (Israel) y de Judá sigue reconstrucciones anteriores y no relaciona estas percepciones sociológicas con la transformación profética de la cultura israelita, mediante una comunicación persuasiva.

El estudio sociológico de Petersen sobre el rol de los profetas arroja dudas sobre algunas de las conclusiones de Wilson. En contraste con Wilson, Petersen piensa que pocos profetas tuvieron grupos que los respaldaran. Petersen prefiere hablar de niveles de roles de compromiso (desde el compromiso completo a la falta total de compromiso), para describir la conducta de una persona en un contexto social. Petersen divide a los profetas en centrales y periféricos y relaciona los títulos proféticos con estos roles.[9]

Nombre	Rol	Lugar
"hombre de Dios"	rol periférico	Israel
"profeta"	rol central	Israel
"vidente"	rol central	Judá

Petersen, al igual que Wilson, relaciona a estos profetas con tradiciones diferentes, al adoptar conclusiones críticas más tempranas. (La tradición mosaica es de Israel y la davídica es de Judá).[10]

El estudio de Hanson sobre el surgimiento del movimiento apocalíptico reconoce que los diferentes grupos tenían distintas maneras de mirar al mundo, junto con creencias religiosas distintivas que sostenían su propio nivel social.[11] Este autor emplea el contraste de Mannheim entre: (a) el pensamiento "ideológico" de la clase gobernante, que se enfocaba en la autopreservación, y (b) la mentalidad "utópica" de los no privilegiados, quienes esperaban la terminación de las iniquidades presentes y la creación de su propia visión del orden social.[12] El examen que hace Hanson de Isaías, Ezequiel y Zacarías distingue entre: (a) los sacerdotes de Sadoc quienes respaldaban un programa de restauración en Ezequiel 40–48, y (b) los levitas visionarios, privados de derechos civiles, cuyas ideas apocalípticas se encuentran en Isaías 60–62. Los que estaban en el poder eran pragmáticos que regulaban la vida cúltica de la nación, en cuanto a mantener su posición santa privilegiada, mientras que los reformadores visionarios querían que toda la nación compartiera la condición de santidad.

Al usar conceptos del enfoque de la sociología del conocimiento de Berger y Luckmann, Brueggemann ve el mensaje profético como una respuesta liberadora radical a la conciencia de la realeza que surgió durante la monarquía. El establecimiento de un imperio burocrático y militarista (basado en fuertes impuestos) por parte de Salomón condujo a la opresión, al desarrollo de una clase acomodada y al establecimiento de una religión estática, que funcionaba a los efectos de respaldar los intereses políticos de los que estaban en el poder.[13] El mensaje profético imaginó una alternativa de igualdad económica, de justicia y de acceso a Dios. El rol profético incluía la crítica de la conciencia de la realeza, expresando dolor sobre el fracaso de su visión de la vida, e imaginando la posibilidad de una nueva alternativa por medio del poder de Dios.[14] Al aplicar este esquema a la forma canónica de Isaías, en los impactantes capítulos 1–39, Brueggemann lo ve al profeta criticando la típica ideología egoísta de la realeza que tenían los poderosos. El profeta abrazó el dolor de los oprimidos y volvió a tradiciones pasadas en busca de consuelo en 40–55, y luego liberó la imaginación social para tener una visión del mundo desde una perspectiva alternativa de libertad en 56–66.[15]

Desarrollo de una metodología sociológica

No todos los campos de investigación sociológica interactúan con las cuestiones de contexto social y su orden estructural, con la función que juega la tradición en legitimar la conducta y con la manera en que las nuevas ideas teológicas producen transformación. Los eruditos bíblicos generalmente han elegido un solo método sociológico para mirar la vida social (teoría marxista, estructuralista, conductista, de conflicto o interaccionista), y luego lo han aplicado a una porción de la Biblia. Este enfoque resalta la coherencia interna, limita la investigación a un área definida y provee de una herramienta diagnóstica para atacar un problema específico (teoría del rol, conducta estática, estratificación social, etc.). El peligro es que uno puede tratar de explicar demasiado sobre la base de una teoría diseñada para tratar solamente un área limitada de la realidad social. Dado que ninguna teoría trata todos los aspectos del mundo social (algunas se enfocan en el sistema estructural de la sociedad, mientras que otras abordan el conflicto y la interacción), Fredrichs propone un enfoque de paradigma múltiple.[16] Ritzer llega a la conclusión de que los paradigmas múltiples debieran incluir teorías que traten varios niveles de la realidad social:

1. Estructuras y sistemas sociales objetivos (ley, clase, roles)

2. Acción social y realidad subjetiva (ideas, valores)

3. Asuntos macrosociológicos (generalizaciones grupales)

4. Temas microsociológicos (conducta individual)[17]

Otra preocupación es la tensión entre teorías que enfatizan el determinismo social y las que permiten la libertad y la creatividad humanas. Uno necesita emplear teorías que traten la conducta humana tanto desde el lado subjetivo que permite la libertad humana, como desde el objetivo que ejerce una presión social determinista sobre la conducta.[18] Berger y Luckmann, cuyo trabajo será una fuente importante para la metodología usada en este estudio, intentan desarrollar un enfoque de paradigma múltiple.[19]

No obstante, la adopción de principios sociológicos trae tanto peligros como beneficios potenciales. Del lado positivo está la posibilidad de obtener un cuadro más completo de los profetas israelitas. Sin embargo, un uso no crítico de la sociología puede conducir a malos entendidos y a tendencias reduccionistas. Dado que todos emplean una combinación de premisas reconocidas y escondidas, es importante probar nuevos enfoques con cuidado, apertura y atención, con respecto a la teoría subyacente.[20] En tanto los principios teóricos estén al servicio del análisis del intérprete, en lugar de reglamentarlo, juegan un papel beneficioso.

La sociología del conocimiento

La sociología del conocimiento tal como fue desarrollada por Berger y Luckmann, es el punto de partida para la metodología aplicada a los profetas hebreos en este estudio. El abordaje fenomenológico que ellos tienen es una parte de un grupo mayor de metodologías llamadas "sociologías de la vida diaria".[21] Se enfocan en la interacción entre las personas en la vida diaria, en lo que la gente piensa y hace, y en los significados que las personas mismas le dan a la interacción. Ellos creen que los significados están parcialmente regulados por un conjunto de conocimientos comúnmente aceptados y parcialmente abiertos a ideas o conductas individuales (impredecibles o nuevas).

Tres conceptos dialécticos centrales gobiernan el desarrollo del orden social y la transformación de la manera de pensar y de la conducta en el enfoque de Berger y de Luckmann.

1. Las personas se dan cuenta de que los significados subjetivos que la gente le da a su contexto sociocultural son parte de la realidad objetiva (el proceso social de objetivización).

2. Las personas aceptan la realidad objetiva socialmente definida que las rodea, como su propia visión del mundo (el proceso social de internalización).

3. Las personas mismas crean y proyectan nuevos significados, cambiando así la comprensión de la realidad (el proceso social de externalización).[22]

Al llegar a este punto, el proceso se repite a sí mismo, dado que estas nuevas ideas son objetivadas y luego internalizadas por otras personas. Este enfoque sostiene que el conocimiento del mundo común de todos los días, se deriva principalmente de la interacción social con las definiciones culturales existentes (determinismo social), pero que la gente puede ser innovadora, creativa y puede proponer nuevos significados (libertad individual). Aunque Berger y Luckmann tratan de ser integradores, en realidad enfatizan la naturaleza subjetiva de la vida social y dicen poco sobre las estructuras sociales objetivas de gran escala o sobre la externalización humana.

1. Realidad objetiva: el contexto social

Construcción social de una visión de la realidad. Dado que el conocimiento de los objetos, del lenguaje y de las instituciones se deriva principalmente de la interacción social con otros miembros del propio grupo, la comprensión del mundo por parte de cada persona se define al principio por lo que es significativo para el grupo. La *objetivización* es el proceso social de darse cuenta del significado subjetivo que otras personas le dan a los objetos, a los símbolos lingüísticos y a los patrones institucionalizados de la conducta en un contexto social.[23] Este proceso de aprendizaje le permite al niño identificar las diversas partes del medio ambiente y nombrarlas a cada una. Los padres y los hermanos enseñan los hechos comunes de la vida diaria: "Esto es tierra y no debes comerla; esas cosas que vuelan en el cielo son pájaros". Este conocimiento le permite a la persona entender el mundo de esa sociedad, es decir, su "visión de la realidad socialmente construida". Esto significa que una interpretación de la conducta o del mensaje de un profeta debe basarse en las objetivizaciones culturales que tenían el profeta y su audiencia sobre el mundo.

Los profetas interactuaban con el conocimiento que tenían en común con sus audiencias. Isaías se refirió a un burro y a un buey, recurriendo al punto de vista cultural que decía que no eran animales muy listos, y luego creó una analogía contrastando la sabiduría de los animales tontos con el rechazo necio de Dios por parte de Israel (1:3). Él y su audiencia compartían un lenguaje común que daba significado a estos objetos e ideas.

Visiones similares y aun así diferentes de la realidad. La presión social impulsa una visión unificada del mundo objetivo de un grupo, pero la experiencia de cada persona con la naturaleza, con otras personas y con Dios/dioses es diferente. Esto significaba que cada persona actuaba tanto sobre la base de su comprensión individual única de la realidad objetiva, como sobre la base de la cosmovisión cultural dominante. El significado atribuido a las partes de la realidad variaba de acuerdo al rol, al nivel social, a la ocupación y al punto de vista de padres y pares. De acuerdo a esto, la visión del mundo socialmente construida de un profeta era en parte consistente con el clima cultural que prevalecía en ese tiempo, y aun así diferente en forma única a la de toda otra persona.

Tanto Elías como los profetas de Baal creían que un poder divino era el que enviaba la lluvia. Elías pensaba que Yahvéh, el Dios de Israel, era el responsable de la lluvia (1 Rey. 17:1-7; 18:1-2,41-46), mientras que los profetas de Baal afirmaban que Baal estaba a cargo de la fertilidad y de la lluvia. Para entender esta historia, el intérprete necesita apreciar el conocimiento del mundo por parte del profeta, la manera en que su perspectiva difería de la de su audiencia y la interacción dinámica de estas ideas en conflicto.[24]

Roles e instituciones. En el proceso de aprender acerca del mundo sociocultural, cada persona descubre que los seres humanos ordenan su vida dentro de típicos patrones de conducta estructurados, como para darle sentido a la enorme cantidad de información con la que interactúan todos los días. Los datos concernientes a la naturaleza, a la interacción social y a las creencias religiosas se clasifican de diferentes maneras. Cuando estas formas habituales de hacer las cosas llegan a ser parte del orden estructurado de la realidad objetiva de un grupo, se "institucionalizan".[25] Si bien los patrones institucionalizados son muy poderosos, un individuo puede elegir exhibir una conducta desviada.

Berger y Luckmann se concentran en el *proceso* individual de objetivización más que en las estructuras de la sociedad, las cuales son los *resultados* de la objetivización (un énfasis estructural-funcionalista).[26] En parte, esto se debe a su oposición a concebir cualquier parte de la realidad como una creación no humana.[27] No obstante, la gente puede no tener conocimiento del proceso de formación de las leyes, de los roles ni de las prácticas de adoración en el pasado. Algunos entenderán que estas son instituciones humanamente creadas, mientras que otros (los niños pequeños) no pensarán esto. Parte del rol de los profetas y de los sociólogos es el de desenmascarar las fuerzas culturales que atan, para liberar a las personas de modo que puedan actuar creativa y responsablemente y no como títeres indefensos.

El saber común acerca de la estructura social confiere unidad y seguridad a la interacción social, porque todos los integrantes del grupo saben lo que se espera y se acepta. En lugar de ser bombardeados por información aleatoria y caótica, los miles de fenómenos de la vida se ordenan según modelos que operan de maneras significativas para ese grupo cultural. En especial, esto se cumple en las relaciones interpersonales, donde las personas asumen patrones de conducta que son roles típicos dentro de cada institución que la sociedad establece.[28] Incluso la identidad de una persona está relacionada con los roles que la persona encarna (por ejemplo, un rol de padre), y las relaciones interpersonales están circunscriptas por expectativas basadas en los roles. Si las personas no tuvieran conciencia de los roles masculinos, los roles femeninos, los roles de liderazgo o los roles religiosos, no tendrían ningún orden social. Las relaciones interpersonales serían un caos. Los niños podrían demandar ser tratados como adultos o los padres podrían actuar como hombres solteros. La sociedad y la cultura se ordenan sobre la base de una aceptación común de modelos de roles bien definidos.

Los escritos de cada profeta revelan la manera en que la vida se ordenaba alrededor de expectativas de roles estructurados. Las referencias a conductas económicas, religiosas y sociales presuponen un modo aceptado de hacer las cosas. Los roles de rey, sacerdote, profeta y persona rica siguen lineamientos establecidos, aceptados en esa época. Los profetas criticaron a los sacerdotes que fracasaron en desempeñar sus roles o en seguir los patrones religiosos institucionalizados (Mal. 1:6–2:9).

2. Realidad subjetiva:
La internalización de tradiciones legítimas

El rol del lenguaje. La interpretación y el pensamiento subjetivo son posibles porque las personas tienen conciencia de sí mismas y están dotadas de la habilidad de usar el lenguaje.[29] El lenguaje le permite a la gente: (a) identificar y recordar los fenómenos de la realidad objetiva; (b) interactuar socialmente sobre la base de signos lingüísticos comúnmente aceptados; (c) legitimar los patrones institucionales de un grupo y (d) conceptualizar el universo simbólico (pensamiento abstracto o filosófico), incluso formas trascendentes de la realidad, que van más allá de las formas concretas que las personas ven y tocan.

El mundo se comprende, en primer lugar (y de manera muy fundamental), cuando un grupo desarrolla una manera en común para describir los fenómenos de su experiencia. Para internalizar un conocimiento compartido de la realidad objetiva, un grupo debe ponerse de acuerdo para designar ciertos signos lingüísticos (su lenguaje) para representar objetos, acciones y patrones institucionales. Al internalizar estos significados, un niño acepta los significados de un grupo dentro de su mundo subjetivo. Debido al lenguaje, la gente puede discutir de modo significativo tanto la tradición (lo que ocurrió muchos años atrás) como la experiencia (lo que sucedió ayer en la casa de un amigo). Debido al lenguaje, las personas también pueden pensar, elegir, abstraer e imaginar cosas nuevas.

Los sueños, las parábolas o la dramatización representan un segundo nivel de realidad subjetiva, el mundo de la fantasía. Aunque una pesadilla pueda parecer real mientras que una persona está dormida, en cuanto se despierta se evidencia que el sueño estaba solo en la mente. El pensamiento filosófico abstracto y la experiencia religiosa son parte de un tercer nivel de realidad llamado "universo simbólico". Este conocimiento trasciende el orden natural e incluye a los espíritus, a Dios/dioses y a las teorizaciones abstractas de tipo económico, social y filosófico.[30] El universo simbólico legitima la visión del mundo de un grupo. Le permite al grupo: (a) mantener su cosmovisión; (b) integrar los diversos componentes de su cosmovisión y (c) explicar o justificar su conducta.[31]

El profeta Habacuc tenía creencias filosóficas con respecto a la manera en que Dios gobernaba el mundo. Estas abstracciones conformaban un modo de pensar unificado, un universo simbólico que proveía claves para interpretar la vida diaria. Dado que la violencia política no juzgada en su sociedad no podía explicarse ni integrarse a su teoría de la justicia divina, él clamó a Dios por una explicación (Hab. 1:1-4). Otros profetas trataron de transformar la manera de pensar de sus audiencias, mostrándoles que su universo simbólico estaba basado en un pensamiento imperfecto (Jer. 7:1-15).

La legitimación trae internalización. Todos los contextos sociales contienen tanto patrones que ordenan la conducta, como tradiciones orales o escritas que los justifican (sus legitimaciones). Las legitimaciones hacen que las personas internalicen la visión que el grupo tiene de la realidad objetiva y que la hagan suya. Para un niño, el solo hecho de que una persona lo diga, es suficiente para legitimar la aceptación de la idea de que el fuego es peligroso. Más tarde en la vida, puede ser que necesite amenazas o argumentos lógicos para legitimar un cambio de conducta. Las legitimaciones incluyen tradiciones que explican cómo y por qué los ancestros del grupo establecieron un patrón institucional (la tradición acerca de Adán y Eva en Génesis 2 justifica el patrón del matrimonio) o mitos que ligan los cambios de las estaciones con la actividad de los dioses (la épica de Baal y de Anat de Ugarit).[32] Estas tradiciones ejercen una fuerza poderosa sobre los individuos, haciendo que estos internalicen los significados culturales del grupo. Por supuesto que cada grupo tiene sus propias tradiciones, las cuales legitiman los patrones culturales que acepta.[33]

Al discutir estos asuntos, Berger y Luckmann parecen colocar un peso desmedido sobre la influencia de la sociedad en la determinación de significados, en la definición de las instituciones y en la regulación de la interacción social. Ponen demasiado poco énfasis en la libertad humana. Los profetas indican que los seres humanos tienen la habilidad de innovar, de imaginar, de elegir y de modificar su conducta y pensamiento.[34] Berger pone entre paréntesis la libertad humana debido a su enfoque fenomenológico, pero esto no concuerda con la percepción de la vida diaria por parte de la mayoría de las personas. Los adultos pueden desarrollar expectativas sociales rutinarias sin pensar mucho o sin mayor creatividad (determinismo social), pero las personas sí aceptan libremente elegir puntos de vista culturales o interpretar la vida de nuevas maneras (libertad social). Algunos individuos son más seguros y tienen la voluntad de arriesgarse al rechazo al desafiar ideas convencionales, mientras que otros son más tradicionales. Las condiciones sociales (educación, viajes, posición económica), el sexo, la religión, la edad (los adolescentes tienden a afirmar su libertad) y las ideas culturales (algunas culturas valoran las nuevas ideas) cumplen un rol al influir sobre la respuesta de cada persona a los patrones sociales y a su propia libertad.

El poder de la tradición y de la experiencia. Uno de los roles del profeta era legitimar una particular manera de pensar y de actuar, compatible con la visión de la realidad que Dios tiene (una parte de su universo simbólico). Los profetas usaron dos métodos principales para legitimar su cosmovisión. Primero, los profetas volvieron a narrar tradiciones pasadas: por ejemplo, el poder de Dios en la creación del mundo aparece en Isaías 40:25-26 (posiblemente usando la tradición de Gén. 1:16; Sal. 89:11; 147:4); el jardín del Edén es una idea clave en Isaías 51:3 (ver Gén. 2:8-10); los actos de juicio de parte de Dios sobre Sodoma aparecen en Isaías 13:19 (ver Gén. 19:24-25; Deut. 29:23) y las alusiones al diluvio están en Isaías 54:9 (ver Gén. 9:11,15). Estas tradiciones explican el estilo de vida israelita, justifican varias prácticas culturales e integran el pasado con el presente, lo divino con lo humano y las partes individuales de la vida con el todo. El profeta intentaba transformar la manera de pensar del pueblo, renovando sus mentes de acuerdo a los parámetros de Dios (ver Rom. 12:2).

Un segundo método para legitimar la visión de la realidad de un grupo era apelar a la experiencia. Isaías condenó la confianza en los ídolos porque ellos no pueden decir nada del pasado ni del futuro, ni hacer algo bueno o malo (Isa. 41:24-25; 44:6-8). La experiencia dicta que los ídolos son meramente pedazos de madera, trabajados por los seres humanos. De un pedazo de árbol se hacía un ídolo, pero el resto del árbol se quemaba. La experiencia prueba que los árboles no pueden responder oraciones (Isa. 44:9-22). Los ídolos ni siquiera pueden caminar; deben ser llevados. Los ídolos no pueden hablar ni librar del desastre (Isa. 45:5-7). Sin embargo hace planes, dice cuál será el futuro y luego lo hace realidad (Isa. 45:9-11). Dado que el Dios de Israel se apareció a Moisés en la zarza ardiente (Ex. 3) y su gloria y voz fueron vistas y oídas en el monte Sinaí (Ex. 20; Deut. 5), los israelitas experimentaron a Dios como persona y como poder real.

Comunicación persuasiva de las legitimaciones. Para convencer a los israelitas de internalizar la perspectiva divina, los profetas emplearon formas de expresión tradicionales, que las personas entendían. Si un profeta escogía usar la forma de pleito del pacto (Miq. 6), los diversos componentes del discurso eran dictados parcialmente por la comprensión sociocultural tradicional del pleito secular en la corte. No obstante, el contenido sería confeccionado a la medida del pleito de Dios contra Israel, por quebrar los patrones establecidos en el pacto de Dios con la nación. El profeta Miqueas usó las tradiciones del cuidado de Dios por Israel que la nación tenía (Miq. 6:3-5; ver las tradiciones en Ex. 3–4; 14–15; Núm. 22–24), para mostrar que la visión que el pueblo tenía de los requerimientos de Dios (Miq. 6:6-7) no era coherente con las demandas divinas (Miq. 6:8). Miqueas dijo que al patrón cultural que ellos usaban le faltaban los ingredientes clave (justicia, amor por la misericordia y humildad). Una comprensión de las formas de expresión del entorno cultural de Israel y de las tradiciones teológicas dentro de ellas, aporta un trasfondo para explicar el método de comunicación del profeta.

Estos mensajes proféticos eran necesarios en razón de: (a) problemas causados por el desarrollo de la monarquía; (b) la urbanización y militarización de la nación; (c) el surgimiento de una clase alta rica y (d) el contacto de la nación con la religión y las instituciones sociales cananeas. Con estos cambios, vinieron nuevos valores morales, definiciones alteradas de roles y una solidaridad social debilitada entre los miembros de las tribus.

Muchos israelitas eligieron no seguir el estilo de vida tradicional de sus padres. Como respuesta, los profetas trataron de convencerlos de cambiar sus patrones de conducta y de transformar su manera de pensar acerca de cómo realmente funciona el mundo. Algunas veces los profetas no tuvieron muchas personas que los respaldaran.[35] Así y todo, no permitieron que la cultura determinara el significado de la vida, ni aceptaron sus costumbres sociales sin cuestionarlas. En cambio, ellos intentaron moldear la sociedad para darle una nueva forma. Los profetas dieron nuevas palabras de juicio y nuevos mensajes de esperanza, para lograr una nueva comprensión de cómo Dios gobierna el mundo.

3. Nuevas comprensiones teológicas: Aplicación de las externalizaciones a un entorno

Las personas pueden desarrollar una nueva comprensión de la realidad; pueden *externalizar* nuevas ideas o conductas que no están determinadas por su ambiente social.[36] Así es que, cuando los profetas transmitían la palabra de Dios, ellos no solamente llamaban al pueblo a volver a sus raíces teológicas (la tradición pasada), sino que también introducían nuevas ideas. Dieron nuevo significado a palabras como *fornicaria* (Oseas), una nueva comprensión de un rol (Jer. 23:9-40; Miq. 3:8), nuevas perspectivas sobre el significado de las promesas del pacto (Amós 3:1-2; 9:7) y nuevas interpretaciones de patrones de conducta institucionalizados (Amós 5:21-24). En razón de que la audiencia tenía la libertad de pensar sobre estas nuevas ideas proféticas, algunos las aceptaron (internalización), transformando así su manera de pensar y su accionar.

La fuente divina de las externalizaciones. El texto bíblico muestra que los profetas pensaban que no todos los aspectos de la vida estaban determinados por el entorno histórico y social.[37] Sumados a las fuerzas sociales, también estaban el genio personal, las innovaciones, la imaginación y la voluntad, además de factores divinos o demoníacos, que influían sobre el accionar de las personas.

Cualquier referencia a Dios como una fuerza real en la actividad humana es una piedra de tropiezo para los sociólogos, porque la mayoría de las metodologías sociales (incluso la sociología del conocimiento) excluye a Dios.[38] En parte, esto se debe a que los sociólogos ven la religión como un sistema de creencias y prácticas humanamente construido. La mayor parte de los que creen en el Dios de la Biblia podrían estar de acuerdo en que esto es cierto en el caso de la antigua religión maya, pero que no es cierto en el caso de sus creencias. Esto se debe a que el origen divino de las creencias es siempre una cuestión de fe. Dado que la sociología es una ciencia que no puede probar ni refutar el origen divino de las creencias religiosas, debiera limitarse a describir lo que creen las personas religiosas y la forma en que interactúan. Demasiados sociólogos afirman llanamente que Dios realmente no ha hablado (una declaración de fe que la sociología es incapaz de probar) y que la religión es una proyección de la mente humana.[39] Es imposible para un científico social determinar que Dios realmente no actuó o que una palabra profética en realidad no vino de parte de Dios. No es legítimo ignorar las convicciones que tiene una persona de que dios/Dios ha hablado, porque estas creencias son una parte de lo que motiva la conducta dentro de la cosmovisión de esa persona.

La sociología debería mirar lo que un individuo hace y dice en todas las áreas de la vida y no hacer declaraciones acerca de la verdad última o de las afirmaciones de fe. Una línea delgada divide la tarea legítima de desenmascarar o desacreditar percepciones falsas y la tarea ilegítima de negar la posible existencia de una realidad trascendente.[40]

Un análisis del mundo de los profetas y de sus audiencias no puede ignorar sus creencias acerca de Dios. Esas creencias determinaban la comprensión que las personas tenían de su contexto (Dios les había dado la tierra), el desarrollo de tradiciones sociales (Dios había diseñado su tradición) y su comprensión del futuro (Dios lo determina). Para entender el punto de vista cultural propio de una persona, uno debe dar lugar a una explicación que incluya un accionar divino o demoníaco. El reconocimiento de la importancia del "universo simbólico" por parte de Berger y Luckmann permite incluir una visión divina de la realidad dentro de este. (Las legitimaciones políticas, filosóficas y sociales son también parte del universo simbólico.)[41]

La necesidad de externalizaciones. Las nuevas ideas de los profetas eran necesarias porque la situación histórica de la nación estaba en un cambio constante debido a eventos políticos. Los cambios climáticos causaban fluctuaciones anuales en la prosperidad económica de varios subgrupos, y la condición de ser un estado deterioró la solidaridad tribal y familiar. En forma creciente, Israel recibió el impacto de influencias religiosas y culturales de Fenicia, Asiria y Babilonia, agregado a la rebelión endémica del pueblo en contra de la disciplina que se requería para servir a Dios.

Cuando el profeta Oseas miró su contexto en Israel, vio que los sacerdotes estaban haciendo desviar al pueblo, al descuidar su rol sacerdotal (Os. 4:4-10), que los reyes dependían de otras naciones en reemplazo de Dios (Os. 7:8; 8:8-10), y que el pueblo adoraba a los ídolos de Baal y practicaba la prostitución sagrada (Os. 4:11-15; 11:2; 13:1-2). Los mercaderes usaban pesas engañosas para oprimir al pobre (Os. 12:7-8). Oseas proclamó que estas prácticas eran aceptadas porque el pueblo no conocía a Dios a través de la experiencia. Su percepción de las estipulaciones del pacto era incorrecta, ya que la gente no tenía ningún amor por Dios ni por la verdad, y ningún compromiso con su relación de pacto con Dios (Os. 4:1). Dado que las tradiciones mosaicas de la nación ya no eran una guía para una conducta apropiada, la nación internalizó una visión cananea de la vida, la cual era inconsistente con la revelación pasada de parte de Dios. Este cambio en las creencias de Israel causó un cambio en su relación con Dios. Oseas no aceptó las legitimaciones que respaldaban al baalismo. Él externalizó una comprensión fresca de la relación de Dios con Israel.

Su nuevo mensaje incluía tanto palabras negativas de juicio como palabras positivas de esperanza. Oseas creía que Dios se había alejado debido al pecado de ellos (Os. 5:6). Dios los castigaría porque habían rechazado una relación con Él (Os 5:2). Dios derramaría ira sobre ellos y sufrirían los efectos de una guerra devastadora (Os. 5:8-14; 2 Crón. 28). Además de este mensaje negativo, Oseas agregó una palabra positiva de esperanza concerniente a la situación de Israel después del juicio. La nación eventualmente reconocería su culpa (internalizando el punto de vista del profeta) y buscaría a Dios. Se volverían a Dios y lo conocerían (Os. 5:15-6:3; 14:1-8). Estos dos mensajes describían una realidad futura para la nación y explicaban por qué ocurrirían estas nuevas situaciones.

Esta investigación en Oseas ilustra la manera en que los intérpretes pueden examinar las objetivaciones en la cosmovisión de cada audiencia, para entender la visión de la realidad socialmente construida con la cual interactuaron los profetas. Un estudio de los mensajes del profeta revela exteriorizaciones que desafiaban el *status quo* de ese tiempo y sugerían una nueva manera de mirar la vida. Estas nuevas ideas fueron legitimadas a través de una comunicación persuasiva, de modo que la audiencia pudiera internalizar el mensaje de Dios y cambiar sus vidas.

Consecuencias teológicas y sociales

El cambio en la vida de las personas comienza con la comunicación persuasiva de la palabra de Dios por parte del mensajero (externalización). Si el mensajero moderno es una persona con credibilidad, que puede persuadir a una audiencia mediante la lógica y legitimar el mensaje basándose en tradiciones aceptadas o en la experiencia anterior, algunas personas alterarán su cosmovisión e internalizarán el mensaje. Dado que las normas culturales y los patrones de conducta socialmente aceptados naturalmente se resisten al cambio, no siempre es fácil para los que oyen el mensaje transformar sus viejos hábitos. Independientemente de la respuesta, el mensajero debe entregar el mensaje en forma fiel, y aun así reconocer que es Dios quien obra en forma soberana, para producir resultados que glorificarán su nombre.

Aunque nuestro lenguaje, nuestra cultura y nuestras audiencias sean diferentes de los de los profetas, el proceso de transformación es similar. Nos dirigimos a personas que están profundamente influidas por las costumbres sociales y por la comprensión cultural de la vida moderna. La visión de la realidad socialmente construida que tiene nuestra audiencia, con frecuencia está reñida con la Palabra de Dios y necesita transformación. El proceso de cambio comienza cuando exteriorizamos una nueva visión de la realidad frente a nuestros oyentes. Cuando la audiencia toma conciencia de los caminos de Dios (objetivización), el Espíritu de Dios puede comenzar a hablarle al corazón del oyente. Si las declaraciones de las Escrituras son legitimadas y si somos mensajeros creíbles, que comunicamos de forma persuasiva al identificarnos con las necesidades de nuestra audiencia, algunos van a internalizar el mensaje y establecerán una nueva relación con Dios. Esto transformará la cosmovisión de las personas y cambiará su conducta social. Rechazarán viejos patrones y roles culturales y establecerán nuevos hábitos y nuevas relaciones sociales.

Preguntas para debatir

1. ¿Qué podría usted decir para legitimar la idea de que Dios ama a todos?

2. ¿Cuáles son las objetivizaciones que han sido aceptadas como parte de la cosmovisión socialmente construida que tenía la gente en el libro de Oseas?

3. ¿Qué externalización (nueva idea) de parte de Dios transmitió Oseas?

4. ¿De qué manera la internalización de este mensaje por parte de la gente transformó su conducta?

1. G. A. Smith, *The Book of the Twelve Prophets* I (Nueva York: Armstrong, 1906), 136-37.

2. H. Gunkel, "Fundamental Problems of Hebrew Literary History", en *What Remains of the Old Testament* (Londres: Allen and Unwin, 1928), 60-62.

3. H. S. Mowinckel, *The Psalms in Israel's Worship* II (Nashville: Abingdon, 1962), 53-73. La conexión profética con la adoración en el templo fue también respaldada por A. R. Johnson, *The Cultic Prophet in Ancient Israel* (Cardiff: University of Wales, 1944) y A. Haldar, *Association of Cult Prophets Among the Ancient Semites* (Uppsala: Almqvist and Wiksell, 1945).

4. H. E. Von Waldow, *Anlass und Hintergrund der Verkündigung des Deuterojesja*, Tesis, Bonn, 1953; H. Reventlow, *Liturgie und Prophetisches Ich bei Jeremia* (Gütersloh: G. Mohn, 1963).

5. H. W. Wolff, "Hoseas geistige Heimat", *TLZ* 91 (1956), 83-94, y *Micah the Prophet* (Filadelfia: Westminster, 1981), 3-25.

6. E. Gerstenberger, "The Woe-Oracle in the Prophets", *JBL* 81 (1962), 249-63; y J. W. Whedbee, *Isaiah and Wisdom* (Nashville: Abingdon, 1971).

7. R. R. Wilson, *Prophecy and Society in Ancient Israel* (Filadelfia: Fortress, 1980), 2.

8. Ibíd., 32-51, 58-59.

9. D. L. Petersen, *The Roles of Israel's Prophets*, en *JSOT Sup* 17 (Sheffield: JSOT Press, 1981), 44-45, 64-69. Sigue las ideas de I. Lewis, *Ecstatic Religion: An Anthropological Study of Spirit Possession and Shamanism* (Harmondsworth: Penguin, 1971).

10. Petersen, *Roles of Israel's Prophets*, 70-71, 79-84. Ver J. Muilenburg, "The 'Office' of the Prophet in Ancient Israel", en *The Bible in Modern Scholarship*, ed. J. Hyatt (Nueva York: Abingdon, 1965), 229-49.

11. M. Weber, *Sociology of Religion* (Boston: Beacon, 1964), 46-67, 106; P. D. Hanson, *The Dawn of Apocalyptic* (Filadelfia: Fortress, 1975), 214.

12. K. Mannheim, *Ideology and Utopia: An Introduction to the Sociology of Knowledge* (Nueva York: Harcourt, Brace and Co., 1936), 40. Ver Hanson, *Dawn of Apocalyptic*, 213.

13. W. Brueggemann, *The Prophetic Imagination* (Filadelfia: Fortress, 1978); ver P. L. Berger y T. Luckmann, *The Social Construction of Reality: A Treatise in the Sociology of Knowledge* (Garden City: Doubleday, 1966).

14. Brueggemann, *The Prophetic Imagination* (Filadelfia: Fortress, 1978), 44-79.

15. W. Brueggemann, "Unity and Dynamic in the Isaiah Tradition", *JSOT* 29 (1984), 89-107.

16. R. Fredrichs, *A Sociology of Sociology* (Nueva York: Free Press, 1970).

17. G. Ritzer, *Toward an Integrated Sociological Paradigm* (Boston: Allyn and Bacon, 1981), y *Contemporary Sociological Theory* (Nueva York: Knopf, 1983), 306-12.

18. J. Turner encuentra una convergencia entre el funcionalismo de T. Parsons y el interaccionismo simbólico de H. Blumer. El abordaje del conflicto que hace R. Collins extrae percepciones de Weber, Marx, Durkheim y de los fenomenólogistas. R. Collins, *Conflict Sociology* (Nueva York: Academic Press, 1975), 1-45.

19. Berger, *Social Construction*, 16-18, usa la contribución de Mead al interaccionismo simbólico, la fenomenología de A. Schutz y los estudios de Weber, Marx y Durkheim. G. Ritzer, *Contemporary Sociological Theory*, 209-12, no cree que Berger y Luckmann hayan tenido mucho éxito en su intento de integrar estos enfoques diferentes.

20. G. A. Herion, "The Impact of Modern and Social Science Assumptions on the Reconstruction of Israelite History", *JSOT* 34 (1986), 6-7, 11-14, criticó la tendencia a permitir que la teoría controle la información, en lugar de permitir que la información modifique la teoría.

21. J. D. Douglas, ed., *The Sociologies of Everyday Life* (Boston: Allyn and Bacon, 1980) provee un relevamiento y una evaluación de los varios abordajes dentro de la sociología de la vida diaria. Se encuentran cuatro o cinco *submétodos* dentro de este enfoque amplio de la sociología: interaccionismo simbólico, teoría de los rótulos, fenomenología y etnometodología, y sociología existencial. Estos enfoques son una respuesta a la debilidad en los sociólogos estructurales funcionalistas.

La fenomenología es un abordaje filosófico que descansa sobre la propia visión consciente que el individuo tiene de la vida y trata de no nublarla con una interpretación occidental moderna y foránea, posiblemente prejuiciosa. E. Herssurl es el fundador de esta filosofía y A. Schutz, *The Phenomenology of the Social World* (Evanston: Northwestern Univ. Press, 1967) desarrolló el uso sociológico de la fenomenología.

22. Berger, *Social Construction,* 61.

23. Ibíd., 21-22, 35-38.

24. L. Bonner, *The Stories of Elijah and Elisha as Polemics Against Baal Worship* (Leiden: Brill, 1968).

25. Berger, *Social Construction,* 53-55, tiene una visión muy amplia (e inusual) de las instituciones porque cree que pueden referirse a la aceptación mutua (de modo que tiene control sobre la acción) de patrones de conducta típicos (definidos por conductas pasadas) de por lo menos dos personas en lugar de todo un grupo. Yo no sigo a Berger ni a Luckmann, sino que creo que es la práctica de un grupo.

26. Ibíd., 47-88.

27. Por ejemplo, Berger acepta el casamiento como un arreglo humanamente acordado entre dos familias o personas, pero rechaza la reificación del matrimonio como una elevación falsa de un elemento de la cultura hacia una estructura (natural o divina) que está más allá del control humano. Ver Berger, *Social Construction,* 88-91.

28. Petersen, *Roles of Israel's Prophets,* 16-34; o J. P. y M. L. Hewitt, *Introducing Sociology* (Englewood Cliffs, N. J.: Prentice-Hall, 1986), 45-50.

29. Ritzer, en *Contemporary Sociological Theory,* 162-66, presenta un estudio breve de G. H. Mead en *Mind, Self and Society.* Este ha servido como fundamento para Berger y Luckmann, y también para los de la escuela del interaccionismo simbólico.

30. Berger, *Social Construction,* 92-104.

31. Ibíd., 92-96.

32. J. B. Pritchard, ed., *ANET* (Princeton Univ., 1954), 129-41.

33. Berger, *Social Construction,* 61, 71, 92.

34. P. Berger, *Invitation to Sociology: A Humanistic Perspective* (Garden City, Nueva York: Doubleday, 1963), 122-50, trata el problema de la libertad. Él ve señales de libertad en la elección que una persona hace de una cosmovisión, en la necesidad subjetiva de aceptar objetivaciones, en la desviación, en el distanciarse de los roles y en la "mala fe". No obstante, es escéptico con respecto a las pretensiones de libertad y, en su enfoque, no les da mucho lugar a las innovaciones geniales y verdaderas. Berger admite que

uno puede postular libertad en los que "salen fuera" (él llama a esto "éxtasis") de las expectativas normales del orden social, pero afirma que es imposible demostrar la libertad en forma científica. Esta crítica no es cierta en todos los que usan la sociología del conocimiento. Por ejemplo, ver W. Stark, *The Sociology of Knowledge* (Glencoe: Free Press, 1958), xi, 141-45.

35. La discusión de Berger sobre la necesidad de una "estructura de credibilidad" a los efectos de tener respaldo, puede ser cierta en términos generales, pero parece no tener sustento en el caso del pionero innovador, imaginativo o religioso. Ver Berger, *Social Construction*, 153-56.

36. Ibíd., 104. Su punto de vista sobre la externalización es criticada y ampliada en un trabajo no publicado, escrito por W. M. Lafferty, "Externalization and Dialectics: Taking the Brackets Off Berger and Luckmann's Sociology of Knowledge", presentado en la reunión anual de la American Sociological Association, el 26 de agosto de 1975.

37. J. P. y M. L. Hewitt, *Introducing Sociology*, 88; y G. A. Herion, "The Impact of Modern and Social Science Assumptions on the Reconstruction of Israelite History", *JSOT* 34 (1986), 10-18 evitan los problemas deterministas permitiendo algo de libertad individual.

38. Para una discusión más extensa de estos problemas ver: T. F. Best, "The Sociological Study of the New Testament: Promise or Peril", *Scottish Journal of Theology* 36 (1983), 181-94; B. W. Anderson, "Biblical Theology and Sociological Interpretation", *TToday* 42 (1985), 296-306; y R. Wilson, *Sociological Approaches to the Old Testament* (Filadelfia: Fortress, 1984), 28-29, 81-83. D. Tidball, *The Context of the New Testament: A Sociological Analysis* (Grand Rapids: Zondervan, 1984), 11-22, 137-42, debate este asunto con algo de detalle y específicamente se refiere al enfoque de Berger en la sociología del conocimiento. En *The Sacred Canopy: Elements of Sociological Theory of Religion* (Garden City: Doubleday, 1967), 175-88, Berger llega a la conclusión de que la religión y Dios son proyecciones humanas. Su *A Rumor of Angels* (Garden City: Doubleday, 1969), 49-95, sugiere que hay alguna otra cosa más allá del hombre, pero que es sólo un rumor. El orden, el juego, la esperanza, la justicia y el humor son "señales de una realidad trascendente" en el mundo empírico de la especie humana. En la página 88, él afirma la concepción del Antiguo Testamento de un Dios totalmente otro (no en el hombre ni en la realidad natural del hombre).

39. Berger, *The Sacred Canopy*, 180, hace tal afirmación.

40. R. Perkins, *Looking Both Ways: Exploring the Interface between Christianity and Sociology* (Grand Rapids: Baker, 1987), 1-39; y Berger, *Invitation to Sociology*, 38-39.

41. Berger, Social Construction, 92-128.

Capítulo 3

Amós:
¡El fin ha llegado!

Introducción

¿De qué manera alguien le dice a una persona que va a morir pronto? ¿Es mejor guardar silencio y no decir nada, o hay una obligación moral de hablar? Si es posible evitar la muerte, es necesario que alguien diga algo. ¿Pero cómo se le dan las malas noticias a una persona que piensa que todo está muy bien? ¿Qué hace uno si la persona rechaza la verdad y se pone en contra del mensajero?

El profeta Amós podría haber guardado silencio con respecto a los problemas de Israel. En cambio, eligió decirle a la nación que sus días estaban contados. ¡Dios va a destruir a Israel! ¡Llegará su fin! ¡El rey morirá! ¡El ejército será humillado! ¡El pueblo vivirá en el exilio!

Este mensaje era casi increíble para los israelitas, pero Amós tenía la responsabilidad de persuadir a su audiencia sobre su condena inminente. La confianza que tenía la nación en el poder militar, en los rituales del templo y en su carácter de pueblo escogido no impedirían el juicio de Dios.

Amós, al igual que los mensajeros de Dios en el día de hoy, debía comunicar lo que Dios decía, fuera esto popular o impopular. Si Dios rugía como un león en contra del pecado de la nación, el mensajero debía hablar (3:8). Si el fin estaba cerca, el pueblo debía ser advertido.

Entorno social

Contexto histórico

Amós vivió durante el reinado de Jeroboam II, rey de Israel (1:1). En este tiempo, Egipto se había debilitado debido a la división interna y Asiria estaba preocupada por Urartu al norte. Esto hizo posible que Israel y

	Judá	Israel	Egipto	Asiria
Rey	Uzías	Jeroboam II	Dinastía XXII	Assur-Dan
Poder	fuerte	fuerte	débil	débil

Judá llegaran a ser naciones poderosas.[1]

En Judá, donde nació y se socializó Amós, el rey Uzías reforzó las murallas de Jerusalén y equipó a su ejército de elite de 307.500 combatientes, con los mejores implementos de guerra (2 Crón. 26:1-15). Uzías trajo gran prosperidad y estatus a Judá (Isa. 2:7; 3:16-24). Una situación similar se desarrolló en Israel, la nación del norte. El rey Jeroboam II extendió los límites de Israel hasta Hamat (6:14) tal como Jonás lo había profetizado (2 Rey. 14:23-27). El poder militar y la prosperidad de Israel estaban en su punto más alto durante el ministerio de Amós. Así que su ministerio tuvo lugar durante la última parte del reinado de Jeroboam (765–760 a.C.).[2] Hay evidencia de un severo terremoto en Hazor que coincide con esta fecha, ya que Amós habló "dos años antes del terremoto" (1:1).[3]

La estructura del orden social

Para enfrentar las necesidades de su tiempo, Amós tuvo que entender cómo pensaba la gente en Samaria, la capital de la nación del norte (3:9-15; 4:1-13; 6:1-14) y en el templo central de Bet-el (7:1-9,10-17). Su manera de mirar al mundo, le daba sentido a la vida y proveía un contexto para interpretar la interacción social.

El poder político de Israel estaba centralizado en el rey, en sus oficiales burocráticos y en su ejército (2 Rey. 14:25). Amós no interactuó personalmente con el rey, no cuestionó la legitimidad de su poder como líder de una nación separada de Judá, ni condenó sus conquistas militares. En cambio, se dirigió a los ricos líderes burocráticos, a los "notables y principales entre las naciones" (6:1). Por momentos Amós le habló a toda la nación (Isaac en 7:9,16; Jacob en 3:13; 7:2; José en 5:15; 6:6; e Israel). En otras situaciones, mencionó grupos más pequeños como las mujeres ricas de Basán (4:1) o los que se sentían seguros en Samaria (6:1).

La institución cívica más importante que Amós identificó fue el tribunal de justicia. A esta corte se le confiaba el mantenimiento del orden, la protección de los derechos del inocente y la preservación de la justicia (Ex. 23:1-8; Deut. 25:1-3). No obstante, esta corte no defendía la justicia (2:6,8; 5:10,12), porque las personas eran vendidas como esclavas por deudas pequeñas.

La población estaba claramente dividida en dos grupos socioeconómicos: la clase alta rica y la clase baja pobre. Este proceso de estratificación social comenzó en los días prósperos de David y de Salomón (1 Crón. 11; 23–27; 1 Rey. 9:15-22; 12:1-4). Los ricos en Samaria eran dueños de lujosas fortalezas palaciegas (3:9-12; 4:1-2; 5:11), casas de verano y de invierno (3:15) y disfrutaban de fiestas opulentas (6:4-7). Algunas familias eran dominadas por mujeres poderosas (4:1); otras eran controladas por mercaderes inescrupulosos (8:4-6). Los sermones de Amós interactuaron con la ideología de estos grupos.

Algunos en la clase baja eran campesinos (5:11; 8:4-6), pero Amós no interactuó con ellos ni los incitó a hacer una revuelta. No hay ninguna referencia a un grupo que respaldara a Amós dentro de la clase baja. Amós predijo la caída de toda la nación, no solo de la clase alta.

Los templos estatales en Bet-el y en Dan, y los lugares altos en Gilgal y en Beerseba le daban identidad espiritual a la nación (5:5; 8:14). Amasías tenía el rol de (sumo) sacerdote en Bet-el, donde servía bajo la autoridad de Jeroboam II (7:10). Su habilidad para impedir que Amós le hablara a la gente que adoraba en el templo sugiere que Amasías podía controlar la perspectiva cultural ligada a las funciones del templo

(7:12-13). Se celebraban los sacrificios y se cantaban los cantos tradicionales (4:4-5), pero la adoración incluía el reconocimiento de otros dioses (5:25; 8:14).

La ubicación social y el rol del profeta

Amós aprendió acerca del mundo socialmente ordenado del lenguaje, de los objetos y de las instituciones, a través de su familia y de sus pares en un entorno muy diferente al de los centros urbanos de Samaria y Betel. A medida que aprendió el hebreo de Judá, internalizó el significado de palabras como justicia, entendió el rol de juez, leyó las tradiciones de la nación en la ley y llegó a creer en Dios.[4]

Parte de la visión que el profeta tenía de la vida estaba condicionada por su ubicación geográfica en Tecoa (1:1), una pequeña villa en el campo, que estaba alrededor de dieciséis kilómetros (diez millas) al sur de Jerusalén. Aunque era una zona rural, era posible ir caminando al templo y a la corte real. Tecoa era uno de los campamentos militares fortificados en la frontera sudeste de Judá (2 Crón. 11:5-12). Dado que en Tecoa vivían soldados, era probable que hubiera escuelas disponibles. La interacción social de Amós con los soldados le proveyó de conocimiento sobre los asuntos militares de otras naciones y lo introdujo al oráculo de guerra[5] que él imita en Amós 1–2. Tecoa estaba situada en el límite entre las colinas de pastura hacia el oeste y el yermo seco y montañoso hacia el este. Amós trabajaba con ovejas y cultivaba higueras, posiblemente una plantación cerca del mar Muerto (unos tres kilómetros [dos millas] al este de Tecoa). Las metáforas e ilustraciones del libro (el rugido del león, 3:4; la zarandeada del grano, 9:9; el arado con bueyes 6:12) señalan a una persona que entendía la vida rural y había sido moldeado por ese ambiente social. No obstante, Amós no era un campesino ignorante; sus mensajes muestran familiaridad con las tradiciones del pacto, de los himnos, de la ley y de la sabiduría.[6]

La ocupación de Amós está definida por la extraña palabra que se usa para pastor en 1:1 (*noqed*). En ugarítico, esta palabra se refería al que estaba a cargo de los pastores del templo más que a un pastor común que cuidaba ovejas.[7] Por esta razón, Kapelrud llega a la conclusión de que Amós funcionaba como un oficial del culto. Un estudio de este término en acadio, en ugarítico y en la lengua de Ur hizo que Craigie llegara a la conclusión de que estos pastores no tenían ningún rol sagrado en los servicios del templo.[8] Esta evidencia sugiere que Amós era una persona educada con responsabilidades de conducción, probablemente con un nivel de clase media.[9]

La ocupación de Amós, de estar a cargo de los pastores, fue interrumpida abruptamente cuando Dios lo llamó como profeta. Amós se fue desde su tierra natal de Judá a comunicar la palabra de Dios a la gente de Israel. Ellos tenían patrones culturales de conducta y creencias teológicas diferentes, que estaban en conflicto con lo que Dios le dijo a Amós (7:14). Amasías le dijo a Amós el "vidente" (*hozeh*) que se fuera a ganar la vida a Judá.[10] Amós respondió: "No soy profeta [*nabi*], ni soy hijo de profeta", sino un pastor (7:14-15).

Los intérpretes han entendido este pasaje de dos modos diferentes. Algunos arribaron a la conclusión de que Amós no estaba ocupando el rol de un profeta cúltico profesional, de "un vidente" que se ganaba la vida profetizando. Más bien, se ganaba la vida cuidando ovejas. Otros han sostenido que Amós dijo: "No, soy un profeta, el discípulo de un profeta".[11] El segundo punto de vista es menos verosímil, dado que nada indica que Amós fuera miembro de una agrupación de profetas, ya sea de la corte real o del templo en Jerusalén.[12]

Amós proveyó una legitimación social para su función de mensajero de Dios al señalar su llamado (7:14). Él creía que Dios le había ordenado profetizar en Israel. Las fórmulas proféticas ("así ha dicho Jehová" o "dice Jehová el Señor") al comienzo y al final de muchos oráculos muestran que él cumplió con ese rol. Aparentemente, Amasías esperaba que Amós sólo pronunciara mensajes positivos para sostener las prácticas institucionales y las figuras de autoridad existentes en Israel.[13]

Como orador, Amós desplegó formas creativas de pensar. Escribió en pares los oráculos contra las naciones en 1:3–2:16 y colocó de a dos las visiones en 7:1–9:4. Amós se basó en formas literarias de la lengua que eran comunes en su entorno (himno, visión, disputa, oráculo de juicio, oráculo de lamentación y oráculo de salvación). Amós interactuó con varias tradiciones teológicas que su audiencia aceptaría como autorizadas (Sodoma y Gomorra en 4:11; el éxodo en 2:10; 9:7). Éstas legitimaron su cosmovisión y demostraron cómo su audiencia había entendido mal la instrucción pasada de parte de Dios.[14] Al desenmascarar públicamente la discontinuidad entre la manera de pensar de la audiencia y estas tradiciones israelitas fidedignas, Amós puso presión social sobre su audiencia para que ellos resolvieran la disonancia interna entre estos dos mundos.

Interacción social

El libro de Amós

Amós pudo haber predicado mensajes adicionales mientras estaba en Israel o más tarde en Judá, pero la evidencia presente limita el estudio a la forma canónica del libro de Amós. Algunos eruditos tienen la hipótesis de que hay un proceso histórico en la redacción del texto, pero otros sostienen la unidad del libro.[15] Los sermones del profeta se pueden dividir en tres secciones principales:[16]

    I. Juicios sobre las naciones 1:1–2:16

        A. Oráculos contra las naciones 1:1–2:3

        B. Oráculos contra Judá e Israel 2:4-16

    II. Verificación del juicio de Dios sobre Israel 3:1–6:14

        A. Detrás de todo resultado hay una causa 3:1-8

        B. Confirmación del castigo de Israel 3:9–4:3

        C. Israel no tiene la voluntad de volverse a Dios 4:4-13

        D. Lamento sobre Israel, la nación muerta 5:1-17

        E. Oráculo de lamentación concerniente a falsas esperanzas 5:18-27

        F. Oráculo de lamentación sobre la falsa seguridad 6:1-14

III. Visiones y exhortaciones del fin 7:1–9:15

A. Compasión en vez de juicio 7:1-6

B. Destrucción en lugar de perdón 7:7-17

C. Llanto al final, sin perdón 8:1-14

D. Ningún pecador puede escaparse del juicio de Dios 9:1-10

E. Epílogo: restauración después del juicio 9:11-15

Al aplicar conceptos de la teoría de la comunicación y de la sociología del conocimiento a la interacción entre Amós y su audiencia, será posible estudiar cómo Amós transformó la manera de pensar de sus oyentes.

I. Juicios sobre las naciones 1:3–2:16

Los *oráculos contra las naciones* se dirigen al entorno de seis naciones extranjeras (1:3–2:3) y luego a la situación en Judá e Israel (2:4-16). Las políticas sociales opresivas de los estados vecinos le dieron al profeta la oportunidad de criticar patrones de conducta inaceptables, dentro de un contexto que no era amenazador para su audiencia israelita.

Es imposible reconstruir la situación histórica o cultural de cada nación, pero Amós proveyó alguna información sobre sus prácticas militares y no militares. Describió la estrategia siria y amonita de maltratar a los derrotados en la guerra. La barbarie reemplazó el respeto por los indefensos.[17] Filistea y Tiro se ocuparon de entregar "a todo un pueblo cautivo a Edom" para obtener provecho rápido en el mercado de esclavos (1:6,9).[18] Cada nación fue acusada de una conducta desviada, que Amós y su audiencia consideraban dignas de juicio.

Wright sugiere que estas naciones dañaron al pueblo de Dios y quebraron normas del pacto israelita, pacto bajo el cual estuvieron durante el reinado de David y de Salomón (150 años antes).[19] Esta explicación parece improbable, dado que el pacto de Tiro (1:9) era político (1 Rey. 5:1; 9:12-13) y no teológico. Además, el texto no dice que estos actos fueron cometidos contra Israel (ver 2:1-3).

Estas naciones quebraron sus propias normas sociales y morales (no las tradiciones israelitas). Antropólogos y sociólogos han descubierto que todas las comunidades desarrollan reglas ordenadas, que definen roles y regulan la manera en que los miembros de la sociedad se relacionan unos con otros. Estas normas de conducta identifican acciones que son correctas (agradar a los dioses) y las que son incorrectas.[20]

Textos del antiguo Cercano Oriente revelan algunas de estas normas. Las "declaraciones de inocencia" de la literatura egipcia reconocía que la violencia, las mentiras, el maltrato de los pobres, el homicidio, el adulterio, la codicia, la blasfemia, el engaño en el peso del grano y el orgullo eran incorrectos.[21] Tratados internacionales de origen hitita y asirio incluían acuerdos de no saquear las ciudades de otras naciones, ni masacrar a sus ciudadanos o molestar a sus muertos.[22] Estos textos demuestran que estos actos de opresión eran conductas desviadas dentro de su propio mundo social (ver Rom 1:18–2:16). Los israelitas, al escuchar a Amós, habrían internalizado su punto de vista y habrían refrendado su anuncio de juicio.

Para comunicar su mensaje, Amós diseñó su sermón usando los patrones literarios de "oráculos de guerra" (que probablemente oyó en el campamento militar en Tecoa).[23] Estos discursos eran presentados antes de una batalla, después de consultar el Urim y el Tumim (Jue. 20:23-28), para asegurar la protección del pueblo de Dios y la derrota de sus enemigos (Núm. 24:15-24).[24] Amós tuvo la libertad de externalizar una nueva organización de esta forma (notar el patrón de oráculos en pares),[25] y un final único que lo hizo mucho más poderoso que un oráculo de guerra común.

El mensaje de Amós, el cual él atribuyó al dictado del Señor,[26] contenía principios teológicos y sociales clave, los cuales eran parte de su universo simbólico. Dios está soberanamente en control de todas las naciones. Todos los pueblos son responsables ante Él, sobre la base de la conciencia y de la comprensión por parte de sus comunidades, de lo que es una conducta correcta o incorrecta. El castigo de Dios es particularmente severo sobre naciones y gobernantes que usan mal su poder para maltratar a los débiles.

El sermón de Amós predijo un nuevo entorno social para las naciones extranjeras. Su fin había llegado; Dios los destruiría. Dado que los israelitas aceptaban la aplicación de estos principios teológicos a sus enemigos, Amós pudo usar la lógica de estos conceptos cuando se refirió a la violencia de Israel.

El séptimo oráculo (2:4-5) condenaba a Judá por rechazar la ley del Señor, esa fuente de conocimiento trascendente que definía la conducta apropiada para el pueblo elegido por Dios. En lugar de seguir la tradición dada en la Torá, los líderes decían mentiras y hacían descarriar al pueblo (ver Isa. 3:12; 9:15-16; 28:15). Tales actos desviados llegaron a intensificarse cuando las tradiciones se divorciaron de la vida diaria y las figuras de autoridad legitimaron otras opciones culturales.[27] Cuando la audiencia israelita estuvo de acuerdo en que Dios debía juzgar a Judá por no guardar la ley, Amós tuvo la oportunidad de usar esa conclusión para evaluar la conducta social y las creencias teológicas de Israel.[28]

Este largo sermón llegó a su clímax en el mensaje final contra Israel (2:6-16). La acusación estaba basada sobre: (a) la conducta opresiva de los poderosos y ricos (2:6-8); (b) el rechazo de los actos de gracia de parte de Dios a favor de su pueblo y (c) el rechazo por parte de ellos de los mensajeros de Dios (2:9-12). Los ricos violaban los patrones de conducta tradicionales, legitimados por las tradiciones teológicas de la nación. Vendían a los pobres como esclavos por deudas pequeñas, pisoteaban a los desvalidos en el polvo y abusaban sexualmente de sus siervas (2:6-8). Tales desviaciones en general eran percibidas como depravación moral, enfermedad mental o ignorancia, pero muchos israelitas las aceptaban.[29] Estos pecadores no habían internalizado las tradiciones de la nación, que les enseñaban a sostener a los pobres con una mano abierta de generosidad, debido a que Dios los había liberado de la esclavitud en Egipto (Deut. 15:7-15). Israel había olvidado las tradiciones acerca del cuidado de Dios para con ellos en su debilidad en Egipto (Ex. 14-15), cómo los había conducido por gracia en el desierto y había derrotado a los amorreos (2:9-10; ver Núm. 13).

El sermón de Amós llegó a la espantosa conclusión de que Israel no era mejor que los paganos. El fin había venido para Israel y su poderoso ejército (2:13-16). Este devastador mensaje exteriorizaba una nueva visión de la realidad. ¡Dios iba a hacer lo inimaginable!

II. Verificación del juicio de Dios sobre Israel 3:1–6:14

Dado que este mensaje no tenía nada que ver con lo que la fuerte posición militar de la nación parecía indicar, a muchos israelitas no les resultó fácil aceptar el mensaje de Amós. Era necesario que él justificara su afirmación. Amós desenmascaró tres áreas de incongruencia en la conducta de ellos: (a) los poderosos se abusaban de los pobres (3:1–4:3); (b) la adoración del pueblo era inaceptable (4:4-13) y (c) la nación dependía de esperanzas falsas (5:1–6:14).[30]

En su primer sermón (3:1–4:3), Amós describió el entorno de los ricos en sus fortalezas palaciegas en Samaria (3:9-11; 4:1). El mundo de su realidad objetiva incluía casas de invierno y de verano, un lujo usualmente solo disfrutado por los reyes (3:15).[31] Sus grandiosas casas estaban hechas de costosas piedras labradas (5:11; 6:11) y tenían muebles con incrustaciones exóticas de marfil (3:15). La clase alta ganaba y sostenía su nivel social mediante la violencia (3:9-10). Oprimían a los pobres (4:1), imponiendo rentas e impuestos muy elevados (5:1–6:14).[32]

Amós quería transformar la interpretación que hacía su audiencia de las tradiciones de la nación (3:1-2). Habían cosificado su liberación de Egipto (Ex. 14:1–15:17) y su elección para ser el pueblo de Dios, de modo que se transformaran en una garantía absoluta de protección divina, desconectada de una conducta según el pacto (Ex. 19:5-6; Deut. 7:6-9).[33] Amós no rechazó la tradición de ellos, pero usó un tipo de discurso en forma de disputa para criticar su lógica (3:1-8).

Amós introdujo una nueva comprensión lógica de la tradición del pacto. Sostuvo que *detrás de todo resultado hay una causa* (3:1-8), que privilegio significa dar cuentas (y en este caso, castigo) y no una bendición automática (3:2). La gracia anterior de Dios no era una garantía eterna, dado que sus bendiciones estaban ligadas a guardar el pacto y a vivir de acuerdo a sus normas. La cosificación retorcida de la "ortodoxia" por parte de la nación eliminó la dinámica de una relación de confianza con Dios, aferrándose falsamente a la expectativa del privilegio. Amós *reconfirmó el castigo de Israel* (3:9–4:3) al expandir su descripción del plan de Dios de enviar un ejército para destruir las fortalezas, los altares y la riqueza de Israel (3:11-12,14; 4:3-4). Su mundo terminaría.

El segundo sermón se enfocó sobre *la falta de voluntad de Israel para volverse a Dios* (4:4-13). Amós remedó el rol social del sacerdote (comparar con Lev. 23:2,4; Joel 1:14; 2:15-16) haciendo un llamado sarcástico a la adoración (4:4-5). Con audacia, caratuló como transgresión los actos de adoración de Israel. Ellos llevaban a cabo rituales institucionalizados vacíos para aumentar su nivel social. La audiencia era la clase alta rica, debido a que Amós los describió diciendo que ofrecían sacrificios extras y daban sus diezmos cada tercer día. Dios estaba preocupado por cualidades interiores como la justicia, el amor hacia Dios y la humildad (Deut. 6:5; Amós 5:24; Miq. 6:6-8) y no por despliegues públicos de piedad hipócrita (6:5). El ritual tenía el propósito de ser un símbolo gráfico para ayudar a los adoradores a encontrarse con Dios. Si ellos no volvían sus corazones hacia Dios, su adoración se transformaba en burla. Dios odiaba y no aceptaba la adoración proveniente de una vida sin rectitud o de gente que adoraba a otros dioses (5:21-26; 8:14).[34]

A pesar de ser castigado una y otra vez con maldiciones[35] (falta de comida, falta de lluvia, plagas), el pueblo verdaderamente no se volvió a Dios. Estos castigos pueden ser vistos como una "terapia" divina para destruir una visión cultural desviada de la realidad y sus legitimaciones.[36] Dado que Israel no aprendió de estas experiencias, Amós anunció que Dios, el Creador del universo, quien conocía todos los pensamientos de ellos, a quien le habían cantado himnos, se encontraría con ellos en un juicio (4:12-13).[37]

Amós *se lamentó sobre Israel, la nación muerta* (5:1-17) para convencer a su audiencia de la seriedad de su estado futuro.[38] El pueblo de Samaria creía en la tradición popular cosificada: "Dios estará con nosotros" (5:14, ver tradiciones como las de Deut. 31:6-7; Jos. 1:5). Amós trató de sacudir la seguridad de ellos y de transformar su comprensión. "Dios estará con nosotros" no es garantía alguna de bendición. La nación estaba condenada a muerte; solo el remanente que buscara a Dios y practicara la justicia viviría (5:4-6,14-15) cuando Dios pasara en medio de ellos (5:17; en Ex. 11:4; 12:12, Dios pasó por Egipto con juicio).[39]

El tercer sermón contiene *oráculos de lamentación concernientes a falsas esperanzas* (5:18-27) y a una *falsa seguridad* (6:1-14).[40] Amós confrontó a los que descansaban sobre las tradiciones de la nación acerca del día de Jehová (5:18-20), sobre su propia riqueza (6:1-7) y sobre el poder militar de la nación (6:8-14). Estos oficiales vivían en casas hermosas y disfrutaban de banquetes lujosos (6:4-6). Interpretaban naturalmente la realidad objetiva con imágenes muy positivas. En su orgullo (6:6-8), ignoraban el caos social de la nación. No tenían ninguna razón para estar orgullosos. Sus riquezas eran ganadas mediante el trato vergonzoso de los pobres y a través de victorias militares determinadas por la gracia de Dios (2 Rey. 13:4-5; 14:25-27). Estos opresores se engañaban a sí mismos con una ideología nacionalista basada en una falsa comprensión de la fuente de sus bendiciones.

Amós intentó transformar la base de la seguridad que ellos tenían, corrigiendo su comprensión del día de Jehová (5:18-20). Habían internalizado la visión de que Dios salvaría a su pueblo y juzgaría a sus enemigos. Amós no negó que el día de Jehová vendría, pero externalizó una nueva aplicación teológica de esta tradición, transformándolo en un día de oscuridad para Israel.[41] Pronunció una lamentación sobre Israel, porque pronto estarían en un nuevo entorno más allá de Damasco (5:27); los banquetes suntuosos de los ricos llegarían a su fin (6:7); las casas seguras se harían añicos (6:11); y el lamento llenaría a la nación (5:1-3,16-17).

Las bendiciones de Dios no se concedían automáticamente a los herederos de la verdadera tradición teológica. Las bendiciones estaban reservadas para los que tuvieran temor de las palabras de Dios (3:7-8), se volvieran a Él con todo su corazón (4:6-11), lo adoraran (4:4-5,12; 5:4-6), actuaran justamente (5:14-15), se afligieran por los menos afortunados (6:6) y rechazaran actitudes de orgullo y de autosuficiencia (6:8-14).

III. Visiones y exhortaciones del fin 7:1–9:15

La sección final del libro trata sobre el rol social que Amós asumió cuando fue llamado a ser un profeta (7:10-17), cinco visiones concernientes al juicio de Israel (7:1-9; 8:1-3) y un mensaje final de esperanza (9:11-15).

Las cinco visiones de Amós dramatizaron el juicio de Dios y le dieron al profeta una percepción del futuro. El primer par de visiones describe la *compasión de Dios, en vez de juicio* (7:1-3,4-6). Un gran fuego y un enorme enjambre de langostas le dieron a Amós un cuadro gráfico del poder de Dios. Amós se llenó de compasión e intercedió por sus hermanos pecadores. En respuesta, de manera sorpresiva (a la luz de declaraciones de juicio anteriores) y por gracia, Dios detuvo el juicio. El segundo par describe *llanto al final sin perdón* (7:7-9; 8:1-14), dado que Dios determinó no librar más a la nación. Él haría que el rey Jeroboam, el templo y el pueblo de Israel llegaran a su fin.

La última visión describió la destrucción del templo y enfatizó que *ningún pecador puede escaparse del juicio de Dios* (9:1-4). Cada una de estas visiones era una legitimación visual de las afirmaciones anteriores de Amós. Dios creó el mundo y lo controla (9:5-6; ver Sal. 24:1-2), de modo que Él tiene el poder de determinar lo que ocurrirá sobre la tierra. ¿Cómo puede alguien esconderse de los ojos de este Dios soberano (ver Sal. 139:1-9)?

Justo antes del mensaje positivo del final, Amós presentó una nueva comprensión del éxodo de Israel desde Egipto (Ex. 14–15). Amós dijo que Dios no actuaba ni en juicio ni en gracia, sobre la base de la experiencia que el pueblo había vivido en el éxodo. Actuaba sobre la base de la respuesta personal hacia Él. Así como Él extendía su gracia a israelitas y a no israelitas (9:7), del mismo modo su juicio caería sobre todos los pecadores, incluidos los israelitas (9:10). Aunque era popular pensar que la calamidad nunca tocaría a Israel (9:10), Amós externalizó una visión conflictiva. La gran zarandeada de justicia de parte de Dios separaría a los justos de los malvados (9:9). Amós trató de transformar la ideología ilusoria del pueblo, presentando una nueva mirada a las fuerzas sociales, políticas y divinas que obran en el mundo.

El libro de Amós termina con un *epílogo de restauración después del juicio* (9:11-15). Aunque la comunicación de Amós fue principalmente negativa, el universo simbólico incluía la esperanza de restauración.[42] A pesar de que muchos israelitas querían que viniera el reino de Dios, el sermón final de Amós anunció que este llegaría a ser realidad en algún momento en el futuro. Dios reconstruiría el reino de David, tal como lo había prometido en el pacto davídico (ver 2 Sam. 7:8-17). En ese tiempo, "serán benditas ... todas las naciones de la tierra" (Gén. 12:1-3), cuando se sometan al Señor (9:12). Luego Dios restauraría a Israel (9:14), derramaría las bendiciones del pacto sobre la tierra y haría que esta produjera con abundancia (comparar Lev. 26; Deut. 28:1-14). Amós no describió este nuevo entorno en forma completa, pero los profetas posteriores proveen detalles adicionales acerca de este reino glorioso.[43]

Consecuencias teológicas y sociales

Cualquiera que proclama que el fin está cerca corre peligro de ser ignorado o silenciado. Muchos sienten que solo los necios radicales hablan de esta manera, que el tiempo de la predicación sobre "fuego y azufre" ya pasó. Nadie puede negar la ortodoxia teológica de lo que dijo Amós. Dios está soberanamente en control de las naciones. Él juzga a los que con orgullo confían en la fuerza militar u oprimen a otros con violencia. ¿Quién podía defender a los israelitas que se rehusaban a encontrarse con Dios en la adoración, que basaban su fe sobre esperanzas falsas y que defraudaban a los pobres?

¿De qué manera una audiencia en el día de hoy aceptaría un sermón sobre el juicio de Dios sobre nuestra nación por nuestros fracasos? Es probable que no sería realmente popular, debido a que pocos quieren oír críticas.

Se requieren grandes habilidades comunicativas, si es que uno espera transformar la manera en que la gente piensa y actúa. Los comunicadores efectivos hacen que sus oyentes acepten sus principios antes de aplicarlos (Amós 1–2), hacen uso de la lógica (3:1-8), el sarcasmo (4:4-5) y la repetición (4:6-11) para lograr su cometido. Una audiencia escuchará a los que lloran por ellos más que a los que les gritan (5:1-17), a los que interceden a su favor (7:1-6) y a los que ponen un equilibrio entre las malas noticias y las buenas (9:11-15). El mensajero debe usar los mejores medios para persuadir a algunos. La falta de popularidad de un mensaje no excusa al mensajero de hablar, pero probará el carácter del mensajero y su habilidad para el discurso.

Preguntas para debatir

1. ¿Cómo puede usted advertir a otra persona que el fin está cerca, sin sonar como un fanático?

2. ¿Cómo puede la oposición de Amós a la injusticia social ser un ejemplo para los predicadores de hoy?

3. ¿Puede usted identificar las diferencias socioculturales entre Amós y la comprensión de la adoración (4:4-5; 5:21-27) y de la riqueza (6:1-7) que tenía su audiencia?

4. ¿Qué técnicas de comunicación ayudaron a Amós a persuadir a su audiencia en los capítulos 1–2?

1. J. Bright, *A History of Israel*, 3ra ed. (Filadelfia: Westminster, 1972), 252-55. Comparar con D. B. Redford, *Egypt, Canaan, and Israel in Ancient Times* (Princeton: Princeton University Press, 1992), cap. 12, 312-64.

2. J. H. Hayes, *Amos the Eighth-Century Prophet: His Times and His Preaching* (Nashville: Abingdon, 1988), 26-27.

3. Y. Yadin y otros, *Hazor II: An Account of the Second Season of Excavation, 1956* (Jerusalén: Magness, 1960), 24-26, 36-37.

4. Berger y Luckmann, *The Social Construction of Reality: A Treatise in the Sociology of Knowledge* (Garden City: Doubleday, 1976), 19-23, 34-37.

5. Ver notas 22 y 24 en págs.

6. H. W. Wolff, *Amos the Prophet: The Man and His Background* (Filadelfia: Fortress, 1973), 138, ve influencias de la sabiduría de un clan en su uso de dichos que tienen que ver con números, "por tres … y por el cuarto", en el uso de un oráculo de lamentación y de cortos dichos proverbiales en 3:3-8.

7. J. B. Pritchard, ed., *ANET* (Princeton: Princeton Univ., 1954), 141.

8. A. S. Kapelrud, *Central Ideas in Amos* (Oslo: Aschehoug, 1956); P. Craigie, "Amos the *NOQED* in Light of Ugaritic", *Studies in Religion* 11 (1982), 29-33. S. M. Paul, *A Commentary on the Book of Amos* en *Her* (Minneapolis: Fortress, 1991), 34, no encuentra ninguna evidencia de un rol cúltico para Amós.

9. Wilson, *Prophecy and Society in Ancient Israel* (Filadelfia: Fortress, 1980), 268, ha sugerido que Amós era un miembro de la clase alta y posiblemente parte integrante de la clase dirigente religiosa en Jerusalén. Esto está basado en la suposición poco probable de que Amós era el "jefe" de los pastores.

10. Los videntes algunas veces se asociaban con roles en la corte real de Judá (1 Crón. 21:9; 2 Crón. 9:29; 19:2) o con el canto en el templo de Jerusalén (1 Crón. 25:5; 2 Crón. 29:30), pero en otras partes la palabra se usaba bastante como sinónimo y en paralelismo con el término profeta (Isa. 29:10). Ver D. Petersen, *The Roles of Israel's Prophets*, 51-58.

11. La primera interpretación es aceptada por J. Mays, *Amos* (Filadelfia: Westminster, 1969), 136-38, mientras que S. Cohen, "Amos Was a Navi", *HUCA* 32 (1961), 175-78, sostuvo la segunda. G. F. Hasel, *Understanding the Book of Amos: Basic Issues in Current Interpretations* (Grand Rapids: Baker, 1991), 42-47, hizo un estudio de los problemas sobre esta cuestión.

12. Petersen, *The Role of Israel's Prophets*, 58, cree que Amasías estaba identificando a Amós como un "vidente" de Judá, lo cual es un rol diferente del de un profeta israelita.

13. Estas eran características del profeta central. Amós más bien se estaba comportando como un profeta periférico.

14. Un ingrediente clave del enfoque de la sociología del conocimiento es que la gente produce su mundo social. Berger, *Social Construction*, 62. M. D. Carroll, *Context for Amos* (Sheffield: JSOT, 1992), 64-71, hace un buen uso del acercamiento de Berger a la sociología del conocimiento.

15. Hayes defiende la unidad del libro mientras que Wolff encuentra cinco niveles de redacción en Amós. S. M. Paul, *Amos* en *Her*, 16-26; 288-89, argumenta en contra de los que niegan que Amós escribió ciertos pasajes en el libro.

16. G. V. Smith, *A Commentary on the Book of Amos* (Grand Rapids: Zondervan, 1988), 7-9.

17. Una tendencia similar hacia la inhumanidad se encontró en los anales del rey asirio Azur-nasir-apli II: "Quemé a muchos cautivos de entre ellos. Capturé muchas tropas; a algunos les corté los brazos (y) las manos; a otros les corté las narices, orejas y extremidades. Les saqué los ojos a muchos de los soldados. Hice una pila con los vivos (y) una con las cabezas. Colgué las cabezas en árboles alrededor de la ciudad. Quemé a los varones (y) a las niñas adolescentes". A. K. Grayson, *Royal Assyrian Inscriptions* II (Wiesbaden: Harrassowitz, 1976), 126.

18. I. Mendelsohn, *Slavery in the Ancient Near East* (Nueva York: Oxford, 1949). Esto no puede referirse a la toma de prisioneros de guerra, dado que los textos bíblicos (Deut. 20:10-11) y extra bíblicos nunca condenan tomar prisioneros de guerra.

19. G. E. Wright, "The Nations in Hebrew Prophecy", *Encounter* 26 (1965), 236, resalta la mención del "pacto de hermanos" en 1:9 y de "hermano" en 1:11. M. E. Poley, *Amos and the Davidic Empire* (Nueva York: Oxford, 1989), 66-74, piensa que Amós estaba tratando de respaldar la reunificación del imperio davídico.

20. J. P. y M. L. Hewitt, *Introducing Sociology,* 43-67, describen la manera en que roles, grupos e instituciones desarrollan normas y valores que guían la conducta en sociedad.

21. Pritchard, *ANET,* 34-36.

22. J. Barton, *Amos's Oracles against the Nations* (Cambridge: Cambridge Univ., 1980), 51-61; Pritchard, *ANET,* 199-206.

23. A. Bentzen, "The Ritual Background of Amos 1:2–2:16", *OTS* 5 (1948), 132-41, creía que este discurso fue presentado en una ceremonia cúltica, pero Wolff, *Joel and Amos* en *Her* (Filadelia: Fortress, 1977), 144-47, rechazó la evidencia de Bentzen tomada de textos egipcios de execración.

24. D. Christensen, *Transformations of the War Oracle in the Old Testament* (Missoula: Scholars Press, 1975), 38-48.

25. La acusación es corta y el castigo es largo en los primeros dos oráculos, pero en el caso de los otros dos oráculos siguientes se da exactamente lo contrario. También hay que notar la repetición de vocabulario en 1:5 y 1:8. La estructura de estos oráculos seguía un patrón regular:

a) Fórmula del mensajero: "así ha dicho Jehová"

b) Acusación: "por tres pecados ... y por el cuarto"

c) Castigo: "prenderé fuego"

d) Fórmula divina de confirmación: "dice Jehová"

26. Las sociologías de la vida diaria aceptan el punto de vista del que habla e intentan ver cómo cada parte de su mundo se adapta a su construcción social de la realidad, sin tratar de hacer un juicio último concerniente a si Dios realmente habló. Amós creía que Dios hablaba y eso determinaba su conducta social y su manera de pensar.

27. Berger, *Social Construction,* 62.

28. Hasel, *Understanding the Book of Amos,* hace una estudio de las diferentes aproximaciones a la composición de Amós. T. R. Hobbs, "Amos 3:1b and 2:10", *ZAW* 81 (1969), 384-87; T. J. Findley, *Joel, Amos, Obadiah* en *WEC* (Chicago: Moody Press, 1990), 159-60; y W. Rudolph, *Joel-Amos-Obadja-Jona* en *KAT* XIII, 2 (Gütersloh: G.

Mohn, 1971), 120-21, llegan a la conclusión de que estos versículos no fueron agregados deuteronómicos posteriores.

29. Berger, *Social Construction*, 66.

30. Amós en 5:1-17 trató estos tres tópicos, pero su estilo de lamentación con su énfasis sobre la muerte hace que uno los relacione más estrechamente con el cap. 6.

31. S. Paul, "Amos III:15: Winter and Summer Mansions", *VT* 28 (1978), 358-59.

32. B. Lang, "The Social Organization of Peasant Poverty in Biblical Israel", *JSOT* 24 (1982), 47-63, creía que el problema en Israel era un sistema de rentas capitalista.

33. Berger, *Social Construction*, 89-90.

34. S. Gevirtz, "A New Look at an Old Crux: Amos 5:26", *JBL* 87 (1968), 267-76, niega referencia alguna a la adoración de dioses astrales, pero Moloc y Quiún sí corresponden a términos que eran usados por la gente de Mesopotamia, que adoraba a Saturno, el dios Ninurta.

35. Wolff, *Joel and Amos*, 213, compara estos castigos con las maldiciones en Lev. 26; Deut. 28; y 1 Rey. 8. D. Stuart, *Hosea-Jonah,* en *WBC* 31 (Waco: Word, 1987), xxxii-xl, categoriza estas maldicones de Deuteronomio y de Levítico.

36. Berger, *Social Construction*, 114-15.

37. J. Crenshaw, *Hymnic Affirmations of Divine Justice* (Missoula: Scholars Press, 1975) cuestiona la autenticidad de este himno y de los otros en 5:8-9 y 9:5-6. En contraste con Crenshaw, parecería natural que Amós usara un himno que el pueblo conocía, para recordarle a la audiencia el poder del Dios al que se enfrentarían. Ver Hasel, *Understanding the Book of Amos*, 83-89.

38. J. De Waard, "The Chiastic Structure of Amos 5:1-17", *VT* 27 (1977) 170-77, sugiere una solución para el problema estructural, al proponer una estructura en forma de quiasmo. Ver G. V. Smith, "Amos 5:13: The Deadly Silence of the Prosperous", *JBL* 107 (1988), 289-91.

39. A. V. Hunter, *Seek the Lord: A Study of the Meaning and Function of the Exhortations in Amos, Hosea, Micah, and Zephaniah* (Baltimore: St. Mary's Seminary, 1982), 61-65, debate maneras de comprender esta oferta de esperanza en un tiempo de juicio.

40. J. Williams, "The Alas-Oracles of the Eighth Century Prophets", *HUCA* 38 (1967), 75-91.

41. M. Weiss, "The Origin of the Day of Yahweh Reconsidered", *HUCA* 37 (1966), 29-72.

42. Wolff, *Joel and Amos,* 352-53, cree que un redactor judío posterior agregó estos versículos, pero con seguridad que las tribus del norte habrían tenido esperanzas similares basadas en la asociación anterior que tenían con David (Os. 1–3; 2 Sam. 19:43; 1 Rey. 11:30-38). Ver Hasel, *Understanding the Book of Amos,* 105-20; o Paul, *Amos,* 288.

43. D. H. Odendaal, *The Eschatological Expectations of Isaiah 40-66 with Special Reference to Israel and the Nations* (Filadelfia: Presbyterian and Reformed, 1970), 171-85.

Capítulo 4

Oseas: ¿Puede alguien amar a una prostituta?

Introducción

¿Puede alguien explicar las razones subjetivas por las cuales una persona ama a otra persona? Es mucho más fácil describir por qué uno *no* ama a un miembro del sexo opuesto. La mayoría de la gente no se siente inmediatamente atraída hacia una persona impura, egoísta, engañosa y mala. Si es que una persona va a comprometerse con otra por el resto de su vida, quiere estar segura de que esa otra persona la ama y que va a dedicar su vida a esta relación. Muchos se retraerían ante el pensamiento de casarse con una prostituta o de restaurar una relación matrimonial con un cónyuge que pasó el último año trabajando en la prostitución masculina o femenina.

Algunos podrían llegar a la conclusión de que las prostitutas son despreciables e incapaces de tener un compromiso de amor profundo con otra persona. Su pecado es de alguna manera menos tolerable, más ofensivo, menos perdonable y más repugnante que otros pecados. Ocultar la verdad, hacer trampa en una prueba, no preocuparse por diezmar o la infidelidad a Dios, no parecen ser cosas tan graves. No obstante, Dios tiene la visión de que todos los pecados son falta de santidad, actos traicioneros que mellan una relación, una ruptura de un compromiso de amor con Él, una prostitución de lealtades.

A pesar de la gran infidelidad de los pecadores del mundo, Dios los amó de tal manera, que voluntariamente perdonó sus actos de prostitución a intereses egoístas, fama, fortuna, placeres, drogas, trabajo o popularidad. En esta condición pecaminosa de infidelidad, no hay cualidad que haga atractiva a las personas; no hay buenas razones que expliquen el amor de Dios. ¡Pero aun así, Dios amó! Lo horrendo del pecado exhibe la grandeza del amor de Dios.

El profeta se identificó con los sentimientos de dolor y de enojo por parte de Dios hacia un compañero de pacto infiel y con el gran amor de Dios por su pueblo. ¿Con qué frecuencia los mensajeros de Dios se identifican hoy en día con esta visión del pecado? Si no lo hacen, ¿no estarán minimizando las misteriosas maravillas del gran amor de Dios?

Entorno social

Contexto histórico

Oseas vivió durante el tiempo de Jeroboam II, rey de Israel, y de Uzías, Jotam, Acaz y Ezequías, reyes de Judá (1:1). Alusiones históricas sugieren que el ministerio del profeta se extendió desde 755 hasta 725 a.C. Durante estos años, la condición política y militar de Israel sufrió un gran revés. La posición de poder de la nación y la prosperidad bajo Jeroboam II colapsaron totalmente poco después del 725 a.C.[1]

El profeta predicó en Israel en tres entornos diferentes.

	Judá	Israel	Asiria	Egipto
Temprano	Uzías fuerte	Jeroboam II fuerte	Assur-Dan débil	Dinastía XXII débil
Medio	Jotam débil	Peka débil	Tiglat-pileser III fuerte	Dinastía XXII débil
Tardío	Acaz débil	Oseas débil	Sargón II fuerte	XXII débil

El contexto más temprano precedió a la muerte de Jeroboam II, el gran nieto de Jehú (1:4).[2] Se encuentran señales de los prósperos días de este fuerte gobernante militar (2 Rey. 14:25) en las declaraciones positivas acerca de la tierra llena de lana, lino, vino, oro y plata (2:8-13). Los ricos vivían en grandes fortalezas (Amós 3:15; 5:11) y tenían un falso sentido de seguridad en su poder militar (Amós 6:13,12-14).

El segundo período fue un tiempo de depresión económica y de debilidad militar. Varios reyes fueron asesinados (7:7; 8:4) y la anarquía era común en Israel (2 Rey. 15:8-38). El rey asirio Tiglat-pileser III (745–727 a.C.) contribuyó a las aflicciones de la nación exigiendo tributos (2 Rey. 15:19,29). En 734–732 a.C. destruyó a Israel (y a Siria) por tratar de forzar al rey Acaz de Judá a unirse a una coalición antiasiria (2 Rey. 15:27-29: 16:5-9; Isa. 7; 2 Crón. 28). El terror en Israel durante esta guerra se reflejó en el sonido de la bocina (5:8-11; 8:1)[3] y en la derrota de Israel (5:14).

Aunque el tercer período fue un poco menos caótico debido a la habilidad del rey Oseas para hacer alianzas prudentes con Egipto y Asiria (8:9; 9:3; 12:1; 2 Rey. 17:4), eventualmente Asiria se dio cuenta de su traición y destruyó a Israel (2 Rey. 17:5-6). El libro de Oseas no describe este desastre final (722/721 a.C.), pero el profeta probablemente lo vivió.

La estructura del orden social

Oseas vivió en Israel, la nación del norte. Samaria, la ciudad capital, y los templos con los becerros de oro tenían un efecto cultural dominante sobre la conducta y las creencias en Israel. La visión de Oseas y la de su audiencia sobre la realidad objetiva estaba influida por la política foránea, la intriga política entre líderes y el sincretismo religioso que enseñaban los sacerdotes. Oseas estaba familiarizado con la agricultura (2:5-12; 4:16; 5:14; 7:14; 8:7,9; 9:2,10; 10:1,4,11-13) y usó metáforas de animales y de la naturaleza (Dios es como un pastor en 13:5-6a, NVI; y como una osa en 13:8).

Los sermones de Oseas se basaron en los patrones sociales que regulaban el matrimonio, la manera de nombrar a los hijos, la vida familiar, los modos agrícolas de ganarse la vida, el mercado de esclavos, la adoración en el templo y la guerra. Muchos patrones culturales en Israel estaban influidos por el baalismo, porque la gente aceptaba sus maneras de entender la naturaleza, las costumbres sociales y el poder divino. Para comunicarse efectivamente con su audiencia, Oseas interactuó creativamente con el ritual y las creencias teológicas dentro de la mitología del baalismo.[4]

La mitología y el ritual del baalismo contenían una cosmovisión que tenía ciertas similitudes con los puntos de vista hebreos (de otro modo ningún israelita hubiera creído nada de eso), pero incluía muchas ideas que contradecían sus antiguas tradiciones. La gente pensaba que Baal era un dios (2:13,17; 11:2), el poder divino que bendecía la tierra con fertilidad (2:5,8-9; 7:14). Con metáforas sexuales, Baal proveía fertilidad enviando lluvia a la tierra, la diosa madre. Hacía a las personas fructíferas (muchos hijos; 9:10-14), porque él era *"baal"*, el "amo, esposo". La gente ofrecía sacrificios tanto a Dios como a Baal (2:13; 4:13; 10:1; 11:2) y el ritual del templo incluía actos sexuales que imitaban y celebraban las acciones de Baal para traer fertilidad. Los actos de fornicación eran tanto físicos (con prostitutas) como espirituales (con otros dioses).

La ubicación social y el rol del profeta

Se sabe poco acerca del lugar de nacimiento del profeta, de su nivel social o de su ocupación antes de llegar a ser profeta. Las referencias frecuentes a Efraín (5:3,5,11-14; 6:4,10; 7:1,8,11) y a ciudades en la nación del norte indican que Oseas vivió y dio sus sermones en Israel.[5] Oseas era un joven en edad para casarse cuando el Señor le pidió que representara la relación de Dios con Israel casándose con una mujer fornicaria (1:2). Él experimentó los gozos del matrimonio y de tener hijos (1:2-6), pero también tuvo angustias porque su esposa Gomer le fue infiel (2:2-7).[6] El amor de Oseas por su esposa se expresó en forma suprema al comprarla y sacarla de su condición de esclavitud sin esperanza (3:1-3). A través de estas experiencias, Oseas aprendió acerca del profundo amor de Dios por Israel y de su angustia debido a que la nación rechazó su amor.[7]

Es improbable que Oseas haya sido panadero (7:4-7) o levita.[8] Oseas declaraba ser un vigía profético lleno del Espíritu de Dios, pero algunos israelitas lo consideraban un necio insensato (9:7). Cuando comunicaba el mensaje de Dios a su audiencia, Oseas trataba hábilmente de persuadir a sus oyentes para que transformaran su perspectiva cultural baalista. Su uso de formas literarias del lenguaje fue fragmentario y sus discursos no eran idénticos en estructura a los de otros profetas.[9] Parece que usó partes de un juicio por el pacto (4:1; 12:2). También usó discursos de juicio (8:1-3; 13:1-3), oráculos de salvación (1:10-11; 14:4-8) y exhortaciones al arrepentimiento (6:1-3; 14:1-3).

Dentro de estos sermones, se emplearon tradiciones teológicas para justificar sus acusaciones contra la nación, para identificar la base para las creencias tradicionales de Israel acerca de la realidad y para respaldar el nuevo mensaje teológico del profeta.[10] Estas tradiciones le recordaban a su audiencia la experiencia de sus padres con Dios, integraban fracasos pasados con problemas presentes y explicaban por qué la conducta de ellos no era consistente con la revelación anterior por parte de Dios.

Interacción social

El libro de Oseas

El texto hebreo de los sermones de Oseas es difícil, pero algunas formas inusuales de escribir pueden ser peculiaridades dialécticas en lugar de deformaciones textuales.[11] El fluir del pensamiento de un párrafo a otro no es siempre fácil de seguir, pero las secciones más grandes del libro están organizadas en forma amplia, alrededor de ciclos de acusaciones, castigos y ofertas de esperanza.[12] Se emplearon señales retóricas de repetición, inclusiones y quiasmos para marcar el comienzo y el final de algunos párrafos (2:4-15; 7:3-7; 8:9,13; 9:10-17; 11:5,11).[13]

Algunos comentaristas cuestionan la autenticidad de los pasajes de esperanza y una cantidad de referencias a Judá,[14] pero otros consideran que son una parte genuina del mensaje del profeta. La organización del texto en español puede bosquejarse en cuatro secciones principales:[15]

I. Prostitución en la familia de Dios y en la de Oseas 1:1–3:5

    A. La familia de Oseas simboliza la dividida familia de Dios 1:1–2:1

        1. La prostitución destruye a las familias 1:2-9

        2. La futura restauración de la familia de Dios 1:10–2:1

B. Contienda con esposas fornicarias 2:2-25

   1. Esfuerzos para remover la prostitución 2:2-15

   2. Futura restauración del pacto de Dios 2:16-25

C. Restauración de las familias de Oseas y de Dios 3:1-5

   1. El amor trae de regreso a la esposa de Oseas 3:1-3

   2. El amor trae a Israel de vuelta a Dios 3:4-5

II. La prostitución proviene de no conocer a Dios 4:1–6:6

   A. Declaración en forma de juicio por el pacto 4:1-3

   B. Cargos en contra del sacerdote y de la adoración 4:4-19

   C. Juicio/guerra porque los líderes no conocen a Dios 5:1-14

   D. Restauración posible si uno busca conocer a Dios 5:15–6:6

III. La prostitución contradice la devoción leal a Dios 6:7–11:11

   A. Cargos contra líderes por pecados sociales 6:7–7:7

   B. Cargos por volverse hacia otras naciones y no hacia Dios 7:8–8:14

   C. Metáforas de destrucción total 9:1–10:15

   D. La restauración es posible debido al amor de Dios 11:1-11

IV. La prostitución trae engaño para con Dios 11:12–14:9

   A. Acusaciones de engaño, como en el caso de Jacob 11:12–13:6

   B. Destrucción total de la nación 13:7-16

   C. La restauración es posible si se vuelven a Dios 14:1-9

En estos sermones, Oseas intentó persuadir a su audiencia para que transformara su manera de pensar y su conducta, y no se conformara a los patrones culturales de los que seguían a Baal.

I. Prostitución en la familia de Dios y en la de Oseas 1:1–3:5

El profeta expresó sus experiencias con su esposa infiel para demostrar cómo *la familia de Oseas simbolizaba la dividida familia de Dios* (1:2–2:1). La acción se desplazó desde una relación infiel de matrimonio/pacto (1:2-9) hacia intentos de reconciliar la relación (2:2-15) para restablecer los pactos (3:1-5). La continuidad temática (usando la palabra fornicación) y el ciclo repetido de pecado, castigo y restauración, unificaron el mensaje.[16]

Para comunicar la profundidad del odio que Dios tenía por el baalismo de Israel, Oseas comparó los pecados de la nación con los de su esposa. Oseas se casó con una prostituta porque la esposa que Dios tenía por medio del pacto estaba llena de fornicaciones (1:2).[17] La gente pensaba que seguir a otros amantes (dioses) que proveyeran para sus necesidades mundanales (2:5) no era incoherente con su relación de pacto. Ellos incluso llamaban a Yahvéh "mi Baal, mi marido", y confundían la distinción entre Dios y Baal (2:16).

Oseas vio esta prostitución como un rechazo de sí mismo como esposo y de Dios como compañero de pacto. Este fue un acto vergonzoso (2:5), que era incoherente con las expectativas sociales exclusivas relacionadas con una mujer casada en esa cultura (Ex. 20:14). Para restaurar esas relaciones de matrimonio/pacto, los esposos *contendieron con sus esposas fornicarias* (2:2-25). Las partes ofensoras (Gomer e Israel) fueron exhortadas a rechazar la prostitución (2:2) y a actuar de acuerdo a las normas de sus tradiciones hebreas.[18] Ellas se negaron a responder a los actos de reconciliación, dejaron de funcionar conforme a los requerimientos sociales de un miembro de familia (1:9; 2:2) y terminaron en la esclavitud (3:1,4). Se olvidaron de los actos de gracia de Dios en el éxodo y en el desierto (2:14-15).

Oseas y Dios respondieron a esta fornicación dándoles a sus esposas una nueva comprensión teológica de los hechos de la vida. Dios descubrió la obscenidad de su pueblo, le puso fin a sus alegres fiestas y removió las supuestas bendiciones de la prostitución (2:9-13). Para muchos israelitas, el enfoque del mito-ritual del baalismo presentaba una visión ordenada del mundo, que era socialmente aceptada como una explicación ajustada de las fuerzas de la naturaleza que interactuaban para hacer que el mundo funcionara. La acción de Dios demostró que era una comprensión social inapropiada de la naturaleza. De igual manera, la esposa de Oseas descubrió que el gozo, la seguridad y el amor no podían lograrse mediante la prostitución. Esta la había llevado a la esclavitud (3:1-3).

La infidelidad de una de las partes del pacto contrastaba completamente con el amor arrollador de Oseas y de Dios. Ese amor hizo posible la *restauración de las familias de Oseas y de Dios* (3:1-5). Oseas externalizó una palabra de esperanza totalmente inmerecida. Gomer fue amada y restaurada (3:1-3). De igual manera, Dios anunció la restauración de Israel y la venida del rey davídico (1:11; 3:5; ver la promesa en 2 Sam. 7:12-16).[19] El pueblo reconocería al Señor y Él les respondería con afecto (2:20-21), cuando la relación de pacto fuera renovada (2:17-23). La maldición simbolizada en los nombres de los hijos (1:4-9) sería revertida (2:1; 2:22-23): *Lo-ammi*, "no pueblo mío" llegaría a ser *Ammi*, "pueblo mío". Los planes de Dios para el futuro[20] eran una ampliación de las bendiciones delineadas en la tradición de la nación (Deut. 28:1-14; 2 Sam. 7:12-16).[21]

El testimonio personal de Oseas de sus experiencias con Gomer fue una ilustración poderosa del mensaje espiritual que compartió con su audiencia. No pudo evitar la autodestrucción de Gomer, pero su predicación pudo persuadir a algunos israelitas para que evitaran la misma necedad de cometer un error tan doloroso.

II. La prostitución proviene de no conocer a Dios 4:1–6:6

El sermón de Oseas comenzó con una sorpresa retórica: Dios hizo una *declaración en forma de juicio por el pacto* (4:1-3) en contra de su pueblo.[22] La estructura se desarrolló alrededor de afirmaciones de acusación y de castigo. El contexto histórico estaba ligado a la guerra sirio-efrainita (734–732 a.C.).[23] La tierra y su pueblo estaban de luto porque la sociedad era un desorden (4:3). Las relaciones sociales estaban controladas por el engaño, el asesinato, el hurto, el adulterio y el derramamiento de sangre (4:2). La veracidad, la devoción leal a otros y una relación íntima con Dios no eran parte de las objetivizaciones del pueblo con respecto a las relaciones sociales (4:2).

¿Cuál fue la razón para esta crisis? ¿Cómo pudo Oseas persuadir a su audiencia de que sus críticas a la conducta de Israel eran legítimas? Oseas presentó *cargos en contra de sus sacerdotes y su adoración* (4:4-19). Los sacerdotes no enseñaban los valores religiosos tradicionales. Rechazaban los patrones de orden social que se encontraban en el pacto. Los sacerdotes se habían olvidado de la ley de Dios y de su comprensión del mundo (4:5-6, 10). El pueblo seguía la ideología del baalismo, aceptaba la prostitución de su ritual, compartía su cosmovisión cultural y rechazaba los caminos de Dios (4:6).

El fracaso de los sacerdotes en cumplir con su rol en la sociedad resultó en las perversiones de las relaciones de las personas entre ellas y con Dios (4:9,15). La aceptación de las ideas teológicas y éticas del baalismo, llevó a la corrupción de la adoración. El vino debilitó su resistencia a ideas no tradicionales. Muy pronto adoraron ídolos, sacrificaron a Baal y cometieron adulterio con prostitutas del templo (4:11-14). Resistieron a Dios con tenacidad y centraron su vida en torno a la fornicación (4:16-19; 5:5).

Oseas describió la conducta de la nación como un rechazo de la visión cultural de la vida que tenían los hebreos (4:1-2,6,10; 5:4; 6:3,6) la cual se encontraba en la ley de Dios.[24] Estas tradiciones legitimaron la visión de Oseas de que el baalismo era una conducta desviada. La lealtad, el amor y un compromiso personal con Dios eran centrales en una relación de pacto, pero no eran características de la conducta de Israel.[25]

Dado que los israelitas vivían de acuerdo a las concepciones ideológicas dentro del baalismo y se habían olvidado de la ley de Dios, Oseas externalizó una visión del futuro que era nueva y foránea para muchos en su audiencia. Presentó un cuadro de *juicio/guerra porque los líderes no conocían a Dios* (5:1-14). La conclusión de la primera parte de este juicio por el pacto fue: Israel e incluso Judá[26] son culpables y serán castigadas. Dios se olvidaría de ellos (4:6), los avergonzaría (4:7), los castigaría (4:9) y se alejaría de ellos (5:6). Vendrían la derrota militar y el exilio (5:8-14) y nadie los libraría.

Resulta sorprendente que esta sección no termine con una nota de desesperanza. Oseas dirigió su mirada hacia el nuevo entorno teológico de

Israel, luego del juicio de la nación (similar a Os. 3).[27] *La restauración era posible si ellos buscaban conocer a Dios* (5:15–6:6). Algún día en el futuro lejano, la nación buscaría a Dios, regresaría al Señor, desearía conocerlo (5:15–6:3) y aceptaría su punto de vista trascendente. Desafortunadamente, ese tiempo era futuro. En consecuencia, Dios clamó en angustia como un amante rechazado (6:4; ver 11:8 al final de la próxima sección), porque el pueblo no tenía ninguna devoción leal ni relación significativa alguna con Dios (6:6).

III. La prostitución contradice la devoción leal a Dios 6:7–11:11

En la recreación del caso de una corte que aparece en el sermón precedente, las diferencias entre las partes del pacto no fueron resueltas. En consecuencia, Oseas continuó su sermón usando el formato de un pleito para presentar *cargos en contra de los líderes por los pecados sociales* (6:7–7:7). La adoración y las acciones políticas de la nación demostraban deslealtad a las normas del pacto de Dios (8:1-14).

El contexto histórico estaba conectado con eventos inmediatamente posteriores a la guerra sirio-efrainita durante el reinado de Oseas, hijo de Ela. La violencia y la anarquía eran la norma, dado que el rey Oseas y varios monarcas anteriores habían asesinado a los reyes que habían gobernado antes que ellos, para subir al poder (2 Rey. 15:10-30). Aunque Oseas trajo algo de estabilidad debido a sus relaciones políticas con Egipto y Asiria (2 Rey. 17:4), eventualmente los asirios descubrieron sus conspiraciones.

El profeta Oseas legitimó su declaración que los líderes de Israel habían quebrado el pacto (6:7), y señaló actos de asesinato (6:8-9; 7:6-7), de fornicación (6:10), de engaño (7:1), de robo (7:1), de mentira (7:3) y de adulterio (7:4; similar al capítulo 4:1-2). Estos pecados comprometían a los sacerdotes (6:9) y a los príncipes (7:3-6) en altos niveles de liderazgo. Estos líderes estaban tan pervertidos que pensaban que Dios no vería que sus actos fueran incoherentes con las estipulaciones de su pacto (7:2). Así es que ni siquiera se preocupaban por clamar a Dios buscando dirección (7:7).

Oseas fortaleció su caso, presentando *cargos por volverse hacia otras naciones y no hacia Dios* (7:8–8:14). Los líderes se mezclaron cándidamente con Egipto y Asiria, y ni siquiera se dieron cuenta de que esto era darle la espalda a la dependencia de Dios, una entrega de devoción a otras naciones (8:8-10). También, ellos adoraron ciegamente a becerros de oro antes que a Yahvéh (8:4b-6; 10:5; 11:2; ver 1 Rey. 12:25-32) y tornaron el sacrificio en pecado (8:11-13).

Para persuadir a su audiencia, Oseas legitimó su análisis del estado perverso del pueblo, al mostrar que la conducta de ellos era incoherente con el modelo de conducta tradicional de la nación. El pueblo no asimiló las normas del pacto (8:1,12; probablemente se refiere a Ex. 20–23). Se habían olvidado de su relación personal con Dios (8:14). Ignoraban las advertencias en contra de hacer alianzas con otras naciones (8:9-13; ver Ex. 23:32-33; Deut. 7:2), en contra de confiar en un gran ejército (10:13; ver Deut. 17:16) y en contra del nombramiento de reyes no elegidos por Dios (8:4; ver Deut. 17:14-15).[28] Se habían olvidado del amor de Dios al liberarlos de Egipto (11:1,4; ver Ex. 14–15), de su cuidado por ellos en el desierto (11:3-4; ver Deut. 8) y de sus actos vergonzosos en Baal-peor (9:10; ver Núm. 25). Esta sociedad no era leal ni devota de todo corazón de su compañero de pacto (Deut. 6:5). Había prostituido su amor, dedicándolo a otros. Si ellos sembraban en justicia, segarían en misericordia (10:12).

Dado que ellos no tenían una devoción leal hacia Dios, Oseas introdujo a su audiencia a una nueva comprensión teológica de su futuro usando *metáforas de destrucción total* (9:1–10:15). Dios recordaría su iniquidad (7:2; 8:13; 9:9) y los destruiría (7:12-13). Sus ídolos con forma de becerros serían deshechos en pedazos (8:5-6; 10:2,8); sus aliados no los ayudarían (8:10); y sus ciudades arderían con fuego (8:14; 10:14; 11:6). No tendrían un día de fiesta gozoso (9:1-9); en cambio, soportarían un día de castigo (9:7). Dios no los amaría más (9:15). En consecuencia, Dios se alejaría de ellos (9:12) y no los haría fructíferos (9:11-17). La nación regresaría a su condición de esclavitud (8:13; 9:3,6) y sería llevada al exilio en Asiria (11:5).

Resulta sorprendente que Oseas no haya cerrado esta sección de juicio por el pacto con esta nota de desesperanza. Dirigió su mirada al nuevo entorno teológico de la nación después del juicio (comparar el final de 1–3 con 4:1–6:6). El castigo era merecido, pero *la restauración es posible debido al amor de Dios* (11:1-11). Dios clamó en angustia (11:8; comparar con 6:4). No destruiría a su pueblo totalmente (11:9). Los planes futuros de Dios incluían el regreso de su pueblo a la tierra y la transformación de su conducta (11:10-11). Esta experiencia les daría una nueva concepción del poder de Dios, porque Él ya no sería el león que los destruiría (5:14), sino el león que rugiría mientras Él derrotaba a sus enemigos (11:10). Israel ya no actuaría como una paloma incauta que acudía a Asiria (7:11), sino que regresaría a su nido (la tierra de Israel) temiendo a Dios (11:11).

IV. La prostitución trae engaño para con Dios 11:12–14:8

Oseas predicó su último sermón hacia el final del reinado del rey Oseas (poco antes de 722/721 a.C.).[29] Oseas le recordó al pueblo que Dios todavía tenía una causa en su contra (12:2). El sermón comenzó con *acusaciones de engaño, como en el caso de Jacob* (11:12–13:6).

El pueblo trataba con Dios de maneras engañosas (11:12). Sus programas políticos eran mentirosos porque prometían lealtad tanto a Egipto como a Asiria (12:1). Su conducta social oprimía a los pobres, mediante el uso de pesas falsas (12:7). Su riqueza conducía engañosamente a creer que no hacían nada malo (12:8) y sus sacrificios a Baal los engañaban (12:11; 13:1-2).[30] Estos engaños llevaron al orgullo, a un sentido de autosuficiencia y a olvidarse de Dios (13:6).

Dios rechazó este acercamiento engañoso a la vida. Se parecía a la conducta de su antepasado Jacob "el engañador".[31] La tradición les advertía contra el uso de pesas falsas (12:7; ver Lev. 19:36) y excluía alianzas con otras naciones (12:1; ver Deut. 7:2; 17:16). Estas tradiciones legitimaban el pensamiento de Oseas en contra del pueblo, debido a que sus formas de actuar eran contrarias a las normas que Dios había comunicado. Su conducta no tenía sentido, dado que Dios los había liberado de Egipto, había cuidado de ellos en el desierto y había enviado profetas para revelarles su voluntad (12:9-10,13; 13:4; ver tradiciones en Ex. 3–19).

Oseas externalizó una nueva manera de mirar a Israel. Debido a que la nación estaba llena de engaño, Dios no actuaría más con compasión, sino que sería un león destructor en medio de ellos (13:7-8,14). Esto produciría una *destrucción total de la nación* (13:7-16). Ellos no tendrían ningún rey que salvara a sus ciudades (13:9-11). Su tierra se tornaría seca sin fertilidad alguna (13:15, Baal sería impotente). Un enemigo saquearía sus riquezas (13:15) y mataría a sus niños y esposas (13:16). Esta experiencia demostraría la naturaleza engañosa de la comprensión cultural del mundo que predominaba.

Siguiendo el patrón establecido en partes anteriores del pleito, Oseas concluyó su sermón prometiendo que *la restauración era posible si se volvían a Dios* (14:1-9). El primer párrafo llamó al pueblo al arrepentimiento (14:1-3), mientras que el segundó prometió salvación (14:4-8).[32] Después de arrepentirse, el pueblo reconocería a Yahvéh como Dios, vería la pecaminosidad de su prostitución y reconocería la impotencia de otras naciones e ídolos (14:1-3). Ellos verían que Dios sana al pecador, ama a su pueblo, les da fertilidad y los cuida (14:4-8). Se le agregó a estos sermones un epílogo para el lector sabio (14:9, Israel no había sido sabio en 13:13). La persona sabia que leyera estos sermones entendería el significado de los mensajes de Oseas, se daría cuenta de que los caminos de Dios son correctos (comparar con Deut. 10:12 y con Prov. 10:29) y aplicaría estas cosas al diario vivir.

Consecuencias teológicas y sociales

Los sermones de Oseas colocan mucha culpa por la condición de Israel a los pies de sus líderes políticos y religiosos. Ellos no le enseñaban el pacto al pueblo y no los ayudaban a ver que su conducta era incoherente con una devoción leal a Dios de todo corazón. Dado que los políticos y los sacerdotes se habían olvidado de las tradiciones pasadas de la nación, el pueblo amoldaba su manera de pensar y su conducta a la cultura baalista dominante de su tiempo. El sincretismo de la antigua fe de Israel era tan completo, que la gente se engañaba a sí misma al pensar que todo estaba bien, aun cuando no reconocía a Yahvéh como su único Dios.

Al igual que Oseas, el mensajero de Dios de nuestros días necesita evaluar el dominio de la cultura secular por sobre las estructuras religiosas y sociales de la sociedad moderna. Con demasiada frecuencia, parece que el sincretismo y el pluralismo es la postura políticamente correcta de muchas instituciones religiosas. Su poder ha afectado las definiciones de familia, ha aprobado la conducta sexual prohibida y ha promovido la prosperidad económica por sobre la responsabilidad moral.

Si los predicadores de hoy esperan reconocer el poder de Dios sobre su vida y desean permanecer lealmente devotos a Él, necesitarán identificar y confrontar el amor engañoso por el yo personal, el cual desfila a modo de religión en la sociedad. Este sincretismo de una lealtad dividida es prostitución a los ojos de Dios. Esta prostitución debiera angustiar al mensajero moderno tanto como atormentó a Oseas y a Dios. El reino de Dios no está amenazado por esta rebelión, pero su juicio vendrá si es que el arrepentimiento no tiene lugar.

La transformación recién se producirá en el pueblo de Dios, cuando sus mensajeros estén convencidos del odio absoluto que Dios tiene por el pecado y de su profundo deseo de perdonar la prostitución de este mundo. Aunque su amor es inmerecido, está al alcance de todos los que lo buscan a Él.

Preguntas para debatir

1. Compare y contraste el matrimonio de Oseas con la relación de pacto de Dios con Israel. ¿Por qué es el matrimonio una imagen tan buena de la relación humana con Dios?

2. ¿Cómo puede una persona hoy en día comunicar la seriedad del pecado? ¿Qué evidencia de pecado podría usarse para evaluar la relación de nuestra sociedad con Dios?

3. ¿Cómo podría alguien persuadir a la gente del gran amor de Dios? ¿Cómo podría la experiencia personal de alguna persona ayudar a convencer a otra que piensa que Dios no es un Dios de amor?

1. J. Bright, *A History of Israel,* 267-77; o G. I. Davies, *Hosea* en *NCBC* (Grand Rapids: Eerdmans, 1992), 25-29. Comparar con D. Redford, *Egypt, Canaan, and Israel in Ancient Times* (Princeton: Princeton University Press, 1992), cap. 12, 312-64. R. L. Cate, "Hosea: An Annotated Bibliography", *SWJT* 36 (1993), 38-41, hace una reseña de la literatura reciente.

2. Oseas 1:4 predijo el fin de la dinastía de Jehú (Jeroboam II) debido a los violentos pecados que cometió en el valle de Jezreel (2 Rey. 9–10).

3. F. I. Andersen y D. N. Freedman, *Hosea* en *AB* 24 (Garden City: Doubleday, 1980), 34, 401-04, fecharon a Oseas 5:8-11 en los primeros días de Uzías, pero D. Stuart, *Hosea-Jonah* en *WBC* 31 (Waco: Word, 1987), 100, lo relaciona con la guerra sirio-efrainita.

4. Ver Pritchard, "Poem about Baal and Anath", *ANET,* 129-42 y la descripción de sus creencias religiosas en J. A. Dearman, *Religion and Culture in Ancient Israel* (Peabody: Hendrickson, 1992), 35-39; 69-78. P. A. Kruger, "Yahweh and the Gods in Hosea", *J. Sem* 4 (1992), 81-97, analiza la vida religiosa en la audiencia de Oseas.

5. Samaria en 7:1; 8:5-6; 10:5,7; 14:1, o Bet-el (o Bet-avén) en 4:15; 5:8; 10:5; 12:5.

6. Algunos creen que la mujer en el cap. 3 no es Gomer sino otra, dado que no aparece su nombre. Esta lectura del texto parece improbable, porque arruina la analogía de que Dios iba a renovar su relación con Israel, su primera esposa. Las instrucciones de parte de Dios para que Oseas se casara con una prostituta ofenden a algunos eruditos, que sostienen la hipótesis de que todo el episodio es una parábola, una visión o un drama en vez de eventos reales en la vida del profeta. Esto es posible, pero la historia suena como un relato biográfico. También es cuestionable si esta solución realmente reduce el problema moral en los caps. 1 ó 3. Los que ven una base histórica para Oseas 1–3 se dividen en varios grupos. Algunos creen que Gomer era: (a) una prostituta regular del templo, (b) alguien que se había sometido una vez a los ritos matrimoniales impuros en un templo cananeo, (c) pura cuando se casó con Oseas, pero luego infiel a su esposo, o (d) una mujer que fue inmoral antes y después de su casamiento con Oseas, pero no una prostituta del templo. El último punto de vista parece ser el mejor enfoque. Para una discusión sobre estos asuntos con detalles bibliográficos completos, ver H. H. Rowley, "The Marriage of Hosea", en *Men of God* (Londres: Nelson, 1963), 66-97; D. Stuart, *Hosea-Jonah* en *WBC* 31 (1987), 22; W. A. VanGemeren, *Interpreting the Prophetic Word* (Grand Rapids: Zondervan, 1990), nro. 21, 457-58.

7. Ver A. J. Heschel, *The Prophets,* vol. I (Nueva York: Harper and Row, 1962), 44-52; o G. W. Anderson, "Hosea and Yahweh: God's Love Story (Hosea 1–3)", *RevExp* 72 (1975), 425-36.

8. H. W. Wolff, *Hosea* en *Her* (Filadelfia: Fortress, 1974), 79-80, 144, relaciona a Oseas con los sacerdotes levíticos. G. A. F. Knight, *Hosea* (Londres: SCM, 1960), 13, cree que Oseas fue un panadero. Ver S. M. Paul, "The Image of the Oven and the Cake in Hosea 7:4-10", *VT* 18 (1968), 114-20.

9. Andersen y Freedman, *Hosea* en *AB* 24, 71-73, 315-16 no encuentran estudios críticos de la forma que sean útiles para analizar Oseas. Sus conclusions parecen ser demasiado pesimistas, ya que hay alguna influencia del juicio por el pacto.

10. Las tradiciones empleadas incluyen alusiones: (a) a la historia acerca de la destrucción de Sodoma en 11:8 (ver tradiciones en Gén. 14:8 y Deut. 29:23); (b) a la vida de Jacob en 12:3-4,12 (ver Gén. 25:23-26; 28:5; 29:18-20; 32:22-32; 35:9-15); (c) al éxodo de Egipto en 8:13; 9:3; 11:1,5; 12:9,13; 13:4 (ver Ex. 4:22; 14:13-31); al peregrinaje por el desierto en 2:14; 9:10; 12:9; 13:5-6 (ver tradiciones en Núm. 25:1-15; Lev. 23:39-44; Deut. 8:1-20; 32:10); a los Diez Mandamientos en 4:2 (ver Ex. 20:1-17); a la historia de Acán en el valle de Acor en 2:15 (ver la tradición en Jos. 7:26); al abuso de la concubina del levita en Gabaa en 9:9; 10:9 (ver la historia en Jue. 19–20); a los pecados de Jehú en 1:4 (ver 2 Rey. 9–10) y posiblemente a la predicación de Amós en 8:14 y 11:10 (ver Amós 1:2; 2:4-5). Ver W. Brueggemann, *Tradition and Crisis* (Richmond: John Knox, 1968), 26-54, para una discusión extensa sobre estas y otras referencias a tradiciones israelitas antiguas.

11. Debido a problemas textuales o filológicos, uno encontrará dificultades considerables en la traducción e interpretación de algunos versículos (ver 4:4; 5:2; 7:16; 9:13; 11:7; 12:8). Andersen y Freedman, *Hosea* en *AB* 24, 66-67, intentan referirse a ellos como peculiaridades de la lengua de Israel, la nación del norte, en lugar de considerarlos corrupciones textuales.

12. Notar la repetición del tema de la restauración al final de cada sección principal del bosquejo.

13. Andersen y Freedman, *Hosea* en *AB* 24, 133-38, 140, 322, 452, 502, 517-20, 539, 575; E. M. Good, "The Composition of Hosea", *SEÅ* 31 (1966), 29, 35, 37, 46-47.

14. Andersen y Freedman, *Hosea* en *AB* 24, 59, 73, no rechazan las referencias a Judá. G. I. Emmerson, *Hosea: An Israelite Prophet in Judean Perspective* en *JSOT Sup* 28 (Sheffield: JSOT Press, 1984) lleva a cabo un análisis detallado de los pasajes sobre Judá y retiene la mayoría. R. E. Clements, "Understanding the Book of Hosea", *RevExp* (1975), 405-23, tiene la sensación de que las referencias a Judá son secundarias.

15. Varias divisiones de capítulos en hebreo difieren de la traducción al español. El cap. 2 en hebreo comienza en 1:10 de la versión en español. En hebreo, el cap. 12 comienza en 11:12 en español y el 14 comienza en 13:16 en español.

16. Good, "The Composition of Hosea", *SEÅ*, 29.

17. Gomer representaba a la nación de Israel que era infiel a Dios y no a la nación "pura" con la cual Dios había establecido una relación de pacto en el Sinaí. La esposa fornicaria caracterizaba a la nación en ese momento; no era una conclusión retrospectiva basada en la experiencia posterior.

18. J. L. Mays, *Hosea* en *OTL* (Filadelfia: Westminster, 1969), 36, ve al cap. 2 como una situación de divorcio, pero cree que el propósito del caso en la corte era reconciliar la relación matrimonial.

19. Algunos han considerado a 3:5 o por lo menos la frase "David su rey" como un agregado judío posterior al texto (Wolff, *Hosea* en *Her* 57); pero, tal como Andersen y Freedman (*Hosea*) concluyen, no es inconsistente con la escatología de otros profetas (Amós 9:11-15; Isa. 2:1-4; Jer. 23:5).

20. D. E. Gowan, *Eschatology in the Old Testament* (Filadelfia: Fortress, 1986), 21-37, 97-104, discute la promesa de restauración del pueblo a su tierra, el rey escatológico y la transformación de la naturaleza al final de los tiempos.

21. Stuart, *Hosea-Jonah* en *WBC* 31, xxxi-xlii, 62, 68.

22. H. B. Huffmon, "The Covenant Lawsuit in the Prophets", *JBL* 78 (1959), 285-95; o G. E. Wright, "The Lawsuit of God", en *Israel's Prophetic Heritage,* ed. B. W. Anderson (Nueva York: Harper and Row, 1962), 26-67.

23. En esta guerra, Siria y Efraín (Israel) atacaron a Judá (2 Crón. 28; Isa. 7).

24. Oseas 4:2 se basa en Ex. 20:7-15; Deut. 5:6-21; para estipulaciones sobre prostitutas del culto en 4:13, ver Deut. 23:17; sobre el desplazamiento de los linderos en 5:10, ver Deut. 27:17.

25. J. L. McKenzie, "The Knowledge of God", *JBL* 74 (1955), 22-27.

26. Wolff, *Hosea* en *Her,* 89, 100 y Mays, *Hosea* en *OTL,* 77, 84, creen que 4:15 y 5:5 son agregados posteriores de un editor judío. Andersen y Freedman, *Hosea* en *AB* 24, 371, 393, aceptan como auténticas las referencias negativas a Judá en 5:9,12,14 y 6:4 a la luz de la mención de las "tribus de Israel" en 5:9.

27. Mays, *Hosea* en *OTL,* 87-88, cree que 6:1-3 es un canto penitencial entonado por el pueblo. Wolff, *Hosea* en *Her,* 116-17, piensa que fueron los sacerdotes los que lo cantaron. Oseas 6:4-6 fue la respuesta de Dios en cuanto a que el arrepentimiento de ellos no alcanzó las expectativas de Dios. Anderson y Freedman, *Hosea* en *AB* 24, 327-30, tomaron 6:1-3 como una verdadera declaración de fe, que tuvo lugar cronológicamente después del juicio de 6:4-6.

28. A. Gelston, "Kingship in the Book of Hosea", *OTS* 19 (1974), 86-96.

29. J. Limburg, *Hosea-Micah* en *IntCom* (Atlanta: J. Knox, 1988), 47, data esta sección justo antes de 722 a.C.

30. La referencia a Judá en 12:2 fue cambiada a Israel por Mays, *Hosea* en *OTL,* 161-62 y por Wolff, *Hosea* en *Her,* 206, pero eliminar una referencia negativa a Judá parece no ser necesario. Andersen y Freedman, *Hosea* en *AB* 24, 605-06, mantienen el texto tal como está en el hebreo. Ellos interpretan la mención de Judá en 11:2 como una acusación de seguir a otros dioses en lugar de una declaración positiva que contrasta con la conducta malvada de Israel.

31. Sobre el uso de la tradición de Jacob en Gén. 25:26 (la historia del nacimiento); 32:22-32 (su lucha con el ángel); 35:10-15 (su encuentro con Esaú), ver E. M. Good, "Hosea and the Jacob Tradition", *VT* 16 (1966), 137-51; W. C. Kaiser, "Inner Biblical Exegesis as a Model for Bridging the 'Then' and 'Now' Gap: Hos. 12:1-6", *JETS* 28 (1985), 33-46; G. V. Smith, "Alienation and Restoration: A Jacob-Esau Typology", en *Israel's Apostasy and Restoration,* ed. A. Gileadi (Grand Rapids: Baker, 1988), 165-74.

32. A. V. Hunter, *Seek the Lord* (Baltimore: St. Mary's Seminary, 1982), 167-74.

Capítulo 5

Jonás: ¿Debería Dios ser compasivo con todos?

Introducción

¿Debería Dios ser misericordioso con un asesino? ¿Hay sitio para la compasión hacia un abusador de menores? ¿Debería un Dios justo tener misericordia para con los que se niegan a amarlo y a obedecerlo? ¿Deberían los asirios, quienes destruyeron naciones por todo el antiguo Cercano Oriente, recibir compasión de parte de Dios? ¿No sería más justo que Dios destruyera a los que cometen tales atrocidades?

Sí, es cierto. El castigo de estos pueblos pecadores por parte de Dios establecería justicia, pero Dios no se complace con la muerte de los malvados (Ezeq. 18:23). Dios quiere que todas las personas lleguen a conocer la verdad y se arrepientan de sus malos caminos (1 Tim. 2:4). De ahí que, con una paciencia increíble, Dios frecuentemente envía a un profeta para advertir de su destino inminente a personas que no lo merecen. ¿Alguien querría que Él actuara con menos compasión hacia sí?

El profeta Jonás y los predicadores de hoy, algunas veces tienen problemas para entender por qué Dios es tan compasivo con gente que no merece misericordia. Ellos cuestionan por qué Dios espera tanto para destruir a los malvados. Dios podría mandar fuego del cielo para destruirlos (Luc. 9:54). Algunas veces, parece que la compasión de Dios casi socava sus declaraciones de justicia. La vida sería mucho más fácil si es que Él no tuviera compasión por todos.

Entorno social

Contexto histórico

Jonás no se refirió a ningún rey en su libro, pero un breve comentario en 2 Rey. 14:25 preservó su trasfondo israelita. En los primeros años del rey Jeroboam II (alrededor de 790–780 a.C.) Jonás predijo que este monarca expandiría los límites de Israel.[1] La fecha del viaje de Jonás a Nínive es desconocida, pero es probable que haya tenido lugar alrededor de 780 a.C., durante un período de debilidad asiria.[2]

La estructura del orden social

La cosmovisión de Jonás reconocía diferencias étnicas (ser hebreo, 1:9), políticas (3:2) y religiosas (temer a Jehová, Dios de los cielos, 1:9) entre las personas, como marcadores culturales de identificación significativos. La historia está centrada alrededor de relaciones sociales en un barco y en Nínive, la capital asiria. Un hombre, que actuaba con el rol de capitán, controlaba la nave durante un viaje comercial que llevaba carga al puerto extranjero de Tarsis. Esta posición de liderazgo le daba autoridad sobre el barco, su carga, los marineros bajo sus órdenes y los pasajeros a bordo (1:3-6). En consecuencia, Jonás tuvo que hacer un pago en dinero para viajar en la nave y tenía que obedecer al capitán (1:3,6). Los marineros creían en dioses que traían juicio y estaban familiarizados con la costumbre de echar suertes para identificar a la persona culpable (1:5-7). Los marineros pertenecían a otra cultura (posiblemente fenicia) y estructuraban la realidad objetiva de manera diferente a Jonás.[3] Aun así, ellos entendieron la confesión de Jonás. También ofrecieron a Dios respuestas de conducta apropiadas cuando Él, en forma compasiva, los libró de la tormenta (1:15-16).

En un contexto muy diferente, un rey asirio y sus nobles habían establecido normas políticas y sociales para controlar la conducta en Nínive (3:6-7). Nínive era un gran centro comercial y militar dentro del imperio asirio. Su ejército era reconocido por su violencia (1:2; 3:8; Nah. 3:1-4). La gente había internalizado una cosmovisión cultural diferente a la de Jonás y seguía sus propios patrones para el ayuno, la confesión de errores y el alejamiento del mal (3:5-9). A pesar del potencial para que hubiera malos entendidos entre estas personas de distintos trasfondos culturales, la comunicación fue posible y Dios transformó la vida de muchos.

La ubicación social y el rol del profeta

Jonás era de la ciudad israelita de Gat-hefer (al norte de Nazaret) en el territorio de la tribu de Zabulón (Jos. 19:13). Jonás era un profeta (2 Rey. 14:25), un hebreo que temía al Dios de Israel (1:9). Era probable que hablara arameo, el lenguaje internacional del comercio en Nínive, y tenía los recursos económicos para solventar el costo de un pasaje al distante puerto de Tarsis.[4] La edad de Jonás, su estado civil y las relaciones con otros profetas se desconocen.

La oración en 2:2-9 reproduce los elementos principales de una oración de acción de gracias, sugiriendo que el profeta tenía conocimiento de las formas literarias de expresión que aparecen en los himnos tradicionales de la nación.[5] La fraseología en este himno toma tradiciones teológicas anteriores.[6] Estas tradiciones ayudaron a formar la manera en que Jonás miraba el mundo. Le permitieron comunicarse con sus lectores israelitas de modos significativos.

La ironía sorprendente de la historia es que Jonás ayudó a dos grupos de personas extranjeras (los marineros y los de Nínive) a cambiar su manera de pensar con respecto a Dios y al mundo que los rodeaba, pero se resistió a internalizar una nueva perspectiva de la compasión de Dios (4:1-11). Jonás recibió la compasión de Dios cuando fue arrojado al mar (2:1-9), pero no creía que Dios debía ser compasivo con todos, especialmente con el pueblo de Nínive.[7]

Interacción social

El libro de Jonás

El libro es poco corriente por cuanto tiene un solo mensaje profético (3:4). Su preocupación principal fue la propia lucha del profeta con creencias tradicionales acerca del gobierno del mundo de manera compasiva y aun así justa por parte de Dios.[8] Algunos han cuestionado la naturaleza histórica del libro, la unidad de ciertas partes (particularmente el poema en el capítulo 2) y lo han fechado mucho más tarde del tiempo de Jeroboam II,[9] porque el texto tiene vocabulario arameo, giros irónicos sorprendentes y versículos que se asemejan a otros textos proféticos (comparar Joel 2:13 con Jon. 4:2). Tradicionalmente, la historia fue entendida como un relato histórico de eventos en la vida de Jonás, pero ahora algunos la clasifican como una sátira o parábola.[10] El texto está dividido en dos secciones principales:

I. Compasión de Dios por el desobediente Jonás 1:1–2:10

   A. Rechazo del llamado de Dios por parte de Jonás 1:1-16

   B. La salvación del Señor vino a Jonás 1:17–2:10

II. Compasión de Dios por la Nínive arrepentida 3:1–4:11

   A. La compasión de Dios vino a Nínive 3:1-9

   B. Rechazo de la compasión hacia Nínive 3:10–4:11

El relato provee al lector de una fotografía instantánea del mundo social de Jonás, de algunos marineros y de la gente de Nínive. Los participantes de cada entorno pensaban y actuaban sobre la base de su propia cultura. Las nuevas experiencias los enfrentaban con la elección de transformar su cosmovisión socialmente derivada, sobre la base de nuevas experiencias y de nuevas comprensiones teológicas.

I. Compasión de Dios por el desobediente Jonás 1:1–2:10

La estructura de la acción del relato va desde *el rechazo del llamado de Dios por parte de Jonás* (1:1-16), hasta un himno de acción de gracias por la liberación obrada por Dios (1:17–2:10).

La tradición hebrea afirmaba que Dios comunicaba sus planes a través de los que tenían el rol de profeta (1:2; Ex. 7:1-2; Deut. 18:18). Cuando Jonás recibió el llamado divino para expresar las palabras de Dios, él entendió su rol profético, pero no quería ir a Nínive. No rechazó la evaluación que Dios hizo de Nínive. Él y la mayor parte de sus lectores israelitas estaban completamente de acuerdo en que Nínive era una ciudad malvada y violenta, que debía ser juzgada, al igual que Sodoma en Gén. 18:20-21.[11] Aunque los asirios habían sido sus enemigos desde los días de Jehú[12], más recientemente los asirios habían liberado a Israel de años de opresión siria (2 Rey. 10–13). Así es que la objeción de Jonás al mandato de Dios no fue motivada por lealtades políticas, sino más bien por su concepto de justicia divina.[13]

Él era un hebreo (1:9) y su visión de la manera en que Dios operaba estaba socialmente determinada por los principios que había aprendido durante su socialización como niño.[14] En su contexto social, justicia significaba el castigo de los malvados, la compasión solo se extendía a los rectos. Jonás sabía que Dios era paciente, pero creía que la justicia no traería compasión para los malvados ninivitas.

La rebelión de Jonás pasó por varias etapas. Primero, trató de huir de la presencia de Dios (1:3,10), un acto necio que contradecía las tradiciones hebreas concernientes a la presencia universal de Dios (ver Sal. 139:7-12). Luego, en medio de la tormenta, el profeta admitió su pecado (1:10-12) y aceptó el castigo de modo que Dios tuviera compasión de los marineros paganos (1:2; una actitud compasiva hacia no israelitas). La tormenta trajo una nueva comprensión de su responsabilidad y comenzó a transformar su voluntad.

Los marineros actuaron como contraste apropiado (e irónico) para la conducta y las creencias de Jonás. Aunque ellos adoraban a otros dioses (1:5) e inicialmente no tenían conocimiento del Dios de Israel, reconocieron que la tormenta era un acto de parte del Dios de Jonás (1:4-6,14). Estaban azorados porque Jonás había rechazado la instrucción divina a propósito (1:10), y se preocuparon por la justicia divina cuando arrojaron al profeta por la borda (1:14). Teniendo temor de Yahvéh, le ofrecieron sacrificios una vez que el mar estuvo calmo (1:16). Estos paganos estaban más en consonancia que Jonás con la conducta que Dios deseaba.

Mientras estuvo en el mar, *la salvación del Señor vino a Jonás* (1:17–2:10). Jonás le agradeció a Dios por su compasión y salvación (2:6-10), al darse cuenta de que Dios lo había liberado de la muerte enviando al gran pez (1:17–2:1).[15] La oración de acción de gracias del profeta describió su situación en un lenguaje muy tradicional (Sal. 69:1-2; 42:7).[16] Al hundirse hasta el fondo del mar (2:2-3,5-6a), se encontró en el umbral de la muerte.[17] En ese momento, tuvo una nueva percepción en cuanto a lo que significaba estar lejos de la presencia de Dios (2:4; ver 1:3). En consecuencia, buscó a Dios para obtener liberación (2:7a; ver Sal. 142:4).[18] En forma personal, él experimentó una aplicación injusta de la compasión de Dios.[19] La nueva perspectiva teológica de Jonás se hizo evidente en su promesa de alabar a Dios (2:8-9).[20]

II. Compasión de Dios por la Nínive arrepentida 3:1–4:11

La segunda mitad del libro fue estructurada para reflejar la primera, en varios sentidos. Tanto el capítulo 1 como el 3 comienzan con el envío del profeta a Nínive (1:1-3; 3:1-2), mientras que el 2 y el 4 contienen oraciones de Jonás (2:2; 4:2). La *compasión de Dios por Nínive* (3:1-9) y por Jonás (1:17–2:10) se enfatizaron en los capítulos del medio, mientras que la narrativa comenzó y terminó (1 y 4) con Jonás que rechaza la compasión de Dios por Nínive.

Las relaciones sociales del pueblo de Nínive estaban gobernadas por la violencia (3:8). Ellos actuaban en contra de la conciencia moral que hay dentro de todas las personas, y en rebelión hacia Dios. El mensaje de Jonás a la gente de Nínive externalizó una nueva visión del futuro, que era extraña al pensamiento de ellos.[21] Dios los destruiría en cuarenta días (3:4). Este nuevo conocimiento legitimaba un cambio en su sistema de creencias y en su conducta social. De forma sorprendente, el rey y el pueblo eligieron internalizar esta nueva visión del futuro. Se arrepintieron de sus malos caminos, cambiaron los patrones de conducta violenta comúnmente aceptados (un proceso de alternancia o conversión) y esperaron que Dios fuera compasivo (3:5-9).

De modo asombroso, Jonás retornó a la actitud del capítulo 1 y *rechazó la compasión de Dios hacia Nínive* (3:10–4:11). Mientras el profeta estuvo sentado en algún lugar al este de la ciudad de Nínive, en un área calurosa y árida (4:5-8), pasaron los cuarenta días. La ciudad de Nínive arrepentida fue librada. Jonás se dio cuenta de que la compasión de Dios y su libertad para responder a la acción humana lo hicieron actuar con misericordia (3:10). Este acto divino fue coherente con las tradiciones de Israel (4:2; Ex. 34:6) y con la propia experiencia personal de Jonás (1:17–2:10), pero este se enojó con Dios porque estas personas malvadas no merecían la compasión de Dios. Al parecer, Dios pensó que la justicia tendría una mayor promoción por el testimonio vivo del pueblo de Nínive transformado, que por su muerte. Además, ¡la gente de Nínive se arrepintió! ¿Por qué no iba Dios a cambiar sus planes para destruir a la nación (ver Jer. 18:1-10)?

El pedido de morir, por parte de Jonás (ver tradiciones similares en 1 Rey. 19:4), contradijo su oración por liberación dentro del pez y es casi incomprensible.[22] ¿Quería Jonás morir porque tenía temor de que alguien pudiera llamarlo falso profeta? No, su problema era con Dios y su libertad de expresar compasión por razones más allá del razonamiento humano. Aunque Jonás tenía un conocimiento mental de cómo actuaba Dios (4:2), la integración de esta verdad a la experiencia concreta era extremadamente difícil. Era imposible comprender cómo interactuaban la justicia, la compasión y la libertad de Dios. En un arranque de enojo apasionado Jonás reaccionó contra la falta de sentido de la vida, en un mundo gobernado por la conducta divina, que va más allá del entendimiento humano.[23]

Para traer más sentido de orden a la comprensión de Jonás acerca de la operación divina de la justicia y la compasión, Dios le dio a Jonás el gozo de una planta que daba sombra. Luego la removió (4:5-8). Dios le enseñó a Jonás algo acerca de sus caminos al hacer que Jonás experimentara tanto la compasión como el juicio de Dios. Jonás estuvo feliz con la compasión de Dios (al darle la planta) y se enojó frente a su juicio (al matar la planta). Para decirlo en forma simple, Jonás estaba a favor de la compasión (por la planta insignificante; 4:9) y Dios también (por los 120.000 habitantes de Nínive; 4:10). La apasionante historia demostró que los caminos de Dios algunas veces son misteriosos, pero no es imposible que se revelen. Los actos de Dios fueron un espejo de su justicia y compasión, pero su libertad para gobernar el mundo dejaba una imagen borrosa que requería confianza y no meramente conocimiento humano.

Consecuencias teológicas y sociales

Al igual que el profeta Jonás, el mensajero en el día de hoy no debe tener segundas intenciones con respecto al deseo de Dios de manifestar compasión a otros. Dios actuará (y actúa) en justicia contra el pecado, pero su gran amor por todas las personas en el mundo lo hace esperar pacientemente, dar con gracia, perdonar con misericordia y aceptar con compasión, incluso a las personas más indignas del mundo. Experimentar la gracia de Dios y no estar dispuestos a hablarles a otros acerca de su compasión es una tragedia que todos deben evitar. Los mensajeros de Dios no pueden limitar la gracia de Dios ni controlar su distribución, pero pueden evitar que la gracia de Dios produzca efecto sobre su propia vida.

Nínive, Jonás y los mensajeros actuales de Dios tienen libre albedrío para cambiar la manera de pensar y de comportarse. Pueden rechazar el plan de Dios por razones políticas, sociales o teológicas. Pueden tratar de huir de las demandas de Dios, pero no pueden escapar de la vista de Dios ni dar vuelta sus metas. Cuando ellos rechazan el camino de Dios, Él puede transformar su manera de pensar de forma compasiva pero firme. Puede que no sea algo justo para hacer, pero ¿quién puede argumentar en contra de la compasión de Dios?

Preguntas para debatir

1. Identifique una persona o grupo que no merezca la compasión de Dios.

2. ¿Cuál fue la idea que Jonás tuvo de la compasión de Dios, que él había tomado de la cultura y de las tradiciones teológicas de sus días?

3. De acuerdo a la visión que Dios tiene de las cosas, ¿qué personas o naciones merecen compasión?

4. ¿De qué manera la justicia de Dios se amolda a su compasión?

1. Esto fue antes de los ministerios de Amós y de Oseas. Al comienzo del reinado de Jeroboam II, Jonás vio el surgimiento de su reino. Pero veinte años más tarde, Amós (7:1-17) predijo la destrucción de la nación de Jeroboam.

2. D. Stuart, *Hosea-Jonah* en *WBC* (Waco: Word, 1987), 446, ubica la visita de Jonás a Nínive en el reinado de Assur-Dan III (773–756 a.C.). Ver el tratamiento de este período en B. Mazar, "The Aramean Empire and Its Relations with Israel", *Biblical Archaeologist Reader 2* (Garden City: Doubleday, 1964), 142-45; W. W. Hallo, "From Qarqar to Charchemish: Assyria and Israel in the Light of New Discoveries", *Biblical Archaelogist Reader 2* (Garden City: Doubleday, 1964), 162-68; D. Redford, *Egypt, Canaan, and Israel in Ancient Times* (Princeton: Princeton Univ. Press, 1992), cap. 12, 312-64.

3. P. Berger y T. Luckmann, *The Social Construction of Reality: A Treatise in the Sociology of Knowledge* (Garden City: Doubleday, 1966), 76-79, 85-88, describen cuántos roles y ocupaciones diferentes desempeñan las personas en culturas separadas con vocabularios y perspectivas distintivas.

4. Mazar, "The Aramean Empire", 140-42, cree que el arameo llegó a ser la lengua oficial de los negocios durante o poco después del reinado de Ben-adad II. El libro de Jonás tiene varias palabras arameas. G. M. Landes, "Linguistic Criteria and the Date of Jonah", *Eretz Israel* 16 (1982), 147-82, cree que algunas palabras "arameas" en Jonás eran en realidad fenicias.

5. C. Westermann, *The Praise of God in the Psalms* (Richmond: John Knox, 1961), 102-12; o J. Limburg, *Hosea-Micah* en *IntCom* (Atlanta: J. Knox, 1988), 146.

6. J. Magonet, *Form and Meaning: Studies in the Literary Techniques in the Book of Jonah* (Sheffield: Almond Press, 1983), 44-49, 65-84, presenta un estudio detallado de estas citas. Se incluyen: la maldad de Nínive que subió hasta Dios en 1:2 (ver la historia de Sodoma en Gén. 18:20-21); la creación del mar y la tierra seca por parte de Dios en 1:9 (ver Gén. 1:9-10; Sal. 95:5); la compasión de Dios (ver Ex. 32:12); la misericordia de Dios por el pueblo de Nínive en 3:10 (ver Ex. 32:14); el carácter de Dios en 4:2 (ver Ex. 34:6); y numerosas frases en la oración en 2:2-9 (ver Sal. 42:8; 103:4; 120:1; 142:4). Ver también J. Limburg, *Jonah* en *OTL* (Louisville: Westminster-John Knox, 1993), 64-70.

7. Berger, *Social Construction*, 95-100, ve la comprensión más abstracta del mundo en el universo simbólico de una persona, como un factor clave para ordenar, integrar y legitimar una interpretación significativa de las experiencias por parte de la persona. Los conflictos entre la experiencia y el universo simbólico requerían nuevas explicaciones o cambios en la comprensión de la vida.

8. T. E. Fretheim, "Jonah and Theodicy", *ZAW* 90 (1978), 227-37.

9. J. M. Sasson, *Jonah* en *AB* 24b (Nueva York: Doubleday, 1990), 16-27, discute estos asuntos. G. M. Landes, "The Kerygma of the Book of Jonah", *Int* 21 (1967), 3-31; y Magonet, *Form and Meaning*, 43, argumentan a favor de la autenticidad del poema en 2:2-9. H. W. Wolff, *Obadiah and Jonah* en *CC* (Minneapolis: Augsburg, 1986), 76-78, prefiere una fecha posterior. Nosotros seguimos a Stuart *Hosea-Jonah* en *WBC* 31, 432-42, quien toma una fecha tradicional. Comparar con T. Lescow, "Die Komposition des Buches Jona", *BN* 65 (1992), 29-34.

10. M. Burrows, "The Literary Category of the Book of Jonah", en *Translating and Understanding the Old Testament*, eds. H. T. Frank y W. L. Reed (Nashville: Abingdon,

1970), 80-107; y Wolf, *Obadiah and Jonah* en *CC,* 80-84, creen que el libro es una sátira mientras que L. C. Allen, *Joel, Obadiah, Jonah, and Micah* en *NICOT* (Grand Rapids: Eerdmanns, 1976), 177, considera que el libro es una parábola. Dado que la vida real está llena de ironías, esta característica no hace que el libro sea una parábola no histórica. K. M. Craig (h.), *A Poetics of Jonah: Art in the Service of Ideology* (Columbia: University of South Carolina, 1993), desarrolla las estrategias literarias de Jonás.

11. Contrastar con la respuesta de Abraham al juicio de Sodoma en Gén. 18:22-33.

12. Aunque la Biblia no registra el evento, Jehú fue derrotado por Salmanasar III en 841 a.C. Ver J. Pritchard, ed., *ANET* (Princeton: Princeton Univ. Press, 1954), 279-81.

13. T. E. Fretheim, *The Message of Jonah* (Minneapolis: Augsburg, 1977), 19-26, trata los asuntos teológicos clave que el libro menciona. Hace notar que Jonás fue muy positivo con respecto a los marineros y se ofreció a morir para que ellos vivieran. De modo que el tema del libro no es un problema judío/gentil.

14. Berger, *Social Construction,* 129-37. La socialización es internalizar la visión de la realidad objetiva determinada culturalmente, la cual define al mundo de maneras significativas.

15. G. M. Landes, "The 'The Three Days and Three Nights' Motif in Jonah 2:1", *JBL* 86 (1967), 446-50, conecta la referencia a los tres días dentro del pez con un mito sumerio que decía que tomaba tres días viajar al infierno.

16. Otros salmos de acción de gracias son Salmos 30; 34; 116. En general tenían una introducción, una descripción de la situación difícil de la que habían sido liberados, un recuerdo de su liberación y una conclusión (incluído un voto de alabanza).

17. D. L. Christensen, "The Song of Jonah: A Metrical Analysis", *JBL* 104 (1985), 225-29, muestra de qué manera la repetición de vocabulario ayudó a transmitir significado.

18. J. Ellul, *The Judgment of Jonah* (Grand Rapids: Eerdmanns, 1971), 43-46, cree que el pez fue un medio de destrucción de Jonás más bien que su salvación.

19. A. Lacoque y P. E. Lacocque, *The Jonah Complex* (Atlanta: John Knox, 1981), 53-60, llama resurrección a este movimiento de la muerte a la vida, pero Jonás nunca habló en estos términos.

20. J. S. Ackerman, "Satire and Symbolism in the Song of Jonah", *Traditions in Transformation: Turning Points in Biblical Faith,* eds. B. Halpern y J. D. Levenson (Winona Lake: Eisenbrauns, 1981), 221-27, piensa que el canto de acción de gracias tiene signos de egoísmo. Nosotros creemos que hubo un cambio en el corazón de Jonás.

21. Berger, *The Sacred Canopy: Elements of a Sociological Theory of Religion* (Garden City: Doubleday, 1967), 4-8.

22. El fracaso de Elías en destruir la adoración de Baal puede explicar algo de su desesperación. Sin embargo, Jonás estaba desesperado porque su ministerio había sido más exitoso de lo que él quería.

23. La respuesta de Jonás no fue tan diferente de la del padre que cuestiona a Dios y al propósito de la vida, después de la muerte sin sentido de un hijo. La experiencia no se compara con el concepto de la justicia de Dios por parte del padre. El enojo es una respuesta frecuente cuando uno siente que Dios no ha seguido con justicia las reglas de juego de la vida.

Capítulo 6

Miqueas:
La justicia reinará

Introducción

La gente del antiguo Cercano Oriente creía en la justicia de Dios/los dioses. Las diferentes culturas definen la justicia de maneras distintas, pero hay una amplia expectativa que cree que los poderes divinos controlan el mundo sobre la base de principios acerca de lo correcto y lo incorrecto. Puede ser que ahora existan injusticias, pero al final, la justicia prevalecerá.

En el mundo real donde vive la gente, las injusticias no son poco comunes. Les ocurren todos los días a personas de todas las clases sociales. La injusticia incluye un uso abusivo del poder, por el cual una persona toma ventaja de otra por la fuerza. Las sociedades construyen normas de conducta aceptables e inaceptables, y proveen instituciones para hacer cumplir esas normas. Sin embargo, la gente se desvía de esos patrones y no se tratan unos a otros de manera justa.

¿Qué puede o debiera hacer un mensajero de Dios con respecto a la injusticia? ¿Podrá una charla placentera acerca del amor de Dios transformar el abuso del poder y hacer que las personas se traten de manera correcta? ¿Debería una persona justa ignorar el problema? ¿Sirve para algo vociferar y despotricar o conducir una marcha contra la injusticia? Los profetas no evitaron el tema de la justicia y el mensajero moderno no debería dejar de tratar sus consecuencias. Dios no permaneció en silencio con respecto a los injustos y no se olvidó de los que sufrieron injustamente.

Entorno social

Contexto histórico

El ministerio de Miqueas se dividió en tres contextos históricos separados: (a) los difíciles días de los reyes débiles Jotam y Acaz; (b) los buenos tiempos de independencia y reforma bajo el rey justo Ezequías y (c) los años desastrosos del reinado de Manasés. Su carrera profética comenzó unos pocos años antes de la caída de Israel, la nación del norte, en 722/721 a.C. (2 Rey. 17) y continuó hasta unos pocos años después de la derrota de los asirios en Jerusalén en 701 a.C. (desde 725–695 a.C.).[1]

	Judá	Israel	Asiria	Egipto
Temprano	Acaz débil	Oseas débil	Tiglat-pileser III fuerte	Dinastía XXV débil
Medio	Ezequías fuerte	en el exilio	Senaquerib fuerte	Dinastía XXV débil
Tardío	Manasés débil	en el exilio	Senaquerib, Esar-hadón fuerte	Dinastía XXV débil

El contexto más temprano (1:5-6) ubicó a Miqueas en Jerusalén durante el reinado de Acaz (2 Crón. 28). Judá enfrentaba la presión económica de pagar tributo al rey asirio Tiglat-pileser III (2 Rey. 16; 2 Crón. 28) y el malestar de la idolatría desenfrenada (1:5-7; 2 Rey. 16:3-4).

Sargón II llegó a Judá en 720 y otra vez en 714–711 a.C. para conquistar ciudades en la llanura filistea, el área de Moreset, el pueblo natal de Miqueas.[2] Miqueas se lamentó por las ciudades de esta área (1:10-16) y por la ciudad real de la nación, debido a que una calamidad similar pronto alcanzaría las puertas de Jerusalén (2:1-2,8-9; 3:1-12).

Después que Ezequías ganó independencia política de Asiria e instituyó reformas religiosas, el rey asirio Senaquerib amenazó con la destrucción total de Jerusalén con más de 185.000 tropas en 701 a.C. (Isa. 36–38; 2 Rey. 18–19; 2 Crón. 32). En medio de estos eventos, Miqueas animó a los judíos que estaban sufriendo, con palabras de esperanza y liberación (4:1–5:15).

Los últimos pocos años del gobierno de Ezequías permanecen ocultos.[3] En los años finales de Ezequías, su hijo Manasés llegó a ser corregente y comenzó a alejar a la nación de Dios. Esto podría dar razón de las descripciones negativas que Miqueas hace de la conducta social en 6:3-5, 9-11 y de su desesperación en 7:1-6,10.[4]

La estructura del orden social

Miqueas era consciente de la concepción sociocultural de la realidad objetiva que tenía su audiencia y de sus instituciones políticas, económicas y religiosas. Sus mensajes interactuaban con este orden social, pero su visión del futuro no estaba encasillada por sus limitaciones. Estaba abierto a la obra creativa de Dios y por fe podía imaginar una situación futura muy diferente a la de su entorno.

Este mundo político incluía naciones (Judá, 1:9; Babilonia, 4:10; Asiria, 5:5) y ciudades (Samaria y Jerusalén, 1:5), así como gobernantes (Omri, 6:16) y ejércitos que controlaban los eventos políticos. El tiempo se caracterizaba por el gobierno de reyes (1:1) y la historia conmemoraba conflictos entre naciones (1:5-6,16; 6:4-5; 7:15). Algunos líderes poderosos tenían una visión exagerada de su seguridad política entre las naciones y un punto de vista irreal acerca de la justicia divina. Por consiguiente, no creyeron en las profecías de Miqueas sobre la destrucción de Jerusalén (2:6-7). Varias veces Miqueas interactuó con un grupo de gobernantes burócratas de Judá pertenecientes a la clase alta (3:1-3,9; 7:3). Estos políticos y jueces (3:11; 7:3) eran responsables de administrar el orden social, pero corrompieron el gobierno. Tomaron ventaja de los pobres y no defendieron los derechos individuales ni establecieron justicia (3:9).

La guerra sirio-efrainita (734–732 a.C.) y el tributo que Acaz pagó a los asirios (2 Crón. 28:5-8,17-21) debilitaron la situación socioeconómica de Judá. Algunos israelitas oprimían a los refugiados desposeídos que huyeron hacia el sur después de la derrota de Israel (2:8).[5] Las relaciones sociales se deterioraron cuando la clase alta tramó mantener su nivel tomando las propiedades de los pobres (2:1-2,9) y abusándose de los derechos de los inocentes en la corte (3:1). El rey Ezequías alentó un retorno a los principios del pacto para regular la conducta social y religiosa (2 Crón. 29:1-16; 30:1-9; 2 Rey. 18:1-7), pero al final del ministerio de Miqueas, Manasés volvió a aplicar las malas políticas de Acaz y Acab (6:12,16; 7:2; 2 Rey. 21:3). La violencia gobernaba las relaciones sociales. La gente ya no podía confiar ni siquiera en los fuertes lazos de lealtad familiar (7:5-6).

Algunos creían ingenuamente que Dios nunca traería juicio sobre Jerusalén, porque el Señor estaba en medio de ellos (2:6-7; 3:11). Falsos profetas legitimaron esta creencia prometiendo paz a los ricos (3:5,11). Aunque estas personas adoraban en el templo, muchos estaban confundidos acerca del propósito de los sacrificios (6:3-8).

La ubicación social y el rol del profeta

El libro de Miqueas no incluyó información detallada sobre la ocupación anterior del profeta ni sobre su condición social antes de llegar a ser un profeta. Sus primeros años los pasó en Moreset (1:1; probablemente Moreset-gat en 1:14). Esta villa de campo en la planicie filistea estaba alrededor de nueve kilómetros (seis millas) de la principal fortaleza militar de Laquis. La visión de Miqueas de la realidad objetiva se construyó a partir de las palabras hebreas que usaron sus padres, de los roles representativos de su ambiente social rural y de los patrones de conducta culturales de ese lugar. Durante los primeros años de socialización, él internalizó estas maneras socioculturales y significativas de pensar y actuar, haciéndolas suyas.[6] Su nacimiento en Moreset podría sugerir un entorno de clase rural baja, pero sus escritos denotan algo de educación. Rudolph cree que Miqueas era un terrateniente de Moreset y no un hombre pobre.[7] Kapelrud y Beyerlin concluyen que era un profeta del culto, mientras que Wolff piensa que su ataque contra las injusticias de los líderes (3:1-4,9-11) sugiere que Miqueas tenía el rol social de un anciano del villorrio.[8] Estos diversos puntos de vista ilustran la amplitud del conocimiento que Miqueas tenía de su mundo y su habilidad para penetrar los patrones de pensamiento de varios subgrupos, y no su rol.

Miqueas basó la comprensión de su identidad social en su llamado a un rol profético (3:8). Como profeta, creía que la fuente de su poder era el Espíritu del Señor. Sus mensajes estaban basados sobre el principio de la justicia, la valentía caracterizó sus discursos y su meta era hacer que la gente reconociera sus pecados (3:8). Estas facetas estaban en agudo contraste con la identidad social de otros profetas (3:5-7) y en oposición a los patrones teológicos de los líderes de sus días (2:1-2; 3:1-3,9-11; 6:10-12; 7:2-3). Este enfoque alternativo de la tarea profética (una visión desviada dentro de su entorno social) indica que Miqueas no estaba respaldado por las estructuras dominantes de verosimilitud (políticas, religiosas o sociales) en la sociedad.[9] Miqueas no trató de mantener las presentes estructuras sociales o religiosas. En cambio, trató de transformar las creencias populares de su audiencia (2:6-7; 6:6-8; 7:10). Es probable que recibiera algún respaldo de Ezequías durante sus reformas.[10]

A pesar de que Miqueas habló mucho acerca de la justicia, no fue una persona dura e indiferente. Él lloró y se lamentó (1:8-9; 7:1-6) cuando reflexionaba sobre el estado malvado de la nación. También habló del reino glorioso que Dios establecería (4:1-8) y cantó alabanzas a Dios por su eterno amor y perdón (7:18-20).

Como mensajero de Dios, Miqueas demostró habilidad literaria al entrelazar temas similares en las secciones de juicio y de esperanza.[11] Jugó con las palabras al repetirlas dentro de párrafos.[12] En 1:10-16 inteligentemente creó retruécanos con el nombre de cada ciudad para describir su castigo.

Miqueas tomó prestadas formas literarias de expresión de su entorno cultural. Estas incluían lamento, oráculo de lamentación, de salvación y de juicio, agregados al juicio por el pacto. Estos medios culturales de expresión le permitieron comunicarse con la gente de la época. Empleó tradiciones teológicas más antiguas para justificar sus acusaciones contra su audiencia y para dar autoridad a sus palabras de esperanza. Éstas incluían la oposición de Dios al cohecho (3:11; ver Ex. 23:8), el éxodo (6:4; ver Ex. 3–15) y la historia de Balaam (6:5; ver Núm. 22–24).

Interacción social

El libro de Miqueas

Aunque algunos comentaristas cuestionan la autenticidad de los capítulos 4–7, autores recientes concluyen que fue Miqueas el que pronunció la mayoría de estos sermones.[13] El libro puede bosquejarse en tres secciones principales:[14]

I. La venida de Dios en poder para traer justicia 1:1–2:13

   A. La venida de Dios traerá destrucción 1:1-16

      1. Juicio sobre Israel por la idolatría 1:1-7

      2. Lamento sobre el desastre que viene sobre Judá 1:8-16

   B. Razones para el juicio inminente 2:1-11

      1. Los poderosos roban propiedades 2:1-5

      2. Los poderosos rechazan la palabra de Dios 2:6-11

   C. Dios vendrá a recoger un remanente 2:12-13

II. El liderazgo justo vendrá a Sión 3:1–5:15

   A. Destitución de los malos líderes 3:1-12

      1. Jueces injustos rechazados 3:1-4

      2. Falsos profetas acallados 3:5-8

      3. Líderes corruptos destituidos 3:9-12

   B. Sión liberada y gobernada por un líder justo 4:1–5:15

      1. Exaltación final de Sión con Dios como rey 4:1-8

      2. Aflicción y liberación de Sión 4:9–5:9

      3. Transformación de una sociedad pecadora 5:10-15

III. El acercamiento a Dios en humildad, justicia y esperanza 6:1–7:20

    A. Juicio por no acercarse a Dios a la manera de Dios 6:1-16

    B. Acercarse a Dios por esperanza en tiempos de desesperación 7:1-20

        1. Lamentación por una sociedad malvada 7:1-6

        2. Esperanza en las promesas y el amor de Dios 7:7-20

Con este material como trasfondo, es posible examinar la interacción social del profeta con su audiencia, a los efectos de descubrir cómo los persuadió para que transformaran sus vidas.

I. La venida de Dios en poder para traer justicia 1:1–2:13

Miqueas comenzó su predicación con el anuncio del tema que Dios venía de su lugar para traer justicia a la tierra (1:3). *La venida de Dios traería destrucción* (1:2-16) a Samaria y a Jerusalén. Luego Miqueas explicó por qué Dios los estaba juzgando (2:1-11) y cómo recogería un remanente después del juicio (2:12-13).

Miqueas vio cómo la gente de Samaria y de Jerusalén adoptaba ideas de sus vecinos no hebreos (1:5-7). Es frecuente que, cuando existen ideas contrarias de la realidad, el segmento más poderoso de la sociedad tratará de liquidar las tradiciones sociales competitivas, sus instituciones y las legitimaciones que respaldan su acercamiento cultural a la realidad. No obstante, si el ordenamiento alternativo de la realidad se ve solo como una pequeña modificación, la sociedad dominante puede decidir integrar los dos enfoques.[15] Desde el tiempo de Salomón, Judá había preferido la opción de integrar las costumbres cananeas, dado que tanto ese rey como Acab le dieron aprobación oficial a la adoración de Baal, dios de la fertilidad (1 Rey. 11; 16:29-33). Pronto, estas prácticas religiosas en los templos de Baal llegaron a ser la norma en los "lugares altos" en Judá, bajo el rey Acaz (1:7; 2 Rey. 16:4).

El sermón de Miqueas confrontó esta situación al repetir las tradiciones de la teofanía israelita (ver Sal. 18:7-19; 97:1-5) concernientes al poder del Dios de Israel (1:2-4).[16] Las tradiciones tempranas de la nación[17] identifican a Yahvéh como Dios con poder soberano y justicia sobre todas las naciones. Ni siquiera las montañas pueden resistir su poder y su santidad. Estas tradiciones cuestionaron las ideologías acerca de la existencia, el poder y la adoración de Baal. Aunque la naturaleza pluralista de la mayoría de los centros urbanos como Samaria y Jerusalén permitían algo de diversidad teológica,[18] el baalismo amenazaba el corazón del pensamiento hebreo. Para socavar esta perspectiva sincretista, Miqueas presentó un nuevo punto de vista que no estaba determinado por su contexto social. Dios removería los mecanismos sociales (ritual, sacerdotes, prostitutas, lugares altos) los que respaldaban esta visión alternativa de la vida (1:6-7).

Unos pocos años más tarde, Miqueas se identificó con el lamento de su audiencia, llorando en dolor profundo (1:8-9) por la derrota de las ciudades en la planicie filistea, a manos de los asirios.[19] Este lamento le dio credibilidad a Miqueas a los ojos de su audiencia (1:10-16), dado que él sufrió con ellos por la muerte de amigos y familiares.[20] Aun así, el pueblo de Jerusalén no fue persuadido a internalizar las advertencias de este lamento, porque ellos tenían confianza en su poder militar (1:13).

Miqueas trató de persuadir a su audiencia judía de que no estaba todo bien para ellos. Justificó sus declaraciones en un oráculo de lamentación y de disputa, dando *razones para el juicio inminente* (2:1-11) de Jerusalén. Miqueas acusó a los líderes poderosos de Judá de robar propiedades (2:1-2, 8-9) para mantener su nivel. Tomaban objetos de viajeros indefensos y de los que escapaban de los estragos de la guerra (2:8). Los pesados impuestos asirios (2 Rey. 16:7-18) y la carga de una enorme población de inmigrantes de Israel alrededor de 721 a.C., hicieron grandes demandas financieras a Judá,[21] pero esta conducta social era injusta.

Por fe, Miqueas imaginó un nuevo entorno teológico y social.[22] Creía que Dios estaba planeando dar vuelta las mesas de los que robaban, despojándolos de sus casas y tierras (2:3), de su bendición de descansar en la tierra (2:10)[23] y de su derecho a heredar la tierra tribal (2:5, ver Núm. 34:13). Si estos individuos abusadores no transformaban su conducta, Dios daría sus tierras a desconocidos impíos (2:4). Ahora la audiencia debía elegir. Ellos podían internalizar el sermón persuasivo de Miqueas o rechazar su mensaje proveniente de Dios.

En defensa propia, la audiencia se negó a creer que Dios haría estas cosas (2:6).[24] En cambio, mantuvieron su propia comprensión de la vida citando lo que sus profetas les habían enseñado (3:5).[25] El Espíritu del Señor era paciente y no vengativo.

Miqueas desenmascaró esta engañosa manera de pensar acerca de Dios, presentando una comprensión más completa de la justicia de Dios. En realidad, Dios es paciente y bueno, pero solo con los justos (2:7). La visión parcial que ellos tenían los llevaba a conclusiones falsas en cuanto a su seguridad (2:11).

Estas palabras acerca de la destrucción de Jerusalén cuestionaban el futuro mismo de Judá, pero Miqueas le aseguró a su audiencia que Dios es fiel a sus promesas. En un día futuro, *Dios vendría a recoger un remanente* (2:12-13) de entre los juzgados.[26] Dios, el Rey, conduciría a su pueblo a la libertad en su tierra (2:13).

II. El liderazgo justo vendrá a Sión 3:1–5:15

Los sermones siguientes fueron una serie de oráculos de juicio acerca de la *remoción de los malos líderes* (3:1-12) que gobernaron Jerusalén durante los primeros años de Ezequías. Miqueas comunicó la perspectiva de Dios sobre el sistema judicial injusto. Estaba diseñado para proteger la justicia, pero los actos sociales desviados por parte de los oficiales llevaron a un problema fundamental. Los jueces no sabían lo que era la justicia; trataban a los débiles de forma inhumana. En lugar de interactuar con el pueblo sobre la base de las normas sociales expuestas en las tradiciones del pacto de Israel (Ex. 21–23), estos líderes odiaban lo bueno y amaban lo malo.

La segunda parte de este sermón (3:5-8) se refirió al rol de los profetas y de los adivinos en Judá. Ellos no estaban iluminados por exteriorizaciones provistas por el Espíritu de Jehová. No estaban llenos de valentía para decir la verdad, ni guiados por principios de justicia (3:8). Proclamaban mensajes positivos o negativos según su imaginación y del monto de los pagos que recibían (3:5).[27] La conducta de Miqueas legitimó la superioridad de sus motivos, le dio a su mensaje mayor autoridad y aumentó su poder persuasivo.

La evidencia concluyente de Miqueas acusó a todos los líderes políticos y religiosos (3:9-12). La conciencia social de los políticos no veía ningún problema con derramar sangre humana para llevar a cabo un proyecto de construcción. Condonaban la violencia y alentaban el cohecho en las cortes. Sacerdotes y profetas servían a cambio de un gran salario.[28] Aun así, esta misma gente tenía un sentido de seguridad de que Dios nunca destruiría Jerusalén, porque Dios habitaba en el templo de Sión (3:11; ver Sal. 46:4). La disonancia entre la conducta social y las creencias teológicas pusieron en evidencia a un mundo reificado o cosificado, desconectado de la conducta humana.[29]

Miqueas imaginó un día cuando Dios destruiría a Jerusalén y a su templo (3:12). Trató de persuadir a los líderes para que reconocieran que su seguridad era engañosa. Ellos neciamente creían que la justicia de Dios no les traería juicio.

Unos pocos años más tarde, el rey Ezequías llevó a cabo una gran reforma religiosa y social (2 Crón. 29–31). Jerusalén estaba bajo sitio asirio (en 701 a.C.) y el futuro parecía sin esperanza (Isa. 36–37). Miqueas predicó una serie de oráculos de salvación, que contrastaban los problemas presentes de Jerusalén con la futura *liberación de Sión y su gobierno de líderes justos* (4:1–5:15). Miqueas les recordó a los fieles que Dios se preocupaba por Jerusalén y gobernaría sobre ella (4:1-8). Externalizó una nueva visión de Jerusalén inspirada en la percepción del plan de Dios.[30] Esto construyó un nuevo panorama "utópico" del orden religioso y social que justificaba la fe de la gente en Dios y los animaba a soportar su sufrimiento bajo el sitio asirio.

Usando canciones tradicionales acerca de Sión (Sal. 46–48), el gobierno universal de Dios (Sal. 96–99)[31] y un oráculo profético[32] (ver Isa. 2:2-4), Miqueas describió el futuro glorioso de Sión. Yahvéh estaría allí enseñando (4:2) y transformando la cosmovisión tanto de judíos como de gentiles. Toda violencia y guerra terminaría, cuando Dios juzgara rectamente entre las naciones (contrastar con 3:1-4,10-12). Luego vendría la verdadera prosperidad (4:4) y el remanente exiliado de Israel y de Judá regresaría a Sión (4:6-7), porque Dios sería Rey para siempre (4:7). Debido a esta esperanza, el rey Ezequías y los fieles resistieron los pensamientos populares y los patrones sociales de su cultura, y anduvieron en los caminos de Dios (4:5).

Esta gran profecía transformó la desesperanza de las personas, mientras los asirios todavía estaban sitiando a Jerusalén. ¿Cuál era la relación entre la dificultad presente de la nación con Asiria y sus días futuros de gloria? Tres pequeños párrafos (4:9-10,11-13; 5:1-9) comparan lo que estaba ocurriendo "ahora" (4:9,11; 5:1) con lo que ocurriría.[33] En el ahora, Judá se estaba retorciendo de dolor ("la que ha de dar a luz"); sus líderes y tropas no podían liberarla (4:9-10).[34] En el futuro, Dios liberaría al remanente (4:10; 5:7-8) y derrotaría a sus enemigos (4:13; 5:5-6,9). Las expectativas serían cumplidas, pero no por la sociedad malvada presente.

Para legitimar sus palabras acerca de un futuro gobernante (el Mesías) de Israel, Miqueas introdujo las tradiciones davídicas (2 Sam. 7:8-16; Os. 3:5; Sal. 89:35). Un niño vendría de la ciudad davídica de Belén (1 Sam. 17:12). A través del poder de Dios, él pastorearía tanto al remanente como a todas las naciones de la tierra (5:4). Estas palabras de esperanza desafiaron pensamientos de desesperación durante la crisis asiria. El mensaje de Miqueas transformó el mal entendido del pueblo con respecto al plan de Dios para Judá (4:12).

El último párrafo (5:10-16) complementa a 4:1-8.[35] Bosqueja los cambios sociales que tendrían lugar en una situación futura.[36] Se enfoca en la remoción de las fuentes de esperanza falsa. Mediante una percepción divina, Miqueas pudo imaginar el fin de la confianza en fuerzas militares y fortificaciones (nada de guerra; ver 4:3-4), el fin de falsos dioses y falsos profetas (Dios le enseñaría a su pueblo sus caminos; 4:1-2) y el fin de la oposición entre naciones (Dios juzgaría entre naciones; ver 4:3,7-8). En aquel día existiría el plan divino sobre la tierra.

III. El acercamiento a Dios en humildad, justicia y esperanza 6:1–7:20

Los sermones finales provinieron de un período posterior. Jerusalén era malvada y estaba llena de violencia (6:12; 7:2). Sus líderes políticos deshonestos se habían olvidado de Dios (6:3; 7:3) y no recordaban lo que se requería para adorar a Dios. Esto reflejaba la situación durante el reinado de Manasés (2 Rey. 21). El sermón de Miqueas fue un *juicio por no acercarse a Dios a la manera de Dios* (6:1-16).[37]

El juicio por el pacto seguía patrones culturales de la corte, donde se llamaban testigos, se presentaban evidencias contra el acusado, se hacía una defensa y se llegaba a un veredicto.[38] Miqueas le recordó a su audiencia cómo Dios había guardado su parte en la relación del pacto (6:3-5). Los había liberado de Egipto (ver Ex. 3–15), les había enviado líderes (Moisés, Miriam y Aarón, Ex. 4:10-14; 15:20-21; Sal. 77:20), los había salvado del plan de Balac y de la maldición de Balaam (ver Núm. 22–24) y los había conducido a través del río Jordán inundado (Jos. 2–4). Estos actos fueron hechos para que el pueblo conociera la justicia y la gracia de Dios (6:5).

En los días finales de Ezequías, cuando Manasés comenzó a tomar el control de Judá, el pueblo no mantenía su relación de pacto (6:3). Se aceptaba una cosmovisión cultural diferente (2 Rey. 21). Algunos pensaban que podían complacer a Dios ofreciendo más sacrificios (mil machos cabríos) o posesiones más preciosas (el hijo primogénito). Esto mantuvo un nivel externo de continuidad con los patrones institucionalizados para el sacrificio (ver Ex. 23:15; 34:20; Lev. 1–5), pero este enfoque para acercarse a Dios fue un cambio radical con respecto a lo que Dios requería.

Miqueas condenó la idea mecanicista de sacrificios rituales que tenía la nación (ver Isa. 1:10-17; Amós 5:21-24). Para venir a la presencia de Dios, una persona debía moldear su vida en torno a principios de honestidad, justicia, amor por el prójimo, temor del Señor (Sal. 15:1-5), un corazón puro (Sal. 24:1-6), un profundo amor por Dios (Deut. 6:5), devoción leal a las estipulaciones del pacto (Deut. 4:13; 1 Sam. 15:22) y una humilde sumisión a Dios (Lev. 16:31). Estas tradiciones legitimaron el llamado de Miqueas para que la nación pudiera "solamente hacer justicia, y amar misericordia, y humillar[se] ante [su] Dios" (6:8).

El profeta comunicó un nuevo mensaje teológico al pueblo, porque la conducta y la teología de la nación no coincidían con los requerimientos de Dios (6:8).[39] En lugar de recibir la bendición del pacto de Dios, la nación quedaría desolada (6:13-16).

El registro del ministerio de Miqueas termina con un lamento personal de *acercarse a Dios por esperanza en tiempos de desesperación* (7:1-20). Con gran dolor, el que se lamenta describió los problemas de la nación (7:1-6) y luego se acercó a Dios en busca de esperanza (7:7-20). Inicialmente, parece que el que se lamenta es el profeta. No obstante, la confesión de pecado (7:9) podría indicar que la ciudad de Sión pudo también haber usado este lamento cuando reconoció su condición pecaminosa y se acercó a Dios en busca de ayuda (comparar con Os. 6:1-3).[40]

El contexto del lamento (7:1-6) fue un tiempo de gran desaliento y soledad para los justos (comparar con las tradiciones de Elías en 1 Rey. 19:4,10). La reforma de Ezequías había terminado y los patrones de conducta piadosos habían cambiado (7:1-2).[41] Con la pérdida de la comunidad justa, las estructuras de credibilidad que sostenían el orden social del profeta se habían hecho añicos. Esto causó confusión en la comprensión subjetiva de la realidad.[42] El soborno y el derramamiento de sangre estaban por todas partes, y la seguridad normal y la cooperación social dentro de las estructuras familiares estaban ausentes (7:3-6). La gente se burlaba de los que confiaban en Dios (7:10).

A esta altura, Miqueas recordó lamentos de los Salmos (Sal. 13:5; 31:14; 55:16; 71:14) acerca de esperar en Dios. Debido a que Dios tiene la voluntad de oír a los que se acercan a Él (7:7-8), la visión negativa de Miqueas en cuanto a su entorno quedó en segundo plano. La repetición de creencias tradicionales, de fórmulas rituales y de oraciones eran maneras comunes de sostener la realidad subjetiva de la identidad y la cosmovisión propias, en tiempos de angustia.[43] Miqueas reconoció que Dios traería justicia y destruiría a sus enemigos (7:9-10; ver Sal. 17:2; 43:1). Al recordar tradiciones anteriores acerca del deseo divino de construir la ciudad de Jerusalén (ver Amós 9:11-15; Sal. 69:35-36), de extender su fronteras (Sal. 80:11-12) y de salvar a gente de todas las naciones (ver Miq. 4:2-4) su confianza se fortaleció.

Estas afirmaciones pesaron de tal manera sobre el profeta, que oró con audacia diciendo: "Apacienta a tu pueblo con tu cayado, el rebaño de tu heredad, que mora solo en la montaña, en campo fértil; busque pasto en Basán y en Galaad, como en el tiempo pasado" (7:14). Cuando Dios respondió que sí (7:15), Miqueas irrumpió en un himno de alabanza (7:18-20). Ahora vio a Dios tal cual era realmente; entendió algo del plan de Dios. Así es que alabó a Dios porque Él resolvería el problema que lo separaba de la raza humana. Dios perdonaría los pecados (7:18-19; ver Sal. 103:12), mantendría su cuidado amoroso para siempre, tendría compasión por el remanente de su pueblo y guardaría sus promesas hechas a Abraham (7:20). Aunque la realidad objetiva estaba llena de desesperación, la visión de Dios que tuvo Miqueas transformó su manera de pensar.

Consecuencias teológicas y sociales

Los predicadores que no están llenos del Espíritu de Dios, que no son lo suficientemente audaces como para hablar acerca de la justicia y el pecado (3:8), que no tienen la disposición de llorar por los que enfrentan juicio (1:8-9) y son temerosos de la soledad y el desengaño, no caminarán en los pasos de Miqueas. Ellos enfatizarán la paciencia de Dios (2:7) y la seguridad de la presencia de Dios (3:11). Estarán más preocupados por mantener su empleo con buena paga (3:5,11). No alentarán el cambio porque no verán el peligro que viene. No intentarán transformar la conducta de las personas porque ignorarán el patrón de justicia de Dios, el cual revela la necesidad de cambio. No imaginarán la esperanza que depara el futuro.

Miqueas sabía que la justicia vendría a la tierra cuando Dios viniera en poder. Es su reino soberano el que proclaman los mensajeros de Dios. Lloran y advierten cuando oyen que el poder de la justicia de Dios puede traer destrucción sobre los pecadores (1:2-7). Se oponen a los que se oponen a los patrones de justicia de Dios (3:1-4) y alientan a los que sufren mientras esperan el reino justo de Dios (4:1-8). Aunque los predicadores que siguen a los profetas no siempre tienen éxito (7:1-2), en la oscuridad de la desesperación pueden tener confianza sabiendo que Dios oye sus clamores (7:7-15). Pueden regocijarse en el amor eterno de Dios, el cual remueve el pecado que separa a las personas de Dios (7:18-20).

Preguntas para debatir

1. Dar tres ejemplos en los que el mensaje de justicia de Miqueas fue diferente de la visión de justicia de su audiencia.

2. ¿Qué principios de comunicación efectiva se demuestran en los sermones de Miqueas?

3. ¿Qué temas relacionados con la justicia necesitan abordarse en su entorno social? ¿Cuáles son las diferencias culturales entre la cosmovisión que usted tiene y la de los que hacen cosas injustas en la actualidad? ¿Cómo podría uno comunicarse con estas personas de manera persuasiva?

1. Miqueas 1:1 menciona a Jotam, pero nada en el libro parece provenir de esa época. Tal vez Miqueas nació durante su reinado o dio otras profecías que no están registradas en este libro.

2. Algunos relacionan la lista de ciudades en 1:10-16 con las ciudades que el rey asirio Senaquerib conquistó en 701 a.C., pero la referencia a Gat argumenta a favor de una fecha más temprana alrededor de 720–711 a.C., tal como lo sugiere L. C. Allen en *The Books of Joel, Obadiah, Jonah and Micah* en *NICOT* (Grand Rapids: Eerdmans, 1976).

3. J. Bright, *A History of Israel,* 3ra ed. (Filadelfia: Westminster, 1981), 286-88, y su Excursus I en 298-309, propone que Senaquerib tuvo una segunda campaña contra Judá alrededor de 689 a.C., pero esta reconstrucción es cuestionable. Ver D. Redford, *Egypt, Canaan, and Israel in Ancient Times* (Princeton: Princeton Univ. Press, 1992), 351-58.

4. El fechado de los caps. 6–7 durante el período de Manasés fue sugerido por primera vez por H. Ewald, *Die Propheten des Alten Bundes* (Gottingen: Vandenhoeck und Ruprecht, 1840), 327. Allen, *Joel, Obadiah, Jonah and Micah* en *NICOT,* 250-52, ubica al cap. 6 más temprano entre 722 y 701 a.C. y 7:8-20 en la era postexílica, mientras que J. L. Mays, *Micah* en *OTL* (Filadelfia: Westminster, 1976), 130, 138, 145, 150 y 158, relaciona la mayor parte de 6–7 con un entorno exílico o postexílico. H. W. Wolff, *Dodekapropheton Micha* en *BKAT* XIV/4 (Neukirchen-Vluyn: Neukirchener Verlag, 1982), 142-45, señala a círculos deuteronómicos después del exilio. W. Rudolph, *Micha-Nahum-Habakuk-Zephanja* en *KAT* XIII 3 (Gütersloh: Gütersloher Verlaghaus, Gerd Mohr, 1975), 113-14, señala al reino de Acaz.

5. M. Broshi, "The Expansion of Jerusalem in the Reigns of Hezekiah and Manasseh", *IEJ* 24 (1974), 21-26.

6. P. Berger y T. Luckmann, *The Social Construction of Reality: A Treatise in the Sociology of Knowledge* (Garden City: Doubleday, 1966), 129-37.

7. W. Rudolph, *Micha-Nahum-Habakuk-Zephanja* en *KAT* XIII 3, (1975), 22-23.

8. A. S. Kapelrud, "Eschatology in the Book of Micah", *VT* 11 (1961), 392-405; W. Beyerlin, *Die Kulttraditionen Israels in der Verkündigung des Propheten Micah,* Freant 54 (Gottingen: Vandenhoeck und Ruprecht, 1959); H. W. Wolff, *Micah the Prophet* (Filadelfia: Fortress, 1981), 3-25.

9. Berger, *Social Construction,* 154-56.

10. Un anciano, en tiempos de Jeremías, reportó que Ezequías no mató a Miqueas sino que respondió positivamente a la predicación de Miqueas (Jer. 26:17-19).

11. J. T. Willis, "The Structure of the Book of Micah", *SEÅ* 34 (1969), 5-42. Los temas incluyen la retribución justa, la cautividad, un ejército invasor, la caída de la ciudad capital y la destrucción completa.

12. J. T. Willis, "The Structure of Micah 3–5 and the Function of Micah 5:9-14", *ZAW* 81 (1969), 191-214. Por ejemplo: "ahora" en 4:9,11 y 5:1; decir y profetizar en 2:6 y 11; "cabeza" en 2:13 y "príncipes" o "jefes" en 3:1; "en los postreros tiempos/en aquel día" en 4:1 y 4:6.

13. Rudolph, *Micah-Nahum-Habakuk-Zephanja, KAT* XIII 3, 25, y Allen, *Joel, Obadiah, Jonah and Micah* en *NICOT,* 241-52, creen que Miqueas escribió todo el libro excepto 4:1-4; 5:6-8; 7:8-20). De acuerdo a H. W. Wolff, *Micah: A Commentary* en *CC* (Minneapolis: Augsburg, 1990), 12-14, y Mays, *Micah* en *OTL,* 23, las palabras que pueden ser atribuidas a Miqueas están principalmente en los caps. 1–3.

14. Para un debate detallado de las opciones principales propuestas para la estructura del libro de Miqueas, ver D. G. Hagstrom, *The Coherence of the Book of Micah* (Atlanta: Scholars Press, 1988).

15. Berger, *Social Construction*, 116-24.

16. D. R. Hillars, *Micah* en *Her* (Filadelfia: Fortress, 1984), 19-20, se enfoca en el trasfondo de la teofanía de 1:2-4, mientras que Mays, *Micah* en *OTL* 40 y R. L. Smith, *Micah-Malachi* en *WBC* (Waco: Word, 1984), 16, encuentra aquí un juicio profético. J. T. Willis, "Some Suggestions on the Interpretation of Micah 1:2", *VT* 18 (1968), 372-79, discute las referencias universalistas en 1:2.

17. Berger, *Social Construction*, 92-97. La fuerza poderosa de la tradición y el experimentar la teofanía de Dios pueden determinar la conducta social y legitimar puntos de vista acerca de dioses/Dios en el universo simbólico de un grupo.

18. Ibíd., 125-26.

19. J. B. Pritchard, ed., *ANET* (Princeton: Princeton Univ. Press, 1954), 284-87.

20. Hillars, *Micah* en *Her*, 24-28, provee notas textuales extensas sobre los problemas asociados con la reconstrucción de retruécanos en 1:10-15, usando los nombres de estas ciudades.

21. Broshi, "Expansion of Jerusalem", *IEJ* 24 (1974), 21, encuentra evidencia arqueológica para un tremendo crecimiento en este período. Cree que son refugiados de Israel los que componen un alto porcentaje de esta gente.

22. Berger, *Social Construction*, 104. En términos sociológicos, Miqueas externalizó una nueva visión de la realidad.

23. P. D. Miller, "The Gift of God: The Deuteronomic Theology of the Land", *Int* 22 (1969), 451-61; W. C. Kaiser, "The Promise Theme and the Theology of Rest", *BSac* 130 (1973), 135-50.

24. Berger, *Social Construction*, 130. Creer incluye el proceso social de internalizar algo significativo de la visión de la realidad de otro, para hacerlo parte de la cosmovisión propia.

25. Wolff, *Micah* en *CC*, 75, concluye que los que objetaron a Miqueas fueron los oficiales militares y civiles que él condenó en 2:1-5, mientras que Allen, *Joel, Obadiah, Jonah and Micah* en *NICOT*, 292-94 piensa que sus oponentes eran profetas falsos.

26. En lugar de entender que esto era una profecía verdadera dada por Miqueas, A. S. van der Woude, "Micah in Dispute with the Pseudo-prophets", *VT* 19 (1969), 244-60, toma este oráculo como una cita de los falsos profetas que prometían bendiciones.

27. G. Stansell, *Micah and Isaiah: A Form and Tradition Historical Comparison* (Atlanta: Scholars Press, 1988), 67-82, examina la oposición de Miqueas hacia los profetas populares de su día.

28. Se suponía que los sacerdotes y los profetas debían enseñar la ley de Dios (ver Lev. 10:11; 33:10); las cortes no debían aceptar cohecho (ver Ex. 23:8; Deut. 27:25).

29. Berger, *Social Construction*, 89. Cuando la realidad está desconectada de la actividad humana y es vista como una voluntad divina que no cambia (Dios es paciente), ocurre la reificación o cosificación. Aunque Dios es paciente, su paciencia está directamente relacionada con la conducta humana.

30. La visión de la externalización de Berger y Luckmann, ese proceso por el cual la gente crea un nuevo conocimiento social, no está bien desarrollada en *Social Construction*, 104.

31. Estas tradiciones tempranas concernientes a la esperanza futura de Sión fueron tratadas en J. J. M. Roberts, "The Davidic Origin of the Zion Tradition", *JBL* 92 (1973), 329-44, y G. von Rad, "The City on a Hill", en *The Problem of the Hexateuch and Other Essays* (Nueva York: McGraw-Hill, 1966), 232-42.

32. E. Cannawurf, "The Authenticity of Micah IV:1–4", *VT* 13 (1963), 26-33, cree que Miqueas escribió este oráculo e Isaías lo usó. Th. C. Vriezen, "Prophecy and Eschatology", *VTSup* 1 (1953), 213, concluye que Isaías escribió este oráculo y Miqueas lo tomó prestado, mientras que Allen, *Joel, Obadiah, Jonah and Micah*, 243-44, sugiere que tanto Isaías como Miqueas usaron un oráculo anterior.

33. J. T. Willis, "Micah IV:14-V:5-A Unit", *VT* 18 (1968), 529-47, y "Structure of Micah", *ZAW* 81 (1969), 191-214, trata en detalle cuestiones relacionadas con la estructura de esta sección.

34. La referencia a Babilonia en 4:10 ha producido toda clase de dificultades. Mays, *Micah* en *OTL* 26, 104-6 piensa que vino del período exílico, pero ciertamente esta gente sabía que algunos exiliados israelitas en 721 a.C. fueron enviados a Babilonia (2 Rey. 17:23) y habían oído acerca de las insinuaciones de Merodac-baladán para formar una alianza con Ezequías (2 Rey. 20:16-18).

35. E. Nielsen, *Oral Tradition* (Londres: SCM, 1954), 86, también ve una correspondencia entre 4:1-4 y 5:10-15.

36. J. T. Willis, "The Authenticity and Meaning of Micah 5:9-14", *ZAW* 81 (1969), 353-67, cree que estos cambios reflejan la reforma de Ezequías, pero las referencias a la remoción de caballos y carros (5:10-11) difícilmente se aplica a lo que Ezequías hizo.

37. Smith, *Micah-Malachi* en *WBC* 32, 5, ve una relación entre Amós 8:5-6 y Miqueas 6:10-12; así es que fecha el cap. 6 antes de 722 a.C. Allen, *Joel, Obadiah, Jonah and Micah*, 249-52, data 6:9-16 entre 722 y 701 a.C. F. C. Burkitt, "Micah 6 and 7: A Northern Prophecy", *JBL* 45 (1926), 159-61, conecta ambos capítulos con un entorno relacionado con Israel más que con Judá.

38. La estructura y uso del juicio por el pacto profético están tratados por G. W. Ramsey, "Speech Forms in Hebrew Law and Prophetic Oracles", *JBL* 96 (1977), 45-58.

39. Este es el proceso social de externalización, que propone una nueva visión de la realidad que no está determinada socialmente.

40. Mays, *Micah* en *OTL*, 151, pensaba que la que hablaba era la ciudad de Sión (6:9) la cual se volvió a Dios por ayuda. J. T. Willis, "A Reapplied Prophetic Hope Oracle", *VTSup* 26 (1974), 64-76, cree que originalmente este fue un oráculo nórdico. Hillars, *Micah* en *Her*, 89-90, concluye que la referencia a ciudades del norte podría deberse al interés del autor en restablecer el imperio davídico unido.

41. Algunos fechan 7:7-20 en un período exílico porque los muros de la ciudad ya estaban derrumbados y necesitaban ser reconstruidos (7:11) y la nación estaba en el exilio (7:12). Dado que Miqueas anunció la destrucción de Jerusalén, el exilio de su gente (1:12,16; 2:3-4; 3:12) y una restauración en el futuro (4:1-8,10,13; 5:2-9), estaría demás negar que pudo haber predicho la futura reconstrucción de Jerusalén.

42. Berger, *Social Construction*, 155.

43. Ibíd., 154-55.

Capítulo 7

Isaías: ¿Se puede confiar en Dios?

Introducción

¿Por qué la gente confía en una persona, pero no en otra? Con frecuencia, la decisión de creer lo que una persona dice, y las reacciones que siguen se basan tanto en experiencias pasadas, como en el entendimiento del carácter de la persona. Estos factores producen confianza en que la persona hará lo prometido. La confianza permite que la gente se sienta segura, porque alguien fidedigno está en control de los resultados finales. El temor se va; la esperanza es posible.

Confiar en Dios puede producir algunos de los mismos beneficios, pero muchas personas no están seguras de lo que Él hará por ellas. Otros prefieren confiar en sus propias habilidades para hacer lo que es lógico o expeditivo. Hay seguridad en el control de la mayoría de los votos. El temor se elimina manipulando las causas;[1] tener confianza es no experimentar duda alguna acerca de quién va a ganar.

Isaías no argumentó en contra del pensamiento lógico ni pretendió que confiar en Dios siempre es fácil, sino que sabía que los que ponían la confianza en seres humanos se estaban engañando a sí mismos.[2] El profeta, al igual que los mensajeros actuales de Dios, debía abrir los ojos de los ciegos para que pudieran ver lo inadecuado que es confiar en recursos humanos. La personas necesitan saber que Yahvéh, el Santo, es Rey, Creador, Redentor, el Poder que controla la historia, el Dios eterno que fortalece al débil. ¡Dios es digno de confianza!

Entorno social

Contexto histórico

Isaías fue contemporáneo de Miqueas, durante el reinado de Uzías, Jotam, Acaz y Ezequías, reyes de Judá (1:1). Uzías buscó al Señor y recibió la bendición de una gran fuerza militar (2 Crón. 26:1-15).[3] La tierra estaba llena de oro, de caballos y de orgullo (2:7-22). La mujeres de la clase alta vestían de manera ostentosa (3:16-24) y sus esposos oprimían a los pobres (3:14-15; 5:7-9). La gente pensaba que no necesitaba confiar en Dios.

En el reinado de Acaz (caps. 7–12), las condiciones políticas y sociales eran mucho peores. Acaz adoraba a dioses ajenos (8:19; 2 Rey. 16), oprimía a la clase baja (10:1-2) y se negaba a confiar en Dios (7:1-12). Dios castigó a la nación enviando a Rezín, rey de Siria, y a Peka, rey de Israel, para destruir a Judá (la guerra sirio-efrainita; 2 Crón. 28). El rey asirio Tiglat-pileser III rescató a Acaz de esta situación, pero estableció pesados impuestos sobre Acaz.[4]

Tiempo próspero	Uzías
Guerra sirio-efrainita Tiglat-pileser fuerte	Acaz
Guerra de Senaquerib	Ezequías
Esar-hadón fuerte	Manasés

Una gran parte de Isaías 13–39 se refiere al ataque de Senaquerib a Jerusalén durante el reinado de Ezequías (701 a.C.). Los historiadores han reconstruido este evento de diferentes maneras,[5] pero hay pocos argumentos acerca del entorno político general. Ezequías trazó un rumbo independiente de la política asiria (2 Rey. 18:7,13; Isa. 36) y en oposición a los patrones religiosos de Acaz, su malvado padre (2 Rey. 18:1-14). En respuesta, los asirios conquistaron toda Judá excepto Jerusalén (Isa. 37:32-37).[6] Durante esta crisis, Isaías le dio a la nación razones para confiar en Dios.

Ezequías mantuvo la independencia de Judá, pero su hijo Manasés se sometió al rey asirio Esar-hadón, alentó la adoración de otros dioses y oprimió al pueblo de Judá (2 Rey. 21; 2 Crón. 33). Algunos de los mensajes de esperanza que se encuentran en 40–66 pueden datar de los primeros años de su era (ver Miq. 6–7).

Los capítulos finales de Isaías describen la destrucción de Babilonia, la aparición de Ciro, el rey persa, y el regreso del remanente a Jerusalén (44:24–45:13; 46–47). La vida en el exilio hizo que algunos cuestionaran el poder de Dios, su carácter de pueblo elegido y el amor de Él para con ellos (40:27; 49:14; 54:4-8). Isaías desafió al pueblo a no temer a los dioses de otras naciones, sino a confiar en Dios. Él cumpliría sus planes de liberación (42:9; 43:18).

La estructura del orden social

Las partes objetivas del mundo, que estructuraban la vida conforme a segmentos interrelacionados, incluían naciones más pequeñas como Siria e Israel, las cuales habían formado una coalición en contra de Asiria (7:1-8) y grandes imperios como Asiria y Babilonia. La estratificación social en estas naciones incluía reyes, príncipes, sabios, soldados, las hijas ricas de Sión, artesanos, pastores, viudas y mercaderes. Estos grupos desarrollaron un orden social, pero no podían controlar completamente las condiciones dentro de su nación, porque las naciones destruían a las naciones (13:17-19).

Los grupos a favor de Egipto en Judá pensaban que su condición política dependía de la ayuda de los caballos y los carros extranjeros (31:1-3). Isaías creía que Dios planeaba el orden político y las victorias militares. Sus planes ordenaban la historia y desafiaban a la teoría política secular (14:24-27; 37:26; 46:10-11). El poder militar de una nación no era nada para Dios (40:15-17).

Las actividades institucionalizadas en el templo (1:10-15) incluían sacrificios y oraciones por parte de impenitentes (43:23-24; 59:1-3). Se suponía que la casa de Dios era una casa de oración, pero fue profanada (56:1-7). Las normas levíticas guiaban al pueblo a humillarse y a cuidar de los oprimidos en los días de ayuno (58:3-7). La palabra de Dios le proveía al pueblo estructura y significado, pero muchos lo ignoraban o escuchaban a falsos profetas (8:19-20; 30:9-11).

La ubicación social y el rol del profeta

Isaías dio una información mínima sobre su familia.[7] Su esposa era llamada profetisa (8:3)[8] y sus hijos tenían nombres simbólicos: Sear-jasub (7:3 "un remanente volverá") y Maher-salal-hasbaz (8:3 "el despojo se apresura, la presa se precipita"). Los sermones de Isaías se dirigieron tanto a las necesidades de la gente común de Jerusalén como a los temores de los reyes Acaz y Ezequías (7, 37–39). Algunos sostenían la hipótesis de que Isaías actuaba como un escriba de la realeza (en las tradiciones de sabiduría), mientras que otros remontan sus raíces a la cosmovisión del templo.[9] Su vocabulario reflejaba conocimiento del templo, de la sabiduría, del pacto y de la ideología de la realeza. Esta diversidad argumenta en contra de la limitación de su trasfondo cultural a un grupo social.[10] Isaías actuó como un profeta central en el reinado de Ezequías, pero como un profeta periférico en tiempos de Acaz.[11] Isaías rechazó el *status quo* de las condiciones políticas y sociales. Dios transformó la comprensión del profeta de sí mismo, de su pueblo, y de la santidad y el poder de Dios (6:1-13). Al externalizar este nuevo mensaje frente a su audiencia,[12] Isaías usó la dramatización (7:3; 8:1-3; 20:1-5; 38:21) y se apoyó en un rico bagaje de experiencia para comunicar el plan de Dios de manera efectiva.

Como orador o predicador, Isaías usó metáforas imaginativas, alusiones sutiles y dobles significados. Los estudios retóricos de Isaías han dado por resultado una nueva apreciación de las habilidades literarias y persuasivas del autor.[13] El profeta empleó tradiciones concernientes a la creación, al éxodo, al pacto y a David.[14] Davies rastrea el uso que Isaías hace de tradiciones extraídas de fuentes legales, de sabiduría y proféticas,[15] mientras que Clements relaciona las tradiciones de la primera parte de Isaías a las de la segunda mitad.[16] Estas tradiciones legitiman la crítica de Isaías a la cosmovisión popular de su tiempo.[17]

Isaías empleó formas literarias de expresión que le resultaban familiares al entorno social de su audiencia. Aunque Westermann, Melugin y Schoors presentan conclusiones algo diferentes sobre las formas de expresión en 40–66, todos encuentran polémicas, oráculos de salvación, cantos del siervo y discursos de juicio.[18]

Interacción social

El libro de Isaías

Isaías incluye sermones que predicó y mensajes que escribió para ayudar a las generaciones posteriores a confiar en Dios. Algunos sugieren que un profeta desconocido ("Segundo Isaías", y algunos agregan un "Tercer Isaías") o discípulos posteriores de Isaías agregaron oráculos suplementarios a su colección, porque en los capítulos 40–66 se mencionan eventos del exilio.[19] Otros consideran que sería poco probable que este profeta tardío simplemente desapareciera de la memoria de los judíos y que sus mensajes se adjuntaran al trabajo de otro profeta. Tales autores han pensado que el libro es la obra de una persona.[20] Isaías puede bosquejarse en siete secciones:[21]

I.   Confiar en Dios o confiar en ustedes mismos 1:1–6:13

    A. Acusación introductoria contra Judá 1:1-31

    B. Exaltación de Dios y humillación de los poderosos 2:1–4:6

    C. Canto de la viña abandonada 5:1-7

    D. Oráculos de lamentación 5:8-30

    E. Isaías es transformado por el Rey 6:1-13

II. Confiar en Dios o probar a Dios 7:1–12:6

    A. Juicio sobre el pueblo de Dios 7:1–8:22

    B. Alegría cuando el reino de Dios se establece 9:1-7

C. El juicio de Dios sobre las orgullosas Samaria y Asiria 9:8–10:34

D. La verdadera fuente de esperanza 11:1-16

E. Un canto de consolación y salvación 12:1-6

III. Confiar en los planes de Dios para las naciones 13:1–27:13

    A. Humillación de los poderosos y exaltación de Dios 13:1–27:1

        1. Humillación de las naciones 13:1–23:18

        2. Exaltación de Dios 24:1–27:1

    B. Canto de la viña protegida 27:2-13

IV. Confiar en Dios o en otras naciones 28:1–39:8

    A. Oráculos de lamentación 28:1–31:9

    B. Judá será transformada por un Rey 32:1–33:24

    C. Juicio sobre las naciones 34:1-17

    D. Alegría cuando el reino de Dios se establece 35:1-10

    E. El juicio de Dios sobre los orgullosos asirios 36:1–37:38

    F. La verdadera fuente de esperanza 38:1–39:8

V. Confiar en Dios para la liberación 40:1–48:22

    A. Liberación de manos de otros dioses 40:1–44:23

    B. Liberación de manos de Babilonia 44:24–48:22

VI. Confiar en Dios para salvación 49:1–55:13

    A. El siervo traerá salvación 49:1–53:12

    B. Promesa de salvación para los que buscan a Dios 54:1–55:13

VII. Confiar en Dios para restauración 56:1–66:24

    A. Restauración después de volverse del mal 56:1–59:21

    B. La gloria de la restauración 60:1–62:12

    C. Juicio final y restauración 63:1–66:24

Este bosquejo proveerá un contexto literario para examinar los sermones del profeta y comprender sus intentos persuasivos de transformar la manera de pensar y la conducta de su audiencia.

I. Confiar en Dios o confiar en ustedes mismos 1:1–6:13

Todos estos sermones provinieron del período de Uzías, excepto la *acusación introductoria contra Judá* (1:1-31). Durante la guerra sirio-efrainita (734–732 a.C.) en el reinado de Acaz, la nación era como un soldado herido. Todo su territorio fue capturado, excepto Sión (1:5-8; ver 2 Crón. 28:5-20).[22] Este juicio vino porque el pueblo no siguió las instrucciones del pacto de Dios en asuntos sociales, políticos y religiosos (1:2-4). ¡Tenían menos sentido común que un asno (1:3)! El asesinato había llegado a ser la norma aceptada en lugar de la justicia y nadie defendía al huérfano ni a la viuda (1:21-23). Algunos pensaban que estaban agradando a Dios con sus sacrificios (1:10-15,29), pero Dios rechazó sus ofrendas.

Por medio de un juicio por el pacto,[23] Isaías trató de persuadir a la nación de internalizar nuevos valores y transformar su adoración en el templo, carente de significado, dado que Dios quería corazones puros, acciones justas y lealtad al pacto (1:16-20).[24] Isaías externalizó una nueva visión sobre el futuro. Dios purificaría a la nación (1:20,24,29-31), pero restauraría a los que confiaran en Dios. Luego Sión se caracterizaría por una conducta justa (1:18,24-25).

Después de establecer la dirección teológica general, Isaías recolectó algunos de los primeros sermones del reinado de Uzías (caps. 2–6).[25] En este tiempo de poder económico y político, el primer sermón de Isaías contrasta con la futura *exaltación de Dios y la humillación de los orgullosos* (2:1–4:6). Isaías advirtió acerca de seguir la cosmovisión socialmente construida de sus vecinos, quienes creían en profetas falsos y adoraban ídolos (2:6-8). El pueblo de Dios no debía multiplicar sus disponibilidades militares o financieras (2:7; Deut. 17:16-17) ni sentirse orgulloso (2:9-11).

Para alentar un cambio en la cosmovisión del pueblo, Isaías contrastó dos contextos teológicos: un día cuando Jerusalén sería santa (2:2-5; 4:2-6) y un día cuando Dios derramaría su ira sobre Judá (3:1-24). En ese futuro día de Jehová (2:2-4; 4:2-6), cuando el esplendor de la gloria de Dios aparezca, solo Él será exaltado. Toda fuente falsa de confianza y orgullo (árboles, ciudades fortificadas e ídolos) desaparecerá.[26]

Dios cumpliría sus promesas a la ciudad real de Sión (ver Sal. 46–48; 96–99[27] y tradiciones como Miq. 4:1-4[28]). Dios mismo vendría a Sión para enseñar a su pueblo y a las naciones sus caminos. Esta importante resocialización o "alternancia" transformaría al pueblo.[29] Entonces, la visión del mundo que ellos tenían se conformaría a la nueva visión de Dios sobre la vida. La guerra terminaría y Dios juzgaría entre las naciones. El renuevo, el Mesías,[30] estaría en Sión (4:2a, y no líderes incompetentes como en 3:1-12); la tierra sería fructífera y Dios perdonaría todo pecado (4:3-4). La gloria de Dios moraría en esta nueva creación para proteger a su pueblo (4:5-6).

Isaías comunicó el profundo desengaño de Dios con Judá en un corto canto agrícola simbólico *de la viña abandonada* (5:1-7).[31] Judá era una viña que contaba con un cuidado especial y con todo lo que necesitaba para que crecieran buenas uvas (5:1-2). De manera inesperada, solo salieron uvas sin valor, así que fue destruida.

Isaías se lamentó de la conducta de los ricos en una serie de *oráculos de lamentación* (5:8-30). Ellos disfrutaban de banquetes elaborados con excesiva cantidad de vino (5:11-12), obstaculizaban la justicia en la corte (5:23) y llevaban al pueblo a la esclavitud (5:7-8).[32] Eran orgullosos, pretendían ser sabios (5:21), rechazaban los patrones sociales de conducta dentro de las leyes del pacto (5:24) y se burlaban de Dios (5:19). Cuando viniera el Santo, Él sería exaltado y humillaría a los líderes orgullosos de Jerusalén (5:15-16). Dios derrotaría a su ejército (5:26-30) y los enviaría al exilio (5:13).

En la sección final, Isaías mismo fue *transformado por el Rey* (6:1-13) en el año en que murió el rey Uzías (6:1). Dado que Isaías estaba predicando antes de la muerte de Uzías (caps. 2–5), este evento no fue considerado como el llamado original de Isaías. Fue una comisión posterior para un nuevo rol.[33] Aunque Isaías ya era un profeta, al estar delante del Dios santo, él vio su propia impureza y la pecaminosidad de Judá (6:5). La visión de Dios legitimó su creencia en el gobierno de Dios (6:1,5) y en su santidad (Lev. 19:2). Cuando vio la gloria de Dios, se dio cuenta de que la nación no podría existir delante de un Dios santo sin perdón (6:6-7) o juicio (6:5,9-11).

Dios transformó el entendimiento que Isaías tenía del plan en dos etapas que Él había trazado para Judá. Primero, los ciegos se enceguecerían más porque el pueblo se había negado a arrepentirse de sus caminos pecaminosos (6:9-10). Esto resultaría en la destrucción de la nación (6:11-12). En la segunda etapa, una simiente santa aparecería (6:13). Ahora Isaías tuvo una clara visión de la estrategia de Dios y del rol que él desempeñaría dentro de este plan.

II. Confiar en Dios o probar a Dios 7:1–12:6

Isaías predicó estos mensajes durante la guerra sirio-efrainita (734–732 a.C.) en el reinado de Acaz. El material fue estructurado alternando juicio (7:1–8:22 y 9:8–10:34), con temas de esperanza (9:1-7 y 11:1–12:6). Se ponen en evidencia tres perspectivas falsas (la de Acaz, la de Israel y la de Asiria) en la secciones negativas, mientras que se despliega una gran esperanza mesiánica en las secciones positivas.

Los sermones negativos describieron el *juicio sobre el pueblo de Dios* (7:1–8:22). Esto ocurrió cuando Siria e Israel (también llamado Efraín) atacaron a Judá, porque esa nación no se unió a la coalición contra los asirios (7:1-9).[34] El pueblo de Judá se sintió desamparado (7:1-2), pero Isaías externalizó una nueva perspectiva divina de esperanza.[35] La calma podía reemplazar al temor porque Dios derrotaría a Israel y a Siria (7:3-4,7-9). La interacción de Isaías con Acaz lo desafió a este último a aceptar el punto de vista del Rey divino. Sin embargo, el rey Acaz no confió en la habilidad de Dios para controlar a sus enemigos (7:11-12).[36] Acaz confió en el poder militar de Asiria (2 Rey. 16:7).

Más tarde, Isaías confirmó esta visión escribiendo sobre una tabla Maher-salal-hasbaz: "El despojo se apresura, la presa se precipita" (8:1-2). Este era el nombre de su hijo y simbolizaba que Siria e Israel serían el botín de Asiria (8:3-4). Judá no pudo regocijarse con la destrucción de sus enemigos (8:6), porque rechazó a Dios, representado en esas aguas que corren mansamente. En consecuencia, Judá también enfrentaría la inundación destructiva de Asiria (8:8; 7:17-25).

La pregunta central es: ¿en qué visión del mundo puede uno confiar? Isaías oyó y siguió las instrucciones del Señor y así rechazó la cosmovisión política y militar de Judá (8:11). Su sermón exhortó a las personas a no ser esclavas de los temores de la visión popular de la realidad política (8:12-13). Los que creyeron en Dios esperaron que Él cumpliera sus planes (8:16-19), pero los que rechazaron neciamente la palabra de Dios, buscaron explicaciones en médium y brujos. Sufrieron en oscuridad sin la luz (8:19-22).[37]

El profeta también describió *el juicio de Dios sobre las orgullosas Samaria y Asiria* (9:8–10:34). Los líderes en Samaria eran arrogantes (9:9); el pueblo se jactaba neciamente de ser invencible (9:10). Los líderes no buscaban a Jehová; los profetas engañaban al pueblo (9:13-16). Las cortes no protegían a los pobres (10:1-2). El juicio de estas naciones por parte de Dios advertía que Judá no debía seguir patrones sociales similares (9:17; 10:3-4).

Los asirios, con orgullo, declararon su fuerza, sabiduría y control de la historia (10:8,13,15), pero no entendieron el propósito de Dios de usarlos a ellos solo como instrumentos de su ira contra Israel (10:5-7).[38] Isaías reveló el plan de Dios de destruir la gloria de Asiria (10:12,16-19,24-34) y de hacer que un remanente de israelitas que confiaran en Él regresara a la tierra (10:20-22).[39] Judá no debía temer a Asiria, sino confiar en el Santo y Poderoso de Israel.

Estos mensajes negativos de penumbra contrastaron con las noticias decisivas de *alegría cuando el reino de Dios se estableciera* (9:1-7). La derrota desaparecería ante el gozo por un hijo de la línea de David.[40] Este gobernante justo sería una luz, una fuente de gozo y de victoria (ver Sal. 132:16-18), un gobernante eterno sobre el trono de David (2 Sam. 7:16; Sal. 89:27-29). Este gobernante davídico sería un Admirable Consejero (ver 28:29), Dios fuerte (ver 7:14; 10:21), Padre eterno y Príncipe de paz (ver Miq. 5:4-5). La interacción social y la conducta del rey davídico serían radicalmente diferentes de la del actual gobernante de Judá. Anteriormente, Isaías había predicho que una joven (en referencia a una virgen) tendría un hijo llamado Emanuel, "Dios con nosotros" (7:14). Quizás algunos vieron esto como una referencia al nacimiento de Ezequías, el hijo de Acaz, o del hijo de Isaías en 8:3. Sin embargo, las tradiciones concernientes a la "presencia de Dios con" el gobernante davídico (9:6; 11:1; 2 Sam. 7:9,12-16; Sal. 89:20-29) sugieren que Isaías asoció a Emanuel con motivos mesiánicos (Mat. 1:23 lo relaciona con el nacimiento de Jesús).[41] Este gobernante sería un hijo de Isaí (padre de David, comparar con 9:7; 2 Sam. 7:8-16), *la verdadera fuente de esperanza* (11:1-9). Él tendría el espíritu de Dios, sabiduría, consejo y conocimiento (11:1-2; ver tradiciones en 1 Sam. 16:13). Esto lo habilitaría para gobernar de acuerdo a patrones divinos de justicia y rectitud (11:3-5, ver Sal. 72:1-4; Isa. 9:7). Esto transformaría la ideología secular de la realeza de Israel.[42]

El Mesías actuaría como una señal (comparar con 5:26; 30:17) tanto a las naciones como a los judíos exiliados en otras tierras (11:10-11). Con un nuevo éxodo (11:14,16),[43] los enemigos de Judá serían destruidos. Luego Judá cantaría alabanzas a Dios por su salvación; confiarían en Él y con gozo darían a conocer su nombre por toda la tierra (12:1-6).

III. Confiar en los planes de Dios para las naciones 13:1–27:13

La mayoría de los sermones en 13–23 son profecías contra las naciones.[44] Se enfatizan tres temas: la humillación de las naciones orgullosas (13:11; 14:13-14; 16:6; 23:9; 25:11), la exaltación de Dios y el establecimiento de Sión (14:1-3,32; 16:5; 17:7; 19:19-25; 24:14-16,23–25:9; 26:1-19).

La audiencia judía de Isaías pensaba que su única esperanza era confiar en el poder militar de otras naciones, de modo que el profeta les habló de la *humillación de las naciones* por parte de Dios (13–23).[45] En la carga contra Babilonia (13:1–14:23), el sermón de Isaías legitimó una política de no aliarse con esa nación. Babilonia no salvaría a Judá de manos de los asirios. Dios no iba a bendecir la rebelión de Merodac-baladán (en 704 a.C.),[46] debido a que los babilonios eran arrogantes y crueles (13:9,11,19; 14:4-6,20-21) y su rey con orgullo se atribuía el carácter de ser rey de los dioses (14:12-14). Su destrucción sería su día del Señor. El rey de Babilonia ya nunca más haría la guerra (14:4-7),[47] sino que entraría al mundo de los muertos (14:9-21).

Isaías contrastó la esperanza de Judá con la desesperanza de Babilonia (14:1-3). El plan trascendente incluía juicio para Judá (y Babilonia), pero también predijo compasión sobre Judá, su regreso a la tierra y la venida de las naciones a Judá. El sermón persuasivo de Isaías estuvo basado en el plan de Dios para las naciones.[48] Los líderes de Judá necesitaban transformar su entendimiento sobre cómo sobrevivir la amenaza asiria presente. Ellos debían confiar en Dios quien gobierna a las naciones, y no en los líderes militares que trataban de controlar el futuro con alianzas.

Este sermón condujo a una larga serie de profecías. En el año en que murió el rey Acaz, Filistea se regocijó porque había muerto un rey poderoso del norte (14:29). Judá se vio tentada a unirse a la revuelta filistea, pero Isaías sabía que el gozo de Filistea pronto terminaría (14:31; Sargón II restableció el orden en 711 a.C.). Isaías animó a Ezequías a rechazar la presión social para hacerse aliados de Filistea, porque Dios protegería a Sión (14:32).

En general, la profecía contra Moab (15:1–16:14) provino del mismo período general.[49] La gente se lamentaba de juicios anteriores (15:1-9), pero Moab todavía estaba llena de orgullo (16:6); en consecuencia, habría más llanto (16:7-12). El sermón de Isaías estaba legitimando una política de independizarse de Moab.

Las profecías sobre Damasco y Efraín (17:1-14) vinieron durante la guerra sirio-efrainita en 734–732 a.C. Dios destruiría sus ciudades fortificadas (17:1,3,9), porque ellos confiaban en ídolos (17:8). En el futuro, todas las naciones adorarían al Dios de Israel (17:7,10).

La profecía sobre Cus o Egipto (18:1–20:6) vino cuando Shabako, el rey cusita, envió emisarios para pedirle a Ezequías que se uniera a los que se estaban rebelando contra Asiria.[50] Isaías sabía que la guerra civil destruiría a Egipto (19:2,4), a sus ídolos y que las fuentes del discernimiento fracasarían (19:3). Por lo tanto, no tenía sentido confiar en Egipto. Para desalentar la aceptación de esta alianza por parte de Judá, Isaías anduvo desnudo, como símbolo de que los egipcios irían al exilio (20:2-4).

Una segunda razón para rechazar una alianza con Egipto se extrajo de la era final de la historia egipcia (y Asiria, 19:23-25). En el futuro, Dios liberaría a los débiles egipcios (19:16-22; al igual que con Israel en Ex. 3–15).[51] En ese día, asirios, egipcios e israelitas adorarían a Dios juntos en

Sión (18:7; 19:23-25). Dado que Egipto y Asiria un día aceptarían a Dios, ¿por qué iba Judá ahora a rechazar a Dios y depender neciamente de Egipto o tener temor de Asiria?[52]

Las profecías sobre Babilonia (21:1-10), Duma (21:11-12) y Arabia (21:13-17) son poco conocidas. Aunque algunos comían y bebían con tranquilidad, pensando que Babilonia y sus aliados (Elam y Media) saldrían victoriosos,[53] Isaías tuvo visiones del fracaso de Babilonia. Judá no debía depender de esas naciones.

El sermón contra Judá (22:1-25) estaba relacionado con eventos referidos al ataque de Jerusalén por parte de Senaquerib.[54] Aunque algunos murieron y otros fueron tomados cautivos, Jerusalén se llenó de risa y de gozo (22:1-3,12-13) cuando Asiria se replegó para luchar contra Egipto (2 Rey. 18:9; Isa. 37:9). Isaías vio este gozo como una percepción falsa de su condición. Ellos confiaban en armas de guerra y no en el plan divino (22:8,11). Isaías los llamó al arrepentimiento (22:12).

El sermón de Isaías acerca de Tiro (23:1-18) describió una metrópolis antigua, orgullosa y hermosa. Era una importante ciudad mercantil, donde los comerciantes eran tan ricos como los príncipes. La ciudad tenía colonias poderosas en todo el Mediterráneo y un lugar de defensa inexpugnable en una isla (23:7-9). Esta visión humana de Tiro cambiaría. La estrategia de Dios era eliminar el orgullo de Tiro (22:8-9). Esta era otra advertencia para no confiar en alianzas.

Isaías concluyó esta serie de sermones sobre naciones extranjeras con una descripción de la *exaltación de Dios* (24:1–27:1) después de la humillación de toda la humanidad. Los eruditos tienen diferentes opiniones sobre el género literario (escatológico o apocalíptico), la estructura, la unidad y la fecha de este sermón.[55] Hay algunas evidencias que apuntan a una continuidad entre 13–23 y 24–27, de modo que probablemente vienen del mismo período.[56] Las ciudades mencionadas en 13–23 son representaciones de la condenación de "una ciudad" (24:10,12; 25:2-3; 26:5). Tanto 13–23 como 24–27 predijeron la humillación de los orgullosos, la exaltación de Dios y el gobierno universal de Dios.[57]

El entorno social no se identifica. El análisis sociológico hecho por Plöger, Hanson y Millar encontró una clase gobernante (incluidos los sacerdotes) en conflicto con otro grupo de judíos visionarios de orientación escatológica, pero esto tiene una evidencia pobre.[58] El entorno se explica en el lamento de 26:7-19.[59] Otras naciones habían gobernado sobre el pueblo de Dios en el pasado (26:13), pero fueron derrotadas (26:14). Ahora Dios había ensanchado los límites de Judá (26:15). A pesar de esto, sus actuales enemigos le creaban tensión (26:16-18). Los judíos anhelaban que Dios les enseñara a las naciones malvadas que Él es Dios (26:8-10). Este lamento se adapta al reinado de Ezequías, el cual tuvo tanto un avivamiento espiritual (26:7-9,13) como un ataque sobre Jerusalén por parte de Senaquerib (ver la conexión con 37:3,20).

El profeta resumió el plan supremo de Dios para las naciones en 24:1–27:1. Su estrategia tendría dos fases: una destrucción del mundo presente para deslegitimizar sus instituciones y filosofía, y la introducción de nuevas estructuras verosímiles que respaldaran el nuevo mundo que Dios crearía.[60]

La primera fase devastaría todo sobre la superficie de la tierra y terminaría con los patrones religiosos económicos y sociales que previamente habían gobernado la conducta (24:1-2; ver Isa. 13:5,9). Dios quitaría a los orgullosos (24:4; 25:11; ver 2:9-22). Esto pondría fin a la risa y a la típica "ciudad fortificada" (24:10-12; 25:2,10-12). Esto conmovería al mundo natural hasta la médula (24:18). También humillaría a los poderes celestiales y a los reyes terrenales (24:22-23). El viejo mundo terminaría.

Un mundo transformado ocuparía su lugar. Dios reinaría como Rey en Sión (24:23; ver 2:2-4). Gente de los confines de la tierra cantaría himnos para glorificar a Dios (24:14-16a; 25:1,3; 26:1). Disfrutarían de un banquete sobre el monte de Jehová, sin más enfermedad, muerte o dragón (25:6-8; 26:19; 27:1). La gente sería justa y confiaría en Dios (26:1-4). Este nuevo mundo proveyó de una perspectiva desde la cual soportar la situación presente de Judá.

A la luz de esta esperanza, Isaías entonó un *canto de la viña protegida* (27:2-13) para reemplazar el anterior "canto de la viña abandonada" (5:1-7). Aunque Dios cuidó de ambas viñas (ambas simbolizaban al pueblo de Dios), la viña futura tendría paz, mucho fruto y nada de ira de parte de Dios (27:2-6). La "ciudad" anterior fue abandonada (27:10-11), pero en el futuro, la gente adoraría a Dios en Jerusalén (27:12-13).[61]

IV. Confiar en Dios o en otras naciones 28:1-39:8

En una serie de *oráculos de lamentación* (28:1–31:9; similares a los oráculos de lamentación en 5:8-30 después del canto de la viña), el profeta les predicó a los que todavía no confiaban en Dios. Isaías pronunció estos sermones en el tiempo de Ezequías, cuando los asirios atacaban Palestina.

Isaías le recordó a su audiencia la situación en Israel antes de su destrucción en 721 a.C. Israel estaba gobernada por líderes, sacerdotes y profetas orgullosos, que estaban aturdidos por el vino y la sidra (28:1,7-8). Se burlaban de las indicaciones del profeta (28:9-10) y no entendían ni el plan de Dios para destruirlos (28:2-3,11) ni su promesa de un futuro rey sobre el remanente (28:5-12).

Isaías sostuvo que Judá estaba tan errada como Israel, dado que sus líderes se mofaban de la advertencia de Isaías, afirmaban con necedad que la muerte nunca los alcanzaría y se engañaban con mentiras (28:14-15). Estos líderes estaban tan ciegos, que Dios les cerró los ojos para que la visión de Dios estuviera sellada y no tuvieran acceso a ella (29:9-12; ver 6:9-10).[62] Hablaban como si honraran a Dios, pero estas palabras eran meramente memorizadas, sin significado (29:13). Pensaban que Dios no vería su crueldad (29:15,20-21). Incluso acusaron a Dios de no saber gobernar al mundo (29:16).

Para convencer a su audiencia de transformar su manera de pensar, Isaías afirmó que estas formas socialmente aceptadas de pensar en Judá eran incompatibles con el plan divino. Dios interactuaba con la humanidad sobre la base de sus preceptos de justicia y la confianza que ellos le tenían. Ni siquiera contaban con el sentido común del labrador más simple, que ara y siembra en el tiempo correcto (28:23-29). Contrariamente a la opinión popular, Dios destruiría la orgullosa ciudad de David, el lugar del altar (28:21; 29:1-8).

A pesar de este terrible futuro, Dios un día abriría los ojos de los ciegos. Entonces los necesitados se regocijarían en la abundancia de Dios y la opresión llegaría a su fin (29:17-21). La manera de pensar de las personas sería transformada, porque aceptarían los caminos de Dios, conocerían su verdad (29:24) y santificarían su nombre (29:22-23).

El profeta se lamentó por el rechazo del plan de Dios por parte de Judá (30–31). Una alianza con Egipto no era parte de la estrategia de Dios; contradecía la tradición de ellos (30:1,9-10; 31:1). La gente prefería palabras placenteras antes que las negativas provenientes de un Dios santo; opresión y fuerza militar en lugar de una tranquila confianza en Dios (30:10-11,15-17; 31:1). Confiar en Egipto causaría vergüenza y ningún provecho. Los egipcios eran meramente hombres y no Dios (31:2-3).

Como león que protege a su presa, Dios protegería a Sión si es que ella volvía a Dios y se liberaba de sus dioses falsos (31:4-9). Luego, Él en su gracia les enseñaría sus caminos (30:19-22, ver tradiciones en 2:2-4). La prosperidad volvería a la tierra y Dios sanaría y transformaría a su pueblo (30:26).

Así como la visión de la gloria de Dios que tuvo Isaías transformó su forma de pensar y sus acciones (6:1-13), del mismo modo *Judá sería transformada por el rey* (32:1–33:24), cuando Jehová demostrara su poder en medio de ellos.[63] Isaías describió un tiempo futuro ideal cuando un gobernante justo reinaría con justicia (32:1-2, ver ideas mesiánicas en 9:6-7). Usando imágenes de la sabiduría,[64] Isaías dijo cómo el Espíritu abriría los ojos de los ciegos espirituales, el necio cambiaría sus caminos y los nobles harían planes nobles (32:2-8). La justicia y la seguridad vendrían (32:15-20).

Judá requería cambios importantes antes que esto pudiera ocurrir. De ahí que, Isaías urgió a la gente complaciente de Jerusalén para que se lamentaran por la inminente destrucción de Judá (32:9-14). Por fin el pueblo incorporó la idea de que podría ser que Dios no los protegiera (33:8).[65] El pueblo lloró (33:7-9), suplicó por gracia, glorificó el nombre de Dios y confesó que Él era la única fuente de justicia, de salvación y de sabiduría (33:5-6). Esto fue un cambio total de su antigua manera socialmente desarrollada de ver las cosas. Ahora la visión de ellos concordaba con la perspectiva trascendente. Ahora Dios podía cumplir su promesa y tornar a Asiria en hojarasca (33:10-11). Ahora Él podía gobernar como Rey (33:17,22) y liberarlos de Asiria (37:18-21,30-38).

En consecuencia, Isaías anunció que Dios traería *juicio sobre todas las naciones* (34:1-17). El oráculo inicialmente mencionó a la pequeña nación de Edom (34:4,6), pero su posición decisiva al final de 28–33 y su referencia a todas las naciones (34:1-2) sugiere que Edom era un símbolo de todas las naciones (comparar con el uso de Edom en Isa. 63:1-6; Abd. 15–21).[66] En justicia, Dios el guerrero, sacrificaría a las naciones (simbolizadas por Edom). La tierra ardería en fuego y azufre (34:9) y quedaría a merced de animales salvajes y malas hierbas (34:10-15; ver 13:21-22). Isaías le aseguró a su audiencia que el Espíritu de Dios llevaría a cabo esto (34:16-17).

En agudo contraste con la matanza y la desolación de las naciones, estaba la *alegría cuando el reino de Dios se estableciera* (35:1-10). El plan de Dios transformaría a Sión en un lugar de regocijo, cuando esta viera la majestad de Dios (35:2; ver 30:23-25; 33:17,21). Dios sanaría a los ciegos (35:5-6) y proveería una vía segura para que los redimidos vinieran a Sión (35:7-10).

Isaías proclamó *el juicio de Dios sobre los orgullosos asirios* (36:1–37:38), quienes rodearon la ciudad de Jerusalén (2 Rey. 18–20, 2 Crón. 29–32 y los Anales de Senaquerib en *ANET*, 288).[67] Los asirios habían capturado la mayor parte de Judá y Ezequías le había pagado impuestos a Senaquerib.[68] El diálogo contrasta los puntos de vista del comandante asirio Rabsaces (36:1-20; 37:8-13) y el plan de Dios (37:6-7, 21-38). Ezequías quedó atrapado entre estas dos estrategias. ¿Debía someterse a Asiria o confiar en Dios (37:1-4)?[69] El propósito de Rabsaces era cambiar la comprensión de la realidad que tenía Ezequías, de modo que el rey internalizara los puntos de vista asirios y se sometiera a Asiria, sin batalla de por medio. Para socavar cualquier fuente posible de confianza israelita, Rabsaces argumentó racionalmente que:

(a)   Los judíos no tenían suficiente poder militar como para resistir al ejército asirio (36:5);

(b)   Cualquier estrategia que depositara las esperanzas en el ejército egipcio traería daño en lugar de ayuda (36:6; 37:9, esto concordaba con las palabras de Isaías en 18:1–19:7; 30:1-5; 30:1-3);

(c)   Dios envió a Asiria para destruir Judá (36:10);

(d) los judíos no debían aceptar ciegamente las palabras de un líder político, que podía engañar a sus seguidores prometiendo que Dios los liberaría (36:14-15; 37:10) y

(e) ninguno de los dioses de las otras naciones había liberado a sus países de los asirios (36:18-20; 37:11-13).

Para contrarrestar cualquier "propaganda mal informada" por parte de Ezequías, acerca del trato brutal que el pueblo recibiría, Rabsaces hizo un acuerdo (36:8) y prometió paz y prosperidad (36:16-17).

A la luz de tan abrumadora evidencia y de las presiones sociales del ejército asirio alrededor de Jerusalén, había pocas opciones. Ezequías podía aceptar la cosmovisión asiria (al igual que su padre Acaz en 7:1-10) o pedirle a Dios que probara que era Yahvéh el todopoderoso y no los dioses asirios. Ezequías lamentó su situación con cilicio y reconoció su falta de habilidad para rescatar a la nación de manos de Asiria. Clamó al Dios vivo y pidió esperanza (37:1-4). Ezequías internalizó la perspectiva de Dios a pesar de esta crisis asiria. Creía que el Creador de los cielos y de la tierra todavía gobernaba todos los reinos, que Él era Dios y estaba entronizado en el templo de Jerusalén (37:16; ver Sal. 24:1-2; 74:12-17; 99:1).[70] Ezequías pidió liberación, de modo que el nombre de Dios pudiera ser glorificado por su victoria (37:17-20).

La respuesta de Isaías comparó el punto de vista de Dios sobre la realidad con la perspectiva asiria (37:21-35). Dios vio a Asiria levantándose con orgullo en contra del Dios santo de Israel, reprochando a Dios al declarar que había hecho esto o lo otro, cuando en realidad era Dios quien había hecho posible que los asirios derrotaran a otras naciones (37:23-28). Dios derrotaría a los asirios y salvaría a Jerusalén por amor a sí mismo y por amor a su siervo David (37:6-7,30-35). Esa noche, Dios hizo caer a 185.000 soldados asirios y las tropas restantes regresaron a casa.

A pesar de estas victorias, Ezequías todavía necesitaba aprender más acerca de *la verdadera fuente de esperanza* (38:1–39:8; paralelos de 2 Rey. 20; 2 Crón. 32:24-26,31).[71] La muerte inminente de Ezequías (38:1) indicaba que Ezequías no era la verdadera esperanza para Judá (contrastar con 11:1–12:6). Aunque Dios extendió la vida de Ezequías y produjo una señal milagrosa, porque el rey anduvo conforme a un patrón coherente con los deseos de Dios (38:3-8), Dios era la única fuente verdadera de esperanza para Judá. La salvación y la vida venían del Dador de la vida, quien liberó a Ezequías de morir por causa de la enfermedad (38:6,20). Dios no honra al orgulloso que intenta vivir mediante alianzas políticas o riquezas humanas (39:2). En última instancia, Ezequías no fue la respuesta para Judá; la salvación estaba en Jehová.

V. Confiar en Dios para la liberación 40:1–48:22

El contexto de la audiencia de Isaías es problemático, porque hay pocos detalles históricos específicos. Debido a la referencia a Ciro (44:28–45:1), este material podría ser postexílico. Pero no hay ningún lamento sobre la caída de Jerusalén como en Lamentaciones, y hay contradicciones entre la visión del futuro que tenía Isaías y el entorno real en tiempos postexílicos. Estos factores hacen difícil ubicar al autor en el exilio.[72]

El primer sermón versó sobre la esperanza de Judá de ser *liberada de manos de otros dioses* (40:1–44:23). Judá necesitaba consuelo, había pagado caro por sus pecados (40:1-2) y se preguntaba si Dios se preocupaba por ella (40:27). El pueblo tenía temor y no estaba seguro si Dios lo liberaría (41:10-14,20; 43:1,5; 44:8). La gente estaba ciega (42:16,18-20; 43:8; ver 29:9; 32:3-4) y no quería obedecer la ley de Dios. Por lo tanto, Dios destruiría su tierra (42:18-25; 43:5-6,14; 44:26-28).[73]

Isaías legitimó una nueva comprensión social de la realidad, al transformar la percepción del pueblo acerca de quién era Dios y cuál era su plan para tratar con los problemas de ellos. Judá necesitaba una nueva visión de Dios (ellos habían ignorado indicaciones anteriores, 42:19-24).[74] Cuando otras naciones conquistaron al pueblo de Dios, la creencia reificada o cosificada de Judá en la imposibilidad de la conquista de Sión fue destruida (Sal. 46; 48; 132).[75] Ahora Dios parecía no ser tan poderoso como otros dioses. Isaías atacó estas opiniones populares mostrando que las naciones, los ídolos y los reyes no eran nada delante de Dios (40:12-26). El Creador midió los cielos, puso las estrellas en su órbita, y tiene fortaleza ilimitada (40:12-28).

Isaías también interactuó con las visiones falsas que las personas tenían sobre otros dioses, mediante un juicio en una corte (41:1-29; 43:8-13).[76]

Los ídolos fueron invitados para anunciar lo que habían hecho o harían, pero no pudieron responder (42:5-7,21-24). Los ídolos estaban hechos por artesanos a partir de un árbol. Una parte del árbol se quemaba, pero el resto del árbol se adoraba (44:12-17). La gente que seguía a los ídolos había perdido contacto con la realidad y tenía una visión engañosa de cómo funcionaba el mundo (44:18-20). En contraste, Yahvéh es el Rey de Israel, el único Dios, el primero y el último. Él creó, habló y actuó (44:6). Los que confían en Dios pueden obtener fuerzas para sus pruebas (40:29-31) y obtener una percepción de sus promesas y de su carácter (41:20). La razón para el castigo de parte de Dios fue el pecado de Judá y no la debilidad o la injusticia de Dios (40:2; 42:22-25; 43:27).

Isaías dio otros sermones que proveyeron razones para aceptar una nueva comprensión del mundo, en forma de oráculos de salvación.[77] Dios permitiría que los cautivos de Israel volvieran a casa (43:1-7). Dios había controlado los eventos en tiempos antiguos (hecho conocido a partir de las tradiciones) y haría cosas similares en un nuevo día (43:18-21). Las "cosas pasadas" eran un refuerzo persuasivo para sostener la fe de la nación.[78] Sus "cosas nuevas" justificaban un cambio del escepticismo a la fe en Dios.[79] Él los redimiría, porque ellos todavía eran sus siervos escogidos que habían sido creados para glorificar su nombre (43:1-7,21). Su mundo sería transformado cuando Dios sacara a sus siervos ciegos de las tinieblas (41:17-19; 42:14-17; 43:14-21; 44:3-4). Dios perdonaría sus pecados (43:25; 44:22) y derramaría su Espíritu sobre ellos (44:3).

Finalmente, en el primer canto del siervo, Dios prometió enviar a un siervo escogido y especial, en el cual se deleitaría su alma (42:1, ver tradiciones davídicas en 1 Sam. 13:14). Este siervo establecería justicia en la tierra (42:1-4; ver 9:6-7; 32:1; 33:5-6). Sería una luz para Israel y para las naciones, a los efectos de abrir los ojos de los ciegos y traer gloria a Dios (42:6-8, ver 9:1-2). Algunos identificaron a este siervo con un profeta o con Israel, el siervo ciego de Dios; pero las características de este siervo van más allá de ambos (comparar con las tradiciones mesiánicas).[80]

En la segunda sección, Isaías describió *la liberación de Judá de manos de Babilonia* (44:24–48:22). Los israelitas eran hijos obstinados que lucharon (45:9-10; 46:8,12; 48:4,8) y se negaron a seguir las leyes de Dios (48:17-18). Juraban por el nombre de Dios, pero la conducta justa no era una característica de sus vidas (48:1-2). La gente no quería aceptar los caminos de Dios (45:9-10), sino que seguía las explicaciones de adivinos y agoreros (44:25).

Para persuadir al pueblo de rechazar su manera de pensar necia y desviada,[81] e internalizar el plan de Dios, el profeta predicó que Dios ya había elegido a un rey llamado Ciro para ser su pastor (44:28; 45:1). Dios haría que él dominara naciones (45:1-2) y construyera Jerusalén y el templo (44:26-28; 45:13). Las naciones extranjeras que adoraban a otros dioses vendrían a Israel con regalos y con un espíritu humilde, porque toda rodilla se doblaría y toda lengua confesaría que Él es Dios, y lo glorificarían (45:20-25; ver tradiciones en 2:2-4; 19:19-25). Estos anuncios justificaban un cambio en la manera de pensar de Israel. ¿Por qué negarse a confiar en Dios, si es que Él llevaría a cabo estos actos redentores por Israel?[82]

El profeta reforzó esta posición en Isaías 46–47. ¿Qué les pasaría a los dioses y a las naciones que parecían tener tanto poder?[83] Bel, el dios babilónico principal (también llamado Marduk) y Nebo (Nabu, el que determinaba el destino de las personas) serían impotentes; no salvarían a nadie (46:1-2). Los ídolos de madera y de metal, los cuales no pueden hablar, no son nada comparados con Dios (46:5-7; ver 40:12-31). Babilonia pronto lamentaría su desaparición e iría al exilio (47:1-15). La sabiduría babilónica y sus astrólogos eran ilusorios y egocéntricos (47:10-13). La pasada fidelidad de Dios legitimaba la confianza del pueblo en los actos futuros de salvación por parte de Él (46:8-13).

El profeta cerró esta sección con algunas palabras duras acerca del estado presente de Israel y de su necesidad de transformar su manera de pensar y de actuar. Aunque algunos se llamaban a sí mismos el pueblo de Sión y declaraban confiar en Dios (48:1-2), otros eran muy rebeldes y obstinados (48:4,8). Israel debería de haber aprendido de sus fracasos pasados, aceptar las indicaciones de Dios; entonces, habrían disfrutado de sus bendiciones (48:17-19). En el futuro, ellos se regocijarían cuando Dios los liberara de Babilonia (48:14-15,20-21).

VI. Confiar en Dios para salvación 49:1–55:13

Estos sermones estuvieron centrados en torno al siervo del Señor, quien establecería justicia y salvación para traer un nuevo orden al mundo

(49:1-13; 50:4-11; 52:13–53:12). Estos dan poca evidencia de la polarización de la nación en los partidos religioso-políticos, que encuentra Hanson.[84] Los principales agrupamientos sociales eran los que eran fieles a Dios y los que no lo eran.

Los sermones hacen referencia a un tiempo cuando la tierra estaría desolada y las personas se sentirían solas (49:17,19-20; 54:7) porque pensarían que Dios las había abandonado (49:14; 54:6).

El sermón de Isaías le recordó a su audiencia que *el siervo que traería salvación* (49:1–53:12) y transformaría la orientación del mundo hacia la justicia, traería salvación a las naciones (49:1,6-7; ver 42:1-13), y llevaría al pueblo de Israel de vuelta a Dios (49:5-6). Su tarea parecería como una vana pérdida de tiempo, porque sería despreciado, herido y llevado a la muerte (49:7; 50:6; 53:2-9). No obstante, sería fiel a su tarea y Dios lo reivindicaría (49:3; 50:7-9). Un día, reyes y gobernantes honrarían al siervo (49:7; 52:12,15).

Uno podría arribar a la conclusión de que el siervo era un profeta necio que recibió lo que merecía (53:4b) o que era un símbolo de Israel, que sufrió en el exilio,[85] pero el siervo murió humildemente por los pecados de otros y no por los propios (53:4-9). Dado que la justicia de Dios se satisfizo cuando Él se ofreció a sí mismo como ofrenda por el pecado (53:10-12b), Él trajo salvación para otros muriendo en su lugar (53:11-12; el Nuevo Testamento identificó a Jesús como este siervo en Mar. 10:34; Mat. 8:17; Hech. 8:32-37). La identidad del siervo estaba parcialmente escondida, pero abierta a los ojos de la fe.[86] La salvación mediante el siervo era posible para los que confiaran en Dios (49:8-13).

Los oráculos de salvación en medio de los cantos del siervo (49:14–50:3; 51:1–52:12) justificaban un cambio de corazón. Dios los amaba y tenía un plan para su futuro. Dios no se había olvidado de ellos (49:14; 50:1-3), sino que los volvería a reunir. Entonces, ellos reconocerían que Él es Dios (49:15-26; ver tradiciones en 45:14-25).

La segunda serie de discursos de salvación (51:1–52:12) animaba a los que confiaban en Dios (51:1,7) a mantener su cosmovisión presente, a recordar cómo Dios había sido fiel a sus promesas a Abraham (51:2-4; ver Gén. 12:1).[87] Ellos podían tener confianza en Dios porque Él redimiría a su pueblo de la esclavitud (51:3-16). Sión despertaría gozosa con los que regresarían del cautiverio (52:1-5). Dios reinaría en Jerusalén (52:7-10).

La sección final es una *promesa de salvación para los que buscan a Dios* (54:1–55:13). Isaías animó a Israel a dar voces de júbilo porque su estado de desolación y de esterilidad pronto terminarían; tendría muchos hijos en Jerusalén (54:1-3). Para legitimar esta comprensión del futuro, Isaías les recordó que el juramento de Dios de tener compasión y restaurar a Israel era tan seguro como el juramento hecho a Noé (54:9-10; ver Gén. 8:21–9:16). El profeta describió a la nueva Jerusalén suntuosamente adornada con piedras preciosas (54:11-17), la gente sería enseñada por Dios (ver 2:2-4) y toda conducta gobernada por la justicia. Esta sería la herencia de los que eligieran confiar en Dios y servirlo.

Isaías creía que había llegado el tiempo para que los malvados aceptaran la visión de Dios. El sermón evangelizador final (55) desafió al pueblo a rechazar la cosmovisión presente y aceptar la oferta de gracia, perdón y bendición que venía de Dios.[88] Él ofrecía un regalo gratuito que no podía comprarse (55:1-2). La aceptación traería vida y el cumplimiento del pacto eterno de Dios con David (ver 2 Sam. 7:8-16, Sal. 89:27-37). Aceptación significaba buscar el camino de Dios (55:6-7), volverse de la comprensión equivocada de su propio entendimiento social de la realidad, y hacer que sus mentes fueran transformadas por la manera de pensar de Dios y por sus caminos que son más altos (55:8-9). Dios prometió salvación y bendición, y Él guardaría su palabra (55:10-13).

VII. Confiar en Dios para restauración 56:1–66:24

Estos sermones estaban divididos en tres partes: (a) 56–59 eran una serie de juicios, lamentos y oráculos de salvación que llamaban a los malvados a volverse de sus pecados; (b) 60–62 miraban la gloria futura de la comunidad restaurada y (c) 63–66 daban un juicio final a las naciones perversas, además de oráculos de lamentación y de salvación relativos a la restauración final del pueblo por parte de Dios. Esta sección tiene una estructura en forma de quiasmo.[89] Algunos han desarrollado la hipótesis de un "Tercer Isaías" en un nuevo contexto, pero esto es innecesario porque los mismos temas de 40–55 están en 56–66.[90]

Los detalles concernientes a la situación de la nación son abundantes, pero es difícil decir si se trata de un entorno presente o futuro. El análisis sociológico de Hanson encuentra dos grupos en conflicto luchando en

Jerusalén en la era postexílica. Uno era un grupo palestino oprimido y desilusionado de escatologistas visionarios, que seguían la enseñanza de Isaías (sus ideas están en 60–62 y en algunos de los lamentos), mientras que el otro grupo estaba formado por realistas que habían regresado del exilio, y que seguían a los sacerdotes sadoquitas y el programa descrito en Ezequiel 40–48.[91] Las interpretaciones de Hanson parecen no estar respaldadas por 56–66.

Inicialmente, Isaías predicó acerca de la *restauración después de volverse del pecado* (56:1–59:21). Los discursos de juicio invitaban a las naciones (las bestias en 56:9) a destruir a los atalayas ciegos (profetas) y a los pastores (reyes), quienes no sabían nada acerca de los lineamientos de Dios para una conducta recta. La cosmovisión social les permitía ser insaciables y vivían en borrachera (56:10-12). Estas personas no eran piadosas defensoras de los justos (57:1-2), sino que eran hechiceros y adúlteros. Engañaban a la gente, adoraban a otros dioses, ofrecían sacrificios de niños, habían llegado a comprometerse con ritos sexuales paganos y terminaron en una condición de desesperanza (57:3-10). Por lo tanto, sus obras "justas" iban a recibir exactamente lo que merecían: destrucción (57:11-13). La negativa de Hanson para considerar esto como un cuadro detallado de la maldad del partido hierocrático sadoquita no es convincente. Esto es más que un argumento exagerado de parte de los desilusionados e impotentes seguidores de Isaías, que estaban en desacuerdo con el programa de restauración de Ezequiel.[92]

Isaías 58:1-5 y 59:1-15a ampliaron esta descripción. Los más ricos (58:3, los que tenían siervos) venían al templo y pretendían disfrutar de estar cerca de Dios (58:2). Llegaban al día del ayuno con lucha en sus corazones. Estaban más interesados en sus propios placeres. No se preocupaban por los pobres y por los que no tenían casa (58:5-7,13). De modo que Dios no oía sus oraciones.

Este registro de pecados pasados y presentes legitimaba el enojo de Dios (57:16-17) y justificaba el llamado del profeta para que la gente transformara su comprensión social de la vida, se arrepintiera, liberara a los oprimidos, alimentara a los hambrientos y se deleitara en el Señor (58:6-14). El profeta se lamentó por los pecados de ellos y confesó que las bendiciones de Dios no venían debido a sus pecados (59:9-15a).

Luego, el profeta ofreció aliento a los justos, porque el juicio no duraría para siempre. Dios iría delante de ellos para guiarlos y levantar las ruinas antiguas, cuando el pueblo aceptara el plan de Dios (58:8-14). En este nuevo contexto teológico, Dios sanaría a su pueblo y proveería un camino superior para restaurar a la nación (57:14-20). Si la gente practicaba la justicia y la santidad, incluso los extranjeros vendrían a adorar a Dios (56:1-8).

Hay más aliento en la segunda parte de este sermón. Describe *la gloria de la restauración* en el nuevo reino de Dios (60:1–62:12). Estos discursos de salvación escatológica se refieren a un tiempo posterior, cuando las tinieblas hayan cubierto toda la tierra (60:2) y Dios haya actuado en su ira (60:10,15; 62:4). Estos oráculos señalan un nuevo contexto teológico para la nación, cuando el siervo ungido de Dios (61:1-3; ver 42:1; 49:8-9) y la presencia de la gloria de Dios sobre la tierra traigan transformación para Israel y para las naciones (60:1-2; ver tradiciones en 2:2-4).

Cuando este nuevo reino cobre existencia, muchas naciones se unirán a Israel y traerán regalos a Dios (60:3-9; 61:5; 62:2). Los enemigos de Israel perecerán y la ciudad santa será gloriosa con Dios en medio de ella (60:10-22). Sión será un lugar de salvación y de alabanza para el pueblo santo (62:6-12; 61:4-11). El plan de Dios era la base para la confianza.

La conclusión del sermón trató sobre el *juicio final y la restauración* (63:1–66:24). Desafió a los oyentes a responder a Dios en confianza de modo que pudieran evitar el juicio de Dios y disfrutar de sus bendiciones. La corta condenación de las naciones en 63:1-6 (aquí Edom es un símbolo al igual que en 34:1-15) presentó al guerrero divino con ropajes majestuosos pisando los últimos vestigios de oposición en su día final de venganza. En su poder, Dios las mataría para traer salvación a su pueblo. Este oráculo confirmó la habilidad de Dios para proveer salvación, justicia, protección y paz. Todas las fuerzas que se opongan a Dios serán destruidas.

Israel no disfrutaba del reino en este momento. Así es que la gente se lamentaba y suplicaba que Dios actuara de inmediato. La oración recordó los actos pasados de misericordia por parte de Dios hacia Israel.[93] Basados en el conocimiento de cómo Dios había actuado con compasión en el pasado, los justos le pidieron a Dios que fuera su Padre y Redentor, que los hiciera volver a los días de antaño (63:15-19). Se sometieron al poder modelador de Dios y pidieron perdón (64:4-12).

La respuesta de Dios al lamento fue tanto negativa como positiva (65:1–66:24). Recordó que ellos habían aceptado patrones extranjeros de adoración y habían pretendido ser santos (64:1-5; 66:3,17). Los malvados serían juzgados (65:6-7,11-12; 66:4-6), pero los siervos fieles (66:1-2) serían restaurados para heredar la tierra, cuando Dios creara un cielo nuevo y una tierra nueva. Este nuevo contexto sería un lugar de gozo y paz entre los seres humanos y la naturaleza (65:8-10,13-25; 66:7-14).

Luego, las naciones verían los actos de juicio y de gracia por parte de Dios; su fama y gloria serían conocidas (66:18-19). Algunos responderían y vendrían a adorar a Dios (66:19-23), pero otros lo rechazarían y recibirían su juicio final (66:24).

Consecuencias teológicas y sociales

¿Por qué la gente confía en Dios? ¿Es simplemente un instinto natural o un accidente de nacimiento? ¿Por qué la gente tiene tantas dificultades para creer en las promesas de Dios? El profeta Isaías sugirió que algunas personas no confían en Dios debido al orgullo y a su propio sentido de autosuficiencia. Otros dependen de lo que tiene sentido racional. Algunos preferirían confiar en gente con dinero, poder o estatus. ¿Cómo se puede confiar en Dios si eso hace que uno parezca ridículo delante de los amigos?

¿Qué se puede decir para ayudar a la gente a confiar en Dios? El mensajero actual de Dios puede reorientar el proceso del pensamiento de las personas, al introducirlas a la incomparable grandeza de Dios (40:12-31). Todos los otros poderes y fuentes de confianza no son nada en comparación con Él. Él es el Creador, el Primero y el Último, el que controla todas las naciones. Una segunda evidencia que legitima la confianza son los planes pasados de Dios. Él dijo que haría algo y lo cumplió; lo planeó y lo hizo. La credibilidad de las promesas futuras de Dios está directamente relacionada con su reputación pasada. Tercero, Dios proveerá la manera de remover el pecado, el problema central para establecer una relación de confianza con Dios.

La confianza debe basarse en lo que no puede entenderse completamente (55:8-9) y espera un reino que todavía no se ve; pero no es un salto de fe a ciegas. La confianza no se puede manufacturar mediante una programación hábil ni con promesas vacías de prosperidad; es el resultado del encuentro con Dios. El mensajero que presenta a sus oyentes a Dios y a su palabra, abrirá la puerta a la confianza que desbarata la previsibilidad o la determinación humana.

Preguntas para debatir

1. ¿Cómo compararía y contrastaría: (a) la situación militar; (b) el mensaje del profeta; (c) la confianza en Dios y (d) los resultados, de Acaz (cap. 7) y de Ezequías (36–39)?

2. ¿Qué evidencia persuasiva se provee en Isaías 40–41; 44 y 46, para animar al pueblo a confiar en Dios?

3. ¿Cuáles fueron los roles del siervo sufriente?

4. ¿Cuál era el plan de Dios para las naciones en Isaías 19,45,49,66?

1. E. W. Conrad, *Reading Isaiah* (Minneapolis: Fortress, 1991), 36-40, se enfoca en el "no temáis" de la confianza.

2. J. N. Oswalt, *The Book of Isaiah: Chapters 1–39* en *NICOT* (Grand Rapids: Eerdmans, 1986), 193-96.

3. J. Milgrom, "Did Isaiah Prophesy During the Reign of Uzziah?" *VT* 14 (1964), 164-82. Este tiempo es parecido a los días de Oseas (1:1-4), quien profetizó en Israel, la nación del norte, durante los prósperos días de Jeroboam II.

4. M. E. W. Thompson, *Situation and Theology: Old Testament Interpretations of the Syro-Ephraimite War* (Sheffield: Almond, 1982), 22-24.

5. El ordenamiento diferente de los eventos en Isaías 36–39, 2 Reyes 18–20, 2 Crónicas 29–32 y los anales de Senaquerib (J. B. Pritchard, ed., *ANET* [Princeton: Princeton Univ. Press, 1954], 287-88) llevó al desarrollo de cinco de las seis distintas formas de entender el contexto en Isaías 36–39. Ver la explicación detallada de estas teorías en B. S. Childs, *Isaiah and the Assyrian Crisis* (Londres: SCM, 1967) o R. E. Clements, *Isaiah and the Deliverance of Jerusalem: A Study in the Interpretation of Prophecy in the Old Testament* (Sheffield: JSOT Sup, 13 1980). Ver más recientemente D. Redford, *Egypt, Canaan, and Israel in Ancient Times* (Princeton: Princeton Univ. Press, 1992), 352-58.

6. Senaquerib declaró que tomó 200.150 personas cautivas en Judá, sumadas a muchos animales y al pago de un gran tributo. Ver Pritchard, ed., *ANET*, 288 y 2 Reyes 18:14-16.

7. Amoz se identifica en la tradición rabínica (Bab. Tal. Megilla 10b) como hermano del rey Amasías (padre de Uzías). Esto significaría que Isaías estaba relacionado con la familia real y podría explicar por qué tuvo acceso a reyes.

8. C. B. Reynolds, "Isaiah's Wife", *JTS* 36 (1935), 182-85. La palabra "profetisa" podía significar que tenía un don profético o que era la esposa de un profeta.

9. J. J. Schmitt, *Isaiah and His Interpreters* (Nueva York: Paulist, 1986), 9-60, respalda un trasfondo de sabiduría.

10. P. Berger y T. Luckmann, *The Social Construction of Reality: A Treatise in the Sociology of Knowledge* (Garden City: Doubleday, 1966), 3, 15, 19-28, creen que la visión de la realidad que tiene una persona está basada sobre la cosmovisión de la gente dentro de su contexto social.

11. R. R. Wilson, *Prophecy and Society in Ancient Israel* (Filadelfia: Fortress, 1980), 271-74.

12. Berger, *Social Construction*, 52, 104, define externalización como el proceso de introducir nuevas ideas dentro de la realidad, las cuales no eran parte del contexto social de una persona.

13. J. Muilenburg, "The Book of Isaiah", *IB* 5 (Nashville: Abingdon, 1956), 382-93, se enfoca en las características literarias, mientras que Y. Gitay, *Prophecy and Persuasion: A Study of Isaiah 40–48* (Bonn: Linguistica Biblica, 1981) enfatiza la persuasión.

14. Estas tradiciones incluían la creación en 40:22,26,28; 51:16 (ver tradiciones en Gén. 1); el jardín del Edén en 51:3 (Gén. 2:8); el diluvio en 54:9-10 (ver Gén. 7:10–9:17); la vida de Abraham en 41:8; 51:2 (Gén. 12:1-3; 17:1-21); Sodoma y Gomorra en 1:10; 3:9; 13:19 (ver Gén. 19:24-26; la esclavitud de Israel en Egipto en 10:24; 52:4 (Ex. 1:8-14); el éxodo en 11:15; 43:2,16; 51:10; 63:11 (ver Ex. 14–15); el pacto

del Sinaí en 51:16; 56:4 (Ex. 19–24); el peregrinaje por el desierto en 43:19-20; 48:21 (Ex. 16–18; Núm. 11–14; 20); la adoración sacrifical en el día de reposo en 1:10-16; 56:1-8 (Ex. 20:8-11; Lev. 1–6); las leyes sobre el cohecho en 5:23 (ver Ex. 23:8); la batalla de Israel con Madián en 9:4; 10:26 (Jue. 7–8); y el reinado de David en 9:6-7; 11:1-5; 16:5; 55:3-4 (de tradiciones en 2 Sam. 7:11-16; Sal. 89; 132).

15. E. W. Davies, *Prophecy and Ethics: Isaiah and the Ethical Traditions of Israel* (Sheffield: *JSOT Sup* 16, 1981), 12-39, mientras que J. Begrich, *Studien zu Deuterojesaja* (Munich: Kaiser, 1969) encuentra que Isa. 40–66 depende de ciertos salmos.

16. R. R. Clements, "Beyond Tradition-History: Deutero-Isaianic Development of First Isaiah's Themes", *JSOT* 31 (1985), 95-113, detalla temas sobre la ceguera de Israel, la elección divina de Israel y otras ideas menos dominantes.

17. W. Brueggemann, "Unity and Dynamic in the Isaiah Tradition", *JSOT* 29 (1984), 89-107, establece el mismo punto. Sus pensamientos acerca de "abrazar el sufrimiento" son menos convincentes.

18. C. Westermann, *Isaiah 40–66,* en *OTL* (Filadelfia: Westminster Press, 1969), encuentra el oráculo de salvación (41:17-20; 43:16-21); la disputa (40:12-31; 49:14-26), el discurso de juicio contra las naciones (41:1-5; 43:8-15) y contra Israel (43:22-28; 50:1-3); el oráculo real (44:25–45:7); canciones del siervo (42:1-4; 49:1-6); y el canto de alabanza (42:10-13; 48:20-21; 49:13; 52:9-10). El profeta usó oráculos de lamentación (5:8-23; 28:1–33:24); canciones (5:1-6; 12:1-6); y oráculos contra las naciones (13–23). T. C. Butler, *Isaiah* en *LBBC* 10 (Nashville: Broadman Press, 1982) usa formas de expresión para describir la relación del profeta con su audiencia en cada sección del libro.

19. Ver la explicación y la base para esta teoría en C. Westermann, *Isaiah 40–66* en *OTL*, 3-30. D. R. Jones, "The Tradition of the Oracles of Isaiah of Jerusalem", *ZAW* 67 (1975), 226-46, sigue a S. Mowinckel, "Die Komposition des deuterojesajanischen Buches", *ZAW* 49 (1931), 87-112, 242-60, quien cree que fueron discípulos de Isaías los que editaron y recopilaron estos mensajes.

20. R. K. Harrison, *Introduction to the Old Testament* (Grand Rapids: Eerdmans, 1969), 769. D. Carr, "Reaching for Unity in Isaiah", *JSOT* 57 (1993), 61-80, analiza estudios recientes sobre la unidad de Isaías.

21. A. Gileadi, *The Apocalyptic Book of Isaiah* (Provo: Hebraeus, 1982), 171-85, presenta una visión única de la estructura y la unidad de Isaías. Él encuentra una estructura bífida (1–33; 34–66), que enfatiza los cuatro temas de apostasía, juicio, restauración y salvación.

22. Debido a la severidad de la destrucción descrita en 1:5-8, H. Wildberger, *Isaiah 1–12* en *CC* (Minneapolis: Fortress, 1991), 21, arriba a la conclusión de que el escenario fue posterior al del ataque asirio contra Ezequías en 701 a.C.; pero la apostasía espiritual no concuerda tanto con esto. Parece mejor relacionar esto con las condiciones espirituales durante el reinado de Acaz. J. D. W. Watts, *Isaiah 1–33* en *WBC* (Waco: Word, 1985), 17-21 cree que esto se refiere a una batalla contra Israel, la nación del norte (no contra Judá), antes de 721 a.C.

23. Davies, *Prophecy and Ethics,* 40-64, 90-112. Él encontró tradiciones del pacto, pero duda que se hayan empleado tradiciones de sabiduría o las de Amós. H. B. Huffmon,

"The Covenant Lawsuit in the Prophets", *JBL* 78 (1959), 288-95, provee un trasfondo para el juicio por el pacto.

24. Berger, *Social Construction*, 130-31. La internalización es el proceso social de aceptar una idea o conducta como parte de la cosmovisión significativa propia de una persona.

25. R. Davidson, "The Interpretation of Isaiah 2:6ff", *VT* 16 (1966), 1-7, y Watts, *Isaiah 1–33* en *WBC* 24, 34, toman la mención de Jacob como una referencia a Israel, la nación del norte y no a Judá, pero esto es extraño al resto de Isaías 2–5. Milgrom, "Did Isaiah Prophesy During the Reign of Uzziah?" *VT* 14, 164-72, cree que la falta total de referencias al enemigo que destruiría a Judá, que se encuentra en profecías posteriores en tiempos de Acaz (7:17-20; 8:4; 10:5-34), indica que Isaías 2–5 son del tiempo de Uzías.

26. Isaías usó las imágenes de terremoto y de teofanía en 2:19,21 para describir la destrucción cuando aparezca la majestad del esplendor de Dios. Ver J. Hayes, *Isaiah: The Eighth-Century Prophet: His Times and His Preaching* (Nashville: Abingdon, 1987), 83-87.

27. Estas tradiciones están descritas en J. J. M. Roberts, "The Davidic Origin of the Zion Tradition", *JBL* 92 (1973), 329-44, y G. von Rad, "The City on a Hill", en *The Problem of the Hexateuch and Other Essays* (Nueva York: McGraw-Hill, 1966), 232-42.

28. E. Cannawurf, "Authenticity of Micah 4:1-4 (cf. Isa. 2:2-4)", *VT* 13 (1963), 26-33 cree que Miqueas escribió este oráculo y que Isaías usó su tradición. Th. C. Vriezen, "Prophecy and Eschatology", *VTSup* (1953), 213 piensa que Isaías lo escribió y que Miqueas lo usó, mientras que L. C. Allen, *Joel, Obadiah, Jonah and Micah* en *NICOT* (Grand Rapids: Eerdmans, 1976), 323, sugiere que tanto Isaías como Miqueas usaron una fuente anterior.

29. Berger, *Social Construction*, 157-58, 163-73, llama "alternancia" a una experiencia de conversión, porque requiere que una persona altere su propia identidad y sus principales maneras de ver lo que ocurre en el mundo.

30. O. Kaiser, *Isaiah* en *OTL*, 1–12, 2da ed. (Filadelfia: Westminster, 1983), 85-86 refiere el "renuevo" a la fertilidad de la tierra, en relación con la siguiente cláusula "el fruto de la tierra". Esto se adecua bien al paralelismo poético, pero ignora el uso de esta raíz en las tradiciones davídicas (2 Sam. 23:5; Sal. 132:17). Ver J. Baldwin, "*Semah* as a Technical Term in the Prophets", *VT* 14 (1964), 93.

31. J. T. Willis, "The Genre of Isaiah 5:1-7", *JBL* 96 (1977), 337-62.

32. Davies, *Prophecy and Ethics*, 65-89, investiga el trasfondo legal de estos abusos.

33. C. R. Seitz, *Isaiah 1–39* en *IntCom* (Louisville: J. Knox, 1993), 55, no ve que este sea el llamado inaugural de Isaías. K. Koch, *The Prophets I* (Filadelfia: Fortress, 1983), 113, cuestiona si esta fue la narración de un llamado, mientras que R. Knierim, "The Vocation of Isaiah", *VT* 18 (1968), 41-68, muestra que hubo una mezcla de visión de juicio y visión de llamado en el cap. 6.

34. M. E. W. Thompson, *Situation and Theology: Old Testament Interpretations of the Syro-Ephraimite War* (Sheffield: Almond, 1982) 13-21, relaciona Isaías 17:1-11 y Oseas 5:8–7:16 con este período.

35. Berger, *Social Construction*, 104, ve la externalización como el intento de los seres humanos por construir nuevos significados dentro de la realidad. Esta actividad creativa fue un intento imaginativo por creer lo que Dios decía en este contexto de desesperanza.

36. C. A. Evans, "On Isaiah's Use of Israel's Sacred Tradition", *BZ* 30 (1986), 95, encuentra un juego entre la raíz 'm*n*, "creer, permanecer" en 7:9 y el pacto davídico en 2 Sam. 7:16. De modo que la incredulidad de Acaz anuló el pacto davídico.

37. Thompson, *Situation and Theology*, 36-40, enfatiza el contraste entre la fe y la incredulidad en esta sección.

38. Pritchard, *ANET*, 275-301, da ejemplos de textos asirios que demuestran su actitud de orgullo.

39. G. Hasel, *The Remnant: The History and Theology of the Remnant Idea from Genesis to Isaiah* (Berrien Springs, Mich.: Andrews University Press, 1980), 96-98.

40. M. E. W. Thompson, "Israel's Ideal King", *JSOT* 24 (1982), 79-88, piensa que este oráculo ofrecía esperanza a Israel después de su terrible derrota a manos de Asiria, pero Isaías le hablaba a Judá.

41. P. D. Wegner, *An Examination of Kingship and Messianic Expectations in Isaiah 1–35* (Lewistown: Mellen, 1992), 62-135, presenta un debate detallado de estos asuntos. Ver J. A. Moyter, *The Prophecy of Isaiah* (Downers Grove: InterVarsity, 1993), 84-87, o el estudio de puntos de vista en E. E. Hinson, *Isaiah's Emmanuel* (Filadelfia: Presbyterian and Reformed, 1978).

42. M. Tate, "King and Messiah in Isaiah of Jerusalem", *RevExp* 65 (1968), 409-21 enfatizó este contraste. Wegner, *Messianic Expectation*, 217-69 presenta un tratamiento detallado.

43. B. W. Anderson, "Exodus Typology in Second Isaiah", en *Israel's Prophetic Heritage* (Nueva York: Harper, 1962), 177-95, y G. Widengren, "Yahweh's Gathering of the Dispersed", en *In the Shelter of Elyon: Essays on Ancient Palestinian Literature,* eds. W. B. Barrick y J. R. Spencer (Sheffield: *JSOT Sup* 31, 1984), 227-45, tratan estos temas con algo de detalle.

44. Isaías 13:1; 14:28; 15:1; 17:1; 19:1; 21:1,11; 22:1; 23:1.

45. S. Erlandsson, *The Burden of Babylon: A Study of Isaiah 13:2–14:23* (Lund: Gleerup, 1970), 48-54, 64. bosqueja varias maneras de analizar 1–39. S. Mowinckel, *Jesaja-disiplene. Propheten fra Jesaja til Jeremia.* (Oslo: Forlagt Ar. H. Aschoug, 1925), cree que 13–27 eran una unidad y O. Kaiser, *Isaiah 13–39* en *OTL* (Filadelfia: Westminster, 1974), xi, piensa que sería un error establecer una gran separación entre 13–23 y 24–27.

46. Erlandsson, *The Burden of Babylon,* 160-66, argumenta que este capítulo se refiere a un rey asirio que gobernó la provinicia de Babilonia. No piensa que se refiere a la conquista de Babilonia por parte de los persas en 539 a.C. Lo relaciona con el ataque asirio sobre Jerusalén en 701 a.C. R. Clements, *Isaiah 1–39* en *NCBC* (Grand Rapids: Eerdmans, 1980), 132, fecha el capítulo en 540 a.C. en ocasión de la caída de Babilonia en manos de los persas. Watts, *Isaiah 1–33* en *WBC* 24, 189 cree que esta fue una defensa de la estrategia divina, para hacer que los asirios derrotaran a Judá.

47. W. S. Prinslov, "Isaiah 14:12-15. Humiliation. Hubris. Humiliation", *ZAW* 93 (1981), 432-38, y D. E. Gowan, *When Man Becomes God: Humanism and Hubris in the Old Testament* (Pittsburgh: Pickwick, 1975), 66-67, tratan las tradiciones míticas usadas en este pasaje y el pecado del orgullo.

48. Watts, *Isaiah 1–33* en *WBC* 24, 213-16; T. Vriezen, "Essentials of the Theology of Isaiah", en *Israel's Prophetic Heritage,* eds. B. W. Anderson y W. Harrelson (Nueva

York: Harper, 1962), 128-46; y Conrad, *Reading Isaiah*, 53–82, discuten el plan divino en la teología de Isaías.

49. W. Rudolph, "Jesaja XV–XVI", en *Hebrew and Semitic Studies Presented to G. R. Driver* (Oxford: Clarendon, 1963), 130-43, relaciona esta derrota con la destrucción de Moab por Jeroboam II en 2 Reyes 14:25, pero mayormente la ubica en algún momento entre 715–701 a.C.

50. Kaiser, *Isaiah 13–39* en *OTL*, 91, está de acuerdo con este contexto para Isaías 18, pero se equivoca al fechar el capítulo 19 durante el período persa.

51. Erlandsson, *The Burden of Babylon*, 76-80 establece algunas conexiones verbales con la tradición del éxodo.

52. Berger, *Social Construction*, 92-95, describe la manera en que legitimaciones como estas justifican la conducta y la visión del mundo que tiene una persona.

53. Ibíd. Erlandsson describe la historia de este período y cree que Elam y Media formaron una alianza en contra de Asiria alrededor de 700 a.C. Oswalt, *Isaiah 1–39*, en *NICOT*, 392, piensa que Elam y Media estaban luchando contra Babilonia.

54. J. T. Willis, "Historical Issues in Isaiah 22:15-25", *Bib* 74 (1993), 60-70, trata los asuntos históricos.

55. W. R. Millar, *Isaiah 24–27 and the Origin of Apocalyptic* (Missoula: Scholars, 1976), 1-22; Kaiser, *Isaiah 13–39* en *OTL*, 173-79; B. Otzen, "Traditions and Structures of Isaiah XXIV–XXVII", *VT* 24 (1974), 196-206; y G. W. Anderson, "Isaiah 24–27 Reconsidered", *VTSup* 9 (1963), 118-26, ofrecen un registro de diferentes puntos de vista sobre cada una de estas cuestiones.

56. Kaiser, *Isaiah 13–39* en *OTL*, xi, y Clements, *Isaiah 1–39* en *NCBC*, 196-97, ven una estrecha conexión entre 13–23 y 24–27. Como contraste, O. Plöger, *Theocracy and Eschatology* (Richmond: John Knox, 1968), 54, cree que 24–27 conforman una sección distinta, la cual no se puede comparar con los oráculos contra las naciones. Sobre el carácter apocalíptico de estos capítulos ver J. Oswalt, "Recent Studies in the OT Eschatology and Apocalyptic", *JETS* 24 (1981), 189-302.

57. La humillación de los orgullosos en 13:11,19; 14:12-14; 16:6,14; 17:4; 23:9 y 24:4,21,23a; 25:2,10-12; 26:5-6,11; la exaltación de Dios en 14:32; 16:5; 17:7; 18:7; 19:19-25; y el gobierno universal de Dios en 24:14-16a,23; 25:1,3,9; 26:13,15. Los temas sobre el día de Jehová y el Seol son fuertes al comienzo (13:6-13; 14:8-11,15-21) y al final (24:1-13,16a-22; 26:14,19).

58. Plöger, *Theocracy and Eschatology*, 57-67; Millar, *Isaiah 24–27*, 115-17; P. D. Hanson, *The Dawn of Apocalyptic* (Filadelfia: Fortress, 1979), 313-14.

59. Kaiser, *Isaiah 13–39*, 210.

60. Berger, *Social Construction*, 148-63, ve importante que oficiales clave transmitan sus puntos de vista subjetivos del mundo, para ayudar a otros a sostener lo que es aceptable y a rechazar otros puntos de vista como desviados.

61. Plöger, *Theocracy and Eschatology*, 73-75, y Clements, *Isaiah 1–39*, 220-21, interpretan que este pasaje se refiere a la caída de Israel, el reino del norte; pero esto lo arranca del contexto de 24–27.

62. Thompson, *Situation and Theology*, 15-17; 50-51, discute distintas miradas al endurecimiento de Dios.

63. Esto ocurrió después que Ezequías pagó el tributo a Senaquerib (2 Rey. 18:13-16) y justo después del último llamado a rendirse por parte de Rabsaces, antes del sitio asirio (36:1-20). J. B. Payne, "The Effect of Sennacherib's Anticipated Destruction in Isaianic Prophecy", *WTJ* 34 (1971), 22-38.

64. Kaiser, *Isaiah 13–39*, 321 y la mayoría de otros autores reconocen esta conexión con la sabiduría, pero no hay necesidad de fecharla en un período postexílico. Ezequías y su corte eran conocidos por tener un fuerte interés en la sabiduría (ver Prov. 25:1).

65. Berger, *Social Construction*, 114, 129-32. Habiendo negado o hecho nulo el punto de vista político de los ciegos en Isaías 30–31, Isaías ahora habilita a algunos para aceptar la perspectiva divina dentro de su marco de referencia. Esto cambia el orgullo y la manipulación por parte de ellos, en llanto y confianza en la salvación de Dios. Se logró una verdadera transformación.

66. J. Muilenburg, "The Literary Character of Isaiah 34", *JBL* 59 (1940), 339-65, y M. Pope, "Isaiah 34 in Relation to Isaiah 35 and 40–66", *JBL* 71 (1952), 243, ve a Edom como un representante.

67. Ver H. H. Rowley, "Hezekiah's Reform and Rebellion", en *Men of God* (Edimburgo: Nelson, 1963), 98-132; Childs, *Isaiah and the Assyrian*; Clements, "Isaiah and the Deliverance of Jerusalem", *JSOT Sup* 13, y Redford, *Egypt, Canaan, and Israel*, 351-58, para una discusión de los problemas históricos y lierarios así como también de algunas posibles soluciones a estas dificultades.

68. No parece necesario hacer la hipótesis de una segunda campaña para dar razón de todos los eventos en esta historia, tal como lo expresa J. Bright, *A History of Israel*, 3ra. ed. (Filadelfia: Westminster, 1981), 298-309.

69. Berger, *Social Construction*, 109, 115, 119, nota que los argumentos más fuertes a favor de una cosmovisión no siempre ganan los corazones de los oyentes. La persona o grupo que tenga el mayor poder, con frecuencia impondrá su voluntad sobre los demás, en lugar de dejarlos elegir las mejores razones. Esto no es siempre malo, dado que la reforma de Ezequías fue un movimiento de arriba hacia abajo y no de las bases volviéndose a Dios.

70. Clements, *Isaiah and the Deliverance of Jerusalem*, 72-89, toma la tradición de Sión del período posterior de Josías, pero esta reconstrucción se basó sobre el personaje supuestamente legendario de este pasaje y no provee tradición teológica alguna sobre la cual Ezequías basara su decisión. Con seguridad, él tenía conocimiento de las promesas davídicas, de las tradiciones del pacto, de los himnos de alabanza a Dios y de las ideas asociadas con la presencia de Dios en el templo de Jerusalén.

71. El capítulo 38 es difícil de ubicar (parece estar antes de 39:1), pero el capítulo 39 está claramente fuera del orden cronológico, porque el tiempo de la visita de Merodacbaladán fue mientras Ezequías todavía tenía riquezas para pavonearse (39:2) y cuando él estaba pensando en la posibilidad de una alianza con Babilonia en contra de Asiria (probablemente en 703 a.C.).

72. R. N. Whybray, *Isaiah 40–66* en *NCBC* (Londres: Oliphants, 1975), 20-23, y Westermann, *Isaiah 40–66*, 3-6, fechan al libro alrededor de la época de Ciro (550–539 a.C.). E. J. Young, *The Book of Isaiah*, vol. III (Grand Rapids: Eerdmans, 1972), 17, cree que las profecías vienen de Isaías antes del exilio.

73. Conrad, *Reading Isaiah*, 83-102, hace una distinción entre los pasajes que hablan de "nosotros" (42:24a que se refiere a los sobrevivientes fieles del exilio) y los que hablan de "ellos" (42:24b que se refiere a una comunidad idólatra y desobediente).

74. Berger, *Social Construction*, 110-11; 156, muestra cómo la repetición de la tradición ayuda a sostener la cosmovisión de una persona.

75. Ibíd. Berger ve esta reificación como el proceso social de atribuirle carácter de absoluta a una creencia (Dios protegerá a Judá) ignorando el factor humano (la protección está basada en la fidelidad humana).

76. R. J. Clifford, "The Function of the Idol Passages in Second Isaiah", *CBQ* 42 (1980), 450-64, cree que los pasajes sobre ídolos tenían el propósito de ser un contraste, para hacer que la imagen de Dios de Isaías fuera más vívida. Esto es cierto, pero ignora la función de ellos de legitimar una nueva comprensión social de los ídolos y de Dios en el sistema de creencias de Israel.

77. Para un estudio detallado de los discursos de salvación, ver R. Melugin, *The Formation of Isaiah 40–55, BZAW*, 1976, 13-27; E. W. Conrad, "Second Isaiah and the Priestly Oracle of Salvation", *ZAW* 93 (1981), 234-46.

78. Gitay, *Prophecy and Persuasion*, 34-49 analiza el uso de la persuasión (la apelación emocional, racional y ética) en cada oráculo. Su estudio retórico es un complemento valioso para un estudio sociológico.

79. B. S. Childs, *The Old Testament as Scripture* (Filadelfia: Westminster, 1979), 311-38, piensa que las cosas pasadas se refieren a las profecías en Isaías 1–39, y R. E. Clements, "Beyond Tradition History: Deutero-Isaianic Development of First Isaiah's Themes", *JSOT* 31 (1985), 95-113 está de acuerdo. C. R. North, "The 'Former Things' and the 'New Things' in Deutero-Isaiah", en *Studies in Old Testament Prophecy* (Edimburgo: T&T Clark, 1957), 111-26, cree que las cosas pasadas se refieren al éxodo o a victorias anteriores de Ciro.

80. Se encuentra una reseña extensa de diferentes interpretaciones del siervo en H. H. Rowley, "The Servant of the Lord in the Light of Three Decades of Criticism", en *The Servant of the Lord and Other Essays* (Londres: Nelson, 1952), 1-57; C. C. Kruse, *The Servant Songs: Interpretive Trends Since C. R. North* (Guilford, Ct., 1978); J. D. W. Watts, *Isaiah 34–66*, en *WBC* 25 (Dallas: Word Books, 1987), 115-18, con bibliografía reciente.

81. Berger, *Social Construction*, 119-28. Para ganar la desaprobación social de la cosmovisión babilónica, Isaías la calificó como una manera desviada y enferma de ver la realidad; luego, justificó su afirmación con evidencia apropiada, como cualquier buen predicador.

82. C. Stuhlmueller, *Creative Redemption in Deutero-Isaiah* (Roma: Pontifical Institute, 1970) provee un estudio extenso sobre las actividades creativas y redentoras de Dios en Isaías.

83. Gitay, *Prophecy and Persuasion*, 191-209, describe algunas de las técnicas persuasivas que usó Isaías.

84. Watts, *Isaiah 34–66* en *WBC* 25, 199-200, discute diferentes maneras de interpretar los diversos partidos.

85. Algunos todavía llegan a la conclusión de que el siervo era uno de los profetas, posiblemente Isaías, Jeremías o Moisés, o un símbolo corporativo de la nación de Israel. Ver nota 73.

86. Los autores del Nuevo Testamento relacionaron los cantos del siervo con la vida y la muerte de Jesús. Ver Mateo 12:18-21; Lucas 2:32; Hechos 13:47; 26:23.

87. Berger, *Social Construction*, 116-22, nota que la rememoración de tradiciones pasadas es un método efectivo para mantener la cosmovisión socialmente definida que tiene un grupo.

88. Westermann, *Isaiah 40–66* en *OTL*, 286-87, ve la conclusión en 55 en coincidencia con la introducción en 40:1-11.

89. G. J. Polan, *In the Ways of Justice toward Salvation* (Nueva York: P. Lang, 1986), 14-16, o E. Charpentier, *Jeunesse du Vieux Testament* (París: Fayard, 1963) 78-80.

90. Para una discusión de estos asuntos, ver Westermann, *Isaiah 40–66* en *OTL*, 296-308, quien encuentra un "Tercer Isaías", o J. D. Smart, *History and Theology in Second Isaiah: A Commentary on Isaiah 35, 40–66* (Filadelfia: Westminster, 1965), 229-39, quien no lo hace.

91. Hanson, *Dawn of Apocalyptic*, 71-75, que es seguido por E. Achtemeier, *The Community and Message of Isaiah 56–66* (Minneapolis; Augsburg, 1982), 17-26.

92. Hanson, *Dawn of Apocalyptic*, 193-201. Si estas acusaciones no eran ciertas, no sería difícil desaprobar cosas como beber en exceso, adorar a ídolos o matar a los justos; pero no se han dado argumentos en su contra. Parecería que las altas exigencias de santidad de parte de Ezequiel estaban de acuerdo con estas críticas. A Hanson le queda la solución difícil de que los seguidores de Isaías estaban equivocados y que este pasaje no describe verdaderamente los males del partido sadoquita.

93. Recordaron el pacto cuando eran esclavos (63:8; ver Ex. 6:1-8); la liberación de Egipto y el mar Rojo (63:11-13, ver Ex. 14-15); la presencia de Dios con ellos (63:9, ver tradiciones en Ex. 33:15); y la rebelión de ellos (63:10; ver Ex. 16-17; Núm. 11–16; 20). Berger, *Social Construction*, 116-22, muestra que repetir las tradiciones pasadas ayuda a mantener continuidad con la historia pasada y con los valores del grupo.

Nahum: ¿Dónde están la bondad y la ira de Dios?

Introducción

La personas que son víctimas del abuso familiar, de la violencia de pandillas y de la guerra, con frecuencia encuentran difícil creer en la bondad de Dios. Cuando alguien con más poder, más recursos económicos o mayor nivel social toma ventaja de otra persona por la fuerza, la bondad de Dios no es muy evidente. Sabemos que las personas son la fuente de las malas acciones, pero parece que Dios no debiera permitir que tales cosas ocurrieran. Él debiera destruirlas con ira.

En tiempos difíciles, la gente tiende a formular preguntas como estas: ¿Por qué nos ocurren estas cosas y cuándo terminarán? Pocas veces la gente puede imaginar respuestas a las preguntas sobre por qué o por cuánto tiempo; pero en medio de la opresión, los profetas y los mensajeros de Dios de la actualidad pueden dar esperanza sobre la base del carácter de Dios. Dios tiene gran poder, ejecuta su ira contra los malvados y es bueno con los que confían en Él. Estas características pueden dar alguna esperanza a los oyentes desanimados, que enfrentan una situación de desesperanza.

Entorno social

Contexto histórico

El libro de Nahum no menciona a ningún rey de Judá que ayude a fechar estos sermones, pero la profecía advierte sobre la destrucción futura de Nínive (en 612 a.C.). Los asirios ya habían destruido No Amón, la ciudad egipcia de Tebas (3:8), de modo que el profeta habló en algún momento entre 663 y 612 a.C.

Los reyes malvados Manasés (2 Rey. 21:1-18) y Amón (2 Rey. 21:19-26) y el buen rey Josías (2 Rey. 22–23) gobernaron Judá durante esos años. El profeta no condenó a Judá, de modo que es difícil ubicar este mensaje durante el reinado de Manasés o de Amón. La palabra alentadora de Nahum de parte de Dios acerca de la destrucción de Nínive, probablemente vino en el reinado de Josías, después que este comenzó a buscar al Señor (632 a.C.) y antes de sus reformas en 628 y 621 a.C.

	640	Josías llegó a ser rey
	632	Josías buscó a Dios
Profecía de Nahum	630	
	628	Josías comenzó las reformas
	627	Muerte de Asurbanipal
	621	Gran reforma de Josías
	609	Muerte de Josías

La profecía de Nahum llegó antes de la muerte de Asurbanipal, cuando Judá todavía estaba bajo el cautiverio asirio (1:12-13).[1] Alrededor de 630 a.C., Josías necesitaba oír cómo la bondad de Dios podía transformar la situación política y religiosa de Judá.

La estructura del orden social

Nahum dijo poco acerca de las instituciones sociales, de los patrones de conducta o de la teología del pueblo de Judá. En cambio, Nahum se enfocó en la fuerza predominante que influía la concepción de la realidad objetiva que tenían los habitantes de Judá: el imperio asirio. Su cultura modeló las condiciones políticas y religiosas de Judá y suprimió su prosperidad económica (1:13; 2:2).

La mayor parte del conocimiento judío acerca de Nínive estaba socialmente condicionado por el contacto con soldados y oficiales de gobierno, que hablaban acerca del poder asirio.[2] Nahum y su audiencia vieron a las tropas asirias vestidas de color escarlata, que conducían carros veloces (1:3-4). Probablemente recibieron una comprensión soslayada de las grandes ciudades fortificadas asirias y de sus grandes templos, de la vitalidad económica de los mercaderes de la nación y de la dimensión de la riqueza del rey (1:14; 2:5,9; 3:14,16). Este cuadro imaginativo de Asiria degradó sutilmente la cultura política y religiosa "inferior" de Judá.[3] El profeta Nahum intentó transformar este cuadro de Asiria, dando a su audiencia (Josías) nueva información acerca de Nínive. Imaginó una nueva estructura de poder político (1:9–2:2). Nínive sería destruida y Judá celebraría sus fiestas. Esto ocurriría debido a la ira de Dios hacia sus enemigos, y a su bondad para con su propio pueblo.

La ubicación social y el rol del profeta

Nahum no dijo nada explícito acerca de su trasfondo familiar o de su nivel social. El profeta era de Elcos, probablemente una pequeña ciudad de Judá y no la ciudad israelita de Capernaum.[4] Durante la socialización primaria, él ganó una comprensión de la realidad objetiva (el lenguaje, la cultura, los roles sociales y las instituciones que ordenaban la vida en su pueblo)[5] y del dolor de vivir bajo la dominación asiria. La visión vívida que tuvo Nahum de la caída de Nínive reveló su conocimiento del horror de la guerra y de la ciudad de Nínive, aunque nunca mencionó haber ido a esa ciudad.[6] Mediante las interacciones sociales, él ganó conocimiento de la historia del antiguo Cercano Oriente (3:8-10), de las tendencias violentas de los asirios (3:1-4), de la geografía de Nínive (2:6-9) y de las necesidades de su audiencia.

El profeta procuró desacreditar la visión soslayada de la realidad que muchos de los judíos habían internalizado.[7] La ciudad capital de Nínive no era indestructible. El ejército asirio era impotente frente a Dios. El rey Josías recibió de Nahum una nueva concepción de Asiria, desde la perspectiva divina. Las profecías de Isaías sobre la desaparición de Asiria eran ciertas (Isa. 10:5-34). Esto le permitió a Josías reorganizar su manera de pensar acerca de la bondad de Dios, volver a evaluar la situación política de la nación y recuperar la esperanza de instituir los patrones tradicionales de adoración en Jerusalén (1:15).[8]

Como orador profético, Nahum empleó tradiciones literarias entre las que se incluye un himno (1:2-8), una canción de mofa (2:11-13; 3:14-17), y un oráculo de lamentación (3:1-7). Los restos de un himno en forma de acróstico en 1:2-8 no implican que el libro fuera una liturgia de fiestas o que Nahum fuera un profeta cúltico en el templo. Solo significan que Nahum conocía algunos cánticos entonados en el templo.[9] Las alusiones fuertemente políticas de su mensaje sugieren que Nahum era un profeta central en la corte, quien respaldaba los esfuerzos de Josías por reformar a Judá.[10]

Nahum usó tradiciones teológicas concernientes al carácter de Dios en el himno de 1:2-8.[11] Otros versículos tienen conexiones verbales y temáticas con la profecía de Isaías.[12] Aunque algunos dudaron de las palabras de Isaías (75 años antes) acerca de la estrategia de Dios para destruir a los asirios, Nahum respaldó el plan de Dios para con Asiria.[13]

Interacción social

El libro de Nahum

Los oráculos de Nahum fueron escritos usando una imaginería atrevida, con cambios abruptos en el orador (1:12–2:2) y con habilidad literaria.[14] Los eruditos están divididos con respecto a la redacción de algunos versículos (1:2-8 y 1:11–2:2), a la fecha del libro y al uso cúltico del texto.[15] El libro fue estructurado en dos secciones:

I. Los efectos de la ira y de la bondad de Dios 1:1–2:2

    A. Canción del vengador y salvador poderoso 1:1-8

    B. Venganza de Dios sobre Nínive, liberación de Judá 1:9–2:2

II. La caída de Nínive 2:3–3:19

    A. La batalla por Nínive se perderá 2:3-13

    B. Las razones para la devastación de Nínive 3:1-7

    C. Lo inevitable de la caída de Nínive 3:8-19

Estos sermones reflejaban la perspectiva cultural del profeta, pero él no estaba limitado por su cosmovisión. Su nueva visión explicó cómo la ira de Dios estaba confirmando las palabras de Isaías, con lo cual transformaba la manera de pensar pesimista de su audiencia.

I. Los efectos de la ira y de la bondad de Dios 1:1–2:2

La comunicación del profeta les recordó a sus oyentes los temas contrastantes de la bondad y la ira de Dios. Este poema en forma de himno (1:2-8) proveyó una base para comprender *la venganza de Dios sobre Nínive y la liberación de Judá* (1:9–2:2).

La comprensión social del mundo que tenían los asirios era lo que uno esperaría de un poder mundial. Ellos pensaban e imaginaban cómo mantener su poder y continuar con su vida opulenta, pero ignorando los planes de Dios (1:9,11).[16] Isaías había condenado el orgullo blasfemo de Asiria (Isa. 10:7-16; 36:1-20; 37:22-29), dado que las victorias de Asiria se debían a los "planes" de Dios y no a los de Asiria (Isa. 14:24-27; 37:26). Ellos pensaban que podían controlar el futuro mediante el poder militar (1:12), pero Nahum sabía que Asiria pronto llegaría a su final definitivo (1:9). Entonces Judá sería libre de los asirios (1:12b-13,15; 2:2b).

El propósito fundamental de este sermón fue animar a Josías y a sus seguidores a continuar buscando la voluntad de Dios. Nahum no condenó a Judá, porque Josías ya estaba convencido del pecado de Judá. Josías necesitaba tener la seguridad de que la ira de Dios eliminaría a Asiria, de modo que él pudiera continuar con su reforma.[17]

Para legitimar su conclusión de que Dios destruiría a Nínive y liberaría a Judá,[18] Nahum adaptó una antigua *canción del vengador y salvador poderoso* (1:2-8), que era una teofanía en forma de acróstico.[19] La concepción de la realidad que dio forma a esta canción se centraba en el carácter y el poder de Dios.[20] Algunas veces, Dios actuaba en el calor de su venganza contra sus enemigos (1:2; ver Ex. 20:5,7; Deut. 4:24).[21] Los himnos del pasado registraban que nada, ni siquiera las montañas o los mares, pueden resistir el poder de la gloriosa presencia de Dios (1:4-6; ver Sal. 18:7-15; 97:1-5). La ira de Dios solo se atemperó por su paciencia (1:3; ver Ex. 34:6) y por la voluntad del género humano de refugiarse en su bondad (1:7; ver Sal. 25:8; Jer. 18:1-11). Nahum mantuvo continuidad con estas creencias anteriores autoritarias y proveyó una justificación para transformar la visión de Judá con respecto al gobierno soberano de Dios sobre las naciones. Dado que Josías no había visto la ira de Dios sobre Asiria, tal como Isaías lo había prometido (Isa. 10:5-30), probablemente percibía alguna falta de coherencia entre su experiencia y lo que la tradición enseñaba.

Nahum externalizó una nueva comprensión teológica del futuro de Judá, para persuadir a sus oyentes a la acción. Dios destruiría a los asirios completamente (1:8-10). Aunque eran fuertes, ellos y sus ídolos serían consumidos como hojarasca (1:10,14).[22] Dios declaró el fin de la aflicción de Judá, un nuevo día de paz y una adoración gozosa en Jerusalén (1:12b-13,15a; 2:2). Estas palabras alentaron a Josías.

II. La caída de Nínive 2:3–3:19

Para enfatizar la certeza de este mensaje, Nahum describió la manera en que *la batalla por Nínive se perdería* (2:3-13). El cuadro gráfico de la desaparición de Nínive actuó como una razón persuasiva para aceptar la nueva visión que Nahum tenía de Nínive. Las tropas que rodeaban Nínive correrían enloquecidas alrededor de la ciudad (2:3-5), pero pronto el río se desbordaría, los muros caerían y los extranjeros saquearían las riquezas de la ciudad (2:6-10).[23] La gente se burlaría de Asiria, el gran león destructivo que hacía presa de las naciones (2:11; Isa. 5:29-30), porque ya no sería nada. Dios estaba en su contra y terminaría con su jactancia (2:11-13; ver Isa. 36–37 por la jactancia).

En un oráculo de lamentación burlesco Nahum comunicó *las razones para la devastación de Nínive* (3:1-7). Debido al pasado sangriento y violento de la nación, a sus mentiras traicioneras a otras naciones, a su pillaje y a su militarismo (2:1,4), la devastación llenaría a Nínive. Estas reglas eran socialmente aceptadas por los asirios, pero eran incoherentes con el designio divino para las relaciones humanas. Nahum anunció la intención de Dios de desacreditar a Nínive, poniendo en evidencia la verdad desnuda (3:5; ver Isa. 47:3), mostrando la vileza de la nación y haciendo de esta un espectáculo repulsivo, de modo que nadie se lamentara por ella (3:5-7). Todos conocerían su verdadero carácter. Nínive obtendría lo que merecía: la ira de Dios.

En el párrafo final, Nahum le dio a su audiencia la seguridad de *lo inevitable de la caída de Nínive* (3:8-19). Esto proveyó otra razón por la que los de Judá debían transformar su manera de pensar acerca de Asiria y aceptar la visión divina sobre el futuro. Para legitimar la perspectiva trascendente, Nahum le recordó a su audiencia lo que le había ocurrido a No Amon (Tebas), la capital de Egipto (en 663 a.C.). Estaba situada sobre un río famoso, al igual que Nínive. También tenía muro y muchos aliados (3:8-9), pero su gente fue asesinada o enviada al exilio (3:10-11).[24] La caída de Nínive era tan inevitable como la caída de No Amon. Las fortificaciones de Nínive caerían como fruta madura. Sus fuertes soldados correrían como mujeres y la ciudad sería quemada (3:11-13). Para enfatizar lo inevitable de la decisión de Dios, Nahum entonó una mofa satírica (3:14-19) que le daba instrucciones de batalla a los asirios que defendían la ciudad. No importaba qué muros se fortificaran (3:14), no importaba cuántas tropas se agregaran (3:15b,17), Dios destruiría Nínive (3:15a). ¡Pobre Nínive!

Dado que la herida de Nínive no tenía cura y su fin era inevitable, el rey Josías y la gente de Judá podían elegir una nueva orientación política y teológica para el futuro. El sermón de Nahum presentó argumentos para justificar una cosmovisión basada en la bondad de Dios (1:2-8). La interacción persuasiva del profeta puso presión social sobre Josías para comenzar su movimiento reformador. Sabía que la ira de Dios destruiría a sus amos asirios.

Consecuencias teológicas y sociales

Transformar la manera de pensar y de actuar de las personas no es fácil, en especial cuanto todo parece estar en contra. Uno puede buscar conocer la voluntad de Dios, pero en un tiempo de persecución espiritual, de falta de poder y de derrota, frecuentemente una persona no sabe cuáles son los planes de Dios. Es difícil esperar que Dios actúe. Es duro permanecer esperanzado y creer que las cosas van a cambiar, cuando toda la evidencia apunta en la dirección opuesta.

Cuando la gente ve que algún otro cree que hay esperanza, se hace socialmente aceptable pensar que el cambio es posible. Existe una estructura de verosimilitud cuando está presente un sistema de soporte integrado por dos o tres personas. No obstante, la justificación para un punto de vista alternativo, cultural o teológico, no va a durar si fracasa su razón fundamental. Las esperanzas vacías no respaldan visiones reales.

De ahí que, en última instancia, el profeta Nahum y los mensajeros actuales de Dios deban afirmar su predicación y su visión para el ministerio en el carácter de Dios. Pocos profetas alguna vez supieron el día exacto en que Dios actuaría, o la manera exacta en que Dios daría su bendición. Ellos solo sabían que Él sería fiel y que haría lo que había prometido. Sabían que su carácter guiaba su conducta. Tenían la certeza de que después de una paciencia increíble, Dios siempre actuaría con ira en contra de sus enemigos y con bondad hacia los que confiaban en Él. Aunque la realidad de la maldad presente pudiera contradecir la esperanza que los creyentes derivan de la fe, el carácter de Dios es un fundamento seguro para la confianza y el aliento. Puede ser que la bondad de Dios no encaje dentro de nuestra perspectiva limitada, pero su carácter no cambia.

Preguntas para debatir

1. ¿Cuál era el punto de vista popular sobre los asirios, al cual se opuso Nahum?

2. ¿Por qué fue tan importante para su mensaje de esperanza, el uso que Nahum hizo del himno en 1:2-8?

3. ¿Qué nos enseña Nahum acerca de la soberanía de Dios sobre las naciones poderosas de la tierra?

4. ¿Qué efecto social tuvo sobre Josías, la descripción detallada que hizo Nahum de la derrota de Nínive?

5. ¿Cómo respondió Josías a este desafío? ¿Creyó en Dios y continuó con sus reformas en los años siguientes (ver 2 Crón. 34)?

1. R. D. Patterson, *Nahum, Habakkuk, Zephaniah* en *WEC* (Chicago: Moody, 1991), 5-7 y D. L. Christensen, "The Acrostic of Nahum Reconsidered", *ZAW* 87 (1975), 17-30, prefieren un fecha anterior, alrededor de 654 a.c., antes que Tebas fuera recuperada por Egipto (ver 3:8); I. Eybers, "A Note Concerning the Date of Nahum's Prophecy", *Biblical Essays* en *OTWSA* (1969), 9-12, fecha el libro en 630–627 a.C. W. Rudolph, *Michah-Nahum-Habakuk-Zephanja* en *KAT* XIII #3 (Gütersloh: Gütersloher Verlagshaus, Gerd Mohn, 1975), 143, ubica la muerte de Asurbanipal alrededor de 632 a.c., considerándola como la fecha más tardía posible. E. Achtemeier, *Nahum-Malachi* en *IntCom* (Atlanta: John Knox Press, 1986), 7, fecha el libro poco antes de 612 a.C.

2. P. Berger y T. Luckmann, *The Social Construction of Reality*, 34-41, acentúan el rol importante que el lenguaje juega en desarrollar la cosmovisión de una persona.

3. J. McKay, *Religion in Judah Under the Assyrians* (Naperville: Allenson, 1973), 20-44, nota que la reforma de Josías fue principalmente contra el baalismo más que contra las prácticas religiosas asirias, pero esto no significa que los asirios no tuvieron un efecto significativo sobre la cultura y las instituciones sociales de Judá.

4. Ver la discusión reciente de Patterson, *Nahum, Habakkuk, and Zephaniah* en *WEC* 7, quien se basa en G. Nestle, "Where Is the Birthplace of the Prophet Nahum to Be Sought?" *PEQ* (1879), 136-38, y quien identifica a Elcos con Kessijah, una ciudad cerca de Beit Jibrin. Ver el breve estudio de R. L. Smith, *Micah-Malachi* en *WBC* 32 (Dallas: Word Books, 1984), 63.

5. Berger, *Social Construction*, 129-37.

6. La tradición que dice que la tumba de Nahum estaba en Asiria cerca de Al-Qush, una ciudad alrededor de 40 kilómetros al norte de la actual Mosul, Iraq, tiene poco valor. A. S. van der Woude, "The Book of Nahum: A Letter Written in Exile", *OTS* 20 (1977), 108-26, piensa que Nahum era de Israel (y no de Judá) y que estuvo exiliado en Asiria.

7. R. Perkins, *Looking Both Ways: Exploring the Interface Between Christianity and Sociology* (Grand Rapids: Baker, 1987), 57, describe la desacreditación como un cuestionamiento escéptico de lo que a uno le han enseñado a pensar. Nahum desacreditó el punto de vista de Judá sobre el poder asirio.

8. Aunque los profetas principales por lo general actuaron para mantener el orden social dominante y la cosmovisión existente, si un rey deseaba producir un cambio, los intermediarios centrales aydaban en este proceso, legitimando los cambios deseados. Ver R. R. Wilson, *Prophecy and Society in Ancient Israel* (Filadelfia: Fortress, 1980), 83-86.

9. S. J. De Vries, "The Acrostic of Nahum in the Jerusalem Liturgy", *VT* 16 (1966), 476-81. J. J. M. Roberts, *Nahum, Habakkuk, and Zephaniah* en *OTL* (Louisville: Wesminster/J. Knox, 1991), 48, piensa que Nahum usó un himno existente. No obstante, el uso de himnos no hace de Nahum un profeta cúltico.

10. Wilson, *Prophecy and Society*, 276-77, ve a Nahum como un intermediario central que intentaba mantener los valores nacionalistas del culto de la realeza y la estructura social que esta sostenía. Si este oráculo provino de los primeros años de Josías, su propósito principal era justificar los esfuerzos de ese rey, por cambiar medidas políticas y religiosas de Manasés a favor de Asiria.

11. El celo de Dios (Ex. 20:5; Deut. 4:24); su venganza (Deut. 32:35,41,43); su tardanza para la ira (Ex. 34:6); su renuencia en castigar al culpable (Ex. 34:6-7); y su bondad (Sal. 25:8; 118:1).

12. C. Armending, "Nahum", *EBC* 7 (Grand Rapids: Zondervan, 1985), 454-55, se enfoca en la relación entre Nahum e Isaías, particularmente Isa. 51–52. Otras referencias incluyen: la reprensión al mar en 1:4 (Isa. 44:27; 50:2); la gran inundación en 1:8 (Isa. 8:7-8); Dios acabará con Asiria completamente en 1:8 (Isa. 10:23); los espinos y hojarascas ardientes en 1:10 (Isa. 5:24; 10:17); el yugo asirio en 1:13 (Isa. 10:27); los pies del que trae buenas noticias en 1:15 (Isa. 40:9; 52:7); Nínive como un león en 2:11-12 (Isa. 5:29-30).

13. Berger, *Social Construction*, 122-23, 153-55, describe la manera en que la repetición de definiciones tradicionales de la realidad inhibe el cambio social, pero cómo en una sociedad cambiada, las viejas tradiciones pueden llevar a la gente a formas previas de comprender la vida.

14. O. Allis, "Nahum, Niniveh, Elkosh", *EVQ* 27 (1955), 67-80, da ejemplos de aliteración, de asonancia y de repetición.

15. Ver Christensen, "The Acrostic of Nahum", *ZAW* 87 (1975), 17-30, sobre el himno en 1:1-8; Smith, *Micah-Malachi* en *WBC* (1984), 66-67, revisó las teorías cúlticas. M. A. Sweeney "Concerning the Structure and Generic Character of the Book of Nahum", *ZAW* 104 (1992), 364-77, muestra la unidad estructural del libro.

16. R. J. Coggins y S. P. Re'emi, *Nahum, Obadiah, Esther* en *ITC* (Grand Rapids: Eerdmans, 1985), 27, 30-32, sugieren que 1:9,11,14 se refieren a los pecadores en Judá, pero es mejor hacer que el perverso o malvado mencionado en 1:11 y 15b se refiera a un asirio.

17. Berger, *Social Construction*, 108, observa que la cosmovisión que gana, cuando surge un conflicto, es con frecuencia la que tiene la fortaleza militar más poderosa, para forzar sus creencias sobre otros. Sin independencia política de la presencia asiria, era difícil para Josías cambiar la cosmovisión de Judá.

18. B. S. Childs, *Introduction to the Old Testament as Scripture* (Filadelfia: Fortress, 1979), ve al himno como teniendo una función similar, pero lo relaciona con el formato canónico del libro más que con la interacción del profeta con su audiencia.

19. En lugar de enmendar el texto, es mejor seguir a A. van Selms, "The Alphabetic Hymn in Nahum", *Biblical Essays* en *OTWSA* (1969), 35-45, y sugerir que Nahum nunca trató de escribir un himno en forma de acróstico, sino que tomó prestada una parte de uno que él conocía.

20. Ver Berger, *Social Construction*, 97, para el rol que juega el universo simbólico para integrar y explicar las experiencias de un individuo.

21. Ver el estudio de la venganza en G. Mendenhall, "The Vengeance of Yahweh", en *The Tenth Generation* (Baltimore: John Hopkins, 1973), 69-104, y J. L. Milelic, "The Concept of God in the Book of Nahum", *Int* 2 (1948), 199-208.

22. Beliel "perverso, malvado" en 1:11,15 se refería al rey asirio que representaba a Belili, diosa del infierno. Textos apócrifos (Jubileos) y del Nuevo Testamento (2 Cor. 6:15) posteriores usaron esta palabra para describir a Satanás. Ver E. Achtemeier, *Nahum-Malachi* en *IntCom* (Atlanta: J. Knox, 1986), 16.

23. C. J. Gadd, *The Fall of Niniveh: The Newly Discovered Babylonian Chronicle* (Londres: British Museum, 1923), 27-30, se refiere a Diodoro, el historiador siciliano, quien citó a un profeta que predijo que el río jugaría un papel importante en la caída de Nínive. Luego Diodoro relató cómo el río efectivamente se desbordó y destruyó parte de la muralla. Ver también D. J. Wiseman, *Chronicles of the Chaldean Kings (626–556 a.C.)* en el museo británico (Londres: British Museum, 1956), 16-18. El cumplimiento de la profecía tuvo lugar en 612 a.C., cuando los medos y los babilonios derrotaron a Nínive. Ver el anuario de Nabopolasar (J. B. Pritchard, ed., *ANET* [Princeton: Princeton Univ. Press, 1954], 304), para un relato babilónico de estos eventos y una descripción del saqueo de la ciudad. W. A. Maier, *The Book of Nahum* (St. Louis: Concordia Publishing House, 1959), 104-39, estudia relatos de la caída de Nínive.

24. Pritchard, *ANET*, 295.

Capítulo 9

Sofonías:
Busquen a Dios
antes del día de Jehová

Introducción

Aunque la mayoría de las personas quieren hacer la paz con Dios antes del día del juicio, algunos demoran la decisión de tomar en serio su relación con Él, hasta el último minuto. Quizás posponen su decisión porque todo anda bien o porque no ven ninguna necesidad de buscar un cambio en ese momento. Otros se niegan a buscar a Dios porque quieren disfrutar de la vida y no les gusta la disciplina de una vida piadosa. El peligro de este enfoque es real. El día del Señor puede venir pronto, antes de arreglar las cosas con Dios.

Una responsabilidad central de los profetas del Antiguo Testamento y de los mensajeros de Dios de nuestros días, es persuadir a la gente a humillarse delante de Él, arrepentirse de sus pecados y buscar su gracia. Algunas veces, las personas responden a la experiencia transformadora de la vida de otro. Sin embargo, en otras ocasiones el predicador necesita presentar argumentos sólidos que motiven la fe y la acción. El mensaje de Sofonías incluyó tanto argumentos negativos acerca de la terrible destrucción del día de Jehová, como recordatorios positivos acerca del gozo de vivir con Dios. Presentó una elección: buscar la gracia de Dios ahora o arriesgarse al peligro de enfrentar su poder destructivo en el día de Jehová. Esta es una de las elecciones más decisivas que una persona debe hacer. ¡Es una elección de vida o muerte!

Entorno social

Contexto histórico

Sofonías predicó en Jerusalén durante el reinado de Josías, rey de Judá (1:1). Dado que solo quedaba un "resto de baalismo", y el ritual del ejército del cielo ahora se practicaba sobre los terrados (1:4-5), la mayoría de los lugares altos de adoración paganos estaban cerrados (2 Crón. 34:3). Esto ubicaría el ministerio de Sofonías, en algún momento posterior a las reformas de Josías en 628 a.C., pero antes del gran avivamiento espiritual de 621 a.C. (2 Rey. 22–23).[1]

	640	Josías llegó a ser rey
	632	Josías buscó a Dios
	628	Primera reforma de Josías
Ministerio de Sofonías	625	
	621	Principal reforma de Josías
	609	Muerte de Josías

La estructura del orden social

La vida en Judá pasó por cambios políticos, sociales y religiosos justo en los años previos a que Sofonías diera sus profecías. Dos eventos políticos clave precipitaron transformaciones revolucionarias en la sociedad de Judá. El primer evento fue la muerte de Manasés y de su hijo Amón. Esto hizo posible el alejamiento de la cosmovisión cultural cananea de adorar a Baal y a los ejércitos de los cielos que Manasés introdujo (2 Rey. 21:1-18; 2 Crón. 33:1-9), y el regreso a la adoración tradicional de Yahvéh.[2] Sofonías y Josías se opusieron a estas costumbres cananeas y legitimaron un nuevo modo de ordenar la vida social y religiosa de Judá. El segundo evento fue la muerte del rey asirio Asurbanipal y la caída del imperio asirio alrededor de 627 a.C. Esto les quitó una pesada carga de impuestos y le dio a Josías la libertad política de Asiria.

Estas oportunidades para el cambio crearon problemas importantes. El vacío del poder político (previamente controlado por oficiales asirios) se llenó rápidamente de oficiales de Judá codiciosos y de jueces deshonestos (1:8; 3:1-3). Esto condujo a la opresión, porque los líderes políticos bajo el rey Josías no aceptaban la ley de Dios como modelo. Esta nueva clase alta usó la violencia para enriquecerse. Sus hermosas casas, sus viñas (1:13) y su riqueza (1:13,18) fueron testigos silenciosos de su estatus y sus pecados.

La principal reforma religiosa de Josías no ocurrió hasta 621 a.C. (después del mensaje de Sofonías). No obstante se legislaron en 628 a.C. algunos cambios impopulares iniciales en las prácticas institucionalizadas, asociadas con la adoración de Baal y los ejércitos del cielo (1:4-5). A pesar de estos cambios, unos pocos sacerdotes de Baal continuaron operando en Jerusalén y algunos profetas y sacerdotes paganos cumplieron su rol de modo tal, que profanaron las leyes sagradas de Dios (1:5; 3:4). El proceso de secularización hizo que otros ignoraran a Dios en lugar de confiar en Él (1:6; 3:2).[3] Algunos llegaron a la conclusión de que Dios no era importante (1:12), dado que las estructuras de credibilidad que respaldaban la antigua cosmovisión mosaica fueron socavadas por las tendencias pluralistas de Manasés.[4]

La ubicación social y el rol del profeta

El texto no identifica la ocupación de Sofonías antes de convertirse en profeta de Jerusalén. Achtemeier lo relaciona con un grupo de reforma levítico-profético que ella vincula con los autores del libro de Deuteronomio. Blenkinsopp concluye que era un sacerdote, pero que la evidencia para relacionarlo con un rol oficial en el templo es mínima.[5] Él sí usó himnos de los Salmos, pero también usó ideas de los profetas Amós e Isaías.[6]

La larga genealogía de Sofonías (1:1) remonta sus ancestros hasta Ezequías. Dado que las genealogías demostraban la posición social de una persona, al señalar a un antepasado importante, este Ezequías probablemente fuera el rey Ezequías.[7] Si esto es correcto, Sofonías fue un profeta principal de la corte en Jerusalén. Esto explicaría su crítica de los oficiales de la realeza que no estaban de lleno abocados a las reformas de su pariente, el rey Josías (1:8-9; 3:3).[8] Como miembro de familia real extendida, Sofonías estaba muy bien educado y pertenecía a la clase alta.

Como orador y vocero profético de Dios, Sofonías se basó en tradiciones literarias para comunicar el mensaje de Dios de manera significativa dentro de su cultura. Se incluyeron: discursos de juicio en 1:2-6; una convocatoria al arrepentimiento en 2:1-3; oráculos en contra de naciones extranjeras en 2:4-15; un oráculo de lamentación en 3:1-6; y oráculos de salvación en 3:9-20. Usó la fraseología de tradiciones teológicas más antiguas (especialmente la de Amós e Isaías) para legitimar su mensaje y animar a su audiencia a cambiar su comprensión ordenada del mundo.[9] Estas tradiciones autorizadas operaron para justificar la visión de Sofonías sobre el futuro y fortalecieron sus intentos de transformar la manera de pensar de su audiencia.

Interacción social

El libro de Sofonías

Los sermones de Sofonías combinaron palabras de juicio con promesas de esperanza. Estas unidades retóricas se mantuvieron hábilmente unidas por un vocabulario repetido.[10] Estas repeticiones sirven como marcadores estructurales que señalan el comienzo y el fin de secciones mayores en este libro ("toda la tierra/la faz de la tierra" en 1:2; 1:18; 3:8,20 o "congregar/reunir" en 2:1; 3:8). Pocos cuestionan la unidad y autenticidad del libro de Sofonías.[11] Se puede bosquejar en tres secciones:

I. Juicio en el día de Jehová 1:1-18

A. Juicio total sobre los malvados 1:1-6

B. Destinatarios del juicio 1:7-13

C. Descripción del día de Jehová 1:14-18

II. Arrepentimiento antes del día de Jehová 2:1–3:8

    A. Reunir a Judá para que se arrepienta 2:1-3

    B. El juicio sobre las naciones traerá arrepentimiento 2:4-15

    C. Juicio sobre Jerusalén por no arrepentirse 3:1-5

    D. Reunión de todas las naciones para juicio, porque nadie se arrepiente 3:6-8

III. Transformación y gozo en el día de Jehová 3:9-20

    A. Transformación de los pecadores 3:9-13

    B. Gozo cuando Dios mora en medio de su pueblo 3:14-20

Este sermón ilustró cómo Sofonías operó como profeta, cómo legitimó una nueva forma de entender la relación de Dios con la humanidad y cómo persuadió a su audiencia para buscar a Dios antes del día del juicio.

I. Juicio en el día de Jehová 1:1-18

El profeta comenzó su sermón describiendo cómo Dios traería un *juicio total sobre los malvados* (1:1-6), particularmente sobre todos los que vivían en Jerusalén (1:7-13). En este proceso, fue desde amplias declaraciones universales e inclusivas, hacia predicciones específicas acerca del juicio de Dios sobre individuos, en las variadas secciones de Jerusalén, ciudad capital.

Algunos en su audiencia adoraban al dios cananeo Baal y en sus terrados se inclinaban delante de deidades astrales (los ejércitos del cielo; comparar con Jer. 8:2; 19:13). Otros juraban por el nombre de Yahvéh, así como por el de Milcom, el dios de los amonitas (1:4-6; ver 2 Rey. 23:13). Muchos israelitas internalizaron estas innovaciones religiosas, como parte de su sistema de creencias, durante el reinado de Manasés (2 Rey. 21:1-9). Aceptaron una cosmovisión de la fertilidad socialmente desarrollada, que era incompatible con la tradición sagrada de Israel. Las leyes del pacto condenaban la prostitución sagrada y la adoración de otros dioses (Ex. 34:11-17; Lev. 20:1-5; Deut. 4:15-19).

Templos, sacerdotes, profetas y mitos de Baal, e incluso el gobierno de
Manasés proveyeron un marco de credibilidad sólido para legitimar esta
perspectiva cultural cananea.[12] No fue sorprendente, que muchos objeta-
ran cuando Josías inicialmente limpió Jerusalén de lugares altos y de sacerdotes paganos (2 Crón. 34:3-7).

Sofonías criticó a los *destinatarios del juicio* (1:7-13), particularmente
a los príncipes y líderes judíos, los que marcaban tendencias en Jerusalén.
Ellos hicieron desviar a la nación, adoptando las últimas modas en ropas
extranjeras y practicando en el gobierno la violencia y el engaño,[13] en lugar
de la justicia (1:8-9; 3:1-5). La tradición de Israel condenaba esta clase de
conducta social (Ex. 20:13-17; Miq. 3:9-10). De alguna manera, esta gente
pensaba que Dios no los juzgaría (1:12). Neciamente, quitaron al Dios de
Israel de su vida (1:6) y crearon un mundo controlado por el baalismo, por
su propia imaginación, por el poder de su posición política y por la riqueza
(1:18). La desacreditación de esta cosmovisión por parte de Sofonías socavó
su carácter normativo, al definir una visión alternativa de la realidad, basada
sobre una concepción filosófica diferente del universo simbólico.[14]

El profeta externalizó la idea radical y socialmente inaceptable de que
Dios los destruiría por su maldad. Para enfatizar el poder de Dios y legitimar sus declaraciones, Sofonías *describió el día de Jehová* (1:14-18).
Usando tradiciones como Amós 5:18-20; Isaías 2:6-22; 24:1-23; 63:1-7,
él justificó que se mantuviera una comprensión diferente de los caminos
de Dios.[15] En realidad, Dios podía e iba a venir como un guerrero poderoso en un día de ira y oscuridad (1:14-15). Dios destruiría la tierra (1:2-3,
18; comparar con Isa. 24:1-23), removería las fortificaciones militares y la
riqueza, y dejaría a los sobrevivientes totalmente confundidos (1:16-18).
El gran día de Jehová estaba cerca, muy cerca de Judá, ¡no meramente de
sus enemigos (1:7)! Judá sería sacrificada (1:7-8).[16] Jerusalén se llenaría de
aullidos (1:10-11). Los ricos no disfrutarían de sus riquezas (1:13,18;
comparar con Deut. 28:30,39; Amós 5:11). Este día parecía inevitable,
pero el profeta ofreció una vía de escape.

II. Arrepentimiento antes del día de Jehová 2:1–3:8

Para aplacar la ira de Dios, Sofonías convocó a los líderes a *reunir a
Judá para que se arrepintiera* (2:1-3), antes que el enojo de Dios pudiera

caer sobre ellos. Para persuadir y motivar a la gente a la acción, Sofonías predijo el juicio de Dios tanto sobre las naciones alrededor de Judá (2:4-15), como sobre los líderes violentos en Jerusalén que no querían arrepentirse (3:1-8).[17]

Parecía un caso sin esperanza, pero Sofonías llamó a los líderes de Judá a arrepentirse de sus caminos y a evitar la ira de Dios (2:1-3). Si tan solo se reunían en el templo, antes del día de Jehová, se humillaban y transformaban su conducta, Dios podía esconder su enojo (comparar con Amós 5:14-15; Isa 55:6-7). Sofonías sabía que las personas eran libres para elegir qué creer y cómo ordenar sus relaciones sociales.[18]

Para legitimar la sabiduría de esta elección y para alentar a su audiencia a cambiar, Sofonías les dijo cómo *el juicio sobre las naciones traería arrepentimiento* (2:4-15). Dios asolaría a Filistea (2:4-6), a Moab (2:8-9), a Etiopía (2:12) y a Asiria (2:13-15) debido a su arrogancia y a su trato duro con el pueblo de Dios (2:8,10,15).[19] El remanente de Judá heredaría estas tierras extranjeras (2:7,9b) y el remanente de las naciones adoraría a Dios (2:11). Estos argumentos justificaron el llamado de Sofonías al arrepentimiento.[20] Si se negaban a transformar su vida, Dios traería *juicio sobre Jerusalén por no arrepentirse* (3:1-5). Judá era una nación desvergonzada e indeseable (3:5), con líderes violentos y traicioneros, que se abusaban de los patrones legales del orden social (3:3-4). Se negaban a seguir los modelos de conducta de las tradiciones de la nación (3:2) o a temer a Yahvéh (3:7). Habían internalizado patrones de conducta violentos y egoístas. No aceptaban las caminos de Dios como propios (3:1,7), no recibían la corrección ni aprendían de las experiencias desastrosas de otras naciones (3:2,6). Aunque Dios esperaba que algunos lo buscaran, eventualmente Él *reuniría a todas las naciones para juicio, porque ninguna se arrepentía* (3:6-8).

III. Transformación y gozo en el día de Jehová 3:9-20

La parte final del sermón de Sofonías proveyó una externalización positiva que le dio al pueblo otra razón para arrepentirse. Un nuevo contexto utópico apareció en el horizonte para los que buscaran a Dios. El día de Jehová incluiría la revelación del reino glorioso de Dios. Este oráculo de salvación describió la *transformación de los pecadores* (3:9-13) y su gozo en la presencia de Dios, su Rey.[21]

Tanto extranjeros como israelitas estarían allí (3:9-10,12), todos los que invocaran el nombre de Dios. Su conducta social sería transformada drásticamente. En esta nueva sociedad, hablarían con labios puros (sin engaño como en 1:9), serían humildes (sin orgullo como en 2:3,10), no habría ni rebelión ni vergüenza (ver 2:1; 3:1), porque todos serían santos (3:9-13). Esta transformación reemplazaría la muerte y la destrucción por *gozo, cuando Dios morara en medio de su pueblo* (3:14-20). Dios sería su Rey; Él los amaría (3:15,17). Reuniría a todos los que sufrían y restauraría la buenaventuras de la nación. Traería alabanza y renombre a través de ellos, tal como fue su intención original (3:19-20; ver Deut. 26:18-19).

Consecuencias teológicas y sociales

Una persona no tiene que mirar televisión por mucho tiempo o leer un diario por muchos días, para darse cuenta de que la sociedad está llena de gente pecadora, que no piensa bíblicamente o no actúa de manera responsable en sus relaciones con otros o con Dios. ¿Qué les ocurrirá en el día de Jehová? ¿Qué se puede hacer para permitirles evitar la angustia y la destrucción de ese día? ¿Qué palabras de advertencia, qué argumentos racionales, qué promesas esperanzadas pueden alentar a estas personas a buscar a Dios? ¿Cómo pueden los mensajeros de Dios comunicar la urgencia de buscar a Dios antes de ese día de rendición de cuentas?

Sofonías no ignoraba estos problemas; ni tampoco debiera hacerlo un predicador moderno. Él no estaba contento con simplemente permitir que la gente hiciera lo que quisiera. Debido a que se preocupó por el destino de su audiencia y sabía que sus elecciones determinarían su futuro, el profeta los desafió a rechazar la injusticia y la adoración de otros dioses. Les ofreció una elección: experimentar la ira de Dios en el día de Jehová o buscar a Dios y transformar su vida antes del día de Jehová. Los que se humillaran, buscaran la misericordia de Dios y siguieran la justicia disfrutarían de los placeres del glorioso reino de Dios.

Preguntas para debatir

1. ¿Conocen las personas de nuestra cultura acerca del día de Jehová? ¿Saben que la gente será tratada de forma diferente conforme a sus creencias y a sus relaciones sociales con otros?

2. ¿Qué métodos de persuasión, qué argumentos racionales, qué evidencia de la experiencia causará impacto sobre la cosmovisión de la gente hoy en día?

3. ¿Cómo puede usted llamar a la gente al arrepentimiento sin llegar a ser tan negativo como para perder a su audiencia?

4. Contraste las condiciones sociales en Jerusalén en días de Sofonías, con las condiciones futuras en el reino de Dios (3:9-20).

1. J. P. Hyatt, "The Date and Background of Zephaniah", *JNES* 7 (1948), 25-29 y D. L. Williams, "The Date of Zephaniah", *JBL* 82 (1963), 85-88, ubican a Sofonías en el reinado de Joacim (609–597 a.C.), pero este punto de vista no se adapta tan bien como una fecha antes de 621 a.C. Nadie más ha ubicado a Sofonías tan tarde como el año 200 a.C., tal como lo hacen L. P. Smith y E. R. Lacheman, " The Authorship of the Book of Zepaniah", *JNES* 9 (1950), 137-42.

2. En 2 Crónicas 33:10-20, Manasés se volvió a Dios, pero la nación no siguió su cambio de corazón.

3. P. Berger, *The Sacred Canopy* (Garden City: Doubleday, 1967), 105-25.

4. Ibíd., 133-53.

5. E. Achtemeier, *Nahum-Malachi* en *IntCom* (Atlanta: John Knox, 1986), 62. J. Blenkinsopp, *A History of Prophecy in Israel* (Filadelfia: Westminster, 1983), 140, relaciona a Sofonías con un rol sacerdotal en el templo porque su oráculo en contra de Asiria en 2:13-15 era similar a la obra de Nahum.

6. A. Kapelrud, *The Message of Zephaniah* (Oslo: Universitetsforlaget, 1975), 56-72, hace una lista de contactos con otros libros. G. Gerleman, *Zephanja* (Lund: Gleerup, 1942), 118-19, afirma que Sofonías era un discípulo de Isaías que se opuso a la reforma de Josías, pero esto no encaja con el libro.

7. Kapelrud, *Message of Zephaiah*, 43-45, y W. Rudolph, *Micah-Nahum-Habakuk-Zephanja* en *KAT* XIII 3 (Gütersloh: Gütersloher G. Mohn, 1975), 258-59, no piensa que este haya sido el rey Ezequías. R. R. Wilson, *Prophecy and Society in Ancient Israel* (Filadelfia: Fortress, 1980), 279-80 y Williams, "Date of Zephaniah", *JBL* 82 (1963), 77-88, piensan que el profeta era la misma persona que Sofonías, el padre de Josías (Zac. 6:10) y Sofonías, el sacerdote (Jer. 21:1), pero estas personas no parecen ser el profeta Sofonías.

8. Wilson, *Prophecy and Society*, 280, considera a Sofonías como un profeta principal.

9. El día de Jehová en 1:7,14-18 (ver Amós 5:18-20; Isa. 13:6-16); principios como que los que edifiquen casas no vivirán en ellas en 1:13 (ver Amós 5:11); un llamado a buscar a Dios en 2:3 (ver Amós 5:4,6,15; Isa. 55:6); todas las naciones se inclinarán ante Dios en 2:11; 3:10 (Isa 2:2-4; 45:22-25); yo soy Dios y no hay ningún otro en 2:15 (ver Isa. 45:5,14,18,21); la liberación de los débiles por parte de Dios en 3:19 (ver Miq. 4:6); y el propósito de Dios para su pueblo en 3:20 (ver Deut. 26:18-19).

10. Este vocabulario incluye "destruir" en 1:2-3; "cortar, exterminar" en 1:3-4; "postrarse", dos veces en 1:5; "día" en 1:14-16,18. I. J. Ball, *Zephaniah: A Rhetorical Study* (Berkeley: Bibal, 1988), 281-87, trata estos marcadores retóricos estructurales.

11. J. J. M. Roberts, *Nahum, Habakkuk, and Zephaniah* en *OTL* (Louisville: Westminster/J. Knox, 1991), 163, formula interrogantes acerca de 1:3; 2:4-5,11; 3:10.

12. Berger, *Social Construction*, 154-55.

13. Sofonías 1:9, probablemente se refería a irrumpir dentro de una casa para hurtar, más bien que a la práctica extranjera de adoración de "[saltar] sobre el umbral" del templo (*LBLA*; ver también 1 Sam. 5:5). Ver R. D. Patterson, *Nahum, Habakkuk, Zephaniah* en *WEC* (Chicago: Moody, 1991), 312-13.

14. Berger, *Social Construction*, 62, 106-07.

15. Sobre el día de Jehová, ver G. von Rad, "The Origin of the Concept 'Day of Yahweh'", *JSS* 4 (1959), 97-108, quien lo relaciona con las tradiciones de la Guerra Santa. M. Weiss, "The Origin of the 'Day of the Lord' Reconsidered", *HUCA* 37 (1966), 29-72, relaciona la idea con la teofanía de Dios. Ver W. A. VanGemeren, *Interpreting the Prophetic Word* (Grand Rapids: Academic Books, 1990), 214-25.

16. La mayoría de los eruditos ven a Judá como el sacrificio. Achtemeier, *Micah-Malachi* en *IntCom*, 67-68, relaciona la imaginería con el sacrificio que precedía a una guerra santa, cuando los soldados eran consagrados para la batalla (1 Sam. 13:9; 2 Sam. 15:12).

17. El final de la primera sección (1:18) y de la segunda (3:8) presentan a Dios consumiendo a "toda la tierra con el fuego de su celo". El comienzo de la primera sección (1:2) y el de la segunda (2:1) tiene un doble uso de la misma raíz que podría traducirse como "destruyendo, destruiré" en 1:2 y "reuniéndose, reúnanse" en 2:1. Estas repeticiones apuntan a la estructura.

18. Aunque Berger pone la libertad entre paréntesis en su discusión sobre la conducta social, sí reconoce que las conversiones religiosas o "alternancias" en efecto ocurren. Las vio como un proceso de resocialización. A pesar de que la resocialización es una parte básica de una experiencia posterior a la conversión, el acto de creer en algo nuevo puede ser una elección libre, si es que no es forzada por la presión social.

19. D. L. Christensen, "Zephaniah 2:4-15: A Theological Basis for Josiah's Program of Political Expansion", *CBQ* 46 (1984), 669-82, no fecha tarde a estos oráculos (algunos han pensado que representan la actitud de Judá hacia Moab después de la caída de Jerusalén), sino que siente que su propósito era justificar la expansión política de Josías, en lugar de convencer a los líderes de arrepentirse.

20. Berger, *Social Construction*, 156-60, acentúa la necesidad de la legitimación social de una nueva cosmovisión, cuando tiene lugar una transformación de la manera de pensar.

21. O. P. Robertson, *The Books of Nahum, Habakkuk, and Zephaniah* en *NICOT* (Grand Rapids: Eerdmans, 1990), 327, y R. Smith, *Micah-Malachi* en *WBC* 32 (Waco: Word, 1984), 141-42, argumentan que esto era parte del mensaje de Sofonías, aunque C. Taylor en un trabajo anterior, "Zephaniah", *IB* 6 (Nashville: Abingdon, 1956), 1031, cree que el autor de estas palabras fue otro escritor posterior y más afectuoso.

Capítulo 10

Habacuc: Vivir por fe

Introducción

La idea de vivir por fe puede sonar emocionante y aventurera al principio. No obstante, con frecuencia, las personas encuentran mayor atractivo en la seguridad de saber qué va a ocurrir, en estar en control del futuro. Puede ser más cómodo tener un buen empleo, una casa bonita y algo de dinero en el banco, que confiar en alguna mano invisible. Los que están desempleados y sin techo, los que han perdido a un ser querido o viven con una enfermedad incurable, frecuentemente se preguntan si tiene algún sentido confiar en Dios.

Los escritos de Habacuc no fueron un informe de la comunicación pública del profeta para persuadir al pueblo de Judá de cambiar su fe o conducta, como la mayoría de los otros libros proféticos. El libro de Habacuc es una mirada extraña al diario privado de un predicador confundido. Habacuc había elaborado su propio punto de vista sobre la manera en que Dios debía gobernar el mundo. Su interpretación no era del todo coherente con la manera en que Dios estaba actuando. El diario puso en evidencia sus preguntas y temores. ¿Cómo podía el profeta llamar

171

a otros a la fe en Dios en tales circunstancias? ¿Cómo podía él regocijarse en la fuerza de Dios cuando esa fuerza permanecía invisible? La perspectiva de fe del profeta necesitaba cambiar.

Antes que Habacuc o el predicador de nuestros días puedan confiadamente persuadir a otros a poner su fe en Dios, Él debe transformar la comprensión de esa persona sobre sus caminos soberanos y producir un corazón que esté abierto a la dinámica de una vida de fe.

Entorno social

Contexto histórico

El subtítulo del libro (1:1) no relacionó el contexto de Habacuc con el reinado de ningún rey de Judá. Las iniquidades en 1:2-4 no condicen con el período del justo rey Josías, de modo que algunos intérpretes han ubicado a Habacuc antes, en la época mala de Manasés (2 Rey. 21:10-16).[1] Un contexto más apropiado sería la violencia creada por los cambios políticos en el liderazgo de Jerusalén en el reinado de Joacim (609–605 a.C.).[2] Judá estaba bajo el control de Egipto (2 Crón. 35:20–36:10).

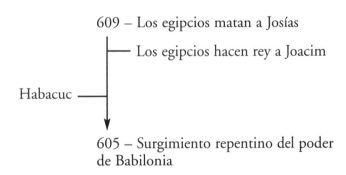

609 – Los egipcios matan a Josías

Los egipcios hacen rey a Joacim

Habacuc

605 – Surgimiento repentino del poder de Babilonia

En el futuro cercano, Dios sorpresivamente levantaría a los babilonios (1:5). Esto ubicaría a Habacuc unos pocos años antes de que Nabucodonosor derrotara a Egipto en 605 a.C.

La estructura del orden social

El libro de Habacuc es una crítica basada en el punto de vista filosófico del profeta, con referencia a cómo funciona el mundo.[3] La percepción del profeta de la realidad objetiva incluía poderes políticos y ejércitos poderosos (1:5-11). Él sabía que una de estas naciones, Babilonia, atacaba violentamente a otras naciones (1:7,11; 2:8,17). Vio cómo el nivel económico de Judá sufría debido a la muerte del rey Josías, la derrota de su ejército y la pesada carga impositiva que Egipto imponía a Judá (2 Crón. 36:3). La pugna interna entre los políticos de Jerusalén que estaban a favor de los babilonios y los que estaban a favor de los egipcios complicaba el problema. Un cierto nivel de desorden social acompañó la destitución de Joacaz (quien reinó tan solo tres meses) y la entronización de Joacim como marioneta de Necao, rey de Egipto (2 Rey. 23:31-35). Por todas partes había asesinato, hurto, opresión de las viudas y derramamiento de sangre inocente (Jer. 7:5-9).

La ubicación social y el rol del profeta

Habacuc vivió en Judá y tuvo el rol de un profeta (1:1; 3:1). Sus oraciones indican su preocupación por la justicia y por la ley de Dios (1:3-4, 13), sus creencias acerca del carácter y la soberanía de Dios (1:12-14) y su familiaridad con la adoración en el templo (3:1-19). El himno en el capítulo 3 (con notaciones musicales) sugiere que Habacuc era uno de los levitas asignados para cantar en los cultos del templo (ver 2 Crón. 25:1-8),[4] pero nada indica que Habacuc haya escrito este libro como una liturgia para una fiesta en el templo. La oración de Habacuc concerniente a la opresión de parte de los líderes políticos de Judá (1:2-4) muestra que no era un profeta central, que sostenía los puntos de vista pervertidos del gobierno de Joacim.[5]

Como profeta y escritor de canciones, Habacuc usó tradiciones literarias y teológicas para comunicar el mensaje de Dios en una forma cultural tal que sus lectores pudieran entender. Las formas literarias de expresión incluyen: lamentos (1:2-4; 1:12–2:1), una canción sarcástica en forma de cinco ayes (2:6-20) y un himno (3:1-19).

Sus oraciones mantienen continuidad con tradiciones teológicas del pasado.[6] Sabía, a partir de la tradición, que Dios era eterno, santo, una roca y demasiado puro como para aprobar lo malo en 1:12-13 (ver Deut. 32:4; Sal. 11:4-6; 90:2); Dios vino desde el monte de Parán en 3:3 (Deut. 33:2); y Él apareció en una teofanía en 3:3-15 (Sal. 18:7-33; 77:11-20).

A pesar de que unos pocos eruditos han comparado las imágenes del himno (3:2-19) con motivos en mitos babilónicos y ugaríticos, las fuentes más probables de estas imágenes son los relatos de teofanías en los Salmos.[7] Las tradiciones de himnos y teofanías apuntan al trasfondo teológico del profeta y a su rol en el templo.

Interacción social

El libro de Habacuc

Los intérpretes han formulado escasos interrogantes acerca de la unidad y autoría de este libro.[8] Puede bosquejarse en tres secciones:

I. ¿Por qué Dios permite que la injusticia continúe en Judá? 1:1-11

   A. Lamento concerniente a la injusticia en Judá 1:1-4

   B. Caldeos violentos eliminarán a los injustos 1:5-11

II. ¿Por qué Dios permite que los malvados traigan juicio? 1:12–2:20

   A. Lamento concerniente al juicio por parte de los malvados 1:12–2:1

   B. Los justos esperan en fe el plan de Dios 2:2-5

   C. Cinco ayes sobre los malvados babilonios 2:6-20

III. Oración por la misericordia de Dios en tiempos de juicio 3:1-19

   A. Oración por misericordia 3:1-2

   B. Teofanía de Dios 3:3-15

   C. Confianza de Habacuc en la salvación de Dios 3:16-19

Este diario de la lucha del profeta con la manera en que Dios gobierna el mundo, proveyó una visión fugaz extraña de su marco de referencia teológico y sociológico interno.

I. ¿Por qué Dios permite que la injusticia continúe en Judá? 1:1-11

La oración inicial de Habacuc fue un *lamento concerniente a la injusticia en Judá* (1:1-14). La violencia, la rivalidad y las relaciones sociales destructivas entre las clases altas y bajas dominaban el reinado de Joacim. Las cortes no imponían justicia; por lo tanto, los justos sufrían (1:2-4). Los poderosos ignoraban las leyes civiles y religiosas, que supuestamente debían reglamentar el pensamiento ético y ordenar las relaciones sociales.[9] En contraste con los líderes, la cosmovisión de Habacuc aceptaba los valores ancestrales basados en las tradiciones teológicas de la nación (Ex. 20–23; Deut. 19:11-21), como el amor, el respeto, la justicia, la honestidad y la lealtad. Consideraba negativo el desorden social presente, viéndolo como maldad que Dios debía juzgar (1:3).

Habacuc se identificó con los oprimidos y lamentó su situación. No pensaba que Dios permitiría que ocurrieran estas cosas. Dios debía defender a los justos y no permitir que los fuertes pervirtieran la justicia (1:2; ver tradiciones en Deut. 32:4; Sal. 11:5-7). ¿Podía él confiar en un Dios que no hiciera esto?

Para alentar la fe, Dios le comunicó a Habacuc una nueva visión del futuro. *Los violentos caldeos eliminarían a los injustos* (1:5-11). Esta nueva externalización encendió la imaginación del profeta y lo persuadió a creer que Dios juzgaría a los malvados. Dios eliminaría a los violentos de Judá, enviando al poderoso ejército babilónico contra los líderes injustos de Judá.[10] Esto fue una sorpresa (1:5), porque Egipto era la nación poderosa que controlaba a Judá. Esta fue también una noticia que causó temor, porque los judíos habían oído acerca de las hazañas feroces de las tropas de Babilonia (1:6-10).

II. ¿Por qué Dios permite que los malvados traigan juicio? 1:12–2:20

La respuesta de Dios satisfizo las preocupaciones de Habacuc sobre los líderes injustos de Judá, pero generó otro problema. En consecuencia, Habacuc expresó un *lamento concerniente al juicio por parte de los malvados* (1:12–2:1) y luego recibió otra respuesta de Dios.

Este segundo lamento fue motivado por la estrategia divina de usar una nación malvada (Babilonia), para juzgar a un pueblo más justo (Judá; 1:13). La visión que Habacuc tenía de Dios excluía la posibilidad de usar a los malvados babilonios para traer corrección a Judá (1:12b). Un problema relacionado era el destino del pueblo de Judá. Serían presa fácil, como peces indefensos atrapados en una red (1:14); serían totalmente destruidos. Esta victoria haría que los babilonios se regocijaran; fomentaría sus creencias religiosas falsas y alentaría su actividad violenta (1:14-17). Si Dios usaba a Babilonia de esta manera, la gente iba a pensar que Dios aprobaba la mala conducta de esa nación (1:13). Había una disonancia entre el concepto de justicia en el universo simbólico de Habacuc y la forma en que Dios gobernaba la tierra.[11]

Las canciones tradicionales que Habacuc cantaba en el templo alentaban la fe en Dios, la Roca, el que es justo y recto (Deut. 32:4); el que es santo (Ex. 15:11; Sal. 99:3,5,9) y eterno (ver Sal. 90:2). Otros profetas decían que el Redentor, el Santo de Israel, libraría a su pueblo de Babilonia y no los dejaría morir[12] (Isa. 41:13-20; 43:14-15; Miq. 4:10). ¿Cómo puede una persona tener fe en un Dios que tolera a los malvados babilonios y les permite arrasar a Judá?

La respuesta del Señor instruyó a *los justos a que esperaran en fe el plan de Dios* (2:2-5). Primero, el profeta debía escribir un mensaje sobre unas tablas (comparar con Isa. 8:1; 30:8). Este mensaje escrito y expuesto al público tenía la función social de advertir a otros de lo que ocurriría en el futuro ("sin duda vendrá"), de legitimar la autoridad del profeta cuando sucedieran los eventos, y de asegurarles a los justos que Dios honra a los fieles y juzga a los orgullosos (2:2-5).[13] Los orgullosos que destruían muchas naciones eran los babilonios (2:4-5; ver Isa. 13–14). Los justos eran los que vivían fielmente de acuerdo a los patrones de conducta ordenados por Dios. Por fe, creían en el plan futuro de Dios y dependían de Él para tener dirección en tiempos de castigo.[14]

Este breve desafío fue seguido de una canción de mofa de *cinco ayes sobre los malvados babilonios* (2:6-20).[15] La conducta malvada de los babilonios justificaba el plan divino de juzgarlos y legitimaba el llamado de Dios a la fe.

Estos oráculos de lamentación estructurados pintaron un cuadro breve de la conducta social de los líderes babilónicos.[16] Ellos tomaban lo que no les pertenecía, mediante la violencia, préstamos fraudulentos y esquemas impositivos (2:6-8). Ganaban riqueza, propiedad, seguridad y un alto estatus para sí mismos, explotando a otros (2:9-11). Practicaban la crueldad (trabajo forzado) y la violencia para construir imperios más fuertes (2:12-13). Confiaban en ídolos de madera y de piedra que no podían enseñar nada acerca de la realidad (2:18-19; comparar con Isa. 44:8-20). Esta conducta era incoherente con los principios divinos que debían guiar todo patrón de conducta social.

De ahí que Dios traería una nueva situación para Babilonia. Los que eran saqueados con violencia se levantarían y saquearían a Babilonia (2:7-8). Babilonia bebería la copa de la ira de Dios (2:16). Ellos observarían el poder y la gloria de Dios y llegarían a comprender sus patrones para la conducta social.

Estos ayes le dieron a Habacuc una compresión del nuevo contexto de Babilonia luego de que esta juzgara a Judá. Ayudaron al profeta a mantener su fe en Dios. Aunque esta respuesta no develó el misterio de por qué Dios usó una nación malvada para juzgar a Judá (tal vez no había ninguna nación justa), le aseguró a Habacuc que Dios no estaba recompensando a Babilonia por su maldad. Ahora el profeta podía adorar a Dios en silencio (2:20).

III. Oración por la misericordia de Dios en tiempos de juicio 3:1-19

Esta oración demostró que Dios transformó la fe de Habacuc. La *oración por misericordia* (3:1-2) del profeta fue una respuesta directa a la promesa de juicio de parte de Dios.[17] Mientras estaba orando, Habacuc vio una *teofanía de Dios* (3:3-15) o recordó el poder de Dios reflejado en uno de los himnos tradicionales de la nación (tal como Sal. 18:7-15; 77:11-20).[18] Esta teofanía justificó la fe de Habacuc en Dios y legitimó la esperanza. Su externalización en esta canción presentó una nueva visión de Dios.[19]

El relato de la teofanía describió la aparición del esplendor de Dios en el monte Sinaí (3:3; ver Deut. 33:2-4; Sal. 68:7-8) y esperaba su aparición sobre toda la tierra. Su resplandor era como la luz (3:4; ver Deut. 5:22-24);

las plagas iban delante de Él (3:5; ver Ex. 7–11). La naturaleza y las personas temblaron y se desvanecieron ante su poder (3:6-7; ver Sal. 97:3-6). Los ríos y los ejércitos no eran nada frente a su ira (3:8-10; ver Sal. 74:12-17; Ex. 14–15). Cuando el Guerrero poderoso salió al combate, Dios holló a las naciones y trajo salvación a su pueblo (3:12-15; ver Ex. 15:1-18).[20]

Esta teofanía puso en foco la comprensión que el profeta tenía de la gloria y el poder de Dios. Ahora él tenía *confianza en la salvación de Dios* (3:16-19). Ya no tenía preguntas con respecto a poner su fe en Dios. Su perspectiva cultural limitada fue transformada; se sometió voluntariamente a la angustia que Dios traería sobre la nación. Se regocijó en el Señor y lo exaltó (3:18) porque sus pies estaban sobre terreno seguro (tal como el ciervo en Sal. 18:33) y porque Dios era la fuente de su fortaleza (3:18-19).

Consecuencias teológicas y sociales

Todas las personas, de manera privada, deben aprender lo que significa caminar por fe. David, el hombre según el corazón de Dios, tuvo preguntas acerca de la maldad en sus días (Sal. 35) y el profeta Habacuc no fue diferente. Las experiencias de ambos nos dicen que no somos tan anormales si luchamos para confiar en Dios por completo. Nosotros también nos preguntamos por qué Él no interviene y evita la violencia.

Habacuc les enseña a los mensajeros de Dios a batallar con Él en oración por una concepción nueva y transformada de sus gloriosos caminos, antes de expresar ciegamente respuestas piadosas que no satisfacen las necesidades del pueblo de Dios. Habacuc nos advierte que no nos conformemos con respuestas fáciles. Lo que debemos hacer es pedir verdadera sabiduría de parte de Dios (Sant. 1:5). El pensamiento basado en la sabiduría de Dios tal vez no tenga sentido para las mentes seculares, científicas o filosóficas de nuestros días; pero esto es lo que debemos esperar, porque tal manera de pensar está basada sobre la fe en Dios.

La fe es la aceptación de promesas que humanamente no pueden verificarse como ciertas (Heb. 11:1); sin embargo, sin fe, es imposible agradar a Dios (Heb. 11:6). El anciano Abraham creyó en la promesa de Dios (Gén. 15:6); Pablo vio que la fe era necesaria para la salvación (Rom 1:16-17; Gál. 3:6-12); y el autor de Hebreos sabía que la fe ayudaba a las personas a soportar las pruebas (Heb. 10:32-39). Los dilemas humanos de la vida colocan lo que es socialmente aceptable en el contexto cultural de las personas, en contraste con el conocimiento de lo que Dios promete. Si un predicador espera llamar a otros a la fe, ese mensajero de Dios primero debe aprender a actuar en fe.

Habacuc le pidió a Dios una percepción y Dios le dio una nueva perspectiva que transformó su vida. Cuando la visión del esplendor de Dios, su poder sobre la naturaleza, su ira y su salvación fueron internalizados, la fe floreció. La confianza en el gobierno soberano de Dios se tornó en exaltación y alabanza. Esta visión transformadora del poder de Dios les da esperanza a los que la ven.

Preguntas para debatir

1. ¿Qué debiera hacer la gente cuando no entiende por qué Dios permite que las injusticias continúen?

2. ¿Qué era incorrecto en la visión que Habacuc tenía de Dios? ¿De qué manera la visión que usted tiene de la justicia de Dios se compara con la del profeta?

3. ¿Qué evidencia podemos mostrarle a una persona, para alentar una actitud de fe en tiempos de opresión?

4. ¿Qué significa vivir por fe?

1. R. D. Patterson, *Nahum. Habakkuk, Zephaniah* en *WEC* (Chicago: Moody, 1991), 117, prefiere el tiempo de Manasés. La tradición rabínica temprana (*Seder Olam*) ubicó a Habacuc en el tiempo de Manasés, mientras que el libro apócrifo *Bel y el Dragón*, línea 33, lo colocó mucho más tarde y sugirió que le llevó comida a Daniel mientras que estaba en el foso de los leones. Un manuscrito de este libro apócrifo afirmaba que el profeta era un levita.

2. Ver J. H. Tullock, "Habakkuk", en *HBD* (Nashville: Holman Bible Publishers, 1991), 590; B. S. Childs, *Introduction to the Old Testament as Scripture* (Filadelfia: Fortress, 1979), 449, cree que los opresores eran los asirios; J. J. M. Roberts, *Nahum, Habakkuk and Zephaniah* en *OTL* (Louisville: Westminster/J. Knox, 1991), 83, fecha los oráculos en 605–597 a.C.

3. P. Berger y T. Luckmann, *The Social Construction of Reality: A Treatise in the Sociology of Knowledge* (Garden City: Doubleday, 1966), 107, llaman a esto el universo simbólico. Enfatizan la necesidad de mantener las legitimaciones para un universo simbólico, cuando una visión alternativa del mundo es forzada sobre un grupo por eventos inusuales o por otro grupo social.

4. Ver E. Achtemeier, *Nahum-Malachi* en *IntCom* (Atlanta: John Knox, 1986), 33-35; E. Nielsen, "The Righteous and the Wicked in Habaqquq", *ST* 6 (1953), 54-78, sugiere que el libro fue usado en una fiesta de Año Nuevo, pero Childs, *Introduction to the Old Testament as Scripture*, 452, rechaza este enfoque.

5. R. R. Wilson, *Prophecy and Society in Ancient Israel* (Filadelfia: Fortress, 1980), 278-79, cree que los oráculos del profeta en contra de los enemigos de la nación (2:6-20) muestran que era un profeta principal. Sin embargo cuesta ver a Habacuc que respalda a Joacim o que sirve junto a los profetas principales y los sacerdotes que condenron a Jeremías (comparar con Jer. 7; 26; 29; 36).

6. Berger, *Social Construction*, 155-56, ve al ritual y la oración como dos métodos para sostener el universo, cuando el mundo de una persona se está desintegrando.

7. W. A. Irwin, "The Mythological Background of Habakkuk Chapter 3", *JNES* 15 (1956), 47-50, pone la mira en las fuentes babilónicas, mientras que W. F. Albright, "The Psalm of Habakkuk", en *Studies in the Old Testament*, ed. H. H. Rowley (Edimburgo: T&T. Clark, 1957), 1-18, examina comparaciones con la poesía ugarítica.

8. W. Rudolph, *Micah-Nahum-Habakkuk-Zephanja* en *KAT* XII3 (Gütersloh: Gerd Mohn, 1975), 188-94; O. Eissfeldt, *Introduction to the Old Testament* (Nueva York: Harper & Row, 1965), 420.

9. Achtemeier, *Nahum-Malachi* en *IntCom* 34-3, piensa que la ley se refiere a "toda la tradición religiosa de Israel, incluso su ley deuteronómica, sus tradiciones de lo que Dios ha hecho en el pasado y la guía continua que le era transmitida día a día, a través de la predicación de sacerdotes y profetas".

10. El manuscrito *pesher* de Qumram, en 1:6 dice "*Kittim*" (en probable referencia a los griegos) en lugar de caldeos. W. H. Brownlee, *The Text of Habakkuk in the Ancient Commentary from Qumram* (Filadelfia: JBL Monograph Series 11, 1959), 8.

11. Berger, *Social Construction*, 95-104.

12. O. P. Robertson, *The Books of Nahum, Habakkuk and Zephaniah* en *NICOT* (Grand Rapids: Eerdmans, 1990), 157, no sigue la enmienda de los escribas que dice:

"Tú [p.ej. Dios] morirás" en 1:12, aun cuando esto es similar a describir a Dios como "eterno". En cambio, 1:12 declara que el pueblo de Dios no morirá. Esto parece mejor que la decisión de R. L. Smith en *Micah-Malachi* en *WBC* 32 (Waco: Word, 1984) 103, de aceptar la enmienda de los escribas.

13. Ha habido alguna confusión concerniente a quién o a qué se refiere la palabra "correr". Smith, *Micah-Malachi* en *WBC* 32, 106-07 y J. M. Holt, "So He May Run Who Reads It", *JBL* 83 (1964), 298-303, creen que el lector sería informado por la tablilla y correría por su vida, a la luz de su mensaje.

14. Habacuc 2:4 fue usado para legitimar el punto de vista de un autor en el Nuevo Testamento, en Romanos 1:17; Gálatas 3:11; Hebreos 10:38. Ver P. L. M. Southwell, "A Note on Habakkuk 2:4", *JTS* 19 (1968), 614-17 y O. P. Robertson, "'The Justified (By Faith) Shall Live by His Steadfast Trust' - Habakkuk 2:4", en *Presbyterion* 9 (1983), 52-71.

15. Achtemeier, *Nahum-Malachi* en *IntCom*, 49, sostiene que el oráculo de lamentación en este contexto es más una maldición que una lamentación funeraria. R. J. Clifford, "The Use of *HOY* in the Prophets", *CBQ* 28 (1966), 458-64, estudia las formas en que el oráculo de lamentación fue usado en los profetas.

16. Cada lamentación constaba de tres versos. Estos estaban estructurados con un refrán idéntico al final de la primera y de la segunda lamentación (2:8b,17b) y con una nota positiva después de la tercera y de la última lamentación (2:14,20).

17. D. D. Garland, "Habakkuk", en *BBC* (Nashville: Broadman, 1972), 264, piensa que el informe (3–15) se refiere a la liberación en tiempos del éxodo de Egipto.

18. Achtemeier, *Nahum-Malachi* en *IntCom*, 53, cree que esta fue una visión.

19. Esta externalización fue una nueva manera creativa de imaginar una parte de la realidad, independientemente de las fuerzas sociales que normalmente proveían significado a aspectos de la realidad social.

20. T. Hiebert, *God of My Victory: The Ancient Hymn of Habakkuk 3* (Atlanta: Scholars Press, 1986) presenta un estudio detallado de problemas textuales, estructurales e interpretativos asociados con esta canción.

Capítulo 11

Jeremías: ¡Cuidado con las palabras engañosas!

Introducción

A nadie le gusta ser engañado. Es difícil creer que una persona pudiera desparramar mentiras acerca de un amigo en quien confía. La gente se enoja cuando un socio comete un acto de traición y roba dinero de la empresa. Las naciones ejecutan a los traidores que hacen espionaje para otras naciones y los cónyuges se divorcian cuando uno de ellos simula ser leal, pero tiene otra relación romántica secreta.

El engaño es una enfermedad artera. Esconde la verdad y exhibe la mentira con palabras hermosas. Cuando una ilusión teológica se hace añicos, esto devasta a los creyentes, porque fueron engañados por creencias religiosas "autoritarias" en las cuales confiaban. Algunas veces, incluso una afirmación teológica verdadera de parte de Dios puede llegar a ser un engaño inútil, si se interpreta o se aplica mal. Una promesa divina no es usualmente una garantía absoluta que se aplica a todos. La mayoría de las promesas se relacionan con una audiencia específica en una situación especial. Dios no es una fuerza impersonal, que actúa de acuerdo a una serie de abstracciones teológicas. Él actúa de manera dinámica con las personas, basándose en su carácter divino y en la situación de ellas.

Un profeta y los mensajeros de Dios de hoy en día deben decir la verdad a toda costa. Una audiencia puede preferir oír una palabra de esperanza o una confirmación de lo que ya cree, pero una media verdad o una percepción parcial de la visión de Dios sobre la realidad debe reconocerse como engaño. Estas ilusiones pueden ganar aceptación en una clase sobre explicación de valores, una amplia inclusión como normas culturales aceptables en la sociedad, o sanciones religiosas oficiales en un sermón. Sin embargo, los mensajeros de Dios son llamados a resistir la tentación de la popularidad y de la corrección política. Deben oponerse a los mitos (ver 1 Tim. 1:3-4) que tuercen la fidelidad religiosa para transformarla en cualquier cosa menos una relación dinámica con Dios.

Entorno social

Contexto histórico

El subtítulo (1:1-3) y las numerosas introducciones cronológicas a los capítulos coordinan el ministerio de Jeremías con eventos importantes, con los reyes de Judá, Josías, Joacim, Joaquín y Sedequías, y con el gobernador Gedalías.[1] Todo esto se extiende desde el llamado del profeta en 627 a.C. (1:2) hasta los años de Jeremías en Egipto, después de la destrucción de Jerusalén (580 a.C.).

El profeta nació durante el reinado del malvado rey Manasés, cuando Judá estaba bajo el control asirio. Manasés alentó la adoración de Baal y de los ejércitos del cielo.[2] Ignoró las tradiciones religiosas de la nación de Yahvéh (2 Rey. 21:1-18; 2 Crón. 33:1-20).

Jeremías comenzó su ministerio en el año decimotercero de Josías (1:2; 25:3).[3] La atmósfera estaba cargada de los males de la era de Manasés (Sof. 1:4-5), pero Josías llevó a cabo una breve reforma religiosa en 628 a.C. (2 Crón. 34:3-7) y declaró la independencia política de Judá del control asirio. Más tarde, se encontró el libro de la ley mientras Josías reparaba el templo (621 a.C.). Esto condujo a purgar a la nación de la idolatría extranjera y a regresar a los patrones sociales de conducta dentro de las tradiciones del pacto de la nación (Jer. 2–6; 2 Crón. 34–35).

Hacia el fin del reinado de Josías, Asiria fue derrotada (612 a.C.). Después que Necao II, el faraón egipcio, mató a Josías en una batalla en Meguido en 609 a.C. (ver 2 Rey. 23:28-30; 2 Crón. 35:20-27), los egipcios tomaron control de Judá, requirieron un impuesto pesado y pusieron a Joacim en el trono (2 Rey. 23:31-37; 2 Crón. 36:1-5). Joacim fue injusto, violento, egoísta y se opuso al avivamiento de la adoración de Yahvéh alentado por Josías (Jer. 22:13-17; 2 Crón. 36:5). La familia extendida de Jeremías en Anatot (11:18-23) y los profetas y los sacerdotes de Jerusalén persiguieron a Jeremías en este período (7:4; 8:6,8,11; 14:13-14; 26). Después que Nabucodonosor derrotó al ejército egipcio en Carquemis, Judá cayó bajo el control de Babilonia (605 a.C.), y los babilonios deportaron algunos judíos a Babilonia (Dan. 1:1-3). Unos pocos años después, Joacim se rebeló contra Nabucodonosor y murió en medio de un sitio babilónico (2 Rey. 24:1-17).[4] Joaquín gobernó por tres meses hasta que la ciudad se rindió (597 a.C.). Los babilonios llevaron al rey, a sus oficiales, a artesanos habilidosos y mucho oro a Babilonia (2 Rey. 24:10-16; Ezeq. 1:2).[5]

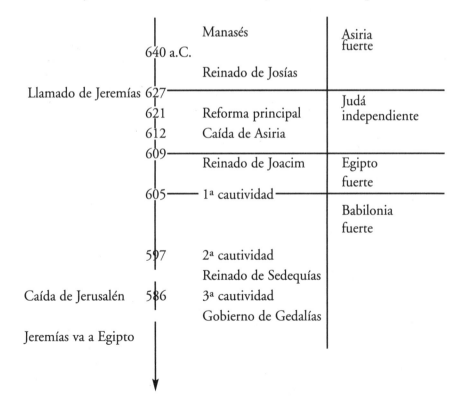

El último rey de Judá fue Sedequías (597–586 a.C.; 2 Rey. 24:17-20; 2 Crón. 36:10-13). Sedequías fue un gobernante nada efectivo, debido a su temor de la opinión pública y a la deportación a Babilonia de muchos oficiales de la ciudad (38:5). Luego de unirse a una coalición contra Babilonia (27:1-3),[6] Nabucodonosor derrotó e incendió Jerusalén (39:1-10; 52:1-34; 2 Rey. 25:1-21).

Muchas personas cayeron cautivas (52:28-30), pero Jeremías permaneció en Palestina (39:10-14; 40:1-5) con Gedalías, el gobernador de Judá (40:6-12). Gedalías fue pronto asesinado (41:1-3), y el pueblo remanente escapó a Egipto para evitar otro ataque babilónico. Jeremías y Baruc fueron llevados con ellos por la fuerza (43–44). El destino de Jeremías y de este pequeño grupo de personas es desconocido, aunque Jeremías predijo que morirían en Egipto (43:10).

La estructura del orden social

La imagen más vívida de la vida diaria en tiempos de Jeremías fue la devastación de la guerra (4:5; 5:15; 6:17-19; 8:10-12; 15:2). Los asirios y los egipcios perdieron batallas importantes y miles de tropas. Jerusalén fue atacada dos veces y sus hogares y negocios quedaron en la ruina total. El desorden social describía en forma vívida el pánico, el hambre y la violencia de la guerra. Después de la batalla, el capricho del ejército más fuerte determinaba el orden. La ira y la venganza reemplazaron los patrones normales de moralidad; los asesinatos y la cautividad de oficiales cívicos eliminaron las estructuras de autoridad tradicionales (2 Rey. 24–25). De alguna manera, Judá sobrevivió a este caos hasta el golpe de muerte en 586 a.C., cuando Jerusalén fue arrasada.

La cosmovisión socialmente construida de la mayor parte del pueblo de Judá estaba fuertemente influida por profetas que engañaban a la gente prometiendo paz (4:10; 5:12-13; 6:13-14; 14:14; 27–29).[7] La alianza política con Asiria y Egipto sostenía estos conceptos falsos (2:18,36; 37:5-11). Los sacerdotes del templo legitimaron esta postura, diciendo que Dios no permitiría que los babilonios destruyeran el templo de Jerusalén (26:1-19). Jeremías socavó estas ilusiones humanamente creadas y expuso los planes de Dios para Judá (7:1-15; 18:1-9; 29:1-14).

Las condiciones sociales y económicas se vieron directamente afectadas por el estatus político de la nación. Judá disfrutó de unos pocos años
de estabilidad social y de independencia política de la dominación extranjera, durante el reinado de Josías (628–609 a.C.), pero esto no duró. Los
egipcios exacerbaron la pobreza de Judá imponiéndole a Joacim un gran
tributo (2 Rey. 23:33). En los exilios de 605 y 597 a.C. los babilonios se
llevaron tesoros de los recursos del rey y del templo, artesanos habilidosos
quienes podrían haber ayudado a reconstruir la economía de Judá (2 Rey.
24:13-17) y líderes clave de la ciudad.

Jeremías condenó al rey Joacim por abusarse del pueblo para comple-
tar sus grandes proyectos de construcción. Él afligió a los pobres, derramó
sangre inocente y tomó dinero por la fuerza (22:13-17). Los sacerdotes y
los profetas también estaban obsesionados por la codicia (6:13; 8:10).

La reforma de Josías en 627 a.C. rechazó la cosmovisión del baalismo
y la prostitución sagrada, popular en los días de Manasés (2 Rey. 21–23).
El descubrimiento del libro de la ley en el templo condujo a un compromiso renovado con el pacto divino. Desafortunadamente, este avivamiento no duró, debido a que el pueblo se olvidó de las tradiciones teológicas
antiguas de la nación durante el tiempo de Joacim y de Sedequías (2:4-9;
8:9; 9:13; 11:1-13). El pueblo volvió a una adoración a Dios ritualista y
sincretista en el templo, tanto como a sacrificios a los ídolos en los lugares altos (7:1-26). Jeremías se opuso a estas creencias engañosas, usando
un lenguaje similar al de Oseas y Deuteronomio.[8]

La ubicación social y el rol del profeta

Jeremías era hijo de Hilcías, un sacerdote de Anatot (Jos. 21:13-19),
ciudad a unos 5 km (3 millas) al noreste de Jerusalén. Era un descendien-
te de la familia sacerdotal de Abiatar, el cual fue reemplazado durante el
reinado de Salomón (1 Rey. 2:26-27). Jeremías fue educado en las tradiciones del pacto (11:1-13) y en los roles sacerdotales de la nación, aunque
no hay evidencia de que alguna vez se haya desempeñado como sacerdote o como profeta cúltico en el templo, tal como lo sugiere Reventlow.[9]
No era un persona pobre, porque tenía su propio escriba (Baruc; ver 36:4)
y pudo comprar la heredad de su pariente (32:6-15). Si su padre Hilcías fue
sumo sacerdote,[10] esto explicaría su alto rango social y por qué a Jeremías

nunca lo mataron por sus palabras traicioneras (contrastar con 26:20-24).[11] Jeremías tenía amigos y familiares que tenían puestos importantes en el gobierno.[12] Jeremías no estaba casado (16:1-4).

Los primeros años después de su llamado (627 a.C.) permanecieron algo ocultos, porque él dijo poco acerca de Josías. Sus palabras positivas concernientes a Josías (22:15-16), su lamento por ese rey (2 Crón. 35:25) y su llamado al arrepentimiento en 2:1–6:30 sugieren que era un profeta principal que respaldó la reforma de Josías.[13]

En el reinado de Joacim, Jeremías condenó audazmente a la gente en el templo debido a su falsa seguridad, por pensar que la presencia de Dios en el templo automáticamente los salvaría (7:1-15; 26:1-6). Se opuso en forma repetida a los profetas, por dar falsas profecías de paz (8:8-11; 14:13-16; 23:9-40). Dado que Jeremías rechazó la cosmovisión popular de sus días, familiares suyos se complotaron para matarlo (11:18-23), y los sacerdotes y profetas que oyeron su sermón en el templo amenazaron con ejecutarlo (26:7-19). Pasur, el sacerdote, hizo azotar a Jeremías y lo puso en el cepo para humillarlo públicamente (20:1-6). Joacim le prohibió la entrada al área del templo (36:5) y lo forzó a esconderse (36:1-4,20-26). Durante este período, Jeremías se desempeñó como un profeta secundario, que se oponía a las reglas políticas y religiosas del gobierno.

Estos eventos tuvieron un efecto severo sobre la aceptación del rol profético por parte de Jeremías. Lloró por el pueblo (4:19-21; 8:18–9:1; 10:17-22; 14:17; 19:22) y se desempeñó como intercesor,[14] pero se preguntaba por qué venía tanta persecución, cuando Dios había prometido protegerlo (1:9,17-19). ¿Por qué Dios permitía que los malvados lo persiguieran (11:18–12:6; 17:12-18; 18:18-23)? ¿Por qué Dios actuaba en forma engañosa en su contra (15:10-18; 20:7-18)? El llamamiento profético de Jeremías parecía bastante inútil, porque Dios se negaba a escuchar su intercesión por Judá (14:19–15:9). Se sentía solo, despreciado y deprimido (15:10-18). Experimentó la caída de Jerusalén y vio cómo llevaban a sus amigos al cautiverio en 605, 597 y 587 a.C.

La comprensión propia que Jeremías tenía de su rol se explica parcialmente en oraciones de "confesión". Algunos estudios de estas oraciones se han enfocado en el estado emocional del profeta, más que en los factores sociales, teológicos y contextuales que dieron origen a sus oraciones.[15] La manera de pensar de Jeremías emergió de su interacción con Dios, con su audiencia y con las expectativas tradicionales de su rol. La persecución del profeta y su confusión sobre su rol influyeron sobre su estilo de comunicación (oración, lamentación y autobiografía).

Las habilidades del profeta para comunicar y persuadir son evidentes en sus sermones. Críticas de la forma, estudios retóricos y análisis estadísticos han examinado las características literarias del profeta.[16] Las reflexiones de Jeremías provenientes de otras tradiciones teológicas revelan su preparación. En los primeros capítulos se incluye el llamamiento de Moisés en 1:6-9 (ver tradiciones en Ex. 3–4); el peregrinaje por el desierto en 2:1,6 (ver Deut. 2:7; 8:15); las leyes sobre el divorcio en 3:1 (ver Deut. 24:1-4); y la necesidad de circuncidar el corazón en 4:4 (ver Deut. 10:16). Estas ideas legitimaron la cosmovisión de Jeremías e identificaron sus palabras con las tradiciones sagradas del pasado de la nación.[17]

Interacción social

El libro de Jeremías

El texto de Jeremías contiene una combinación de sermones poéticos (material tipo A), material (auto)biográfico en prosa (material tipo B) y sermones en prosa (material deuteronómico o tipo C). Mowinckel cree que estos tipos diversos de literatura provinieron de varias personas, en diferentes períodos de tiempo y fueron editados como unidad en una fecha muy posterior.[18] Estas interpretaciones fragmentan el libro y no consideran puntos de continuidad que le dan unidad al texto.[19] El libro fue organizado conforme a tópicos.[20]

I. El engaño es juzgado si no hay arrepentimiento 1:1–9:26

   A. Llamamiento de Jeremías 1:1-19

   B. Arrepentimiento o engaño 2:1–4:4

   C. Paz engañosa o desastre proveniente del norte 4:5–6:30

   D. Enmienda de los caminos engañosos 7:1–9:26

Estos sermones y relatos biográficos del ministerio de Jeremías registran la manera en que el profeta interactuó con sus audiencias y desenmascaró sus creencias teológicas engañosas. Para nuestra sorpresa, en sus lamentaciones se expone su propia construcción engañosa de la realidad.

I. El engaño es juzgado si no hay arrepentimiento 1:1–9:26

De acuerdo al subtítulo (1:1-3), el ministerio de Jeremías se extendió desde el año decimotercero de Josías hasta la caída de Jerusalén (627–587 a.C.).[21] El *llamamiento de Jeremías* (1:4-19) coincidió con dos eventos clave: la declaración de la independencia del dominio asirio por parte de Josías y la limpieza de los lugares altos paganos, que este rey hizo en Judá (2 Crón. 34:1-7). Estas iniciativas de origen real comenzaron a transformar las normas políticas y religiosas establecidas durante el reinado de Manasés (2 Rey. 21). Dios apartó a Jeremías, antes de nacer, para la tarea profética de anunciar sus nuevos planes de destruir y reedificar las naciones (1:4-10). La visión de Dios para Jeremías fue inicialmente rechazada dentro un estilo bastante mosaico (ver Ex. 3:10-12).[22] Sin embargo, Dios prometió que su presencia, dirección, poder y palabra transformarían la percepción que este hombre no experimentado tenía de sí mismo. El llamamiento en sus dos visiones (1:11-14) tuvo la función social de autenticarle a Jeremías y a sus audiencias, que Dios vigilaría sus propias palabras para cumplirlas (1:12).[23] El rol profético incluía entregar el mensaje de Dios a una audiencia hostil, de manera creíble. Requería una valentía, sin temor alguno, en tiempos de desaprobación social y una internalización de la presencia protectora de Dios (1:16-19).[24]

Los sermones de Jeremías en el reinado de Josías (3:6) contrastaron dos elecciones. La cosmovisión del pueblo podía ser dirigida por *arrepentimiento o engaño* (2:1–4:4). Jeremías argumentó que el baalismo había engañado a la gente (2:1–3:5) y luego llamó a la nación a un verdadero arrepentimiento (3:5–4:4). Usó la lógica de un juicio por el pacto para contrastar lógicamente la negación del pecado por parte de la gente, con sus prácticas sincretistas.[25] La relación ideal entre Judá y Dios incluía una devoción de amor, un compromiso total, una vida santa y la protección de Dios (2:2-3). La identidad de la nación como "esposa de Dios" se perdió cuando la gente se olvidó de los actos de misericordia de Dios en el desierto y de que Él les había dado la tierra (2:6-7; comparar con Deut. 8). Los marcadores sociales de opinión (reyes, sacerdotes y profetas) ignoraban a Dios y la nación comenzó a aceptar una cosmovisión cultural baalista (2:8). La audiencia de Jeremías fue engañada y declaraba inocencia de todo pecado (2:35). Decían que no eran devotos de Baal (2:23) y que tenían la libertad de hacer lo que querían (2:31).[26] Jeremías afirmó que el pueblo:

(a) cambió dioses, sustituyendo el manantial de agua fresca de Dios por el agua estancada de la idolatría (2:11-13),

(b) hizo alianzas con otras naciones y no dependía de Dios (2:14-19) y

(c) estaba obsesionado con los rituales degenerados de Baal (2:20-28).

Por lo tanto, Dios juzgaría a Judá por la prostitución, así como había juzgado a Israel alrededor de 100 años antes. Algunas reformas iniciales comenzaron en 628 a.C., pero muchas personas no transformaron su engañosa manera de pensar sincretista (3:6-10).

De manera sorpresiva, y en medio de su sermón, Jeremías le dio la espalda a Judá y llamó a los exiliados israelitas (las tribus del norte) a arrepentirse de sus caminos pecaminosos (3:12-14) y a participar del glorioso reino transformado de Dios (3:14-19). Ellos podían ser parte de un nuevo mundo de prosperidad, de adoración íntima ante el trono de Dios y de compromiso con los patrones de conducta divinos por parte de judíos y gentiles. Algunos reconocieron su infidelidad, la naturaleza engañosa de la adoración de Baal y con vergüenza confesaron sus pecados (3:21-25). Jeremías les aseguró a los israelitas (4:1-2) y a los de Judá (4:3-4) las bendiciones de Dios, si es que verdaderamente se volvían de sus viejos caminos y permitían que la justicia los guiara.

Estos sermones obtuvieron respuestas conflictivas. Algunos profetas contradijeron a Jeremías y se burlaron de sus locas predicciones, porque ellos rechazaban la posibilidad de la retribución divina. El siguiente sermón de Jeremías contrastó las opciones de *paz engañosa o desastre proveniente del norte* (4:5–6:30). Jeremías externalizó una nueva visión de Judá:[27] una visión vívidamente ilustrada de la guerra por parte de un ejército del norte, que traía gran desolación a Judá (4:5-8,13,16,29; 5:14-17; 6:1-12). Había esperanza si el pueblo se arrepentía (4:14), pero la mayoría no buscó la justicia ni la verdad (5:1). La audiencia no conocía las enseñanzas de Dios, sino que practicaba relaciones sociales opresivas y engañosas para ganar riquezas para sí mismos (5:5,7-8,25-28). Reyes, sacerdotes y profetas predecían la protección de Dios y la paz para Jerusalén. Declaraban que la guerra no destruiría a Jerusalén (4:9-10; 5:12-13; 6:13-14; ver Isa. 36–37).[28] Jeremías se dio cuenta cómo, de manera engañosa, torcían las promesas divinas basadas en una relación fiel y amorosa con Dios, para transformarlas en garantías absolutas de la gracia de Dios, que no dependían de la devoción de ellos para con Él.[29] Su rol profético fue refinar y probar el pensamiento popular en la cultura de Judá (6:27-30). La angustia lo sobrecogió y se lamentó sobre la destrucción inminente (4:19-22).

Los siguientes sermones fueron durante el reinado de Joacim, poco después de la muerte de Josías en 609 a.C. Joacim no continuó con el movimiento de reforma de Josías, de modo que el pueblo otra vez comenzó a sincretizar la adoración a Baal con la adoración en el templo (2 Rey. 23:31–24:7). Jeremías llamó al pueblo a *enmendar los caminos engañosos* (7:1–9:26). El profeta desenmascaró la confianza engañosa que la gente depositaba en el templo (7:1-15; comparar con 26:1-19). La audiencia practicaba la injusticia contra los débiles, robando, asesinando, sacrificando a Baal y luego venía al templo a proclamar la liberación divina. El ritual de confesión socialmente aceptado "El templo del Señor", era simplemente una consigna mágica de una teología del templo vacía. Sí, la gloria de Dios moraba en el templo (Sal. 132:12-13) tal como lo enseñaban los sacerdotes, pero esto no era una garantía incondicional de seguridad. La presencia de Dios moraría en ese lugar (el templo) y la gente moraría en su lugar (Jerusalén), solo si ellos enmendaban sus caminos y verdaderamente adoraban a Dios (7:3-5). Si no cambiaban, Dios destruiría el templo, tal como había destruido el tabernáculo en Silo (7:12-15).

Igualmente engañosa era la adoración de la reina del cielo, la diosa madre (7:17-20),[30] ofreciendo sacrificios a Dios mientras que se negaban en forma obcecada a practicar patrones de conducta aceptables (7:21-26) y quemando niños en el lugar alto de Tofet (7:30-34).[31] La audiencia de Jeremías mantuvo sus caminos engañosos y no quiso arrepentirse (8:4-7). Sus líderes afirmaban ser sabios y conocer la ley de Dios, pero en realidad la rechazaban. Estaban más preocupados por hacer dinero y decirle a la gente que todo saldría bien (8:8-12).

Lógicamente, esta evidencia justificó la decisión de Dios de hacer de Jerusalén un páramo vacío sin aves ni bestias salvajes, un lugar con llanto de mujeres, con gran vergüenza y muerte (8:13-17; 9:10-22). Jeremías anunció estas nuevas con gran dolor en su corazón. Clamó por misericordia y se preguntó por qué parecía no haber bálsamo que pudiera restaurar a la nación quebrada (8:18–9:2).[32]

Jeremías terminó esta unidad retórica con un veredicto final, que tiene algo de sabor a sabiduría.[33] Si la gente quiere evitar el engaño de los valores de la cultura popular (riquezas, bienestar o fuerza), deben confiar en Dios y ordenar su vida alrededor de los valores divinos de misericordia, juicio y justicia (9:23-24).

II. El rechazo de parte de Judá y el lamento de Jeremías 10:1–20:18

Esta sección tiene cuatro ciclos. Cada uno contiene sermones y una lamentación. Se produjeron durante el reinado de Joacim, cuando Jeremías enfrentó una severa persecución y fuertes dudas acerca de su rol profético.

La primera sección se refirió al *pacto quebrado* por parte de Judá y *las lamentaciones de Jeremías* (10:1–12:17). Los de Judá volvieron a adorar a los ídolos durante el reinado de Joacim, de modo que el sermón de Jeremías les advirtió que no internalizaran la costumbre engañosa de seguir a dioses de madera y plata hechos por la mano del hombre. El profeta se burló de la impotencia de los ídolos, los cuales no podían hablar ni hacer nada; eran una ilusión, pedazos de madera sin valor (10:2-5,8-9,14-15). La gente debía temer a Yahvéh quien tenía un poder incomparable. Él era el Rey, el Dios viviente y eterno que creó la tierra con sabiduría, envió la lluvia para cuidar de ella y destruiría a todos los dioses falsos (10:6-7,10,12-13).[34]

La apelación persuasiva a la acción por parte de Jeremías se fortaleció, al identificarse personalmente con la situación difícil del pueblo en su lamentación. Se preocupó profundamente por las heridas de destrucción incurables que los líderes de Judá habían traído sobre la nación (10:17-22). También intercedió para que Dios, en su gracia, corrigiera a su pueblo y juzgara con ira a otras naciones paganas (10:23-27). Jeremías dio el ejemplo; tal vez otros rechazaran la idolatría, se lamentaran por la inminente destrucción de Judá e intercedieran por misericordia.

El sermón sobre ídolos engañosos respaldó la afirmación de Jeremías que el pueblo había quebrado la relación de pacto con Dios (11:1-17). Para convencer a la audiencia en Jerusalén de la validez de su culpa, Jeremías describió la relación de pacto original de ellos con Dios, usando tradiciones de Deuteronomio.[35] Dios había prometido ser el Dios del pueblo y les había dado una tierra pero ellos debían estar comprometidos con Él (11:4-5). Dios vio el rechazo de la reforma de Josías y el regreso a la idolatría en el reinado de Joacim, como una conspiración para no internalizar lo que Él decía (11:10,13,17). Dios traería un desastre ineludible sobre la nación (11:11).

Al igual que los otros ciclos en Jeremías 10–20, esta sección terminó con un lamento de Jeremías. Dos clamores personales de angustia (11:18-20; 12:1-4) cuestionaron por qué Dios permitía que la gente lo persiguiera por declarar fielmente su palabra.[36] Los parientes de Jeremías en Anatot, los sacerdotes que debían dar verosimilitud social a su enseñanza y acción, respondieron a su predicación con un plan para matarlo, para evitar que expresara sus ideas socialmente inaceptables (11:21).[37] Jeremías estaba sorprendido y asustado. Pidió venganza de parte de Dios, y Él prometió castigar a los perpetradores (11:20-23). Jeremías cuestionó por qué Dios permitía que esta gente "religiosa" malvada prosperara; ¿por qué no se ponía del lado de Jeremías y los destruía (12:1-3)? Dios dio tres respuestas. Primero, Jeremías debía dejar de quejarse y prepararse para los días difíciles que estaban por delante; segundo, Dios desolaría a Judá, tal como lo había dicho y tercero, Él tendría compasión de Judá y de las naciones gentiles si es que rechazaban la idolatría (12:5-17). Estas lamentaciones escritas autenticaron el rol del profeta y revelaron su propia debilidad. Vindicaron el mensaje del profeta y el rechazo de los líderes de Judá por parte de Dios.[38]

En el segundo ciclo, *el rechazo total por parte de Dios trae lamentos* (13:1–15:21). Esta porción incluyó actos simbólicos (13:1-27), la intercesión de Jeremías en relación al rechazo de Judá por parte de Dios (14:1–15:9) y una lamentación de Jeremías (15:10-21).

El acto simbólico de Jeremías fue bastante simple, pero conllevó un poderoso mensaje político. Compró un cinto de lino, lo escondió en el agua y luego lo encontró podrido (13:1-7). La tela arruinada simbolizaba a los orgullosos de Judá que adoraban a otros dioses; no tenían ningún valor (13:10). Se hizo un contraste entre la tela podrida y el cinto de lino original. Judá debía abrazarse a Dios como un cinto de lino se abraza a un hombre, para traer alabanza y honor a Dios. Sin embargo, ahora no servía para nada (ver Deut. 26:18-19).[39] El segundo acto simbólico de hacer añicos las tinajas de vino, simbolizó a Dios que hacía pedazos a los líderes políticos y religiosos borrachos de Judá (13:12-14). La audiencia debía rechazar el orgullo y humillarse ante Dios (13:15-16). Si se negaban a cambiar, llorarían amargamente al ser exiliados en vergüenza (13:17-27).

Más tarde, cuando una sequía golpeó a Judá (14:1-6), Jeremías se identificó socialmente con los que sufrían en Judá y trató de persuadir a Dios de ser misericordioso. Intercedió confesando los pecados de Judá y pidiendo a Dios que no los abandonara (14:7-9). Dios afirmó su rechazo de Judá y le dijo a Jeremías que no orara por ellos (14:11-12). El profeta intercedió otra vez y atribuyó la condición de la nación a la aceptación social de las palabras engañosas de los falsos profetas. Dios reafirmó su rechazo de los falsos profetas y de las personas que seguían sus engaños (14:13-16). Luego Jeremías se lamentó de los horrores de la guerra y preguntó con fervor a Dios si había rechazado a Judá por completo (14:17-22). La respuesta fue inapelable. Dios enviaría espada, hambre y cautividad. No escucharía ni siquiera si Moisés o Samuel pidieran misericordia (15:1-9). Estas lamentaciones y oraciones intercesoras aumentaron la capacidad de la gente para aceptar a Jeremías como un profeta legítimo. No estaba en contra de Judá; estaba de su lado. Jeremías no disfrutó de transmitir las palabras de destrucción de parte de Dios; lloró y suplicó misericordia de su parte.

Este ultimátum para Judá (muerte) y para Jeremías (ninguna oración será de ayuda) hizo que el profeta cuestionara si es que podía continuar en su función como profeta (15:10-18). Dios había prometido protegerlo y hacerlo fuerte (15:11-12; ver 1:18-19), pero en cambio Dios envió lucha (15:10,15), soledad y falta de gozo. Él había aceptado con alegría el llamado de Dios para ser profeta (15:16), pero el rechazo total de Judá por parte de Dios (15:13-14) lo dejó sin una función significativa.[40] Dios lo engañó; Dios no lo protegió y no iba a oír su intercesión profética. Por un tiempo, Jeremías pudo soportar el rechazo social de su identidad como profeta, pero ahora Dios, el legitimador máximo, había modificado su identidad.[41] Dios rechazó la queja del profeta, lo llamó al arrepentimiento, reafirmó su identidad y prometió protegerlo (15:19-20).

En el tercer ciclo, *nadie se lamenta por Judá, solo Jeremías* (16:1–17:27). Al no casarse ni tener hijos, al no asistir a banquetes funerarios, Jeremías simbólicamente comunicó el fin de la compasión de Dios por los adoradores de ídolos. En la guerra que se avecinaba moriría gente y nadie se lamentaría por ellos (16:1-13). Este acto simbólico conllevó un alto precio, porque sin una compañera de matrimonio, Jeremías se privó del respaldo social de una esposa y de una familia extendida. Al no asistir a eventos importantes en la comunidad, tales como los funerales, Jeremías se aisló a sí mismo del respaldo comunitario de los familiares.[42]

Los sermones de Jeremías no dejaron a su audiencia sin esperanza. Él externalizó la visión divina de un día posterior, cuando Judá regresaría del exilio (16:14-15 usó la tradición del éxodo), Dios juzgaría a las naciones (16:16-18) y algunos reconocerían el engaño de los ídolos y volverían a Yahvéh (16:19-21).[43]

A pesar de que existía esta esperanza futura, la preocupación de Jeremías era la de persuadir al pueblo de que el futuro inmediato del exilio estaba determinado por la indisputable pecaminosidad de sus altares a Baal y sus corazones idólatras (17:1-4). El pueblo sería maldito si es que confiaban en ellos mismos, pero Dios traería bendición a los que confiaran en Él (17:5-8; ver Sal. 1). Un corazón engañoso no puede embaucar a Dios. Él lleva un registro de los que confían en Él y de los que lo abandonan (17:9-11).

El ciclo terminó con otra lamentación (17:12-18) y con una exhortación final acerca de observar el día de reposo (17:19-27). Jeremías se lamentó de los que se burlaban de sus profecías de juicio y lo perseguían (17:15,18), confesó su compromiso con Dios (17:16) y le pidió a Dios que lo salvara en el día malo (17:14,17). La respuesta de Dios no se refirió al lamento de Jeremías; en su lugar, a Jeremías se le indicó que llamara al pueblo a dejar sus preocupaciones económicas en el día de reposo, de modo que pudieran continuar en forma normal la adoración conforme al pacto y la vida política. Si no se guardaba el día de reposo del pacto, Dios destruiría Jerusalén (17:19-27).[44]

En el cuarto ciclo, Jeremías aprendió *el modo de trabajar del alfarero y se lamentó* (18:1-23). Cuando Jeremías visitó al alfarero, Dios le mostró cómo el modelado de vasijas se comparaba con la obra de Dios. Jeremías predicó que Dios interactuaba de manera dinámica con las personas, de acuerdo a la relación que tenían con Él. Se aplican dos principios. Dios puede decidir destruir a una nación malvada, pero si el pueblo se arrepiente, Él tendrá compasión de ellos (18:7-8). Por otro lado, Dios, en otro momento, puede planear bendecir a esa nación, pero si el pueblo hace lo malo, en lugar de bendecirla la juzgará (18:9-10). Judá estaba en la segunda situación y necesitaba arrepentirse. Dado que en forma obcecada se habían negado a transformar sus caminos y a rechazar a sus dioses sin valor, Yahvéh los desecharía (18:11-17). La audiencia hostil de Jeremías consideró sus palabras desviadas como contradictorias con la cosmovisión del liderazgo de Judá en ese momento; por lo tanto, lo desacreditaron (18:18).[45] Jeremías lamentó la opresión de ellos y sus planes malvados. Con justa indignación, él le pidió a Dios que los castigara severamente (18:19-23).

El ciclo final de esta sección incluyó *juicios de la alfarería, persecución* y *lamentaciones* (19:1–20:18). Jeremías, de modo inexorable, continuó predicando advertencias de destrucción a Judá. Usó el acto simbólico de romper una pieza de alfarería, para ilustrarle a su audiencia cómo Dios destruiría completamente a Jerusalén y a su pueblo duro de cerviz. Los que vieran las ruinas de Jerusalén, se sorprenderían por los resultados del sitio despiadado (19:1-15). La respuesta de la audiencia fue violenta. Pasur, el sacerdote con control oficial de las opiniones enseñadas en el área del templo, hizo azotar a Jeremías y lo hizo poner en el cepo para mofarse y humillarlo. A pesar de la persecución pública, Jeremías sostuvo que Babilonia derrotaría a Judá y llevaría al pueblo (y a Pasur) al cautiverio (20:1-6).

Las lamentaciones finales de Jeremías (20:7-13,14-18) revelaron la profundidad de su desesperación por su rechazo social. Sintió que era imposible mantener su postura teológica debido a las amenazas violentas de sus amigos "confiables" (su grupo de respaldo social) y a la burla de otros (20:7,10). Parecía que Dios le había puesto una trampa;[46] estaba en situación de no ganar. No importa lo mucho que quisiera evitar la persecución, no podía dejar de ser un profeta de juicio. Había tal desviación entre las expectativas de Jeremías de su rol profético y la realidad, que deseó no haber nacido (20:14-18).[47]

III. Juicios contra líderes y naciones 21:1–25:38

Los sermones en esta unidad no están seguidos ni por la persecución ni por las lamentaciones de Jeremías. Los sermones de Jeremías contrastaban la decisión de Dios de destruir reyes injustos, falsos profetas y al pueblo de Jerusalén, con su decisión opuesta de bendecir a otro rey y al pueblo exiliado de Jerusalén (23:1-8; 24:4-7). Estos sermones tuvieron el propósito de socavar la aprobación social del rey Sedequías y de sus reglas militares, por parte de la audiencia.

Durante el último sitio de Jerusalén por parte de Nabucodonosor (588 a.C.), el rey Sedequías puso presión social sobre Jeremías, para que intercediera y trajera noticias de la gracia de Dios para con esa ciudad (21:1-2). Jeremías contradijo los deseos del rey y expuso noticias de un tiempo en que la ira de Dios y su brazo extendido vendrían contra ellos (21:5; contrastar con Ex. 6:6).[48] El Guerrero divino no tendría ninguna lástima ni compasión por el rey, el pueblo ni la ciudad, a menos que ellos hicieran lo que era socialmente inaceptable; es decir, se rindieran a Babilonia (21:6-10).

El rey no cumplía con su rol social de administrar justicia, liberar a los oprimidos y cuidar de los débiles, sino que, en su lugar, ignoraba el pacto con Dios (21:11–22:8). Jeremías hizo duelo por la muerte del rey Josías (22:10) y reconoció que Salum (22:11; Joacaz en 2 Rey. 23:30-34) no volvería al trono. En cambio, Joacim gobernó con injusticia, usó el trabajo forzado para construir edificios suntuosos para él, no se ocupó de los débiles y derramó sangre inocente (22:12-17). Nadie haría duelo por él sino que sería exiliado (22:18-19). Estas acusaciones le quitaron legitimidad al gobierno de Joacim, al mostrar que no desempeñaba los roles que Dios había diseñado para los reyes.

Los reyes de Judá no atendían a las ovejas de Dios de acuerdo a los ideales divinos, así es que Dios los esparciría en el exilio. Esta situación sin esperanza, un día sería corregida cuando Dios volviera a reunir a su pueblo en la tierra y les diera un nuevo rey davídico, el renuevo mesiánico (23:3-8; ver tradiciones en Isa. 9 y 11).[49] Él cumpliría el rol divino de los reyes, al gobernar con justicia y sabiduría, de modo que Israel y Judá pudieran morar con seguridad en su tierra. En esta promesa positiva, Jeremías no se tornó repentinamente en un falso profeta de paz. Su visión contrastaba la futura justicia del rey ideal, con las injusticias de los reyes de Judá de aquel tiempo (21:12; 22:3,13-17; 23:2,5).

Un segundo grupo de líderes sociales, los falsos profetas, tenían una responsabilidad importante por la destrucción de Judá (23:9-40). El ataque frontal de Jeremías socavó la autoridad social que ellos tenían para determinar la opinión pública, al declarar que los profetas y sacerdotes populares habían traído el mal dentro del templo. Los profetas que profetizaron por Baal, pronunciaron mensajes a partir de su imaginación. Desempeñaron el rol de profetas, pero nunca estuvieron en el consejo divino, no fueron enviados por Dios y no recibieron un mensaje de Dios. Declaraban falsamente "Jehová dijo". Jeremías desenmascaró sus caminos desviados, sus jactancias imprudentes y sus mentiras abiertas, y anunció la ira de Dios contra ellos.[50] Serían humillados cuando sus obras probaran ser incorrectas, porque no podrían esconderse de Dios o de la burla social de sus compatriotas de Judá.

Después que los babilonios llevaron a Joaquín y a miles de personas al exilio en 597 a.C. (2 Rey.24:10-17), la audiencia de Jeremías en Jerusalén desarrolló una visión optimista de su situación, porque se había escapado del castigo del exilio por parte de Dios (24:1-10). El informe de la visión de Jeremías contrastó a los higos malos con los buenos. Para sorpresa de la audiencia de Jeremías, los que estaban en el exilio eran los higos buenos que Dios plantaría y transformaría, de modo que lo siguieran con todo el corazón. Los higos malos que Dios rechazó, eran los que todavía estaban en Jerusalén (24:8-10). Jeremías revirtió las consecuencias teológicas del exilio. En este caso, la humillación social y política conduciría a la bendición divina.

Esta sección terminó con un sermón a modo de resumen, que describía la ira de Dios sobre Judá, sus 70 años en el exilio en Babilonia y la ira de Dios sobre las naciones alrededor de Judá (25:1-38).[51]

IV. Engaños proféticos se oponen a las palabras de Jeremías 26:1–29:32

Estos relatos describen la oposición popular de los profetas al ministerio de Jeremías. Este dio su sermón en el templo (26:1-19) al comienzo del reinado de Joacim en 609–608 a.C. Joacim y el pueblo rechazaron abiertamente las reformas anteriores de Josías y se volvieron a la adoración de Baal (2 Rey. 24:3-9). El sermón de Jeremías desafió al pueblo a corregir sus caminos. Si no lo hacían, Dios destruiría el templo de Jerusalén, porque Él no estaba ligado al templo de modo incondicional (26:1-7; ver 7:1-15). El mensaje de Jeremías amenazó la seguridad de la creencia socialmente desarrollada en la condición de inconquistable que tenían Jerusalén y su templo.[52] Los profetas y sacerdotes rechazaron la cosmovisión de Jeremías y lo amenazaron de muerte. Jeremías mantuvo su visión impopular sobre las condiciones sociales del futuro, a pesar de la fuerte oposición social. Finalmente, un anciano de la ciudad legitimó una respuesta positiva a las palabras de Jeremías, con base en la respuesta positiva anterior de Ezequías a las amenazas de Miqueas en contra de Jerusalén (26:17-19; ver Miq. 3:12). Durante ese mismo tiempo, el profeta Urías fue llevado a la muerte por palabras similares, pero Jeremías fue protegido por la poderosa influencia política de Ahicam, un consejero anterior de Josías (26:24; 2 Rey. 22:12-14).

Alrededor de diez años después, durante el optimista primer año del reinado de Sedequías, el acto simbólico de Jeremías de usar un yugo de buey de madera alrededor de su cuello, visualizó ante Judá y ante los líderes conspiradores de las naciones vecinas, que Dios el Creador pondría sus tierras bajo el yugo babilónico (27:1-8). Esto contradecía a los profetas populares, a los agoreros y a los soñadores, quienes predijeron falsamente que los utensilios del templo pronto regresarían. Ellos animaron a Judá a no servir a Babilonia (27:9-10,14-18). El profeta Hananías rechazó la perspectiva desviada de Jeremías, prediciendo en un contexto público, que Dios traería de regreso los utensilios del templo, los exiliados y al rey Joaquín, dentro de un período de dos años (28:1-4).[53] Cuando una persona respetada que tiene un rol sagrado dice algo, eso puede ser un poderoso legitimador, aun cuando no haya una justificación racional para tal postura.[54] Para contrarrestar esta afrenta, Jeremías expresó públicamente su deseo de que las palabras de Hananías fueran ciertas, pero exhortó a todos a darse cuenta de cómo el tiempo pronto probaría quién era el profeta falso. A modo de provocación, Hananías rompió el yugo de madera de Jeremías (28:10-11). Pronto Jeremías se puso un yugo de hierro y Hananías murió tal como Jeremías lo había predicho (28:12-17).

Jeremías también tuvo un conflicto con los sacerdotes y profetas de Jerusalén, después que escribió una carta a los exiliados y les dijo que se establecieran en Babilonia, que oraran por la ciudad donde vivían, que esperaran 70 años hasta que Dios los hiciera volver a su tierra, y que ignoraran las profecías falsas de sus profetas del exilio (29:1-32). Luego, el profeta del exilio Semaías exhortó a Sofonías, quien tenía el alto puesto de sobreveedor del templo, a que parara las ideas locas de Jeremías y lo castigara.[55]

V. Promesas de restauración 30:1–33:26

Durante el último sitio de Jerusalén al final del reinado de Sedequías, cuando el mundo socialmente construido de los profetas mostró ser un fracaso, Jeremías sorprendentemente comenzó a predicar sermones acerca de los planes futuro de Dios para Israel y Judá, en una serie de *promesas poéticas de un nuevo día* (30:1–31:40).[56]

Sus sermones no dieron una esperanza falsa, similar a la de los profetas engañosos. En ese tiempo, Jerusalén soportaba terror, dolor y un problema incurable (30:4-7,12-15). Ahora que la historia estaba probando que las profecías desesperanzadas de Jeremías, provenientes de Dios, eran ciertas, la gente fue finalmente persuadida a internalizar su visión deprimente de la realidad para Jerusalén. Pero en el futuro, Dios los liberaría de la cautividad, enviaría a su rey davídico, destruiría a sus enemigos y compasivamente haría volver al pueblo a su tierra (30:8-11,16-24). La destrucción no era el final del plan de Dios para su pueblo. Jeremías externalizó un nuevo mundo para el futuro, que no se desarrollaría a partir de la cosmovisión presente del pueblo. Los desafió a transformar su manera de pensar, para imaginar la posibilidad de que las promesas originales de Dios todavía podían cumplirse en el futuro. ¿Qué es lo que podía legitimar tal creencia? El compromiso de Dios de ser su Dios y el compromiso de pacto que ellos tenían con Él (31:1). El amor eterno y la compasión de Dios, su acto de hacer volver a los exiliados y su rica bendición sobre la tierra volverían a traer una danza gozosa a Samaria y a Sión (31:3-14). Cuando Dios oyera el llanto doloroso de su pueblo castigado arrepentido, entonces habría esperanza. Jeremías elaboró una nueva visión del futuro, la cual incluía que tanto Judá como Israel serían construidas y plantadas en la tierra (31:15-30). Un nuevo pacto establecería una relación estrecha y revitalizada. Dios perdonaría sus pecados y ellos conocerían y seguirían los patrones de Dios para la vida (31:31-34; ver tradiciones en Deut. 4:13; 30:5-6).[57] Jeremías presionó al pueblo a aceptar la promesa de Dios para el futuro, a pesar de su situación presente de desesperanza, porque era tan seguro como el día y la noche, que nada iba a cambiarla (31:35-40).

Una segunda serie de *promesas de restauración en forma de prosa* (32:1–33:26) repitió estas promesas divinas, menos de un año antes que Nabucodonosor capturara a Jerusalén. Mientras Jeremías estaba en prisión por predecir la victoria de Babilonia sobre Jerusalén, Dios le dijo que comprara la heredad de su pariente en Anatot (32:1-5). Jeremías sí tenía una responsabilidad familiar de rescatar la propiedad (ver Lev. 25:25-32), pero no tenía sentido derrochar su dinero en ella. La heredad estaba en territorio enemigo y Jeremías sabía que Judá iría al exilio por 70 años (29:10). No obstante, siguió abiertamente las prácticas legales institucionalizadas, relacionadas con la compra de la tierra, porque creía en la promesa de Dios, que el pueblo volvería a vivir en Judá (32:15). Este acto público fue un legitimador poderoso de su predicación.[58] Él no sólo predicó que el pueblo volvería después que la ciudad fuera destruida, sino que estaba tan seguro de eso, que inmediatamente invirtió su dinero en Judá.

El testimonio de fe, de carácter monetario, que dio Jeremías estuvo acompañado de una oración que justificó sus creencias ante los judíos que presenciaron la compra de la tierra. El acto de Jeremías estuvo basado sobre sus convicciones teológicas acerca de Dios (parte de su universo simbólico).[59] Su decisión de fe tuvo justificativo porque Dios creó el mundo, tiene poder ilimitado y, debido a su justicia, trae tanto castigo como misericordia. Dios es sabio y demostró estos rasgos de carácter tanto cuando sacó a Israel de Egipto, como cuando trajo a Babilonia para destruir a Judá (32:16-25). El restablecimiento del pacto, la transformación de sus corazones y el nuevo gozo del que ellos disfrutarían provendrían de la misericordia poderosa de Dios (32:36-44). A pesar de la terrible situación de Judá, Jeremías pudo imaginar un día cuando la nación finalmente clamaría a Dios. Dios los sanaría, perdonaría sus pecados, restauraría su prosperidad, les daría gozo, enviaría el renuevo mesiánico davídico y restauraría los patrones normales de adoración. El juramento inquebrantable de Dios respaldó el acto audaz de Jeremías y debería haber encendido la fe en su audiencia (33:1-26).

VI. Relatos del rechazo de Jeremías 34:1–45:5

Jeremías enfrentó *rechazo antes de la caída de Jerusalén* (34:1–38:28), en los reinados de Joacim y de Sedequías, porque sus palabras estaban muy fuera de línea con los puntos de vista socialmente aceptados que se desarrollaban en Jerusalén. Jeremías comparó el compromiso total de los recabitas a obedecer las instrucciones de sus ancestros (no beber vino, ni vivir en casas, ni plantar viñas),[60] con la falta de voluntad del pueblo de Jerusalén para obedecer cualquiera de las instrucciones de Dios (35:1-19).

En el cuarto año de Joacim (justo antes de que Babilonia tomara a sus primeros cautivos en 605 a.C.; 36:1; Dan. 1:1-3), Judá rechazó totalmente la predicación de Jeremías y ni siquiera le permitió hablar en el templo.[61] De ahí que él le dictara sus primeros mensajes a su escriba Baruc, de modo que éste pudiera leerlos a los que se reunían para adorar en el templo. Posiblemente, algunos serían persuadidos por lo que oirían acerca del plan de Dios para Jerusalén y se arrepentirían (36:1-7). Cuando los oficiales del templo oyeron lo que leyó Baruc, lo reportaron al rey Joacim, quien eventualmente quemó el rollo (36:9-26). Jeremías y Baruc se escondieron, fueron aislados socialmente y temieron por sus vidas. Volvieron a escribir y agregaron más sermones a un nuevo rollo (36:19,27-32).

Más tarde, durante el sitio de Jerusalén, Sedequías y la clase adinerada hicieron un pacto de liberar a todos los esclavos, de acuerdo a la ley mosaica tradicional, posiblemente para ganar el favor de Dios (34:6-10; ver Ex. 21:2-6; Lev. 25:3-7; Deut. 15:12-18).[62] Cuando los egipcios vinieron a rescatar a Sedequías, los babilonios levantaron su sitio por un tiempo corto (34:22; 37:1-16).[63] En este punto, los líderes volvieron atrás su decisión y forzaron a los esclavos a volver a la cautividad. Jeremías condenó a los que profanaron el nombre de Dios al no honrar el pacto de liberar a sus esclavos (34:11-22). Esta acción fue motivada por ganancias económicas egoístas.

Gran gozo y optimismo regresaron a Jerusalén, cuan␣ levantaron brevemente el sitio de Jerusalén. Todos pens␣ había terminado y que se habían salvado. Pero Jeremías se op␣ optimismo popular y le advirtió a Sedequías que no se engañara, porque el ejército babilónico pronto regresaría (37:1-10). Esta postura impopular condujo al arresto de Jeremías, cuando fue acusado falsamente de ser un traidor que estaba a favor de los babilonios (37:11-21). Poco tiempo después, los oficiales del rey arrojaron a Jeremías a una cisterna fangosa para que se muriera, porque había alentado al rey a someterse a Babilonia (38:1-6). Más tarde, Sedequías le dio permiso a Ebed-melec, un eunuco etíope valiente, quien había visto la manera injusta en que habían tratado a Jeremías, para que rescatara al profeta de la muerte (38:7-13). Por este acto de amor, Dios prometió proteger a Ebed-melec de los babilonios (39:15-18). Aun cuando Sedequías se comprometió secretamente a proteger a Jeremías, el profeta no cambió su predicción acerca de los babilonios para complacer al rey (38:14-28).

Jeremías también enfrentó *rechazo después de la caída de Jerusalén* (39:1–43:7), aun cuando tal evento demostró que sus profecías eran correctas. En el décimo primer año de Sedequías, se abrió una brecha en la muralla, el rey en fuga fue capturado cerca de Jericó, se tomaron cautivos y la ciudad fue incendiada (39:1-10). Irónicamente, los oficiales babilónicos reconocieron que Jeremías era un profeta verdadero, de modo que le dieron algo de comida y un regalo y le permitieron elegir quedarse en Jerusalén, si es que así lo deseaba (39:11-14; 40:1-6). Jeremías se quedó en Judá, en Mizpa, donde se reunieron Gedalías, el nuevo gobernador, y la gente más pobre de la tierra. Gedalías ignoró una advertencia de insurrección; pero en poco tiempo Ismael, el amonita, con ferocidad lo mató a él, a los babilonios que estaban junto a él y a ochenta adoradores inocentes (41:1-10). Temiendo por sus vidas, los judíos que quedaban se fueron a Egipto, para escapar de la ira de Babilonia (41:11-18). Antes de entrar a Egipto, el grupo le pidió a Jeremías que oficiara de profeta e intercediera por ellos. El pequeño grupo que sufrió la destrucción de Jerusalén, parecía tener una alteración importante en su cosmovisión.[64] Hicieron el juramento de hacer cualquier cosa que Dios dijera, sometiéndose a obedecer la dirección de Dios para sus vidas (42:1-6). Jeremías externalizó una visión sorprendente del futuro para esta gente temerosa. A pesar de su inestabilidad social y de su impotencia militar, Dios los edificaría y los protegería del rey de Babilonia, si es que ellos permanecían en la tierra y confiaban en Dios. Si ellos rechazaban las promesas de Dios y corrían a Egipto en busca de protección, Dios derramaría su ira sobre ellos y los destruiría (42:7-22).

Evidentemente, el pueblo no había alterado su compromiso para hacer cualquier cosa que Dios dijera, porque acusaron a Baruc de engañar a Jeremías, para que ellos cayeran bajo el ejército babilónico. Entonces, el pueblo en fuga tomó por la fuerza a Jeremías y a Baruc, para que fueran con ellos a Egipto (43:1-7).

La sección final registró el *rechazo de Jeremías después de ir a Egipto* (43:8–45:5). El sermón de Jeremías en Egipto abordó la cosmovisión engañosa de los que pensaban que, en ese lugar, estaban a salvo de Babilonia. El profeta advirtió que Nabucodonosor destruiría Egipto, incendiaría sus templos y mataría a los judíos en Egipto, porque ellos repetidamente habían rechazado la palabra de Dios a través de los profetas y ahora estaban quemando sacrificios a los dioses de Egipto (43:8–44:14; esto ocurrió en 582 a.C.). Las mujeres (y sus esposos) justificaban su rechazo de la palabra de Jeremías y ofrecían sacrificios a la reina del cielo, tal como lo habían hecho antes de la caída de Jerusalén (44:17-19; ver 7:17-25), porque en ese momento tenían bienestar. Lo que Jeremías consideraba como la causa del juicio de Dios, el pueblo lo consideraba como la causa de su prosperidad. Una experiencia vista desde lados opuestos, justificó visiones contradictorias de la historia.[65] Cuando Jeremías fracasó en persuadir al pueblo, volvió a explicar la lógica del accionar de Dios: Él había hecho de Jerusalén ruinas abandonadas cubiertas por su maldición, porque el pueblo adoraba a dioses falsos (44:20-30). De manera similar, Dios destruiría a todos los judíos en Egipto, menos algunos pocos, cuando Babilonia derrotara al faraón.

Esta sección terminó con una breve lamentación de Baruc (45:1-5). Después que Jeremías y Baruc fueron forzados a esconderse por leer el rollo en el templo (36:1-19 en 605 a.C.), Baruc sintió el dolor del rechazo social, admitió su fatiga física y clamó a Dios por misericordia. Dios le aseguró a Baruc que sus palabras de juicio y restauración se cumplirían.

Le advirtió a Baruc que no permitiera que la desaprobación social afectara su visión de sí mismo ni sus responsabilidades. Baruc jugó un papel de respaldo clave, al crear una estructura de plausibilidad para el ministerio de Jeremías.[66]

VII. Oráculos en contra de naciones extranjeras 46:1–51:64

Estos sermones fueron estructurados en tres grupos: oráculos contra Egipto (46); sobre naciones más pequeñas que pueden haber formado una coalición con Judá en contra de Babilonia (47–49) y sobre Babilonia (50–51). Estos mensajes comunicaron a los líderes que Dios tiene poder sobre todas las naciones. Judá no debía tener temor de sus enemigos, ni confiar en alianzas políticas para que la salvaran de otras naciones.

Los oráculos en contra de Egipto, se refieren a su guerra contra Babilonia en Carquemis en 605 a.C. (46:1-13) y a una guerra posterior con Egipto (posiblemente en 587 a.C.; ver 37:6-10). Los políticos que favorecían a Egipto se asociaron con Joacim en Judá desde 609–605 a.C., vieron a Egipto como un aliado central y esperaban que Egipto ganara la batalla de Carquemis. El sermón de Jeremías frustró las esperanzas de la casa real, con las noticias impopulares que el Señor derrotaría al ejército egipcio (46:1-12). Jeremías sostuvo que Dios era el Rey poderoso que gobernaba las naciones. Él haría que el ejército egipcio trastabillara y así quisiera regresar a casa. Dios destruiría a Egipto, a sus dioses y a todos los que confiaban en el faraón. Los versículos finales explican el propósito de este oráculo. Judá no debía temer a los ejércitos, sino confiar en Dios quien la salvaría y destruiría a todas las naciones (46:27-28; ver 30:10-11).

En los oráculos sin fecha en contra de naciones más pequeñas (47–49),[67] Jeremías estaba persuadiendo a su audiencia, para que internalizara dentro de su filosofía política, que Dios controlaba de manera soberana la historia de todas las naciones.[68] Ellos debían aceptar los planes de Dios de destruir a las naciones (49:20) y no caer en la estrategia de la política popular, de confiar en alianzas para oponerse a Babilonia (27:1-7; 47:4).

No debían confiar en Filistea, Moab, Amón, Edom, Damasco, Cedar ni Elam, porque sus alardes orgullosos de fuerza, sabiduría y riquezas eran exaltaciones personales arrogantes que las ponían en conflicto con el plan de Dios (48:26-30,42; 49:4,16).[69] Sería necio que Judá contara con gente destinada a la destrucción. Con imágenes retóricas vívidas, Jeremías legitimó esta perspectiva, al describir el ruido de los carros de guerra, la ruina de valles exuberantes y de grandes ciudades, la vergüenza de una derrota total, la humillación de tener dioses engañosos, el horror de llegar a ser el objeto de burla de los enemigos, incluso el llanto de hombres maduros y la pérdida de todo gozo y esperanza. Aunque Dios restauraría a un remanente de algunas naciones en un tiempo posterior (46:26; 48:47; 49:6,39), era insensato oponerse neciamente a los planes y propósitos de Dios.

Los capítulos finales incluyen una serie compleja de oráculos acerca de la desaparición del imperio babilónico bajo Nabucodonosor (50:17; 51:34).[70] La profecía tiene similitudes con las esperanzas engañosas de la destrucción de Babilonia que tenían los falsos profetas. De modo que algunos comentaristas no creen que estas hayan sido palabras de Jeremías.[71] Estas palabras encajan dentro de otro mensaje de Jeremías, el cual vio de antemano la caída de Jerusalén, la eventual derrota de los enemigos de Judá y la restauración de Judá (comparar 29–33 con el acto, a modo de señal, de Seraías en Babilonia en 51:59-64).[72] Si estas palabras acompañaron a los sermones de esperanza de Jeremías (30–33), en un período tardío en el reinado de Sedequías, cuando Judá no tenía ninguna esperanza de supervivencia, habrían legitimado la afirmación del profeta que un día la gente regresaría de su exilio de 70 años. Cuando fueron transmitidas por Seraías en Babilonia, ellas habrían alentado a los judíos en el exilio a mantener su fe en el plan de Dios de derrotar a Babilonia y de traerlos de vuelta a casa en Jerusalén.

Al escuchar los sermones de Jeremías, algunos en su audiencia probablemente o pensaron que Jeremías enseñaba que Dios estaba del lado de Babilonia, o dedujeron que la derrota de Jerusalén implicaba que los dioses de Babilonia eran más fuertes que el Dios de Israel, o se preguntaron si Dios alguna vez los perdonaría y los haría volver a su tierra. Jeremías enseñó:

(a) que el pueblo de Dios en Judá e Israel sería esparcido entre las naciones (50:3,17,33),

(b) que en venganza, Dios traería a una nación contra la arrogante y violenta Babilonia para destruirla (50:9-16,21-32,35-46; 51:1-4, 6-14,20-33,37-44,54-58), y

(c) que los judíos regresarían y entrarían en un pacto eterno con Dios (50:4-5,19-20,34; 51:6,10,45-46,50-51).

Este era el plan de Dios, y su sabiduría y su poder lo cumplirían (50:20, 45; 51:11,15,29). Todo dios babilónico sería visto como una ilusión sin valor (50:2; 51:17-19; ver 10:14-16; 51:44,47,52). Estas noticias fueron de aliento para los que cuestionaban las promesas brillantes de 30–33.

VIII. Apéndice: La caída de Jerusalén 52:1-34

Este registro histórico de la caída de Jerusalén no era parte del rollo de Jeremías (51:64), sino un agregado posterior que se compara con 2 Reyes 24:18–25:30. Cubrió más detalles que el acercamiento biográfico de 39–40. Registró con cuidado lo que le ocurrió a la gente, a los objetos del templo y a los gobernantes de Judá. Terminó con una historia misteriosa acerca de la amabilidad de un rey de Babilonia hacia Joaquín, rey de Judá exiliado (52:31-34).

Consecuencias teológicas y sociales

La vida de Jeremías proyecta una larga sombra, que contradice muchas filosofías modernas de ministerio, y sus sermones son como suero de verdad que revela los engaños vergonzosos que se pavonean como si fueran sermones. En realidad, el corazón es engañoso, las expectativas culturales de un ministerio exitoso sin conflicto son atractivas, la aceptación pública difundida puede ser tentadora y el estatus y poder de ser el "mensajero de Dios" puede ser estimulante. Sin embargo, el llamado de Dios y sus planes le dan prioridad a que Él sea escuchado, a que se transmitan sus palabras y se lo sirva. Al igual que Jeremías, todos los mensajeros de Dios comienzan su ministerio con expectativas culturales de lo que la gente espera que ellos digan y cómo la gente quiere que actúen, pero tienen poca idea acerca de lo que Dios quiere. Algunos tienen la ilusión de que ambos desean las mismas cosas, que uno puede complacer a Dios y a las personas, que la gente desea oír la palabra de Dios y transformar su vida.

La vida de Jeremías proyecta la amenaza temida, que los mensajeros justos de Dios pueden sufrir rechazo de parte de líderes y laicos, en lugar de tener estatus y popularidad. Él no invirtió su tiempo en administrar programas, sino que se preocupó lo suficiente por su audiencia como para pasar tiempo llorando por ellos e intercediendo por la misericordia de Dios. Su mensaje de manera constante señaló el peligro de aceptar la teología engañosa de sus días. Tuvo la valentía y la sinceridad de estar en desacuerdo con los profetas y los sacerdotes que disfrutaban de predicar mensajes de paz y prosperidad sin sustancia. No apartaban tiempo, dentro de su horario ocupado, para comprender lo que Dios estaba diciendo. Jeremías tuvo la disposición de reflexionar sobre la manera en que la cultura y las normas sociales gradualmente habían reemplazado patrones morales más antiguos. El mensajero fiel dio palabras de esperanza, así como también palabras de juicio, aun cuando parecían inapropiadas y usó todos los medios posibles (sermones, libros, drama, parábolas) para persuadir a algunos.

Tal sinceridad y devoción a la verdad de Dios incluso puede generar dudas internas y preguntas acerca del cuidado y protección de Dios. ¿Vale la pena? ¿Por qué tengo que soportar una falta de respeto tal y tamaña manipulación política? ¿Por qué me siento tan solo y rechazado? La mayor lucha no serán las creencias engañosas de otros, sino la lucha del mensajero por andar con Dios.

Preguntas para debatir

1. ¿Qué teología del sufrimiento puede extraerse de las experiencias de Jeremías?

2. ¿Cuáles eran los factores de engaño en la teología del templo, de Dios o de los dioses y del exilio que tenía Judá (ver 7; 10; 24)?

3. ¿Cuál es el rol de un intercesor?

4. ¿De qué manera las lamentaciones de Jeremías por la nación afectaron la visión que la audiencia tenía de Jeremías?

5. ¿Cuál fue la base para la esperanza de Jeremías en situaciones con tan poca esperanza (ver caps. 32 o 42)?

1. 21:1; 24:1; 25:1; 26:1; 27:1; 28:1; 29:1-2; 32:1; 34:1; 35:1; 36:1; 37:1; 39:1; 40:1; 42:1; 44:1; 46:1-2; 47:1; 51:59. Para un repaso histórico ver D. Redford, *Egypt, Canaan, and Israel in Ancient Times* (Princeton: Princeton Univ. Press, 1992), 430-71.

2. J. McKay, *Religion in Judah under the Assyrians* (Naperville: Allenson, 1973), 28-43, piensa que la reforma de Josías no eliminó a los dioses o ídolos asirios sino a los cananeos.

3. J. P. Hyatt, "The Book of Jeremiah", *IB* 5 (Nashville: Abingdon, 1956), 779 y W. Holliday, *Jeremiah: Spokesman Out of Time* (Filadelfia: Pilgrim, 1974) 17-23, conjeturan que el año décimotercero de Josías fue la fecha de nacimiento de Jeremías, cuando él fue llamado. C. F. Whitley, "The Date of Jeremiah's Call", *VT* 14 (1964), 467-84, coloca el llamamiento de Jeremías en 609/608 a.C., el primer año del reinado de Joacim. Estas fechas se han basado, en parte, en el silencio de Jeremías concerniente a la reforma de Josías. Ver S. Hermann, *Jeremia* en *BKAT* xii (Neukirchen: Neukirchener Verlag, 1986), 11-23. J. R. Lundbom, *The Early Career of the Prophet Jeremiah* (Lewiston: Millen, 1993), considera que el llamamiento vino en el 627 a.C., la aceptación del llamado en 622 a.C., y una comisión que reafirmaba el llamamiento también en 622 a.C.

4. J. Bright, *Jeremiah* en *AB* 21 (Garden City: Doubleday, 1965), xlix, piensa que Joacim fue asesinado (Jer. 22:18-19 y 36:30).

5. Para más detalles, ver J. Bright, *A History of Israel* (Filadelfia: Fortress, 1981), 317-327; Redford, *Egypt, Canaan, and Israel*, 430-71.

6. W. L. Holladay, *Jeremiah 1* en *Her* (Filadelfia: Fortress, 1986), 7, cree que esta coalición se formó en 594 a.C., porque hubo un levantamiento interno en el ejército de Nabucodonosor. Esto le dio a la coalición un motivo para tener esperanza (27:1).

7. P. Berger y T. Luckmann, *The Social Construction of Reality: A Treatise in the Sociology of Knowledge* (Garden City: Doubleday, 1966), 19-34, llegaron a la conclusión de que las cosmovisiones se desarrollan a través de la interacción social con padres y pares, y también mediante la propia experiencia.

8. Ver las comparaciones en H. H. Rowley, "The Prophet Jeremiah and the Book of Deuteronomy", en *Studies in the Old Testament Prophecy* (Edimburgo: T & T Clark, 1950), 157-74, y J. A. Thompson, *The Book of Jeremiah* en *NICOT* (Grand Rapids: Eerdmans, 1980), 81-85. Ver la discusión de F. B. Huey, *Jeremiah* en *NAC* 16 (Nashville: Broadman Press, 1993), 26-29. Para un intento de hacer desaparecer totalmente a Jeremías como autor, ver R. Carroll, *Jeremiah* en *OTL* (Filadelfia: The Westminster Press, 1986), 38-50. Comparar con la crítica en P. C. Craigie, P. H. Kelley, J. F. Drinkard (h.), *Jeremiah 1–25* en *WBC* 26 (Dallas: Word Books, 1991), xxxi–xli.

9. H. G. Reventlow, *Liturgie und prophetisches Ich bei Jeremia* (Gütersloh: Gütersloher Verlaghaus, Gerd Mohn, 1963), 24-77. Su rol fue oponerse a la mayor parte de lo que estaba ocurriendo en el templo.

10. En 2 Reyes 22:4,8 se lo llama sumo sacerdote, pero en 2 Reyes 22:10,12,14 se lo llama simplemente sacerdote. Jeremías 1:1-3 no se refiere a Hilcías como el sumo sacerdote.

11. H. H. Rowley, "The Early Prophecies of Jeremiah in Their Setting", en *Men of God* (Londres: Nelson, 1963), 137-39, hace una lista de defensores y opositores (la mayoría piensa que no era el sumo sacerdote).

12. Su tío Maasías, hijo de Salum, era guarda de la puerta del templo (35:4; comp. 2 Crón. 34:8). Uno de los hijos de Maasías era sacerdote (21:1; 29:25-26; 37:3).

13. R. R. Wilson, *Prophecy and Society in Ancient Israel* (Filadelfia: Fortress, 1980), 242, llega a la conclusión de que Jeremías era un profeta periférico mientras que D. C. Hester, *Authority Claims and Social Legitimation in the Book of Jeremiah* (Doctoral Dissertation at Duke University, 1982), 226, concluye que era un profeta principal. Klaus Seybold, *Der Prophet Jeremia: Leber and Werk* (Stuttgart: Kohlhammer, 1993), estudia la vida de Jeremías, sus enseñanzas y la edición de su obra.

14. A. B. Rhodes, "The Prophets as Intercessors", en *Scripture in History and Theology*, ed. A. L. Merrill y T. W. Overholt (Pittsburgh: Pickwick, 1977), 108-28.

15. Hyatt, "Jeremiah", *IB* 5, 782-83, describe la "personalidad de Jeremías" como si fuera estática durante cuarenta años de ministerio en distintos entornos. Ver A. R. Diamond, *The Confessions of Jeremiah in Context* (Sheffield: *JSOT Sup* 45 1987), 11-16, para un estudio de varias aproximaciones a estas confesiones.

16. T. M. Raitt, *A Theology of Exile* (Filadelfia: Fortress, 1977); J. R. Lundbom; *Jeremiah: A Study in Ancient Hebrew Rhetoric* (Missoula: Scholars Press, 1975) se enfoca en marcadores retóricos y L. Stulman, *The Prose Sermons of the Book of Jeremiah* (Atlanta: Scholars Press, 1986) usa un análisis estadístico. El profeta usó un relato del llamado (1:4-10); un juicio por el pacto (2:1-37); oráculos de juicio (5:1-17; 8:4-12; 16:10-13; 28:12-16); lamentaciones (11:18–12:6; 15:10-21; 17:14-18; 18:18-23; 20:7-18); convocatorias al arrepentimiento (3:12-14; 4:1-4; 7:3-7; 22:3-5; 25:4-6); oraciones (14:19-22; 16:19-20) y discursos de salvación (3:15-18; 16:14-18; 29:10-14; 30–31; 32:36-44; 33).

17. Holladay, *Jeremiah 2* en *Her*, 35-70, encuentra reminiscencias de tradiciones del pentateuco, históricas, de himnos, de sabiduría y proféticas. Ver también P. Grech, "Interprophetic Re-interpretation and Old Testament Eschatology", *Augustinianum* 9 (1969), 235-65.

18. S. Monwickel, *Zur Komposition des Buches Jeremia* (Kristiana: Dybwald, 1914), 20-45, cree que el primer material vino de Jeremías, la prosa biográfica provino de Egipto alrededor de 50 años más tarde (luego él llegó a la conclusión de que vino de Baruc), y el último tipo de material provino de redactores deuteronómicos tardíos. Holladay, *Jeremiah 2* en *Her*, 10-24; 53-63 y Thompson, *Jeremiah* en *NICOT*, 33-56, discuten estos problemas. Más recientemente, ver M. J. Williams, "An Investigation on the Legitimacy of Source Distinction for the Prose Material in Jeremiah", *JBL* 112 (1993), 193-210. Ver nota 8 en este capítulo.

19. Sobre la base de un estudio lingüístico, Bright, *Jeremiah* en *AB* 21, lxvii–lxxiii, llega a la conclusión de que el material "deuteronómico" era antiguo (y no postexílico) y no contradictorio con la manera de pensar de Jeremías. T. W. Overholt, "Remarks on the Continuity of the Jeremiah Tradition", *JBL* 91 (1972), 457-62, ve un tratamiento similar del tema de la "falsedad" a lo largo de Jeremías, mientras que W. L. Holladay, "Prototypes and Copies: A New Approach to the Poetry and Prose Problem in the Book of Jeremiah", *JBL* 79 (1960), 351-67, muestra una dependencia entre las secciones poéticas y las de prosa.

20. Una discusión útil de la estructura de Jeremías es D. A. Dorsey, "Broken Postherds at the Potter's House: An Investigation of the Arrangement of the Book of Jeremiah", *EJ* 1 (1983), 3-16.

21. Holladay, *Jeremiah 1* en *Her*, 4, 17, concluye que 627 a.C. fue la fecha del nacimiento de Jeremías, dado que 1:5 dice que Jeremías fue llamado desde su nacimiento. Esto ayuda a explicar por qué Jeremías no dijo casi nada acerca de Josías; pero pocos han aceptado esta interpretación. Ver nota 3 más arriba.

22. Ver N. Habel, "The Form and Significance of the Call Narratives", *ZAW* 77 (1965), 297-323, sobre factores estructurales y Holladay, *Jeremiah: Spokesman Out of Time*, 16-18, sobre comparaciones con Moisés y Samuel.

23. No hay ninguna indicación de que este haya sido un ritual de ordenación público para un profeta cúltico, tal como lo sugiere Reventlow, *Liturgie und prophetisches*, 24-77, o que haya sido meramente un instrumento literario y no una experiencia privada de Jeremías tal como lo sugiere R. Carroll, *Jeremiah* en *OTL*, 100.

24. Berger, *Social Construction*, 129, ve la internalización como el proceso social de aceptar como propia, la interpretación significativa del mundo que tiene otra persona.

25. K. Nielsen, *Yahweh as prosecutor and Judge: An Investigation of the Prophetic Lawsuit (Rib-Pattern)* (Sheffield: Sheffield Press, 1978), discute la estructura y la teología detrás de los juicios por el pacto.

26. Bright, *Jeremiah* en *AB* 21, 17-18, encuentra que los cambios de la segunda persona plural masculina (2:4-13,29-32) a la segunda persona singular femenina (2:1-3,14-28, 33-37) identifican dos sermones diferentes que se unieron para formar uno, pero tales cambios pueden estar relacionados con el grupo al cual se dirigía el profeta (Israel es singular en 2:1-3, mientras que "todas las familias" en 2:4 es plural).

27. Berger, *Social Construction*, 104, ve la externalización como el proceso social de traer nuevos significados a la vida, los cuales no están derivados de fuerzas sociales del entorno de una persona.

28. R. E. Clements, *Jeremiah* en *IntCom* (Atlanta: J. Knox, 1988), 43, piensa que la liberación de Ezequías de manos de Senaquerib por parte de Dios sólo reforzó la absoluta confianza en las promesas de Dios de una dinastía davídica eterna en Jerusalén (ver 2 Sam. 7).

29. Berger, *Social Construction*, 89-90, llama reificación o cosificación a esta visión falsa de la realidad, la cual deshumaniza la realidad y crea una facticidad irreal a partir de un espejismo.

30. Probablemente se trata de Astarté. Ver M. Weinfield, "The Worship of Molech and of the Queen of Heaven and its Background", *UF* 4 (1972), 149-54.

31. Craigie y otros, *Jeremiah 1–25*, en *WBC* 26, 125, relaciona estos sacrificios de niños con el baalismo (2 Rey. 21:6; Jer. 19:5; 32:25), dado que los arqueólogos encontraron restos de muchos niños en el templo fenicio de Cartago.

32. Carroll, *Jeremiah* en *OTL*, 235-36, concluye que los heridos en la ciudad se lamentaban, pero no hay ninguna señal de arrepentimiento. Clements, *Jeremiah* en *IntCom*, 59, identifica con propiedad al que se lamenta, como Jeremías.

33. Thompson, *Jeremiah* en *NICOT*, 318.

34. Las obras de M. Margoliot, "Jeremiah X.1–16: A Re-Examination", *VT* 30 (1980), 295-308 y de T. W. Overholt, "The Falsehood of Idolatry: An Interpretation of Jer. X.1-16", *JTS* 16 (1965), 1-12, bosquejan la estructura y los temas unificadores.

35. Craigie y otros, *Jeremiah 1–25*, 168-69, hace una lista de conexiones con Deuteronomio, tanto como de frases que aparecen con frecuencia en Jeremías, pero que no son características de Deuteronomio.

36. Reventlow, *Liturgie und Prophetische* (Grand Rapids: Eerdmans, 1988), y Carroll, *Jeremiah* en *OTL*, 276-78, llegan a la conclusión de que esta fue una lamentación comunitaria durante un servicio de adoración. En ella reconocen la desintegración de su mundo y claman a Dios. Parece mejor seguir a W. Brueggemann, *Jeremiah 1–25: To Pluck Up, To Tear Down* en *ITC* (Grand Rapids: Eerdmans, 1988), 109 y a Holladay, *Jeremiah 1* en *Her*, 358, quienes consideran que son lamentaciones personales.

37. Berger, *Social Construction*, 121, encuentra que un método para mantener el universo (el mundo socialmente aceptado de los sacerdotes en Anatot) era liquidar (matar) a la persona que presentaba una visión desviada de la vida (Jeremías).

38. Brueggemann, *Jeremiah 1–25* en *ITC*, 112. Diamond, *Confessions of Jeremiah*, 22-51, examina la forma, la dicción, la redacción, la interpretación, el propósito y el contexto de cada una de estas lamentaciones.

39. Dado que la distancia al Éufrates era de alrededor de 640 kilómetros, algunos creen que se refería a otro lugar o que era una parábola o sueño que el profeta relató. Ver Carroll, *Jeremiah* en *OTL*, 295.

40. El significado de las dos citas de Dios en vv. 11-12 y 13-14 se explican en G. V. Smith, "The Use of Quotations in Jer. XV 11-14", *VT* 29 (1979), 229-31.

41. Berger, *Social Construction*, 30-34, 173-80, ve la identidad como un proceso de definición social. Está relacionada con los sistemas de tipificación dentro de la sociedad. Así es que Jeremías ya no vio que encajara en el tipo social llamado profeta.

42. Ibíd., 150-52. Berger describe cómo alguien significativo causa impacto en la vida de una persona y cómo la conversación con otros afecta la identidad social y la cosmovisión que uno tiene.

43. Brueggemann, *Jeremiah 1–25* en *ITC*, 148-50, tiene esta interpretación, mientras que Thompson, *Jeremiah* en *NICOT*, 410-12, piensa que los vv. 16-18 se refieren al juicio de Judá.

44. Ver M. Tsevat, "The Basic Meaning of the Biblical Sabbath", en *The Meanings of the Book of Job and Other Studies* (Nueva York: KTAV, 1980), 39-52.

45. Berger, *Social Construction*, 104-21, describe los métodos sociales para tratar con las visiones en conflicto con la realidad. Algunos no consideran la validez de la idea, sino que simplemente la llaman herejía o desviación que no debiera ser tomada en serio. Algunas veces, las estructuras sociales en el poder pueden destruir al mensajero.

46. La raíz *pth* es traducida como "persuadiste" por D. J. A. Clines y D. M. Gunn, "'You Tried to Persuade Me' and 'Violence! Outrage' en Jer. XX 7–8", *VT* 28 (1978), 20-27, y Craigie y otros, *Jeremiah 1–25* en *WBC* 26, 273, están de acuerdo. Pero Holladay, *Jeremiah 1* en *Her*, 552, prefiere la traducción tradicional "engañaste", al igual que D. R. Jones, *Jeremiah* en *NCBC* (Grand Rapids: Wm. B. Eerdmans Publishing Co., 1992), 272-73.

47. Berger, *Social Construction*, 127, sostiene que todas las cosmovisiones desviadas necesitan del respaldo de un grupo para proveer una base objetiva, pero no considera la posibilidad de una base objetiva divina. Jeremías sentía que ambas estructuras de soporte eran inadecuadas.

48. Ibíd., 104. Berger ve a la externalización como el proceso de crear una nueva comprensión de la realidad. Jeremías rechazó la cosmovisión del rey y fue considerado un traidor.

49. Carroll, *Jeremiah* en *OTL*, 446-47, tiene la interpretación poco probable de que esta es una celebración inaugural del gobierno legítimo de Sedequías, pero Holladay, *Jeremiah 1* en *Her*, 617-20, argumenta a favor de una interpretación mesiánica del "renuevo justo". Ver Huey, *Jeremiah* en *NAC*, 211-12.

50. T. W. Overholt, *The Threat of Falsehood* (Naperville: Allenson, 1970), 49-71, se refiere a Jeremías 23.

51. La traducción griega del texto hebreo tiene los oráculos en contra de las naciones extranjeras en Jeremías 46–51, después del capítulo 25.

52. W. Brueggemann, *To Build and to Plant: A Commentary on Jeremiah 26–52* en *ITC* (Grand Rapids: Eerdmans, 1991), 6, ve a esto como una ideología del templo que tenía la realeza, pero en este caso, los oficiales de la realeza no estaban de acuerdo con la oposición profética y sacerdotal a Jeremías.

53. R. P. Carroll, "Prophecy, Dissonance, and Jeremiah XXVI", en *A Prophet to the Nations*, eds. L. G. Purdue y B. W. Kovacs (Winona Lake: Eisenbrauns, 1984), 381-91, ve el cambio de los profetas falsos, quienes primero negaron el exilio y después de 597 a.C. hablaron sólo de un exilio corto, como una reacción a la disonancia entre la realidad y sus predicciones anteriores.

54. Berger, *Social Construction*, 85-88, 108-28, discute cómo las cosmovisiones divergentes sostenidas por profesionales llevan a conflictos que con frecuencia se reducen con la liquidación de un experto, o asignando una definición negativa (falso profeta) a uno de los oradores.

55. Ibíd., 66, 115. Berger sugiere que otra aproximación a la desviación era designarla como depravación moral, ignorancia o enfermedad mental. Al clasificar a Jeremías como loco, Sofonías trató de marginar las opiniones del profeta.

56. Holladay, *Jeremiah 2* en *Her*, 156-59, cree que varias secciones en 30-31 provinieron de la predicación temprana de Jeremías en Israel, la nación del norte, pero Clements, *Jeremiah* en *IntCom*, 175-76, argumenta a favor de una audiencia en Judá, al final del reinado de Sedequías.

57. La comunidad de Qumran pensaba que ellos eran el pueblo del nuevo pacto. Los primeros cristianos creían que el nuevo pacto fue hecho posible por la muerte de Jesús (ver Luc. 22:20; 1 Cor. 11:15; Heb. 8:8–9:28).

58. La gente probablemente descontaba muchas de sus palabras, pero cuando Jeremías puso su dinero donde estaba su boca, ese acto demostró que creía en las promesas de Dios, a pesar de la desesperanza de la situación militar de Jerusalén.

59. Berger, *Social Construction*, 95-99, ve el universo simbólico como una abstracción teórica de la realidad, que integra los significados objetivos y subjetivos, que la gente le da a las partes de la realidad. Este mundo abstracto está creado socialmente por medio de la interacción con las tradiciones, la gente y la experiencia de la vida.

60. J. T. Cummings, "The House of the Sons of the Prophets and the Tents of the Rechabites", en *Studia Biblica* 1978 (Sheffield: JSOT Press, 1979), 119-26.

61. Berger, *Social Construction*, 118-19, indica que algunos grupos mantienen su cosmovisión mediante la fuerza (Joacim), ignorando la lógica o la evidencia de una perspectiva en conflicto (la de Jeremías).

62. Carroll, *Jeremiah* en *OTL*, 647, hace una lista de razones posibles por las que los esclavos eran liberados.

63. Thompson, *Jeremiah* en *NICOT*, 606, tiene la hipótesis de que este contexto fue una motivación para cancelar el pacto de liberar esclavos.

64. Berger, *Social Construction*, 157-59, ve la alternancia como un proceso primario de resocialización, en el cual una persona se convierte de la cosmovisión de un grupo a la de otro.

65. Carroll, *Jeremiah* en *OTL*, 737-38, observa que la fe existente de una persona interpretaba la experiencia tanto para Jeremías como para los judíos. La experiencia debería haber legitimado una alternativa, pero en forma engañosa respaldó dos cosmovisiones opuestas. Berger, *Social Construction*, 19-27, describe cómo las experiencias de todos los días organizan una cosmovisión.

66. Berger, *Social Construction*, 154-55, ve la importancia de refugios sociales seguros (cónyuge, amigo o grupo), donde la posibilidad de la cosmovisión de una persona sea aceptada como normal.

67. Sólo el oráculo de Elam (49:34) fue fechado al comienzo del reinado de Sedequías en 597 a.C. Esto concuerda con la fecha de los intentos de la coalición en 27:1-3.

68. Brueggemann, *Jeremiah 26–52* en *ITC*, 246-48, enfatiza este propósito.

69. Jeremías usó tradiciones fidedignas concernientes a Moab y a Edom (Isa. 15–16; Abd. 1–6), para respaldar su actual mensaje.

70. K. T. Aitken, "The Oracles against Babylon in Jeremiah 50–51: Structure and Perspective", *TB* 35 (1984), 25-62, encuentra una estructura de situación, intervención y resultado.

71. Holladay, *Jeremiah 2* en *Her*, 401, dice que estas eran conclusiones ideológicas a priori y no basadas en evidencia lingüística.

72. Carroll, *Jeremiah* en *OTL*, 816, percibió aspectos contradictorios de peso, pero si el trato de Judá por parte de Dios podía cambiar con el tiempo, ciertamente Él los podía ayudar a hacer su voluntad y luego, más tarde, traer un juicio apropiado.

Capítulo 12

Joel: ¡Clamen al Señor porque su día está cerca!

Introducción

Las personas reaccionan de maneras diferentes cuando llega un día especial. La anticipación del primer día en la universidad llena a los nuevos estudiantes de entusiasmo y expectativa. Los padres de esos estudiantes, con frecuencia tienen temor de esos días, porque saben que sus hijos confrontarán nuevas ideas y la presión de sus pares, que pueden meterlos en problemas. Una tensión similar surge el día en que una pareja se casa, una persona tiene una entrevista para un nuevo empleo, o una familia compra su primera casa. Ciertos días cambian de manera espectacular los eventos que siguen.

¿Cómo debiera reaccionar una persona ante el anuncio de que el día de Dios está cerca? ¿Es este un tiempo de esperanza y gozo o una amenaza de peligro? ¿Habrá esperanza para un individuo o una nación cuando Dios venga? ¿Qué deberían decir los mensajeros actuales de Dios, acerca del día de Jehová? ¿Debiera uno decir que no hay por qué preocuparse o asumir un punto de vista pesimista?

Entorno social

Contexto histórico

Joel no mencionó a ningún rey y solo se refirió a unos pocos eventos históricos. Describió una gran plaga de langostas (1:1-12), pero no especificó cuándo ocurrió. El ayuno y la ofrenda de sacrificios en el templo (1:13-14; 2:15-17) indican que Joel vivió antes de la destrucción del templo en 586 a.C.

La información histórica no señala una fecha exacta, así que argumentos más débiles, como el silencio (p.ej. no se menciona a ningún rey), se esgrimen para sugerir una fecha para el profeta.[1] Algunos fechan a Joel en el reinado de Uzías (alrededor de 780 a.C.).[2] No obstante muchos optan por una fecha postexílica después que el templo fue reconstruido (500 a.C.),[3] o después que Nehemías reconstruyó los muros de Jerusalén (440–400 a.C.).[4]

Una mejor alternativa colocaría a Joel alrededor de 595–590 a.C.[5] La amenaza del enemigo "del norte" (2:20) en el día de Jehová todavía era futura. Por lo tanto, Joel (al igual que Jeremías y Sofonías) advertía sobre la destrucción de Jerusalén por parte de Babilonia en 586 a.C.[6]

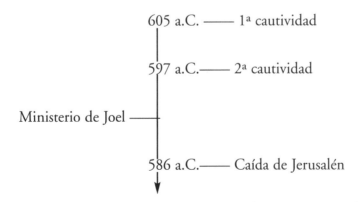

El tono apasionado del llamado del profeta al arrepentimiento (2:12-17) implica que la amenaza era inminente.[7] Los judíos de Judá, quienes ya estaban esparcidos entre las naciones (3:2), fueron los exiliados por Babilonia en 605 y 597 a.C.

La estructura del orden social

El profeta no criticó las iniquidades dentro del sistema social de Judá, ni condenó la perversión de las relaciones de roles como lo hicieron otros profetas. La plaga de langostas, precursora del día de Jehová, destruyó la manera usual de mirar al mundo que el pueblo tenía. La tierra no daba pasto, vino, frutas ni grano, como era lo habitual. La conducta de los beodos cambió porque no había vino (1:5); la cosecha de los labradores terminó cuando la cebada fue destruida (1:11). El rol del sacerdote de ofrecer sacrificios en el templo cesó (1:10). Los ancianos estuvieron en el ayuno (1:2,14; 2:16,28), pero su rol de liderazgo no se describe.[8]

El enemigo que amenazaba a Jerusalén fue descrito como un ejército. Dividido en rangos, marchaba hacia adelante en líneas ordenadas que nadie podía detener. Su enorme poder destruiría todo en Judá. El orden normal de las cosas en los cielos y en la tierra sería transformado en el día de Jehová (2:2-10).

Joel también se refirió a estructuras sociales en el futuro distante. Estas incluirían un nuevo derramamiento del Espíritu sobre los que clamaran al Señor, gente de toda edad, sexo, nación y condición social (2:28-32). Dios transformaría el orden político entre las naciones. Destruiría a los enemigos de su pueblo, haría regresar a los judíos exiliados a Jerusalén y le daría a su pueblo lluvia, buenas cosechas y protección de los enemigos (2:18-27; 3:18-21).

La institución social clave que afectaba el futuro era el templo. Tenía los sacrificios y los sacerdotes tradicionales y era un lugar nacional de reunión para el ayuno, en tiempos de grave peligro. Joel alentó al pueblo a confesar sus pecados, a lamentarse y a confiar en la misericordia de Dios en este ayuno (1:13-14; 2:12-17).

La ubicación social y el rol del profeta

Los escritos de Joel emplearon imágenes tomadas de la vida agrícola, militar y del templo. Su rol profético en Jerusalén fue único. En contraste con la mayoría de los profetas, él nunca acusó al pueblo de ningún mal específico ni condenó la adoración en el templo (2:12-17).[9] Kapelrud piensa que Joel se desempeñó como un profeta cúltico. Joel promovió la teología del templo y atacó al pueblo con desdén, porque lloraba por Baal, su impotente dios cananeo de la fertilidad.[10] Ahlstrom encuentra un fuerte sabor cúltico en el lenguaje de Joel y cree que se estaba oponiendo al sincretismo cananeo en Judá, en la era postexílica.[11] Parece mejor seguir a Wolff, quien rechaza estos puntos de vista, dado que no hay una referencia directa al baalismo.[12] Joel creía que Dios estaba en control soberano de la naturaleza,[13] pero este no era un ataque velado al baalismo.[14]

Hanson consideró al libro como una protesta social contra las demandas exclusivas de los sacerdotes de Sadoc. Joel socavó la autoridad de ellos, argumentando a favor de una comunicación directa con Dios de parte de todo el pueblo.[15] Esta interpretación es problemática, porque el énfasis principal de Joel fue alentar a los sacerdotes.

Como orador, Joel usó formas literarias de expresión tradicionales para comunicar sus ideas. La lamentación, el discurso de juicio, el llamado al arrepentimiento y la promesa de salvación transmitieron el mensaje de Joel de manera persuasiva. Dentro de estos mensajes, el profeta legitimó ideas citando tradiciones provenientes de profetas autoritarios anteriores. Incluyó ideas acerca del día de Jehová (Isa. 13:6; Sof. 1:7,14), de que solo Jehová es Dios (Isa. 45:4-5), de la venida de Dios a Sión para juzgar (Amós 1:2) y de las bendiciones de fertilidad de parte de Dios (Amós 9:13).

Interacción social

El libro de Joel

Unos pocos eruditos cuestionan la autenticidad de partes de Joel (la sección en prosa en 3:4-8), pero la mayoría ve una unidad y un equilibrio dentro de la estructura del libro.[16] Los motivos se repiten en diferentes contextos (el sol oscurecido en 2:10,31; 3:15), para construir el tema central del día de Jehová.[17] El texto hebreo tiene cuatro capítulos en los que 2:28-32 es 3:1-5 y 3:1-21 es 4:1-21. El bosquejo de la segunda mitad de Joel revirtió los efectos negativos del día de Jehová de la primera parte.[18]

I. Lamentación porque el día de Jehová está aquí 1:2–2:17

    A. Lamentación por la presente plaga de langostas 1:1-20

        1. Las langostas devastadoras 1:1-12

        2. Lamentación, invocación del nombre de Dios en el templo 1:13-20

    B. Lamentación debida al enemigo futuro 2:1-17

        1. El ejército devastador 2:1-11

        2. Lamentación, invocación del nombre de Dios en el templo 2:12-17

II. La salvación de Dios en el día de Jehová 2:18–3:21

    A. Salvación de la plaga de langostas 2:18-32

        1. Restauración de bendiciones materiales 2:18-27

        2. Derramamiento de bendiciones espirituales 2:28-32

    B. Salvación de los ejércitos enemigos 3:1-21

        1. Regreso de los exiliados 3:1-8

        2. Enemigos juzgados y Sión restaurada 3:9-21

Dentro de estos sermones, Joel interactuó con la perspectiva teológica de su audiencia. Intentó transformar su visión de la plaga de langostas y usarla como un modelo para comprender el cercano y futuro día de Jehová.

I. Lamentación porque el día de Jehová está aquí 1:1–2:17

Después de identificar la fuente divina de sus palabras en el subtítulo (1:1), Joel llamó al pueblo a *lamentarse por la presente plaga de langostas* (1:1-20).[19]

La meta del profeta eran convencer a sus oyentes, de que la plaga de langostas era una advertencia para Judá, del inminente día de Jehová (1:15). Si ellos entendían el significado teológico de este evento "natural", podrían estar motivados para venir al templo a ayunar, a lamentarse y a clamar por la misericordia de Dios (1:13-14). Joel ganó credibilidad al identificarse con el sentido de pérdida de las personas.[20] Esta plaga de langostas fue un evento que hizo historia y que sería recordado por siglos (1:2). Toda clase de langosta imaginable estaba devorando la vegetación (1:4).[21]

De manera sorprendente y con algo de ironía en su tono, Joel advirtió a los bebedores que pronto estarían dejando el hábito.[22] Transformarían su conducta porque las poderosas mandíbulas de las langostas habían desnudado las viñas (1:5-7). Este llamado a lamentarse por la situación difícil de los beodos, ganó poca simpatía, pero le permitió a Joel señalar la destrucción masiva de recursos naturales. El grano, la fruta y el vino se secaron, robándole a la gente su estabilidad económica y su seguridad religiosa (1:8-12).

¿Cuál fue el propósito de esta gran plaga? La presentación drástica de Joel externalizó la creencia de que Dios estaba usando la plaga de langostas y la sequía, para advertirle a la gente de un juicio mucho más severo en el futuro.[23] El pueblo conocía otras tradiciones proféticas acerca del día cuando Dios interviniera con poder en el curso de la historia, y destruyera a los malvados y salvara a los justos (Amós 5:18-20; Isa. 2:1-21; 13:1-16; Sof. 1:14-18; Jer. 46:1-12).[24] La mayor parte de los habitantes de Judá pensaba que, en el día de Jehová, recibirían la bendición de una liberación milagrosa de parte de Dios. Sin embargo, Amós y Sofonías habían mostrado que esta era una reificación o cosificación social engañosa.[25] No había ninguna garantía absoluta de salvación judía en ese día.

Joel llamó a los sacerdotes, a los ancianos y a la gente común a *lamentarse y a invocar a Dios en el templo* (1:13-20). Los líderes debían solidificar la opinión social, para que el pueblo pudiera internalizar un cambio en su conducta. El sacerdote debía ser ejemplo, lamentándose toda la noche en cilicio (1:13). Debían alentar al pueblo a clamar a Dios en el templo por misericordia (1:14). La mano de justicia de Dios estaba por actuar en contra de ellos (1:15-18). Joel terminó la lamentación con su propia plegaria, pidiendo compasión a Dios.

En el segundo sermón, Joel *se lamentó debido al enemigo futuro* (2:1-17). Su estructura fue similar a la del primer mensaje, con la descripción de un ejército devastador (2:1-11) y un llamado a lamentarse para evitar la destrucción en el día de Jehová (2:12-17).

Watts identifica a los ejércitos de esta sección con las langostas del capítulo uno, mientras que Simkins considera que el capítulo dos es una referencia a una continuación de la plaga de langostas en los años siguientes.[26] La conclusión de Wolff, de que Joel describió a un ejército, tiene más sentido, porque el ejército de Babilonia estaba por destruir a Jerusalén.[27]

Con gran fervor retórico, repitiendo pensamientos de la plaga de langostas en Egipto (Ex. 10:5-15) y del día de Jehová sobre Babilonia (Isa.13),[28] Joel pidió que alguien hiciera sonar la trompeta, para advertir al pueblo de una catástrofe militar inminente (2:1; ver Sof. 1:16). Él externalizó una perspectiva nueva y ominosa sobre el futuro. A la puerta se encontraba una reunión masiva de un pueblo poderoso (2:2-3). Esta maquinaria militar disciplinada, que no se podía detener, avanzaría en forma metódica, destruyendo a su paso el exuberante paisaje, similar al del huerto del Edén y las ciudades amuralladas (2:3-9). La creencia socialmente aceptada sobre la invencibilidad de Sión quedó sin legitimación (Sal. 46–48; Jer. 7:1-7), porque esta fuerza era el ejército de Dios. Él afectaría las estructuras cósmicas y terrenales que estabilizaban la vida religiosa y social (2:10-11).[29]

Joel apeló al deseo básico de la audiencia de preservación personal, para motivarlos a la acción. Joel respaldó esta reacción, recordando la gracia de Dios para con el pueblo en el Sinaí (Ex. 34:6-7). Los medios culturales para expresar un total compromiso con Dios eran la confesión, el sacrificio, el ayuno y la oración por misericordia, sentidos de todo corazón (2:13-17). Los sacerdotes, los ancianos, los niños y los recién casados debían congregarse en el templo para llorar e interceder, de modo que los pueblos no se burlaran de la reputación de Dios (2:17; ver Ex. 32:12; Sal. 79:4-10). Si el pueblo en verdad se volvía a Dios, había una posibilidad de compasión.

II. La salvación de Dios en el día de Jehová 2:18–3:21

De repente, Joel hizo un giro dramático de lamentación a esperanza.[30] En algún punto, Dios iba a revertir su trato con la nación, para traer *salvación de la plaga de langostas* (2:18-32) y de los ejércitos enemigos (3:1-21). El juicio no significaba el fin de los planes de Dios para su pueblo. Después del juicio, había bendiciones materiales y espirituales disponibles para los que invocaran su nombre.

Algunos comentaristas asumen que la nación respondió al desafío de Dios, se arrepintió y recibió la bendición de Dios justo antes de este mensaje. Es mejor considerar estas bendiciones como escatológicas.[31] Estas promesas funcionaban retóricamente como motivaciones para el arrepentimiento, porque había esperanza si el pueblo respondía de manera positiva.

El ciclo interminable del pecado humano y el juicio divino terminaría, y comenzaría una nueva era. En términos similares a los de Isaías (Isa. 32:14-15; 44:3), Joel legitimó su confianza en esta transformación de las relaciones sociales y de la historia humana, refiriéndose a un nuevo e inusual derramamiento del Espíritu Santo sobre toda carne, sin considerar edad, sexo, condición o nacionalidad (2:28; ver Hech. 2:17-21).[32] El Espíritu manifestaría su presencia en forma abierta, a través de visones y de profecías. La gente vería una nueva evidencia del poder de Dios en señales celestiales milagrosas (2:30-32). Esta esperanza de salvación debía persuadir a algunos en la audiencia de Joel, a transformar su manera de pensar, a arrepentirse y a invocar la misericordia de Dios. Dios no solo restauraría la devastada condición material y espiritual de la nación, sino que restauraría su posición política proveyendo *salvación de los ejércitos enemigos* (3:1-21).

Joel se refirió a dos problemas militares presentes: la amenaza de la conquista babilónica y algún tipo de tráfico de esclavos local. Los babilonios se llevaron al exilio a judíos y algunos utensilios de oro del templo en 605 y 597 a.C. (ver Dan. 1:1-2; 2 Rey. 24:10-17), y los griegos compraban judíos como esclavos. Joel trató de convencer a su audiencia de que la situación política de la nación estaba más determinada por realidades espirituales que por capacidades militares. Dios protegería a los que invocaran su nombre y derrotaría a sus enemigos. Él juzgaría a esas naciones; los filisteos, los fenicios y los babilonios recibirían su justa recompensa (3:2-8).[33]

Dios también declararía una guerra santa sobre sus enemigos, al final de los tiempos. Dios desafiaría a las naciones a reunirse para una batalla decisiva en el valle de Josafat y luego las hollaría bajo sus pies (3:9-13).[34] Este sería el día de Jehová para estas naciones. El sol no brillaría más sobre ellas; su mundo terminaría. En el día del Señor, Dios moraría en Sión, rugiría contra sus enemigos y le devolvería la tierra a su pueblo (3:16-17; Abd. 15–17). Luego, las condiciones agrícolas serán ideales (3:18; ver Amós 9:13). Los judíos pondrían sus raíces permanentes en Jerusalén (3:19-21).

Consecuencias teológicas y sociales

Los radicales siempre han andado por allí proclamando que el mundo estaba por terminar. Los predicadores han hablado con excesivo entusiasmo acerca del juicio final y han aterrorizado a la gente con amenazas sobre la llegada del día de Jehová. Debido a todos estos abusos, es tentador simplemente evitar este tópico. Ninguna persona quiere que la vean como extraña y loca o como una fanática religiosa.

Aun así, muchos predicadores del Antiguo y del Nuevo Testamento sí hicieron uso del día de Jehová, para motivar a la gente a arrepentirse (Mat. 24:1-31; 2 Tes. 2:2; 2 Ped. 3:10-12). Fueron respetados porque el día de Jehová sí vino sobre Babilonia tal como Isaías lo predijo (Isa. 13), sobre Israel, tal como Amós lo advirtió anticipadamente (Amós 5:18-20), y sobre Judá, tal como Sofonías lo profetizó (Sof. 1:17-18). Aunque muchos prefirieron escuchar las palabras positivas de los falsos profetas que proclamaban la paz, estas palabras eran engañosas (Jer. 6:14).

Esto sugiere que la pregunta no tiene que ser: ¿Deben los mensajeros de Dios hablar acerca del día de Jehová? La pregunta es: ¿Cómo puede uno comunicar fielmente el mensaje de Dios acerca del día de Jehová, de modo de motivar a la gente para que reaccione en forma apropiada? El mensajero puede llorar (en lugar de despotricar y desvariar) por los que soportarán el juicio en el día de Jehová, animar a la gente a lamentarse por sus pecados e invocar el nombre de Dios. Uno puede asegurarles que Dios es compasivo y lento para la ira.

Preguntas para debatir

1. ¿Qué debiera uno decir acerca del día de Jehová hoy en día?

2. ¿De qué manera la perspectiva teológica de Joel relaciona la obra de Dios en la historia, con su obra en la naturaleza?

3. ¿Cómo interpretaron la profecía de Joel sobre la venida del Espíritu las generaciones posteriores (ver Hech. 2)?

1. Los argumentos a partir del silencio como: (a) ninguna referencia a ningún rey de Judá, (b) ninguna referencia a los asirios o babilonios, (c) ninguna mención del baalismo o (d) ninguna mención de Israel, la nación del norte, no tienen ningún valor. Es difícil determinar si los versículos de Joel que son paralelos con versículos en otros libros proféticos fueron copiados de o por Joel. Todos usan características lingüísticas o de estilo.

2. R. D. Patterson, "Joel", *EBC* 7 (Grand Rapids: Zondervan, 1985), 231-32. La ubicación del libro junto con otros libros antiguos (Oseas y Amós), la cita de versículos de Joel en esos libros y las circunstancias históricas sugieren esta fecha.

3. D. A. Hubbard, *Joel and Amos* en *TOTC* (Downers Grove: InterVarsity, 1989), 23-27; G. W. Ahlstrom, *Joel and the Temple Cult of Jerusalem* en *VTSup* 21 (Leiden: Brill, 1971), 111-29 y T. J. Finley, *Joel, Amos, Obadiah* en *WEC* (Chicago: Moody, 1990), 8; L. C. Allen, *The Books of Joel, Obadiah, Jonah, and Micah* en *NICOT* (Grand Rapids: Eerdmans, 1976), 24. La referencia a los griegos, el vocabulario hebreo tardío, la alusión histórica a la caída de Jerusalén (3:1-2) y los argumentos a partir del silencio (no se da el nombre de ningún rey judío, los babilonios no son enemigos de Judá) respaldan esta fecha.

4. J. Limburg, *Hosea-Micah* en *IntCom* (Atlanta: John Knox, 1988), 58 y H. W. Wolff, *Joel and Amos* en *Her* (Filadelfia: Fortress Press, 1977), 4-6, están de acuerdo con los que fechan al profeta en 500 a.C. pero han considerado que la referencia al muro en 2:7-9 señala una fecha posterior a la reconstrucción de Jerusalén por Nehemías.

5. A. S. Kapelrud, *Joel Studies* (Uppsala: Lundequistska Bokhandeln, 1948), fecha al libro alrededor de 600 a.C., pero W. Rudolph, *Joel-Amos-Obadja-Jona* en *KAT* XIII 2 (Gütersloh: Gütersloher Verlagshaus Gerd Mohn, 1971), 133-41, ubica a Joel entre 597 y 587 a.C.

6. D. Stuart, *Hosea-Jonah* en *WBC* 31 (Waco: Word, 1987), 226, coloca a Joel antes de una de las tres batallas en 701, 598 y 588 a.C.

7. Wolff, *Joel and Amos* en *Her*, 42, piensa que el enemigo era un ejército apocalíptico.

8. Los ancianos eran líderes tribales o familiares, quienes tenían funciones políticas y religiosas, las cuales probablemente cambiaron durante diferentes períodos de la historia de Israel.

9. El llamado de Dios: "convertíos a mí con todo vuestro corazón" en 2:12 sugiere que puede haber una necesidad de volverse a Él, pero el texto podría ser una admonición para recurrir a Dios por misericordia sin ninguna sugerencia implícita de arrepentimiento.

10. Kapelrud, *Joel Studies*, 17-43.

11. Ahlstrom, *Joel* en *VTSup*, 35-61.

12. Wolff, *Joel and Amos* en *Her*, 29-30.

13. R. Simkins, *Yahweh's Activity in History and Nature in the Book of Joel* (Lewistown: E. Mellon, 1991), 3-75.

14. Kapelrud, *Joel Studies*, 17-43, y Ahlstrom, *Joel* en *VTSup*, 38-53, identifican muchas características en Joel con el culto de fertilidad de Baal. Wolff, *Joel and Amos* en *Her*, 29, no acepta este punto de vista.

15. P. D. Hanson, *The People Called* (Nueva York: Harper, 1986), 313-14.

16. O. Loretz, *Regenritual und Jahwetag in Joelbuch* (Altenberg: CIS Verlag, 1986), encuentra ocho estratos de tradición en Joel, pero Allen, *Joel, Obadiah, Jonah, and Micah* en *NICOT*, 39-43, analiza el texto balanceado y unificado. Ver recientemente W. S. Prinsloo, "The Unity of the Book of Joel", *ZAW* 104, (1992), 66-81.

17. F. E. Deist, "Parallels and Reinterpretation in the Book of Joel: A Theology of the *Yom Yahweh*", *Text and Context* en *JSOT Sup* 48, ed. W. Classen (Sheffield: JSOT, 1988), 63-79.

18. Simkins, *Yahweh's Activity*, 203-8, y D. A. Garrett, "The Structure of Joel", *JETS* 28 (1985), 289-97, consideran que la ruptura mayor viene después de 2:27 en lugar de 2:17, porque 2:17-27 no son versículos escatológicos, sino una respuesta positiva a la plaga de langostas en 1:1-12. Ignoran el contraste entre la forma de lamentación (1:1–2:17) y la respuesta de Dios (2:18–3:21).

19. Wolff, *Joel and Amos* en *Her*, 20, pone 1:5-14 todo junto, debido a la forma de lamentación que tienen en común; pero Allen, *Joel, Obadiah, Jonah, and Micah* en *NICOT* 57, divide el material en 2–12 y 13–20.

20. B. F. Bradley, *Fundamentals of Speech Communication: The Credibility of Ideas* (Dubuque: Brown, 1974), 134-52 y K. Burke, *A Rhetoric of Motives* (Nueva York: Prentice-Hall, 1950), 55, acentúan la importancia de identificarse con la audiencia para ganar credibilidad.

21. Para una discusión sobre la naturaleza y los hábitos de las langostas, ver Simkins, *Yahweh's Activity*, 102-20 y B. P. Uvarov, *Grasshoppers and Locusts* 2 vols. (Cambridge: Cambridge University Press, 1977).

22. Aunque 5–7,8–10,11–12 parecen ser lamentaciones, no contienen algunas de las características de las lamentaciones en los salmos, que incluye un discurso dirigido a Dios, una súplica por liberación, una confesión de confianza, una declaración de inocencia o un juramento de alabanza.

23. Berger, *Social Construction*, 104, piensa que la gente crea nuevos significados para explicar la realidad, exteriorizaciones que no son parte de la presente comprensión de los fenómenos por parte de la sociedad.

24. W. S. Prinsloo, *The Theology of the Book of Joel* en *BZAW* 163 (Berlín: W. de Gruyter, 1985), 35-36 y Ahlstrom, *Joel and the Temple Cult*, 62-97, revisan la extensa literatura sobre el día de Jehová.

25. Berger, *Social Construction*, 89, define esta reificación como la aprehensión de la realidad creada por los seres humanos, tomada como un hecho histórico no condicionado humanamente. Así es que el día de Jehová llegó a ser un hecho dado por sentado, un día en el que Dios liberaría a Judá, en lugar de un día en el que Dios liberaría a los judíos que eran justos.

26. J. D. W. Watts, *The Books of Joel, Obadiah, Jonah, Nahum, Habakkuk and Zephaniah* en *CBC* (Cambridge: Cambridge University Press, 1975), 24 y Simkins, *Yahweh's Activity*, 154-155.

27. La cercanía del día de Jehová argumenta en contra de un evento escatológico. Wolff, *Joel and Amos* en *Her*, 42; y R. Dillard, "Joel", en *The Minor Prophets*, ed. T. McComiskey (Grand Rapids: Baker, 1992), 277-78, consideran que el cap. 2 es una aparición de una teofanía divina y del ejército de Dios en un contexto escatológico. No es apropiado usar Apocalipsis 9:1-11 para interpretar Joel, quien habló cientos de años antes. Stuart, *Hosea-Jonah* en *WBC*, 241-42, encuentra a un enemigo histórico, probablemente los babilonios.

28. Wolff, *Joel and Amos*, en *Her*, 47, identifica la conexión lingüística con Isaías 13.

29. Allen, *Joel, Obadiah, Jonah y Micah* en *NICOT*, 73-74, relaciona 2:10-11 con una teofanía. El lenguaje es similar a otros relatos de teofanías, pero no hay ninguna indicación de que el Señor mismo sería visto. Sólo su poder y sus obras serían evidentes.

30. Esto es similar al movimiento que va de quejas a afirmaciones de confianza, en los salmos de lamentación (60:8-10; 85:9-14).

31. Findley, *Joel, Amos, Obadiah* en *WEC*, 60-61 y Allen, *Joel, Obadiah, Jonah and Micah* en *NICOT*, 86-87, creen que el cambio por parte de Dios ocurrió en tiempos de Joel. Sin embargo, Stuart, *Hosea-Jonah* en *WBC* 31, 258, piensa que los verbos perfectos hebreos eran perfectos proféticos. Esto le permitió al profeta describir el futuro como si ya hubiera ocurrido. Dado que 2:26-27 repite dos veces que "mi pueblo nunca jamás será avergonzado" y consigna la aceptación de Dios por parte de la nación, debe estar describiendo eventos escatológicos.

32. Hanson, *The People Called*, 313-14, encuentra un "impulso igualitario característico del Yahvismo antiguo", el cual condenó la exclusividad institucionalizada pomposa de los sacerdotes de Sadoc, pero esta reconstrucción tiene poco respaldo.

33. Wolff, *Joel and Amos* en *Her*, 74, cree que 4:4-8 y 4:18-21 son agregados posteriores, pero Stuart, *Hosea-Jonah* en *WBC* 31, 206, trata el capítulo como una unidad.

34. Simkins, *Yahweh's Activity*, 221, piensa que todo el capítulo es un himno del guerrero divino. Wolff, *Joel and Amos*, en *Her* 74, llama a 4:9-14 (3:9-13) una convocatoria a una batalla, pero Dillard, "Joel", en *The Minor Prophets*, 300, lo identifica como pleito.

Capítulo 13

Abdías: ¿Pueden los opresores orgullosos escaparse del juicio?

Introducción

El mundo tiene muchos pendencieros de grado, miembros de pandillas violentos, personas de negocios sin misericordia y gran cantidad de naciones opresivas. La gente en todo el mundo ha sufrido debido a la lengua orgullosa de un superior o a las manos abusivas de alguien más fuerte. Cuando uno termina en el extremo receptor de esta clase de conducta, desea que un tercero haga algo para impedir lo que ocurre. El desánimo y la desesperación pueden instalarse, porque nadie ve el dolor o nadie se preocupa lo suficiente como para confrontar al culpable.

¿Qué debiera hacer un mensajero de Dios por estas personas oprimidas? ¿Qué palabras de consuelo y de seguridad pueden aportar esperanza para el futuro? ¿Se preocupa Dios por ellas? ¿Permitirá Él que los opresores orgullosos se escapen, o serán juzgados?

Entorno social

Contexto histórico

El libro de Abdías no está fechado en el reinado de ningún rey. Se refiere a un período antes que Edom fuera derrotada (3-9) y poco después que Jerusalén fuera invadida, saqueada y destruida (10-14). Los edomitas habían sido parte de una coalición anterior contra Babilonia (Jer. 27:3; alrededor de 594 a.C.), pero cuando vino el ataque de Babilonia unos pocos años después, los edomitas, descendientes de Esaú, no vinieron para ayudar a los israelitas, la simiente de Jacob. Desde el punto ventajoso de seguridad, de riqueza y de alianzas políticas que tenían los edomitas (3-7), ellos observaron cómo un ejército devastó a Jerusalén.

Aunque Armending relaciona estos eventos con el reinado de Joram (840 a.C.; 2 Rey. 8:20-22) y Allen opta por una fecha postexílica (500 a.C.), Wolff y Stuart proveen evidencia convincente para una fecha unos pocos años después de la caída de Jerusalén en 586 a.C.[1] Otro argumento firme para esta fecha es el paralelismo entre Abdías y la descripción que Ezequiel hace de la conducta vengativa de Edom hacia Israel, después de la caída de Jerusalén (Ezeq. 25:12-14; 35:1–36:5; Sal. 137:7; Lam. 4:18-22).[2]

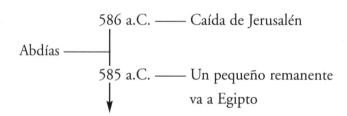

La audiencia de Abdías era un pequeño grupo de personas en Jerusalén. Estaban quebrados, desalentados y se preguntaban por qué los edomitas se habían comportado de ese modo. Experimentaron una conmoción, esa sensación de aturdimiento que viene cuando una persona sufre una pérdida severa de un ser querido, una casa o un negocio. Esta agonía se reflejaba en las lamentaciones que entonaban (ver Lam. 1–4). ¿Permitiría Dios que estos edomitas orgullosos se escaparan o los juzgaría debido al odio malicioso que tenían? ¿Había alguna esperanza para los judíos que se habían escapado de la destrucción de Jerusalén? ¿Se establecería alguna vez el reino glorioso de Dios en Judá?

La estructura del orden social

El mensaje del profeta se enfocó en el punto de vista optimista de los edomitas sobre su situación política y social. Conformaban un pueblo confiado en sí mismo y orgulloso, que vivía al este del Arabá, al sur del mar Muerto. Vivían en un área seca, cálida y montañosa al sur de los moabitas. Ningún ejército había podido vencer a Edom, porque la entrada a esa región (Sela, la actual Petra) estaba limitada a una hendidura en la montaña. La ciudad era vigilada con facilidad por unas pocas tropas establecidas en la cima de esta formación rocosa (3-4). Los edomitas tomaron ventaja de su ubicación estratégica para ganar riqueza económica y establecieron impuestos sobre las mercancías que viajaban por la carretera del rey, desde o hacia el mar Rojo (5-6). La estabilidad de Edom se aseguró debido a numerosas alianzas políticas, a su decisión de no oponerse a Babilonia y a sus líderes sabios (7-8).

La seguridad política de Edom llevó a una actitud orgullosa de considerarse invencibles (3,12). La animosidad histórica hacia Judá (Núm. 20:14-21; 2 Sam. 8:13-14; 1 Rey. 9:26-28; 2 Crón. 20:1-2; 25:11-12) se convirtió en odio hacia los judíos. Las normas sociales fueron abandonadas y la anarquía reinó mientras saqueaban Jerusalén y les robaban a los indefensos sobrevivientes de Judá (13-14). Trataron de reclamar la tierra judía para ellos (Ezeq: 35:36).

La devastación de Jerusalén dejó a la nación con poco sentido de orden social o político. La descripción que hace Jeremías del asesinato de Gedalías y de la subsiguiente huida de la gente a Egipto (Jer. 40-44) corrobora la anarquía y la desesperanza de este tiempo.

La ubicación social y el rol del profeta

La tradición judía primitiva (Bab, Talmud, *Sanhedrin*, 39b) suponía que Abdías era el mayordomo de Acab (1 Rey. 18:3-16), mientras que Watts y Wolff piensan que Abdías era un profeta de culto, que predicó en un servicio de adoración, posiblemente una ceremonia de lamentación, conmemorando la destrucción de Jerusalén.³ Abdías usó tradiciones acerca de Edom (comparar con Jer. 49:7-16), del día de Jehová y un oráculo en contra de una nación extranjera. Pero todo esto no prueba que fuera un profeta de culto profesional. La discusión de estos tópicos no se limitaba a contextos de adoración.⁴

Abdías era un profeta judío de Jerusalén, quien sobrevivió a la destrucción de Judá por parte de Babilonia. Su descripción vívida de los eventos en y alrededor de Jerusalén recogió las experiencias de los que sufrieron bajo el odio de Edom. Abdías se identificó con la concepción de la realidad de su audiencia judía y con su frustración por la brutalidad de Edom, dado que él sufrió junto con el resto de los refugiados.⁵ Abdías ofreció un rayo de esperanza en los días más oscuros de Judá. Funcionó como mensajero de Dios, de noticias consoladoras. Dios no se olvidaría del sufrimiento de Judá, ni permitiría que los opresores orgullosos de Edom se escaparan sin castigo. En el día de Jehová, Dios arreglaría cuentas con los edomitas y haría que su pueblo regresara a su tierra.

Interacción social

El libro de Abdías

Algunos comentaristas cuestionan la unidad de esta profecía y sugieren que los versículos finales (15a, 16-21 o simplemente 19-20) pertenecen a otra persona de un tiempo posterior. Sin embargo otros atribuyen toda la profecía al profeta.⁶ Abdías 1-5 son casi idénticos a Jeremías 49:9,14-16; pero es imposible decir quién es el que originalmente recibió este mensaje.⁷ El corto sermón de Abdías puede bosquejarse en tres secciones.

I.   Dios removerá las fuentes de seguridad y de orgullo de Edom 1-9

II. Edom no debería haber oprimido a Judá en ese día 10-14

III. Edom no se escapará, porque Judá poseerá a Sión 15-21

La interacción de Abdías con su audiencia tuvo la meta de transformar el pensamiento del pueblo que había quedado en Jerusalén después de su destrucción. La terrible situación social de ellos determinó una visión del futuro sombría y sin esperanza, que no tenía en consideración la noticia de Abdías de que Dios castigaría a Edom en el día de Jehová.

I. Dios removerá las fuentes de seguridad y de orgullo de Edom 1-9

Abdías comenzó su sermón justificando la fuente de su mensaje (v. 1). Recibió un mensaje de Dios al igual que otros profetas. Externalizó ideas acerca de Edom, que contradecían la propaganda edomita, la cual muchos judíos habían internalizado.[8] Parecía que Edom tenía un gran futuro, pero las piedras fundacionales que respaldaban esta autoimagen se desintegrarían. Los judíos debían reconocer que Dios destruiría a Edom (vv. 1-2).

¿Cómo era esto posible? ¿Cómo podía Abdías persuadirlos de transformar su manera de pensar acerca de Edom y de ellos mismos? Dado que Dios no salvó a la nación de manos de los babilonios, ¿por qué ahora los rescataría de los edomitas?

Abdías legitimó su fe en Dios, detallando cuatro cosas que Dios les quitaría a los orgullosos edomitas. Primero, Dios les quitaría la seguridad de su ubicación en las altas montañas escarpadas. Dios podía alcanzar este así llamado "nido intocable colocado entre las estrellas" y hacer de él un lugar insignificante y despreciado (vv. 2-4). Los edomitas tenían una falsa ilusión de ser invencibles. Segundo, las riquezas de Edom serían saqueadas con más minuciosidad que la tarea que hace un vendimiador que deja unos cuantos racimos de uvas para que los pobres los recojan (vv. 5-6). No quedaría nada; todo el oro y la riqueza escondida se desvanecerían. Tercero, los aliados militares y comerciales de Edom, pacíficos y confiables, los traicionarían (v. 7). Cuarto, Dios removería la sabiduría astuta, que hacía que los líderes de Edom mantuvieran una fuerza militar potente. Cuando esos hombres sabios fracasaran, la fuerza de Edom se desintegraría. Entonces todo su pueblo moriría (vv. 8-9); sería peor que con Judá.

El mensaje del profeta de parte de Dios comenzó a transformar el pensamiento de la audiencia judía de Abdías, porque punto por punto fue demoliendo los pilares de la superioridad edomita. La evidencia persuasiva de Abdías respaldó las afirmaciones que hacía.[9]

II. Edom no debería haber oprimido a Judá en ese día 10-14

En la segunda parte de su sermón, el profeta intensificó su punto retórico en contra de la desesperanza dominante en Jerusalén al enfatizar la condena de Dios con respecto a la opresión de Edom en el "día de ... quebrantamiento" de Judá en 586 a.C. Dios tenía razones justificadas para no permitir que Edom se escapara del castigo.

Dios excluiría a los edomitas porque ellos habían hecho algo vergonzoso. Permanecieron como espectadores y no hicieron nada para ayudar a sus hermanos judíos (Jacob y Esaú eran hermanos de sangre; Gén. 25:22-26), cuando los babilonios atacaron y saquearon Jerusalén (2 Rey. 25; Jer. 52). Por negligencia benigna y por inacción, los edomitas participaron en la violencia contra sus hermanos (vv. 10-11). Eran tan culpables como los babilonios, quienes realmente empuñaron las espadas.

El profeta luego cambió su enfoque descriptivo indirecto (vv. 2-11), por una alocución más directa y emocional, a los efectos de transmitir la intensidad de la reprimenda de Dios por la conducta insensible y pervertida de Edom (vv. 12-14).[10] ¡Un hermano no debiera sentir placer malicioso, ni jactarse, ni regocijarse cuando un miembro de la familia pierde todo![11] Cuando el hogar de un hermano es destruido, los miembros de la familia no se ríen ni caminan en medio de los escombros tratando de saquear para sí mismos (v. 13). Cuando los miembros de la familia vienen en busca de seguridad después de un desastre, ¡un hermano no debiera robarles ni matarlos (v. 14)! ¡Esto es atroz! La gente no le hace estas cosas a un hermano.

III. Edom no se escapará, porque Judá poseerá a Sión 15-21

Abdías concluyó su sermón exteriorizando la noticia sorprendente de que Dios le daría a Edom exactamente lo que merecía. Lo mismo que el pueblo de Edom le había hecho a Judá, le sucedería a él (vv. 15-16). Esto no era parte de la cosmovisión de los edomitas ni de los hebreos; era un mensaje divino acerca de una nueva acción divina que transformaría el *status quo* político. Aunque Edom había oprimido a los sobrevivientes de Jerusalén y había tomado posesión de alguna tierra israelita en su "día de

Jehová", Dios revertiría la situación por completo. Dios no permitiría que Edom, u otras naciones que habían atacado Jerusalén, la ciudad santa de Dios, se escaparan del castigo. Entonces ellos serían como rastrojo inútil delante de llamas de fuego en el día de Jehová.[12] Dios también traería a su pueblo de regreso a Sión, le permitiría tomar posesión de la tierra y restauraría el territorio que Edom y otras naciones habían tomado. Dios no los había abandonado, y no permitiría que los orgullosos y opresivos edomitas se escaparan de su castigo.

Consecuencias teológicas y sociales

El breve mensaje de Abdías tiene dos principios duraderos que se relacionan con actos de opresión y violencia. Tiene una palabra de advertencia a los orgullosos y poderosos que oprimen a los débiles: recogerán lo que siembran, la maldad de ustedes volverá para perturbarlos. Otro mensaje era para los oprimidos que sufrían la humillación de la derrota y la agonía de la desesperación: Dios ve la aflicción de ustedes y establecerá su reino después de juzgar a los orgullosos opresores.

Al igual que sucedió a los edomitas, un puesto estable en una gran empresa, una casa segura en una vecindad tranquila, el gasto de varios meses en una cuenta de ahorros y muchos amigos pueden hacer que la vida sea grata. Estos factores pueden fácilmente seducir a las personas a tener un falso sentido de bienestar y de orgullo (como en el caso de los edomitas). Los que tienen posiciones de poder sobre otros (padres, hermanos mayores, maestros, jefes y policías) necesitan ser particularmente cuidadosos acerca de cómo tratan con los que están por debajo de ellos. Las actitudes de superioridad pueden llegar a ser mortales.

Los mensajeros de Dios en el día de hoy necesitan colocarse en contra de estas actitudes y no legitimar tales conductas. Las tales no son aceptables para Dios. La cosmovisión que acepta el orgullo y la opresión como conductas sociales normales, no se escapará del castigo de Dios. Sabiendo esto, el predicador puede ofrecer esperanza a los que conocen la desesperanza de la opresión. Dios establece justicia y Él aplastará a las fuerzas del mal cuando establezca su reino.

Preguntas para debatir

1. ¿Qué hizo que el mensaje de Abdías fuera tan convincente para su audiencia? ¿Qué tan bien conocía Abdías las necesidades de su audiencia?

2. ¿Qué ejemplos de opresión orgullosa ve usted en la sociedad de hoy? ¿Qué se puede hacer (o se está haciendo) por eso?

3. ¿Qué aliento le da Abdías a su audiencia?

1. C. Armending, *Obadiah* en *EBC* (Grand Rapids: Zondervan, 1985), 350-51; L. Allen, *Joel, Obadiah, Jonah, and Micah* en *NICOT* (Grand Rapids: Eerdmans, 1976), 131; H. W. Wolff, *Obadiah and Jonah: A Commentary* en *CC* (Minneapolis: Augsburg, 1986), 18; D. Stuart, *Hosea-Jonah* en *WBC* (Waco: Word, 1987), 404.

2. Para una revisión de la historia de Edom, ver J. R. Bartlett, "The Rise and Fall of the Kingdom of Edom", *PEQ* 104 (1972), 36-37, o J. R. Bartlett, "The Moabites and Edomites", en *Peoples in Old Testament Times* (Oxford: Clarendon, 1975), 243-44.

3. J. D. W. Watts, *Obadiah* (Grand Rapids: Eerdmans, 1969), 24-27; Wolff, *Obadiah and Jonah* en *CC*, 19-21, 42.

4. R. R. Wilson, *Prophecy and Society in Ancient Israel* (Filadelfia: Fortress, 1980), 287; Stuart, *Hosea-Jonah* en *WBC* 31, 407 y Allen, *Joel, Obadiah, Jonah, and Micah* en *NICOT*, 136, no creen que Abdías fuera un profeta cúltico.

5. S. W. Littlejohn y D. M. Jabusch, *Persuasive Transactions* (Glenview, Ill.: Scott, Foresman and Co., 1987), 130-31, describen cómo el poder de la identificación relacional con otra persona puede aumentar la persuasión.

6. Wolff, *Obadiah and Jonah* en *CC*, 19-22, encuentra agregados posteriores, mientras que Stuart, *Hosea-Jonah* en *WBC* 31, 413 y T. J. Finley, *Joel, Amos, Obadiah* en *WEC* (Chicago: Moody, 1990), 348-49, sostienen que el libro es un todo unificado.

7. Stuart, *Hosea-Jonah* en *WBC* 31, 415-16, compara los textos hebreos en detalle y encontró que un 55% de las palabras son idénticas y que un 10% son casi idénticas. Él considera que ambos profetas, en forma independiente, usaron una tercera fuente.

8. P. Berger y T. Luckmann, *The Social Construction of Reality* (Garden City: Doubleday, 1966), 104, consideran que la externalización es el proceso humano de proyectar las propias comprensiones de la realidad, las cuales otros pueden aceptar e internalizar dentro de su pensamiento, si es que hay suficiente evidencia para respaldarlas.

9. H. W. Simmons, *Persuasion: Understanding, Practice, and Analysis* (Reading, Mass.: Addison-Wesley, 1976), 192-223, compara las similitudes entre la prueba lógica y la retórica.

10. Wolff, *Obadiah and Jonah* en *CC*, 53, llama a esta sección "discurso viviente" mientras que Allen, *Joel, Obadiah, Jonah, and Micah* en *NICOT*, 156, ve esto como un alivio del patetismo de la experiencia.

11. I. Beit-Arieh, "New Light on the Edomites", *BAR* 14 (1988), 41, encuentra evidencia de una presencia edomita en este tiempo, en un lugar no lejos de Hebrón.

12. D. Stuart, "The Sovereign's Day of Conquest", *BASOR* 221 (1976), 159-64.

Capítulo 14

Ezequiel: ¿Cuándo reconocerán ustedes a Dios?

Introducción

La vida diaria está llena de hábitos mundanos como levantarse, vestirse, comer, ir a trabajar, atender las responsabilidades usuales, volver a casa, irse a dormir y muchas otras actividades rutinarias. Algunas veces no es fácil ver cómo Dios está en medio de los asuntos diarios de la vida. En este mundo secular, la ciencia explica las condiciones del tiempo sobre la base de la presión del aire, los vientos y la humedad, mientras que los médicos curan enfermedades entendiendo los genes, el ADN y el sistema nervioso. Los políticos y los diplomáticos negocian para influir en las relaciones internacionales, mientras que las condiciones económicas son controladas por normas del gobierno y por fuerzas de mercado semirracionales. Para muchas personas, Dios no tiene nada más que hacer. Los seres humanos han cubierto todas las responsabilidades que tradicionalmente eran de Él. Los seres humanos ahora entienden cómo opera la naturaleza. Las personas no reconocen una necesidad de Dios, porque piensan que pueden manejar la vida por ellas mismas.

El mensajero de Dios en el día de hoy, al igual que el profeta Ezequiel, se encontrará con personas que se han dado por vencidas con respecto a Dios, debido a concepciones erróneas acerca de su rol. Algunos creían en Dios cuando eran niños, pero se desilusionaron cuando crecieron. Algunos piensan que Dios los ha abandonado, mientras que otros se aferran a ideas engañosas acerca de lo que Dios hará o no. ¿Cómo hace uno para comunicarles de manera efectiva a los que no están dispuestos a reconocer a Dios ni a reconocer el rol que Él tiene en la vida de ellos?

Entorno social

Contexto histórico

Ezequiel nació en Judá durante el reinado de Josías, treinta años antes de ser llamado como profeta (1:1). Cuando Ezequiel todavía era un niño, Josías llevó a cabo reformas políticas y religiosas (628 y 621 a.C.; 2 Crón. 34). Esto le prorrogó la vida a Judá y le dio independencia de la dominación extranjera de Asiria. Estos cambios positivos se hicieron añicos, cuando el rey Josías fue muerto en una batalla en contra de Necao, el rey egipcio (609 a.C.; 2 Rey. 22:28-29). La dominación egipcia de Judá duró sólo cuatro años, dado que el rey babilónico Nabucodonosor derrotó a Egipto en Carquemis y llevó a Daniel y a muchos otros judíos al exilio, antes que Ezequiel tuviera veinte años de edad (Dan. 1:1-2; en 605 a.C.).

El control de Babilonia sobre Judá nunca fue bien aceptado, de modo que en unos pocos años Judá se rebeló. Después de un largo sitio, Joaquín rindió Jerusalén a los babilonios en 597 a.C. (2 Rey. 23:36–24:16). Los babilonios llevaron líderes políticos, artesanos habilidosos, comandantes militares y a Ezequiel a un lugar cerca de Nippur, en Babilonia (Ezeq. 1:1-3). Ezequiel nunca mencionó por nombre al último rey de Judá, pero después que el profeta fue llevado al exilio, los babilonios hicieron rey a Sedequías. Cuando Sedequías se rebeló, los babilonios destruyeron la ciudad, incendiaron el templo y llevaron más gente al exilio (586 a.C.; 2 Rey. 25; Ezeq. 33:21).[1]

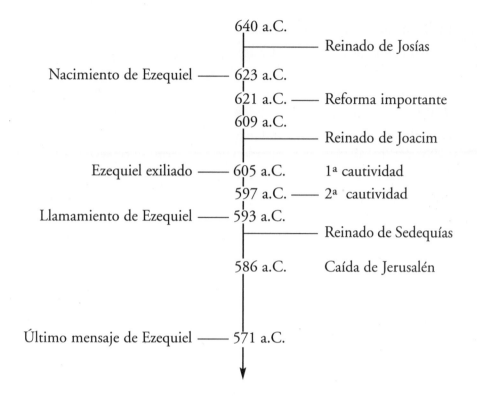

640 a.C.

Reinado de Josías

Nacimiento de Ezequiel —— 623 a.C.

621 a.C. —— Reforma importante

609 a.C.

Reinado de Joacim

Ezequiel exiliado —— 605 a.C.   1ª cautividad

597 a.C. —— 2ª cautividad

Llamamiento de Ezequiel —— 593 a.C.

Reinado de Sedequías

586 a.C.   Caída de Jerusalén

Último mensaje de Ezequiel —— 571 a.C.

Ezequiel predicó sus sermones al pueblo en el exilio babilónico,[2] pero se sabe poco acerca de los eventos históricos que afectaron su vida en Babilonia. La carta de Jeremías a los exiliados los alentaba a establecerse, a plantar cultivos y a buscar el bienestar de la ciudad en la que vivían (Jer. 29:1-14). Esto sugiere que muchos judíos se las arreglaron bastante bien en el cautiverio. El rey Nabucodonosor proveyó estabilidad política y económica para Babilonia a lo largo de este período (605–562 a.C.) y hay poca evidencia de persecución (excepto Dan. 3). Resulta sorprendente que las profecías de Ezequiel se relacionaron con eventos en Jerusalén, y no con los eventos diarios o políticos de Babilonia, donde él vivía. Ezequiel fechó muchas profecías, la primera en su quinto año de exilio (593 a.C. en 1:2) y la última en el vigésimo séptimo año del exilio (571 a.C. en 29:17). Sólo unas pocas de esas fechas pueden relacionarse con eventos históricos clave (como el sitio o la caída de Jerusalén).[3]

La estructura del orden social

Los babilonios determinaron las reglas políticas, el lugar donde vivían los exiliados y lo que podían hacer. Prepararon a algunos exiliados judíos y les dieron responsabilidades de gobierno importantes a nivel nacional y provincial, como es el caso de Daniel y sus tres amigos (Dan. 1:3-4,17-21; 2:48-49; 3:12). La vida en Babilonia era tan buena, que muchos exiliados judíos decidieron quedarse, cuando Ciro les permitió regresar a Jerusalén (Esd. 1–2). Estaban establecidos confortablemente en Babilonia y tenían negocios redituables.

Las relaciones sociales tribales y familiares, las que incluían prácticas culturales únicas, les permitieron a los exiliados mantener su cosmovisión judía. Un registro escrito de judíos les ayudó a mantener su identidad distintiva (13:9; Esd. 2). Construyeron sus propias casas, tuvieron hijos y se comprometieron con las actividades cívicas en las ciudades babilónicas (Jer. 29:5-7). Los ancianos de Israel mantenían algunas funciones sociales de liderazgo y los profetas continuaron dando la palabra de Dios a los que la escuchaban (Ezeq. 8:1; 14:1).

A pesar de estar en Babilonia, en muchos de sus mensajes Ezequiel describió lo que estaba ocurriendo en Jerusalén. Tenía mucho más para decir acerca de la violencia y la idolatría en Jerusalén (Ezeq. 8:7-18; 22:6-12; 34:1-10) que sobre los eventos políticos en Babilonia. Por cuanto los sermones de Ezequiel abordaron cuestiones en Jerusalén, uno puede asumir que los exiliados provenientes de Jerusalén tenían algunos de los mismos problemas y concepciones erróneas acerca de lo que Dios haría en Jerusalén.[4]

Las creencias teológicas de los exiliados eran una mezcla de tradiciones transmitidas por sus sacerdotes y padres, con numerosas concepciones erróneas acerca de la relación de Dios con los exiliados en Babilonia. En los relatos del llamamiento, los exiliados fueron caracterizados como un pueblo rebelde de corazón duro, que no había escuchado a Dios en el pasado y no iba a prestarle mucha atención a Ezequiel (2–3). Estas personas creían que Dios moraba en el templo en Jerusalén y que su presencia todopoderosa era una protección contra cualquier enemigo. La gente no quería reconocer la maldad seria que tenía lugar en Jerusalén, así que Ezequiel dio una descripción detallada de las abominaciones de los líderes y los sacerdotes de Judá (8:5-18). Estos pecados deshonraban la santidad de Dios. Por lo tanto Ezequiel, en forma reiterada, predijo la caída de Jerusalén (4:1–7:27). Muchas personas continuaron aferrándose a la falsa esperanza de que esta destrucción no tendría lugar por un largo tiempo, si es que alguna vez ocurría (12:21-28). Estas ilusiones eran fomentadas por profetas falsos, quienes engañaban a la gente (13:1–14:11). Los exiliados pensaban que Dios no los había tratado en forma justa, que habían sido castigados por los pecados de sus padres y no por los propios (18:2,25). Los exiliados sentían que estaban separados de su tierra, abandonados por Dios, sin posibilidad de adorar y que eran rehenes sin esperanza controlados por naciones más poderosas (33:10; 37:11).[5] Algunos esperaban que las naciones extranjeras los ayudaran a derrotar a Babilonia (25–32). Lo principal en todas estas concepciones erróneas era el fracaso del pueblo en reconocer a Yahvéh como su Dios santo.

La ubicación social y el rol del profeta

Ezequiel era de una familia sacerdotal, pero fue llevado al exilio a la edad de treinta años, alrededor del tiempo en que podía comenzar con responsabilidades oficiales en el templo (1:1). Sus escritos no mencionan si es que tuvo hijos, pero nueve años después de entrar en Babilonia, mientras Jerusalén estaba sitiada, su esposa murió (24:1,15-24). Dado que en el exilio no había templo, su rol principal fue dar la palabra de Dios al pueblo en Babilonia (2:1-7). Dios se le apareció en una teofanía en una planicie babilónica cerca de Nippur, en su quinto año en Babilonia.[6] Como profeta, su función social era ser un atalaya que advertía al pueblo de peligro inminente (3:17-21). No puede ser considerado un profeta central, dado que se negó a cooperar con los ancianos de Israel en su hogar (14:3; 20:3) y no respaldó a los profetas populares del exilio (Ezeq. 13; ver Jer. 28–29), ni al gobierno imperante en Jerusalén.[7] Su visión sobre el futuro ministerio del sacerdocio sadoquita (40–44) no le trajo respaldo mientras estaba en el exilio.[8] El profeta funcionó como una señal (12:6,11; 24:24), como un ejemplo silencioso para los que observaron sus dramas. Hay poca evidencia para la teoría de Lang, de que Ezequiel era un político profético que argumentó en contra del grupo a favor de Egipto, que estaba instando a Sedequías a rebelarse contra Babilonia.[9]

El vocabulario de Ezequiel incluyó palabras comunes a los sacerdotes y su énfasis en la santidad, la moralidad, la gloria de Dios y las actividades del templo revelan su preparación temprana en Levítico.[10] Estaba ampliamente entrenado para fundir la plata, para construir barcos y conocía bien el pensamiento de la gente de naciones extranjeras (22; 25–32). Tenía un don literario para crear parábolas, para volver a escribir la historia y para probar y desentrañar la teología muerta de los exiliados. Para comunicar estos mensajes de modo de despertar el interés de los rebeldes endurecidos, el profeta silencioso dramatizó varios actos simbólicos (4–5). También envió un mensaje impactante al no seguir la norma cultural de hacer duelo por la muerte de su esposa.

Ezequiel funcionó como un visionario inusual, cuyos mensajes demandaban una transformación radical del pensamiento tradicional. Su visión poderosa de la gloria de Dios que aparecía en Babilonia, la gloria que dejaba el templo de Jerusalén debido a la adoración pagana y el regreso de la gloria de Dios a un templo ideal en el futuro, desafió a la teología popular (1; 8–11; 43). Dios es santo, glorioso y todopoderoso, alguien que no iba a salvar al templo, pero que con su gracia restauraría la adoración para todos los que lo reconocieran.

Las visiones de Ezequiel, sumadas a su conducta bizarra, han confundido a los intérpretes modernos. Algunos han pensado que sufría de psicosis, de alucinaciones y de desórdenes mentales esquizofrénicos.[11] Es mejor no poner limitaciones a lo que puede ocurrir en las revelaciones visionarias. El silencio de Ezequiel y sus señales impactantes fueron el mejor método para comunicarse con una audiencia no receptiva de exiliados confundidos. Un aspecto único del rol profético de Ezequiel era que el pueblo no podía acercarse a él para preguntarle de Dios (14:3; 20:3).[12]

Como orador y escritor, Ezequiel usó formas de expresión proféticas tradicionales, las cuales eran bien conocidas por su audiencia. Incluyó la lamentación (19), el informe de visiones (1), oráculos en contra de naciones extranjeras (25–32), disputas (11; 18; 33), parábolas (17; 21) y un oráculo de salvación (36:22-38). Para legitimar sus afirmaciones, algunas veces Ezequiel apeló a tradiciones teológicas antiguas o a dichos de profetas recientes.[13] Más allá de la técnica usada, el extraño silencio de Ezequiel, sus acciones inusuales y sus visiones únicas dejaban un sentimiento incómodo que hizo que la audiencia obstinada prestara atención.

Interacción social

El libro de Ezequiel

El compromiso social de Ezequiel con su audiencia fue registrado en relatos en primera persona y en oráculos poéticos en contra de naciones extranjeras. Los comentaristas han argumentado sobre la ubicación de Ezequiel (en el exilio o en Palestina) y sobre si fue Ezequiel el autor del libro, o fue redactado por escritores posteriores o por una escuela de seguidores del profeta.[14] Comentarios recientes escritos por Allen y Greenberg creen que Ezequiel escribió el libro en Babilonia. Los mensajes se agruparon en tres secciones.[15]

I. Reconocer que Dios destruirá a Jerusalén 1:1–24:27

   A. El llamamiento visionario a ser atalaya 1:1–3:27

   B. Señales del fin de Jerusalén 4:1–7:27

   C. Visiones de las profanación del templo 8:1–11:25

   D. Destrucción de esperanzas falsas 12:1–14:23

   E. Metáforas de la justicia de Dios con Israel 15:1–19:14

   F. La profanación de Jerusalén 20:1–24:27

II. Reconocer que Dios destruirá a las naciones (25:1–32:32)

   A. Oráculos de juicio sobre las naciones 25:1-17

   B. Juicio de Tiro 26:1–28:24

   C. Esperanza para Israel 28:25-26

   D. Juicio de Egipto 29:1–32:32

III. Reconocer que Dios restaurará a Israel 33:1–48:35

    A. El atalaya defendió la justicia de Dios 33:1-33

    B. Restauración de Israel 34:1–37:28

    C. Protección de enemigos futuros 38:1–39:29

    D. Restauración del templo 40:1–46:24

    E. Restauración de la tierra 47:1–48:35

En estos sermones, Ezequiel interactuó con la cosmovisión socialmente desarrollada de los exiliados. Sus métodos innovadores de comunicación confrontaron a un pueblo rebelde, que no conocía a Dios. No se dieron cuenta de la seriedad de profanar la santidad de Dios.

I. Reconocer que Dios destruirá a Jerusalén 1:1–24:27

El *llamamiento visionario a ser atalaya* (1:1–3:27) que tuvo Ezequiel, legitimó su declaración de ser un profeta y explicó su silencio. En la visión, él experimentó la presencia de Dios en Babilonia y reconoció la autoridad de Dios sobre su vida. El profeta luchó para encontrar palabras adecuadas para comunicar la oscuridad y majestad del aspecto visible de Dios. Ezequiel vio cuatro seres vivientes con alas, manos y múltiples caras (1:5-14).[16] Junto a las criaturas vivientes, había unas ruedas que daban vueltas con gemas hermosas y sobre las criaturas había una bóveda reluciente con un trono. Sobre el trono había una figura brillante rodeada de fuego y de colores fantásticos, una representación indescriptible de la gloria de Dios (1:15-28). La visión lo dejó a Ezequiel anonadado, con su rostro en tierra, en humildad.

Este evento también causó un impacto en la audiencia de Ezequiel, porque puso en tela de juicio la perspectiva que tenían, sobre que Dios los había abandonado en Babilonia (11:15). Ezequiel externalizó un nueva visión del Dios santo y soberano de Israel.[17] Él no estaba limitado por la tierra de Israel, por el edificio del templo en Jerusalén ni por los dioses babilónicos. La gloria del Dios de Israel estaba con ellos en Babilonia.

El propósito inmediato de Dios era que su Espíritu transformara al joven sacerdote en un atalaya profético comprometido. Ezequiel necesitaba transformar su identidad y sus metas personales naturales, para internalizar el plan de Dios de enviarlo a un pueblo rebelde. No debía tener temor de su audiencia, ni basar su éxito en la respuesta de la gente. Debía concentrarse en expresar las palabras de Dios (Ezeq. 2:1-11, ver Jer. 1). No tendría el lujo de ser aceptado por parte del grupo, dentro de las estructuras de credibilidad de la sociedad exílica, de modo que tenía que mantenerse impermeable al ridículo o a la apatía.[18] Él era el atalaya de Dios para advertir a los que estaban en peligro. Si fracasaba en cumplir con su tarea, debería rendir cuentas (3:16-21). Todo este asunto lo dejó pasmado y aislado del pueblo. Dios cerró la boca del profeta, de modo que no podía pronunciar palabras de esperanza ni de reprensión por su propia voluntad. Sólo podía expresarle al pueblo lo que Dios le comunicaba (3:24-27).[19]

¿Pero cómo pudo un profeta que no hablaba comunicarse efectivamente con una sociedad que había oído demasiados mensajes proféticos? Mediante la dramatización, Ezequiel presentó *señales del fin de Jerusalén* (4:1–7:27), sólo con mínimos comentarios proféticos (4:7; 5:5-12; 6:3-13; 7:2-9).[20] Figuró un simulacro de sitio de Jerusalén, usando un adobe (4:1-3), representando a Israel y a Judá soportando la culpa por sus pecados al recostarse sobre su costado por 390 días y por 40 días (4:4-8).[21] Anunció una hambruna durante el sitio de Jerusalén al comer pedazos de pan cocinados sobre excremento humano (4:9-17), y predijo la muerte y el exilio de la gente que todavía estaba en Jerusalén al quemar, cortar y esconder cabellos de su barba y de su cabeza (5:1-17). Ezequiel estaba de acuerdo con la creencia teológica prevaleciente, que Jerusalén tenía una lugar central ante los ojos de Dios (5:5; ver Deut. 12:11; Sal. 132:13-14). No obstante, pensaba que la rebelión del pueblo en contra del gobierno de Dios y de los patrones de conducta del pacto harían que Dios destruyera a Jerusalén (5:5-12; ver maldiciones similares en Lev. 26:14-39).[22] Ezequiel expresó la visión desviada de que Dios no los salvaría de su ira, porque habían profanado el templo con ídolos. Los exiliados reificaron o cosificaron la conexión de Dios con Jerusalén para hacerla una garantía de bendición, en lugar de una relación condicional basada en el amor hacia Dios y en un compromiso con sus caminos.[23]

Dios destruiría los lugares altos de Baal y a los judíos que adoraban ídolos allí (6:1-7). La experiencia le enseñaría al remanente de Judá que luego entraría en cautividad, que esos ídolos no eran nada, porque no iban a proteger a sus adoradores muertos. La ira de Dios sobre Jerusalén legitimaría un universo simbólico que lo reconoce a Él como su Dios.[24] Entonces ellos reconocerían que el controlador soberano y santo de su vida no les había advertido en vano con maldiciones del pacto (6:8-14). La audiencia pensaba que las advertencias proféticas de juicio en el día de Jehová serían demoradas por muchos años (12:22-25; ver Amós 5:18-20; 8:2).[25] Sin embargo, Ezequiel externalizó una nueva idea sobre el fin, que era radicalmente diferente de las normas sociales en el exilio y de las creencias comunes en Jerusalén. ¡Está cerca! ¡Es ahora y no en el futuro distante! ¡El desastre del fin viene pronto (7:5-7)! ¡Dios ya había visto toda la arrogancia, la violencia y la maldad que podía soportar (7:10-11,23)! No salvaría a su pueblo ni a su tierra en el día de Jehová; lo juzgaría sin pena. Cuando la trompeta sonara y comenzara la guerra, el pueblo judío no podría pelear debido a su temor y su vergüenza. Sus riquezas no los salvarían, porque Dios los entregaría en manos de extranjeros malvados. Anhelarían la paz y mirarían a sus líderes en busca de esperanza, pero los engaños propagados por profetas, sacerdotes y reyes no ayudarían (7:14-27). La gente ya no podría mantener su cosmovisión antigua, dado que la destrucción los forzaría a reconocer que un Dios santo los había juzgado por sus pecados.

Un año más tarde, Ezequiel recibió *visiones de las profanaciones del templo* (8:1–11:25) que legitimaron más aún su argumento de que Dios destruiría el templo de Jerusalén. Mientras que los ancianos de Judá estaban en la casa de Ezequiel, el profeta repentinamente vio el mismo brillo de fuego que había visto en el capítulo uno. Dios lo transportó a Jerusalén donde vio la gloria de Dios en el templo (8:1-4). Allí en el atrio del templo, había un ídolo que escandalizaba a Dios (8:3-5). La imagen esculpida de Astarté, la diosa de la fertilidad de Baal, similar a la imagen construida por Manasés, había sido colocada otra vez en el templo, una vez finalizada la reforma de Josías (2 Rey. 21:7; 2 Crón. 33:7,15).[26] Resulta sorprendente que, debajo del santuario había unas cámaras, donde los 70 ancianos de Israel, los líderes de Jerusalén, estaban adorando imágenes talladas de monstruos salvajes, las cuales representaban a dioses paganos (8:7-12; posiblemente dioses egipcios).[27] Agregado a esto, en el lado norte del templo, había mujeres que lloraban por el dios Tamuz. De acuerdo a la mitología, este había muerto y se había ido al infierno al final de las lluvias de primavera.[28] Finalmente, entre el altar de los sacrificios y la entrada del templo, había 25 hombres adorando al sol (8:14-16). Tales actos viles y tal adoración horrorosa justificaban la ira intensa de Dios para con el pueblo que había profanado su santo templo. La actitud de los líderes era que Dios no veía nada de lo que estaban haciendo, porque Él había abandonado la tierra (8:12; 9:9). Dios lo vio todo y Ezequiel vio las abominaciones de Judá. Debido a estos pecados viles, ¡Dios no tendría lástima de su pueblo!

A esta altura, la gloria de Dios abandonó el templo, de modo que los verdugos pudieran profanar el templo y la ciudad, matando a todos los hombres, mujeres y niños. Sólo un pequeño remanente de personas justas que lloraron por el pecado de Judá fue marcado para escapar de la matanza (9:1-8). Cuando comenzó la matanza, un varón vestido de lino esparció carbones encendidos sobre Jerusalén, los cuales tomó de entre las ruedas del trono de Dios en forma de carro. Luego las ruedas, los querubines y la gloria de Dios abandonaron el templo y se fueron a la puerta este (10:1-19). El derramamiento de sangre superó a Ezequiel mientras observaba la masacre, de modo que clamó por misericordia, porque estaban matando a casi todos (9:8).

Ezequiel tuvo la misma reacción en 11:13, cuando vio que uno de los líderes de Jerusalén cayó muerto delante mismo de sus ojos. Este hombre y otros líderes engañosos debían morir, porque habían conspirado para mal y le habían dado un mal consejo a la gente. Ellos afirmaban que no era tiempo de construir casas. La ciudad de Jerusalén los estaba protegiendo como una olla y ellos eran como carne escogida, protegida de los babilonios (11:3).[29] Dios refutó esta percepción falsa de la realidad que era socialmente aceptada por los brutales asesinos en Jerusalén. Ellos no eran la carne escogida y no serían protegidos por la olla (Jerusalén); serían matados (11:5-13).

La gente en Jerusalén pensaba que Dios rechazaba al pueblo en el exilio, así que ellos heredaron la tierra de sus parientes. Dios declaró que esas personas arrogantes en Judá habían entendido mal las intenciones de Dios. Él no destruiría al remanente de Judá. Dios mismo traería a los exiliados de regreso a Jerusalén y transformaría su corazón y su conducta (11:14-21). En ese punto, los querubines movieron la gloria de Dios a la montaña justo al este de Jerusalén, las visiones terminaron y Ezequiel le dijo a su audiencia lo que había visto (11:22-25).

Cuando Ezequiel compartió su visión con su audiencia en el exilio, se confirmó su identidad profética como mensajero de Dios en Babilonia. Que el profeta, en su visión, fuera llevado a los rincones más internos del templo de Jerusalén, hizo que diera un informe de los pecados secretos de los líderes de Jerusalén. Tal reporte de primera mano legitimó la seriedad de las acusaciones provenientes de Dios y justificó la severidad de su respuesta. El abandono del templo y de la ciudad por parte de Dios, explicó por qué fue posible que un enemigo destruyera ese lugar. Si Dios no estaba allí, entonces la ciudad y el templo no eran inexpugnables. Los intereses personales insensibles del liderazgo actual en Jerusalén demostraron que ellos no eran el pueblo elegido, a quien Dios usaría para restaurar la nación y cumplir sus propósitos. No, sólo había esperanza para los exiliados llenos de desánimo, porque Dios los reuniría otra vez en su tierra, traería una gran renovación espiritual, y volvería a restablecer su pacto. Esta visión argumentó a favor de una nueva manera de mirar a Jerusalén, a Dios y a ellos mismos.[30] Cuando todas estas cosas ocurrieran, los exiliados reconocerían que Él es Dios.

La audiencia de Ezequiel tuvo dificultades para internalizar su predicción de la destrucción del templo de Jerusalén, por dos razones. Primero, ellos oyeron el mensaje de Dios, pero se negaron con obstinación a aceptar lo que se decía.[31] Segundo, estaban influidos por su interacción social con falsos profetas, quienes tenían una cosmovisión diferente. Antes de que Ezequiel pudiera transformar la manera de pensar de ellos, tenía que *destruir las esperanzas falsas* (12:1–14:23).

Dos actos en forma de señal dramatizaron la verdadera naturaleza de lo que ocurriría en Jerusalén. Así como Ezequiel empacó sus pertenencias y una noche se escapó a través de un agujero en una pared,[32] así la gente y el que gobernaba la ciudad de Jerusalén (Sedequías) saldrían de la ciudad para el exilio en Babilonia (12:1-16). El segundo acto de Ezequiel ilustró cómo se morirían de hambre y de sed en Jerusalén, durante el sitio (12:17-20). Estas señales argumentaron en contra de la esperanza falsa de que Jerusalén no sería destruida.

Ezequiel atacó un proverbio popular del exilio que decía que el día del juicio de Jerusalén estaba lejos, que las visiones proféticas de condena fracasarían (12:21-28). Este dicho era falso y engañoso, dado que el día del cumplimiento era ahora. Dios probaría el fracaso de esta esperanza falsa, haciendo lo que dijo que haría. Demostraría que los falsos profetas estaban equivocados. Ellos reportaron visiones falsas, adivinaciones que Dios no envió.[33] Estos necios engañaban al pueblo; eran como chacales que revolvían la basura entre las ruinas de Judá, en lugar de ayudar a la gente a prepararse para el día de Jehová (13:4-5).[34] Pensaban que Jerusalén tendría paz (13:10,16), pero en cambio Dios destruiría el muro imaginario de protección que ellos habían construido alrededor de Jerusalén. Estos charlatanes no serían contados entre los que volverían a la tierra después del exilio (13:9).

Además, mujeres adivinas y hechiceras se ganaban la vida colocando vendas o velos mágicos sobre las personas, para proteger a algunas y para traer sobre otras maldiciones de muerte (13:17-23).[35] Dios destruiría a estos falsos profetas, porque estas prácticas descorazonaban a la gente justa, alentaban más maldad y hacían que el pueblo no reconociera el control de Dios sobre sus vidas.

Incluso los ancianos de Israel, quienes se acercaron a Ezequiel en el exilio, estaban levantando ídolos en sus corazones.[36] Basándose en ideas tomadas de Levítico 17,[37] Ezequiel destruyó la esperanza de los líderes de pedirle a Dios, mientras estaban en este estado pecaminoso. Los llamó a arrepentirse de su pecado y a cambiar la manera en que miraban al poder divino. Entonces podrían llegar a encontrar la voluntad de Dios y Él respondería (14:6-7). También era una esperanza falsa pensar que los pocos justos que quedaban en Jerusalén (comparar con Gén. 18:22-33), o que la intercesión de hombres justos como Noé, Job o Daniel detendrían la destrucción de Jerusalén (14:12-20).[38] Al socavar las esperanzas falsas del pueblo, Ezequiel intentó persuadir a su audiencia para que mirara al mundo de manera nueva.

Ezequiel también trató de volver a definir quiénes constituían el pueblo de Dios y cuál era su relación con Él, en una serie de *metáforas de la justicia de Dios con Israel* (15:1–19:14). Una vid era inútil para construir muebles y más inútil si es que estaba parcialmente quemada por el fuego. Sin embargo Judá, la nación que pensaba que era la viña noble de Dios (Sal. 80:8-11; Isa. 27:2-6), fue identificada como una vid quemada, porque Dios destruiría a la nación con fuego debido a su infidelidad (15:1-8).³⁹ Ezequiel volvió a conceptualizar la historia de Israel, al enfatizar el trasfondo gentil de sus ancestros, su rechazo por parte de otros y el cuidado inmerecido de Dios por esta joven indefensa. Por su gracia, Dios la consideró hermosa y se casó con ella, pero ella confió en su belleza y llegó a ser una prostituta al confiar en otros dioses y en el poder militar de otras naciones (16:1-34). De ahí que Dios descubriría su conducta vergonzosa delante de sus muchos amantes, de modo que ellos pudieran apedrear a esta mujer encontrada en adulterio (ver tradiciones en Lev. 20:10; Deut. 22:23-24). Ella se había olvidado de la gracia de Dios en su juventud y ahora obtendría su justa recompensa. Aunque esta mujer, Judá, era peor que sus hermanas Samaria y Sodoma (16:44-52), en el futuro Dios por su gracia restauraría un remanente de Sodoma y Samaria y restablecería el pacto eterno que Él había hecho con Judá en su juventud (16:53-63). Si la audiencia de Ezequiel aceptaba esta alegoría, cambiaría su manera de pensar acerca de la gracia pasada y futura de Dios y la justicia de su castigo sobre la nación.⁴⁰ Debían llegar al punto de reconocerlo a Él como su Dios del pacto.

La historia reciente de Judá también fue descrita en una alegoría de dos águilas. El rey de Babilonia tomó vides de Judá y las plantó en sus propias tierras, pero cuando apareció la otra águila (el rey de Egipto), la vid neciamente extendió sus ramas hacia ella (17:1-10). Esta era una advertencia a los seguidores de Sedequías, para que no buscaran ayuda en el faraón de Egipto, aun cuando el rey Nabucodonosor ya había llevado a Joaquín al exilio en Babilonia en 597 a.C. Esta confianza en los caballos egipcios estaba quebrando un pacto político y la falta de confianza en Dios estaba quebrando el pacto con Él (17:11-21). La única esperanza de la nación debía descansar sobre el renuevo que Dios plantaría. Ese rey prosperaría, todos estarían bajo su cuidado y otras naciones reconocerían a Dios como el verdadero poder detrás de él.⁴¹

Ezequiel no sólo trató con los malos entendidos del exilio acerca de la manera en que Dios juzgaría con justicia a los que habían quedado en Jerusalén, sino que también se dirigió al sentimiento profundamente arraigado de que Dios no era justo con los del exilio. La explicación popular socialmente aceptada entre los exiliados era que ellos estaban sufriendo por el pecado de sus padres, que Dios no los trataba justamente (18:2,25,29; 18:4, ver Ex. 20:5). El sermón de Ezequiel argumentó en contra de la perspectiva teológica de los exiliados, porque Dios sólo juzga con justicia a los pecadores (ver Deut. 24:16; Jer. 31:29). Si un hijo seguía una conducta social apropiada con respecto a las mujeres, a los pobres, al préstamo de dinero, a la práctica de la justicia y no adoraba a otros dioses, la maldad o la rectitud de su padre no afectarían las bendiciones de Dios sobre su vida (18:5-18). Las tradiciones del pacto antiguas en Levítico 18:19-20; 19:13; 25:35-37 y Deuteronomio 24:16 legitimaron la visión de Ezequiel sobre la conducta social justa. Ellos debían arrepentirse, transformar su conducta y cambiar la actitud de su corazón, porque Dios no quería juzgar a nadie (18:30-32). Ezequiel enfatizó la responsabilidad individual de cada persona por su propio accionar.

Ezequiel terminó esta sección con la lamentación de una leona que tenía dos cachorros (el rey Joacaz y el rey Joaquín), los cuales fueron capturados y llevados a Egipto y Babilonia (19:1-9). Luego lamentó la destrucción de una vid (Judá), la cual era fructífera y fuerte, pero ahora estaba seca y consumida por el fuego. Estas lamentaciones socavaron las esperanzas falsas de los que pensaban que Dios no destruiría ni a Judá ni a sus líderes (19:10-14).

La larga serie de oráculos contra Jerusalén terminaron con confirmaciones adicionales de la *profanación de Jerusalén* (20:1–24:27). En 591 a.C., en el séptimo año del exilio del profeta, Ezequiel repitió el lado más oscuro de la historia de la salvación de Israel a los ancianos de esa nación en Babilonia. Dios eligió a Israel para ser su pueblo y les prometió sacarlos de Egipto y darles una tierra hermosa (ver Ex. 6:2-8). Esta relación requería que los israelitas rechazaran los dioses egipcios; pero en el monte Sinaí, ellos hicieron un becerro de oro. Dios tuvo misericordia de ellos y no los destruyó (Ex. 32:1-9,11-14), pero les dio sus propias líneas de conducta y sus días de reposo para ayudarlos a ser santos (20:11-12; ver Ex.

20:1–23:33). Ellos se rebelaron otra vez en el desierto y deshonraron el día de reposo de Dios, pero Él otra vez fue misericordioso. A lo largo del relato, Ezequiel revirtió la visión positiva de la historia que tenía la gente, al enfatizar su idolatría, rebelión, deshonra, impureza, prácticas paganas detestables y traición blasfema contra Dios. Sus pocos días positivos no eran nada comparados con la total depravación y corrupción de sus pecados. Ellos habían profanado Jerusalén y entonces Dios los destruiría en su ira. Él no tendría compasión de ellos y luego ellos entenderían que Él es verdaderamente Dios (20:18-29).

¿Debía la audiencia de Ezequiel continuar en estos caminos pecaminosos (20:30-31)? ¡No! El pueblo de Dios no debía ser y no sería como otras naciones (20:32), porque en el futuro Dios sería su Rey. Habría un nuevo éxodo, un nuevo desierto, un nuevo grupo que no profanaría la santidad de Dios, un nuevo pueblo para servir a Dios, un nuevo Israel que reconocería que Él es Dios. El sermón de Ezequiel externalizó una esperanza para los desesperanzados.[42] Dios estaba determinado a hacer que su pueblo se distinguiera del pueblo de la nación y estaba comprometido a santificar su propio nombre. Este era un punto de vista radicalmente nuevo, en el trato futuro de los exiliados por parte de Dios.

Ezequiel vio que la espada de Dios cortaría a los justos y a los malvados de Jerusalén, de modo que él gimió y lloró y quebrantó sus lomos con amargura, delante de los exiliados. También aplaudió como lo habrían hecho los enemigos victoriosos cuando derrotaron a Jerusalén (21:1-17).[43] Describió a Nabucodonosor mirando señales en los caminos y usando métodos paganos de adivinación, para decidir atacar a Jerusalén en lugar de Amón (21:18-24; Amón recibe juicio en 28–32).[44] Nabucodonosor tomaría al pueblo, humillaría al príncipe malvado de Judá (Sedequías), y dejaría la ciudad en ruinas. Este juicio de parte de Dios vendría sobre los culpables, quienes derramaban sangre inocente, oprimían a huérfanos y viudas, adoraban ídolos, difamaban a la gente, abusaban sexualmente de otros, engañaban económicamente a las personas y se habían olvidado de Dios (22:1-12). Dios no podía soportar estas acciones, así que los esparciría entre las naciones y quitaría la escoria de la nación en un horno de fuego.

¿Por qué ocurría esto? Los profetas engañaban al pueblo, los sacerdotes no le enseñaban a la gente a ser santa y los líderes no establecían justicia en la tierra. Por lo tanto, el pueblo estaba oprimido y no había líder social para interceder ante Dios por misericordia (22:23-31). Los líderes políticos en Samaria (Ahola) y en Jerusalén (Aholiba) confiaban en alianzas con Asiria, Babilonia y Egipto, pero esas naciones se volverían contra Judá y la traicionarían (23:1-30). Estos actos eran como una prostitución infiel y lasciva, y resultaron en la profanación del santo templo de Dios.

Para demostrar aún más a su audiencia que la profanación del templo de Jerusalén por parte del pueblo merecía destrucción, Ezequiel usó una parábola de una olla hirviendo, para anunciar que el sitio de Jerusalén estaba comenzando (en 588 a.C.; ver 24:1). La canción o historia alegre, acerca de la olla que hervía vigorosamente carne escogida para la comida (24:3-5) se revirtió en una imagen negativa de Dios que hervía al pueblo "elegido" en la sangrienta Jerusalén, y lo limpiaba al quemar sus impurezas.[45] Como una señal final impactante, Ezequiel no hizo duelo por la muerte de su esposa, porque el pueblo en Jerusalén moriría y no tendría a nadie que se lamentara por él (24:15-24). Esta conducta antisocial hablaría en gran manera a los exiliados que se formularían interrogantes. ¿Por qué se comportó Ezequiel de manera tan anormal? ¿Por qué no expresó dolor por la pérdida de su amada esposa?

II. Reconocer que Dios destruirá a las naciones 25:1–32:32

Los *oráculos de juicio sobre las naciones* (25:1-17) incluyeron el juicio de Amón (25:1-7), Moab (25:8-11), Edom (25:12-14) y Filistea (25:15-17).[46] Estas naciones se rieron cuando Judá fue abandonada y el templo de Jerusalén fue profanado (25:3,6,8,12,15). De modo que, Dios confirmaría su santidad y desolaría esas tierras para que reconocieran que Yahvéh es verdaderamente Dios (25:5,7,11,17). De manera persuasiva, Ezequiel comunicó un mensaje de consuelo a los exiliados, porque ellos verían la justicia de Dios.[47] El sermón de Ezequiel sobre el *juicio de Tiro* (26:1–28:24) incluyó un anuncio de juicio y una lamentación sobre la ciudad de Tiro (26:1-21; 27:1-36) y un anuncio de juicio y una lamentación sobre el orgulloso rey de Tiro (28:1-10; 28:11-19). Cuando Babilonia estaba destruyendo Jerusalén,[48] Tiro permaneció poderosa y se gozó maliciosamente por su nueva oportunidad económica de controlar el comercio en todo el mundo (26:3). Para convencer a los exiliados que

Nabucodonosor podía destruir Tiro, Ezequiel recreó en la imaginación de ellos, un cuadro realista de la escena de la batalla. Un gran ejército babilónico de caballos, carros y soldados sitiarían la ciudad, derrumbarían sus murallas y las arrojarían al mar. Matarían a la gente de Tiro, tomarían sus riquezas y dejarían el lugar como una peña lisa (26:3-14). Otras ciudades costeras que comerciaban con Tiro lamentarían su caída (26:15-18).

Ezequiel fortaleció la capacidad de los exiliados de internalizar esta predicción y aceptar la soberanía de Dios, al expresar en forma audible su propio lamento por la ciudad insular de Tiro (27:1-36). El elogio contrastó el propio autorretrato maravilloso de Tiro (27:3-9) y las alabanzas de sus socios comerciales (27:10-25), con su amargo fin (27:26-36). Tiro era como una hermosa nave en el mar, sólidamente construida, llena de grandes riquezas y conducida por una tripulación sabia.[49] Tiro era conocida como la mejor socia comercial y la más rica, pero esta nave se hundiría, perdería su valiosa carga y sus marineros.

Por si algún exiliado dudaba de los planes de Dios para Tiro, Ezequiel también condenó al arrogante rey de Tiro, Etbaal II. La mitología decía que este rey tenía una autoridad y una sabiduría casi divinas para ayudar a la nación a ganar sus riquezas. En realidad, este rey orgulloso era simplemente un hombre. Moriría de manera vergonzosa y su esplendor y sabiduría se desvanecerían (28:1-10).[50]

En el centro de esta larga serie de oráculos destructivos hubo un sermón fundamental de *esperanza para Israel* (28:25-26). Ezequiel les recordó a los exiliados que Dios cumpliría sus promesas. Él manifestaría su santidad delante de todas las naciones, al reunir a su pueblo. Entonces todos reconocerían que Él es Dios.

Los oráculos contra las naciones terminaron con un *juicio de Egipto* (29:1–32:32). Todos estos sermones (excepto 29:17-21) fueron dados en los años undécimo y duodécimo del exilio, cuando Jerusalén estaba sitiada por Babilonia (587–586 a.C.).[51] Estos siete oráculos se refirieron repetidamente al poder y el orgullo de Egipto (29:3; 30:6,18; 32:12), a la destrucción de Egipto por Nabucodonosor (29:18; 30:10,24-25; 32:11), a cómo se secaría el gran río de Egipto y mataría a su monstruo marino (29:4; 30:12; 32:2-4), y cómo sus habitantes irían al exilio (29:13; 30:18,26). Dios, y no el faraón, había hecho a Egipto y al Nilo (29:9); Él daba la fuerza y podía quitarla (30:20-26). El día de Jehová estaba cerca para Egipto (30:1-5). Ezequiel lamentó la muerte del faraón (32:1-16) y lloró porque Egipto se uniría a las otras naciones en el Seol (32:17-32). El propósito retórico de Ezequiel era socavar creencias populares entre los exiliados, y convencerlos de que Egipto no salvaría a Judá de los babilonios en 587 a.C. (29:16; ver Jer. 37). Procuró demostrar que el futuro de ellos estaba en manos de Dios y explicar que estos eventos harían que tanto judíos como egipcios internalizaran la creencia de que Yahvéh es verdaderamente Dios (29:6,9,21; 30:8,19,25; 32:15). Las alianzas políticas de Judá con Egipto no salvarían a Jerusalén (9:2-4).

III. Reconocer que Dios restaurará a Israel 33:1–48:35

Ezequiel comenzó la tercera fase de su ministerio, cuando un refugiado de Judá vino a los exiliados para anunciar la caída de Jerusalén (33:21-22). Esta noticia temida marcó el cumplimiento de las profecías anteriores de Ezequiel, el fin de su mutismo (ver 24:25-27) y la conclusión de su rol como atalaya para los exiliados.[52] Pronto Ezequiel tendría un nuevo rol;[53] podría ofrecer esperanza al pueblo (33:30-33). Antes de asumir ese rol, el *atalaya defendió la justicia de Dios* (33:1-33) al recapitular el pasado, legitimar su condición de profeta delante de los exiliados y llamar al pueblo a transformar su manera de pensar, a la luz de lo que había ocurrido.

Públicamente, Ezequiel les explicó a los exiliados su rol durante los varios últimos años (33:1-9).[54] Él había funcionado como un atalaya, para advertir al pueblo que se volviera de su iniquidad antes que el juicio de Dios viniera (ver 3:17-21). La audiencia respondió con un grito desesperado de que estaban pudriéndose sin esperanza en el exilio, debido a sus pecados (33:10). Ezequiel les recordó su mensaje anterior acerca del trato justo que Dios daba al pecador y al que se arrepiente (18:1-30). Ezequiel vio que la cosmovisión socialmente desarrollada de la audiencia había entendido mal el modo de obrar de Dios.[55] Dios no es sólo un juez de pecadores; es un libertador de los que se vuelven de sus pecados. Él trata a la gente con ecuanimidad, porque el que se arrepiente vivirá (33:10-20). No tenían necesidad de estar desesperanzados.

Ezequiel también rechazó la idea de que los judíos que habían permanecido en Jerusalén después de la cautividad, podían reclamar la propiedad de los muertos y de los exiliados. Ellos eran la simiente de Abraham, pero eso no justificaba que tomaran su tierra (33:24).[56] Estas personas que mataban, adoraban ídolos y cometían adulterio no poseerían a Judá, porque Dios le daría esa tierra sin dueño a las bestias salvajes (33:25-29).

El capítulo termina con una advertencia a Ezequiel. Aunque muchos exiliados llegaría a oír lo que él tenía para decir y todos estarían hablando acerca de él, Ezequiel no debía permitir que la popularidad lo engañara (33:30-33). Estas personas no serían discípulos fieles. Se entusiasmarían o sacarían provecho de la siguiente profecía de Ezequiel. Lo mirarían como un animador y disfrutarían de sus charlas, pero no iban a hacer lo que él dijera. Ezequiel no debía ser manipulado por la audiencia; debía ser un profeta en medio de ellos.

Una vez que la audiencia exiliada de Ezequiel supo que Jerusalén había sido destruida, sus esperanzas se desvanecieron. Dios había juzgado a Judá por sus pecados, había abandonado su templo y se había dado por vencido con respecto a su pueblo. Los sentimientos de desesperanza eran inevitables. ¿Por qué permitió Dios que ocurriera? ¿Alguna vez reuniría a la nación otra vez en Jerusalén, tal como lo habían prometido profetas anteriores (Isa. 2:1-4; Miq. 4–5)? La audiencia de Ezequiel necesitaba una explicación sobre la acciones de Dios y alguna percepción de sus planes para la *restauración de Israel* (34:1–37:28).

Dios permitió que Babilonia destruyera a Judá y esparciera al pueblo en el exilio porque los reyes-pastores de Judá habían ignorado al pueblo, lo habían destruido y no lo habían protegido de los depredadores (34:1-10; ver Jer. 23:1-8). Para alentar a sus oyentes a que internalizaran esta esperanza, Ezequiel les aseguró que el pueblo esparcido era el pueblo de Dios, las ovejas de su redil. La destrucción de Jerusalén le permitió a Él quitar a estos líderes malvados. Un día, Dios cuidaría de sus ovejas, las traería de regreso de naciones extranjeras a una tierra placentera y pacífica, las alimentaría y curaría a las enfermas (34:11-16). Dios juzgaría entre los buenos y los malos que trataban a otros injustamente (34:17-22).[57] Luego Dios establecería un rey sobre ellos, la simiente mesiánica de David, que serviría a Dios. Su pacto eterno de paz traería fructificación material a la tierra, seguridad y un reconocimiento de corazón de la relación de Dios con ellos (34:23-31; comparar con Lev. 26:4-13; Os. 2:17-23; Jer. 30–31).

Con esta visión del futuro, Ezequiel estaba tratando de convencer a los exiliados, para que creyeran en lo que Dios haría, a pesar de su situación desalentadora en el exilio.

Una piedra de tropiezo en la aceptación de esa descripción del futuro imaginativa de Ezequiel era Edom. ¿Qué haría Dios con respecto a esta nación que se había aprovechado de Judá después que Babilonia destruyó la nación? (35:1-15; ver 25:12-14; Abd. 10–14; Sal. 137:7). Los edomitas trataron de reclamar la tierra de Judá y de Israel como propia. Se regocijaron cuando cayó Jerusalén. Actuaron con odio e ira y se jactaron con arrogancia acerca de su nueva posesión. Ezequiel le aseguró a su audiencia que Dios desolaría a Edom y a cualquier otra nación que tratara de apropiarse de la tierra de Él (36:1-5). Su tierra fructífera sería ocupada por su pueblo. Las naciones enemigas nunca insultarían a su pueblo otra vez y todos reconocerían que esta había sido la obra de Dios (36:6-15).[58] Este oráculo ilustró en forma convincente cómo la promesa de Dios se aplicaría a una situación concreta, la cual recientemente había traído gran humillación a los judíos.

Ezequiel repitió su declaración de que Dios liberaría a su pueblo de estas naciones, lo limpiaría de pecado, derramaría su Espíritu sobre él, renovaría el pacto y le traería bendiciones. Esto ocurriría no porque el pueblo lo mereciera, sino para vindicar y reclamar la gloria del nombre santo de Dios (36:22-32). El poder regenerador de Dios transformaría la conducta social del pueblo, rejuvenecería la tierra desolada y aumentaría el número de ellos de tal manera, que incluso las naciones de alrededor reconocerían que este era un acto de Dios (36:33-38).[59] Esta gran idea de reavivar a la nación fue descrita como una espectacular reanimación de huesos secos, que fueron transformados en personas que respiraban, que fueron llenas del Espíritu de Dios (37:1-14). Esos exiliados de la audiencia de Ezequiel, que pensaban que la nación estaba muerta y completamente separada, estaban equivocados (37:11), porque Dios le devolvería la vida a la nación.[60] Esta obra creativa divina haría que los que dudaban reconocieran que Él es Dios.

Ezequiel puso dos palos juntos, para simbolizar la futura reunificación de Judá e Israel (37:15-28). Serían una nación con un rey y no se deshonrarían otra vez. El siervo mesiánico de la línea de David sería el rey. Todos tendrían un pacto eterno de paz. Todos adorarían a Dios juntos en un templo. Serían el pueblo de Dios y las naciones reconocerían esto como un acto de Dios.[61]

Para darle seguridad al que dudaba en su audiencia, Ezequiel prometió que Dios proveería seguridad y *protección en contra de enemigos futuros* (38:1–39:29). No importa quiénes fueran los enemigos desconocidos, que pudieran trazar los planes para tomar la tierra de Israel y saquearla,[62] Dios se les opondría con toda su furia e ira. Él los destruiría y magnificaría su nombre a la vista de las naciones. Luego, los que dudaban en medio del pueblo de Dios internalizarían y reconocerían el poder y la santidad de Dios. Cuando las naciones vieran esta demostración de la gloria de Dios en su trato con Israel, todas las naciones reconocerían su renombre.

En el vigésimo quinto año de su exilio (573 a.C.), Ezequiel tuvo una visión concerniente a la *restauración del templo* (40:1–46:24), una ampliación de su breve referencia a un templo en 37:24-28. El futuro templo permitiría que la gloria de Yahvéh morara en medio del pueblo (contrastar con 10:4,18; 11:23), de modo que la adoración pudiera volver. Prometió una nueva era de aceptación por parte de Dios. El pueblo en el exilio ya no sería rechazado más. ¡Realmente había esperanza en el futuro!

Los detalles de los muros, las ventanas, las puertas, los escalones, las columnas, las cámaras, los altares, el mobiliario y los atrios proveyeron realismo a la visión que tuvo Ezequiel, así como la descripción detallada de la derrota de Tiro le dio vida al evento (27–28). Este relato tiene similitudes con tradiciones arquitectónicas más antiguas en Éxodo 25–31, pero Ezequiel estaba muy preocupado por el regreso de la gloria de Dios (43:2-9). Esta nueva era marcaría el fin de la profanación del nombre santo de Dios (43:7), el fin de la salida por la puerta este del templo (44:2),[63] el fin de sacrificios y de adoradores impropios (44:6-8), el fin de sacerdotes no calificados (44:9-31) y el fin de príncipes opresivos e injustos (45:7-12).[64] Este cuadro del futuro describió un mundo radicalmente diferente del mundo que los exiliados habían conocido antes del exilio. El pueblo y los gobernantes adorarían a Dios en fiestas y en el día de reposo, con sacrificios de acuerdo a los procedimientos levíticos regulares (45:13–46:15). Todo estaría en orden, conforme a la indicación de Dios. Este era el tiempo futuro con el que los exiliados soñaban. La visión de Ezequiel volvió a encender la fe de ellos en Dios.

El plan de Dios no sólo incluía un nuevo templo escatológico, sino también la *restauración de la tierra* (47:1–48:35). En este nuevo mundo, un río de agua fresca correría desde el templo donde Dios moraría. Transformaría la Judá estéril en una tierra fértil, con árboles de frutos permanentes y con hojas curativas (casi un nuevo jardín del Edén[65]). Este río transformaría el mar Muerto en un lago fresco atestado de muchos peces (47:1-12; ver Joel 3:18; Apoc. 22:1-2).

Toda la nación de Israel sería dividida en franjas de tierra horizontales ideales y heredadas por las tribus de Israel, tal como Dios le había jurado a los patriarcas (esto contrastaba con la división en Núm. 34). Un área dedicada al templo de Dios, el sacerdote, el príncipe y la ciudad llamada "Jehová estará en medio de ella", estaría situada en el centro de las tribus (48:8-20).[66] Estas promesas animaron a los exiliados sin tierra a creer que un día, el pueblo de Dios volvería a tener su tierra y podría reconocer a Dios en su adoración en el nuevo templo.

Consecuencias teológicas y sociales

Al igual que Ezequiel, el mensajero de Dios de nuestros días debe tratar sabiamente con los que piensan que Dios no se preocupa por lo que están haciendo, que no quieren admitir sus propios fracasos y que se niegan a reconocer la santidad de Dios. Algunas veces, no son más sermones los que van a conseguir su atención, ni más acusaciones las que vayan a cambiar sus actitudes. Cuanto más operen sobre la base de percepciones falsas de la realidad, más alienados estarán del poder transformador de Dios. Podrán sentirse rechazados, malinterpretados y sin esperanza; pero Dios puede tener un plan redentor para sus vidas.

Al igual que Ezequiel, los mensajeros de Dios de nuestros días deben estar dispuestos a comunicarse con la gente, a través de actos simbólicos poderosos y personales que puedan hablar con más fuerza que las palabras. Mediante tales actos, realmente puede ser posible llegar a los que se niegan a escuchar una predicación normal. Siempre es difícil oponerse a lo que la gente cree, pero denota más amor destruir esperanzas falsas que perpetuar mentiras piadosas de personas "religiosas". Dios es santo y justo. No defiende a los que profanan su nombre o mantienen instituciones religiosas altamente apreciadas, donde su gloria no es reconocida. Puede abandonar a los que lo abandonan.

Este propósito central de todo mensajero incluye persuadir a los oyentes a reconocer quién es Dios, a someter sus vidas a su voluntad y a glorificar su nombre. Las alegorías, las parábolas, las historias de vida, las dramatizaciones, las disputas y las promesas de esperanza futura le dieron sabor y mordacidad a las presentaciones del profeta; pero el desafío era no permitir que el medio destruyera el poder del mensaje. Los métodos modernos para alcanzar a la gente pueden ayudar a traer variedad y formas culturalmente relevantes al proceso de comunicación. Sin embargo, la sensibilidad de la audiencia nunca debe estar por encima de la tarea fundamental de comunicar la palabra de Dios. Lo que cuenta al final es: ¿reconoce la audiencia la demanda de Dios sobre su vida y busca glorificar su santo nombre?

Preguntas para debatir

1. ¿Por qué la audiencia de Ezequiel necesitaba saber lo que realmente estaba ocurriendo en Jerusalén? ¿De qué manera cambiaría esto su pensamiento? ¿Cuáles son algunas de las concepciones erróneas que la gente tiene hoy?

2. ¿De qué manera la descripción de la gloria de Dios en Ezequiel 1 se ajusta a la concepción moderna de Dios?

3. ¿De qué forma un profeta es similar a un atalaya (Ezeq. 33:1-9)?

4. ¿Cómo puede la externalización de la esperanza por parte de un mensajero, producir un impacto en la disposición de la audiencia para reevaluar su situación desesperanzada?

1. W. Zimmerli, *Ezekiel* 1 en *Her* (Filadelfia: Fortress Press, 1979), 9-16, ofrece una discusión detallada de la situación histórica en Jerusalén, pero la mayor parte de esto tuvo lugar antes que Ezequiel comenzara a profetizar.

2. W. H. Brownlee, *Ezekiel 1–19* en *WBC* 28 (Waco: Word, 1986), xxii–xxvii, sugiere que Ezequiel estaba en Gilgal, pero C. G. Howie, *Date and Composition of Ezekiel* (Filadelfia: Society of Biblical Literature, 1950) presenta una evidencia más sólida para una ubicación del profeta en el exilio, aun cuando él sí habló acerca de cosas en Jerusalén.

3. Ver K. S. Freedy, "The Dates in Ezekiel in Relation to Biblical, Babylonian, and Egyptian Sources", *IEJ* 90 (1970), 462-85, o M. Greenberg, *Ezekiel 1–20* en *AB* 22 (Garden City: Doubleday, 1983), 8-11.

4. Geenberg, *Ezekiel 1–20*, 17, argumenta a favor de poco contraste entre la teología de los dos grupos. Esto es cierto sobre algunos temas, pero estar en el exilio, realmente le dio al pueblo en Babilonia un cosmovisión única en cierto sentido.

5. E. F. Davis, *Swallowing the Scroll: Textuality and the Dynamics of Discourse in Ezekiel's Prophecy* (Sheffield: Almond Press, 1988), 85-90, no piensa que uno pueda entender a la audiencia de Ezequiel a partir de las citas que él hace de ella, pero Zimmerli, *Ezekiel 1* en *Her*, 36, presenta argumentos más sólidos a favor de tomar estas citas como representaciones auténticas del pensamiento del exilio.

6. R. R. Wilson, "Prophecy in Crisis: The Call of Ezekiel", *Int* 38 (1984), 121-22.

7. R. R. Wilson, *Prophecy and Society in Ancient Israel* (Filadelfia: Fortress, 1980), 283, lo ve como un profeta principal sadoquita, pero encuentra influencias deuteronómicas perturbadoras.

8. P. D. Hanson, *The People Called* (San Francisco: Harper and Row, 1986), 216-24, ve a Ezequiel como un campeón de la causa sadoquita, pero hay poca evidencia de que esta visión del futuro fuera respaldada por otros sacerdotes del exilio.

9. Este acercamiento de B. Lang, *Kein Aufstand in Jerusalem* (Stuttgart: Verlag Katholisches Bibelwerk, 1978), 158-59, fue criticado por Davies, *Swallowing the Scroll*, 64-67.

10. Ver W. Eichrodt, *Ezekiel: A Commentary* en *OTL* (Filadelfia: Westminster, 1980), 28-30, para una discusión sobre la teología sacerdotal de Ezequiel.

11. R. W. Klein, *Ezekiel: The Prophet and His Message* (Columbia: University of South Carolina, 1988), 7-10, no acepta estas conclusiones, pero su sugerencia de que muchos de estos aspectos inusuales eran creaciones meramente literarias es insatisfactoria.

12. Davis, *Swallowing the Scroll*, 24-28, 47-67, investiga una función literaria operante en el ambiente de Ezequiel en el exilio, para explicar la manera en que el profeta eligió comunicar su mensaje. La conclusión de ella es que escribía sus profecías.

13. K. W. Carley, *Ezekiel among the Prophets* en *SBT* 2:31 (Naperville: Allensons, 1975) traza líneas de conexión entre Elías y Eliseo, entre Levítico y Deuteronomio y entre Oseas y Jeremías.

14. J. W. Weavers, *Ezekiel* en *NCBC* (Londres: Nelson, 1969), 22-30, encontró cinco etapas en la evolución literaria del libro, mientras que Zimmerli, *Ezekiel 1* en *Her*, 68-74, sostiene la hipótesis de que la taera de redacción fue efectuada por discípulos de Ezequiel en una escuela.

15. L. C. Allen, *Ezekiel 20–48* en *WBC* 29 (Dallas: Word, 1990), xxv, y Greenberg, *Ezekiel 1–20* en *AB* 22, 18-27.

16. Geenberg, *Ezekiel 1–20* en *AB*, 55-56, ve una relación entre cuadros de deidades del antiguo Cercano Oriente y partes de la visión de Ezequiel.

17. P. Berger y T. Luckmann, *The Social Construction of Reality: A Treatise in the Sociology of Knowledge* (Garden City: Doubleday, 1966), 104, no ven a las personas como robots determinados socialmente, sino como creadores de una cosmovisión. Esta revelación le permitió a Ezequiel introducir una nueva e innovadora comprensión de Dios a una audiencia confundida y desalentada.

18. Berger, *Social Construction*, 154, enfatiza lo poco fundados que son los patrones sociales y las estructuras de creencias que no son compartidas ni respaldadas por otros individuos importantes.

19. Brownlee, *Ezekiel 1–19* en *WBC* 28, 54-55, enfatizó de modo inapropiado el sufrimiento de Ezequiel. Greenberg, *Ezekiel 1–20* en *AB* 22, 102, concluye que Ezequiel sólo hablaba cuando Dios hablaba. Esto es mejor que lo que opina Zimmerli, *Ezekiel 1* en *Her*, 161, quien limita el mutismo de Ezequiel a un período breve antes de la caída de Jerusalén, y considera que 3:25-27 es un relato agregado posteriormente.

20. En 3:25-26 se dice que sería ligado con cuerdas y que su lengua se pegaría al paladar, pero lo que él decía no está registrado y no es tan importante.

21. Klein, *Ezequiel*, 43, comparó estos 40 días con los 40 años de peregrinaje por el desierto (Núm. 14:33-34) y suma 390 más 40 para obtener 430, el tiempo pasado en Egipto (Ex. 12:40-41); pero estas comparaciones parecen insignificantes. Block, *Ezekiel 1–24*, 178, relacionó el número 390 con el período 976–586 a.C., desde que Dios llegó al templo hasta que lo abandonó.

22. Greenberg, *Ezekiel 1–20* en *AB* 22, 124.

23. Berger, *Social Construction*, 92-128, observa que cuando la reificación tiene lugar, la gente piensa que la responsabilidad y la participación personal en la determinación del futuro no existen.

24. Berger, *Social Construction*, 92-128, piensa que el mundo simbólico abstracto estaba directamente relacionado con la vida diaria.

25. Para visiones diferentes sobre el origen de este día, ver M. Weiss, "The Origin of the 'Day of the Lord' Reconsidered", *HUCA* 37 (1966), 29-41; K. S. Cathart, "Day of Yahweh", en *ABD*, ed. D. N. Freedman (Nueva York: Doubleday, 1992), 2, 84-85. Su aspecto militar es claro en este contexto.

26. Greenberg, *Ezekiel 1–20* en *AB* 22, 202, piensa que esta adoración venía del tiempo de Manasés, la cual Ezequiel imaginó en su visión y la proyectó a un tiempo posterior. Esta interpretación es sabiamente rechazada por J. Blekinsopp, *Ezekiel* en *IntCom* (Louisville: John Knox, 1990), 55, porque Jeremías también se refirió a la gente que adoraba a dioses paganos (Jer. 7:17-20,30–8:3; 19:3-6,13; 32:34-35; 44:15-19). Para una interpretación premilenialista de la gloria, ver L. Cooper, *Ezekiel* en *NAC* 17 (Broadman Press, 1994), 113-42.

27. P. C. Craigie, *Ezekiel* en *DSB* (Filadelfia: Westminster, 1983), 61.

28. T. Jacobson, *Toward the Image of Tammuz and Other Essays* (Cambridge: Harvard Univ. Press, 1970), 100, describe el mito y el llanto de mujeres que lo acompañaban.

29. La traducción e interpretación de esta cita es incierta. Brownlee, *Ezekiel 1–19* en *WBC* 28, 157, sigue la *LXX* e interpreta que los hombres dicen que es un buen tiempo

para construir, pero Greenberg, *Ezekiel 1–20*, 185, considera que dicen que no es un buen tiempo para construir.

30. Berger, *Social Construction*, 106-07, describe cómo el marco teórico del universo simbólico de un grupo respalda y sostiene su cosmovisión. Cuando Ezequiel removió el apuntalamiento de este enfoque débil de la realidad, socialmente construido (afirmando que Jerusalén sería destruida y que los exiliados eran los elegidos), el cambio fue posible.

31. Ezekiel 12:3 presentó una leve esperanza de que el pueblo pudiera comprender y cambiar.

32. Greenberg, *Ezekiel 1–20* en *AB* 22, 209, nota que las expresiones "delante de sus ojos" y "a la vista de ellos" ocurren en total siete veces aquí, para probar que ellos verían sin ver (12:1).

33. Berger, *Social Construction*, 114, describe la técnica que usó Ezequiel para negar la cosmovisión de los falsos profetas como nihilación. La nihilación niega la realidad de puntos de vista desviados y les da un carácter ontológico negativo.

34. Greenberg, *Ezekiel 1–20* en *AB* 22, 236. Estos profetas no intercedieron por el pueblo ni le advirtieron del juicio de Dios.

35. Zimmerli, *Ezekiel 1* en *Her*, 297, discute posibles interpretaciones de estas prácticas mágicas extrañas.

36. Greenberg, *Ezekiel 1–20* en *AB* 22, 253, no cree que Ezequiel se refería a la adoración sincretista de ídolos, sino al estado de su mente no regenerada. Sin embargo, Blenkinsopp, *Ezekiel* en *IntCom* 71 compara esto con los exiliados en Egipto, quienes adoraban a otros dioses en Jeremías 44.

37. Zimmerli, *Ezekiel 1* en *Her*, 302-03, señala numerosas conexiones en vocabulario y pensamiento con Levítico 17.

38. H. H. P. Dressler, "The Identification of Dnil with the Daniel of Ezekiel", *VT* 29 (1979), 152-61, habla de si Ezequiel conocía a Daniel o si se estaba refiriendo a otro Dnil.

39. Berger, *Social Construction*, 91, se refiere a la reificación de la identidad, la estimación del valor y del rol personal, sobre la base de características absolutas positivas (tú eres hermoso/a) o negativas (tú eres feo/a), en lugar de la conducta humana. La identidad del pueblo de Dios estaba basada sobre su fidelidad y no sobre que ellos fueran la simiente de Abraham o que vivieran en Jerusalén.

40. Ibíd., 60, 64, 67, 92-99. Berger explica cómo la biografía de cada persona o grupo le da significado a la realidad. La visión que uno tiene de la experiencia legitima la filosofía de vida o el universo simbólico. La reinterpretación del pasado pone en cuestión el significado de los eventos pasados, y la validez de las concepciones presentes de la realidad.

41. Brownlee, *Ezekiel* en *WBC* 28, 273, piensa que este renuevo era Zorobabel, pero Block, *Ezekiel 1–24*, 550, Craigie, *Ezekiel* en *DBS*, 130-31 y Zimmerli, *Ezekiel 1* en *Her*, 368 consideran que esto era una promesa mesiánica.

42. Berger, *Social Construction*, 60-61, 104, considera la externalización como el proceso social de introducir nuevos significados subjetivos dentro de la realidad, los cuales no eran parte de la cosmovisión existente de la audiencia. Tanto el repaso histórico de Ezequiel, como su esperanza futura exploran las fronteras del pensamiento tradicional entre los exiliados.

43. Zimmerli, *Ezekiel 1* en *Her*, 184, explica el batir de las manos.

44. Ibíd., 443-44, se refiere a la naturaleza de la adivinación usada por los babilonios.

45. D. I. Block, "Ezekiel's Boiling Cauldron: A Form-Critical Solution to Ezekiel xxv 1–14", *VT* 51 (1991), 12-37, llega a la conclusión de que éste fue un discurso de disputa.

46. Klein, *Ezequiel*, 130, relaciona estos oráculos como una respuesta a eventos en 594/593 a.C., cuando esas naciones y Judá se rebelaron contra Babilonia (ver Jer. 27:3), pero es más probable una fecha posterior a 586 a.C.

47. Craigie, *Ezequiel* en *DSB*, 188-91, ve a Ezequiel enseñando a los exiliados acerca de la soberanía universal de Dios. Estos juicios fueron cumplidos por Nabucodonosor en 582 a.C.

48. L. Allen, *Ezekiel 20–48* en *WBC* 29, 71, fecha este oráculo en el año duodécimo después de la caída de Jerusalén, en lugar del año undécimo del texto hebreo.

49. Para una discusión de esta metáfora extensa de la nave, ver E. M. Good, "Ezequiel's Ship: Some Extended Metaphors in the Old Testament", *Semitics* 1 (1970), 79-103, o C. A. Newsom, "A Maker of Metaphors–Ezekiel's Oracles Against Tyre", *Int* 38 (1984), 151-64.

50. Allen, *Ezekiel 20–48* en *WBC* 29, 92-96, trata los asuntos difíciles relacionados con la interpretación del rey de Tiro.

51. Ver K. S. Freedy, "The Dates of Ezekiel in Relation to Biblical, Babylonian and Egyptian Sources", *JAOS* 90 (1970), 462-85, para un debate más amplio sobre la historia de este período. Comparar con D. Redford, *Egypt, Canaan, and Israel in Ancient Times* (Princeton: Princeton Univ. Press, 1992), 467-71.

52. Zimmerli, *Ezekiel 2* en *Her*, 183, piensa que esto es otro llamado o comisión. No hay duda de que Ezequiel ahora puede hablar con libertad, pero estos oráculos miran hacia atrás, para evaluar el pasado, en lugar de proyectar un nuevo rol para Ezequiel.

53. Berger, *Social Construction*, 72-75, conecta el rol con acciones típicas y con declaraciones estereotipadas, de modo que cuando Ezequiel cambió su conducta y vocabulario, forzó a la gente a mirarlo de manera diferente.

54. Klein, *Ezekiel*, 28–32, piensa que 3:17-21 fue una comunicación privada con Ezequiel, mientras que 33:1-9 fue un anuncio público de su rol.

55. Parece que los exiliados reificaron su condición. Condenados sin esperanza, no podían hacer nada para cambiar su predicamento. Ver Berger, *Social Construction*, 90-92.

56. El mismo problema existió en 11:15 después de la cautividad de Jerusalén en 597 a.C.

57. Blekinsopp, *Ezekiel* en *IntCom*, 159, relaciona esto con la explotación económica y política durante el tiempo de Gedelías (Jer. 41), pero esto estrecha la aplicación demasiado específicamente. Para una visión premilenialista del nuevo pacto, ver L. Cooper, *Ezekiel* en *NAC* 17, 287-346.

58. Allen, *Ezekiel 20–48* en *WBC* 29, 169-74, trata sobre las relaciones políticas entre Edom y Judá cuando Jerusalén fue destruida.

59. R. M. Hals, *Ezekiel* en *FOTL* XIX (Grand Rapids: Eerdmans, 1989), 265-66.

60. D. I. Block, "Beyond the Grave: Ezekiel's Vision of Death and Afterlife", *BBR* 2 (1992), 113-41, argumenta a favor de una creencia israelita en la vida después de la muerte, en este texto profético y en otros anteriores.

61. Allen, *Ezekiel 20–48* en *WBC* 29, 192-96, enfatiza este tema de la unidad y de ser uno con Dios y unos con otros.

62. Ver Zimmerli, *Ezekiel 2* en *Her*, 301, sobre la posible identificación de Gog con una figura del antiguo Cercano Oriente; pero este es un superpoder misterioso del futuro.

63. Ibíd. Zimmerli enfatiza que la puerta cerrada simbolizaba la manera en que Dios de una vez por todas tomaría posesión del templo y nunca lo dejaría.

64. Hals, *Ezekiel* en *FOTL* XIX, 286-89, hace notar la formulación negativa del mensaje. Los errores del pasado no volverían a atormentar otra vez a la nación.

65. J. Levenson, *Theology of the Program of Restoration of Ezekiel 40–48* (Missoula: Scholars Press, 1976), 28-29 y Blenkinsopp, *Ezekiel* en *IntCom*, 231, ven una conexión entre este río y los de Génesis 2:10-14. Para una interpretación literal del templo milenial, ver Cooper, *Ezekiel* en *NAC* 17, 347-424.

66. Allen, *Ezekiel 20–48* en *WBC* 29, 282-83, incluye un dibujo de los territorios tribales y del área central donde estaría el templo.

Capítulo 15

Daniel: ¿Quién gobierna el mundo?

Introducción

En el siglo pasado, el mundo ha peleado dos guerras mundiales, varias guerras largas entre naciones vecinas, numerosas batallas étnicas o tribales dentro de una nación y ha sufrido una multitud de *coups d'état*. En el caso de algunas personas, esto es una búsqueda para liberarse de la opresión de un poder más fuerte. No obstante, en otras ocasiones, estos movimientos son una rebelión necia de parte de líderes hambrientos de poder, que no quieren someterse a una autoridad superior. En la búsqueda de respeto, de riquezas y de control territorial y de las personas, miles de soldados mueren y la vida de miles de civiles son destruidas. Se incendian hogares, se deshonran lugares de adoración, se destruyen negocios, la ley y el orden se degeneran en una ley de la selva y la gente es forzada a ir a territorios extranjeros. El temor y la desesperanza agobian a los que se encuentran en el fuego cruzado. La supervivencia se transforma en la meta principal de la vida.

Ya sea que estas guerras interminables estén bajo el control de estrategas militares o de pandillas insensatas en las calles de la ciudad, el pueblo de Dios, en el pasado y en el día de hoy, quiere saber quién tiene la última palabra sobre qué reinos (o pandillas) suben al poder y cuáles caen en el olvido. Los mensajeros de Dios pueden asegurarle al pueblo que sufre las guerras y sus consecuencias, que estos eventos no están más allá del control divino. Puede que traigan persecución y muerte, pero al final Dios establecerá su reino y destruirá las fuerzas del mal. Luego, todos reconocerán que Dios es el que gobierna sobre todas las naciones, pueblos, tribus e individuos.

Entorno social

Contexto histórico

Daniel nació durante el reinado de Josías, el rey justo. Durante su adolescencia, el ejército babilónico llevó a Daniel y a muchos otros judíos a la cautividad, en el tercer año del rey Joacim (605 a.C.; 1:1; ver 2 Rey. 24:1; Jer. 25:1-12).[1] Los que estaban en cautividad vivían bajo Nabucodonosor, un gran constructor y el gobernante militar de un vasto imperio. Nabucodonosor les dio a Daniel y a sus tres amigos puestos de liderazgo en oficinas importantes del gobierno (1:17-20; 2:48-49), porque Dios le dio a Daniel sabiduría y revelaciones especiales para interpretar los sueños del rey. Más tarde, el rey Nabónido rechazó la adoración de Marduk, dios popular de Babilonia y le dejó el trono a su hijo Belsasar mientras él hizo un viaje militar a Tema.[2] Ciro, el rey medo-persa derrotó a Belsasar y terminó con el Imperio Babilónico (539 a.C.; 5:1-31), mientras Nabónido estaba lejos.

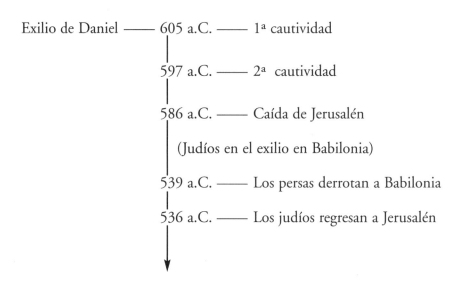

Exilio de Daniel —— 605 a.C. —— 1ª cautividad

597 a.C. —— 2ª cautividad

586 a.C. —— Caída de Jerusalén

(Judíos en el exilio en Babilonia)

539 a.C. —— Los persas derrotan a Babilonia

536 a.C. —— Los judíos regresan a Jerusalén

Ciro tuvo una política muy tolerante hacia las naciones que los babilonios habían deportado a diferentes zonas de su imperio. Repatrió muchos grupos de Babilonia a sus tierras nativas, incluso a los judíos bajo el liderazgo de su gobernador Sesbasar y del sumo sacerdote Josué (Esd. 1:1-11). Daniel se quedó en Babilonia y le fue dada la responsabilidad política de ser uno de los tres gobernadores sobre 120 sátrapas que regían el Imperio Persa (6:1-3).

La estructura del orden social

El orden social fue determinado por los ejércitos poderosos de los Imperios Medo-persa y Babilónico. Los babilonios derrotaron naciones como Judá y deportaron artesanos hábiles y oficiales de gobierno con educación, para asistir en la construcción de la hermosa ciudad de Babilonia. La carta de Jeremías a los que estaban en el exilio (Jer. 29) indica que algunos exiliados tenían bastante libertad personal. Sin embargo, desde el momento en que la gente fue forzada a vivir fuera de su país, el ordenamiento social de la vida se vio inevitablemente alterado por las costumbres extranjeras. La identidad y el estatus de una persona se alteran cuando esta es derrotada por extranjeros; y nuevas condiciones económicas y políticas reorientan la visión de la realidad objetiva de la gente.[3]

Los eventos alrededor de la interpretación de los sueños del rey de Babilonia lo describen como un monarca absoluto, que controlaba la vida y la prosperidad de sus súbditos (2:5,46-49). Podía actuar humildemente y con gracia o con arranques de ira y de irracionalidad. Los reyes persas estaban obligados por la ley (6:12,15). Estas culturas creían que los dioses revelaban su voluntad a través de sueños, de modo que el rey empleaba a muchos sabios, para que lo aconsejaran sobre su interpretación. Aunque los sueños estaban relacionados con fenómenos culturales dentro del mundo babilónico (símbolos, dividir la historia en períodos), la incapacidad de los sabios para interpretarlos señaló un conocimiento limitado de sus secretos profundos y de su aplicación.

Algunos comentaristas llegan a la conclusión de que el orden social de la guerra y de la severa persecución en 7–12 provino de un círculo de sabios, dentro del contexto de Judá, cuando los macabeos se rebelaron contra la persecución y la profanación del templo por parte de Antíoco Epífanes (198–165 a.C.).[4] Sostienen que estas historias reflejaban el conflicto intertestamentario con la perspectiva social y religiosa griega, y la imaginería e ideas que eran populares en la literatura apocalíptica de esa época. Lacoque piensa que las reacciones de Daniel en contra de esas ideas foráneas provenían de la cosmovisión de los Hasidim, pero Collins demuestra la discontinuidad entre los Hasidim combativos y las masas perseguidas en Daniel.[5] Otros eruditos sostienen un entorno unificado en Babilonia para el libro y ven 7–12 como proyecciones proféticas de un período sociopolítico futuro, en lugar de un relato histórico del pasado.[6]

La ubicación social y el rol del profeta

Daniel y sus tres amigos vivían dentro y en torno de la corte real, un mundo muy diferente al de la mayoría de los exiliados. Estos jóvenes eran individuos bien alimentados, bien educados, que pertenecían a la clase alta y que ya tenían una perspectiva sólida sobre el mundo, proveniente de su crianza judía en Jerusalén. Nuevas exteriorizaciones acerca del mundo de Babilonia les fueron transmitidas, en un período de tres años, por oficiales del gobierno quienes les enseñaron la literatura y la sabiduría babilónicas, los instruyeron sobre cómo servir al rey y controlaron sus dietas y condiciones de vida (1:4-20).[7] Cuando pudieron hablar el arameo con fluidez y cumplieron con las expectativas del rey, Daniel funcionó como cabeza sobre los sabios que aconsejaban al rey, mientras que Sadrac, Mesac y Abed-nego sirvieron como administradores sobre la provincia de Babilonia. Estas posiciones sociales de autoridad y estatus trajeron conflicto, cuando las costumbres y leyes babilónicas chocaron con las convicciones judías. Este conflicto resultó en una excepción negociada a la ordenanza del rey con respecto a las leyes de alimentación judías (1:9-13), en una confrontación airada e inflexible, concerniente a la adoración de los ídolos babilónicos y a expresiones de lealtad absoluta al rey (3:8-23), y en esperanza de seguridad para un amigo confiable, cuando el rey cayó en la trampa de promulgar una mala ley (6:6-15). Estos eventos demostraron que la cosmovisión aceptada por estos varones judíos, durante su socialización primaria en Jerusalén, no fue erradicada durante su preparación o servicio en Babilonia.[8] Los relatos no revelan la manera en que estos hombres interactuaban con el orden social promovido por adivinos, magos y astrólogos babilónicos, pero sí revelan cómo los reyes babilónicos y persas fueron llevados a aceptar la perspectiva judía en asuntos clave. La perspectiva del autor, que fue legitimada a través de la experiencia de Daniel, era que otros judíos no necesitaban someterse a la presión ni a la persecución extranjera, porque los babilonios y los persas no podían negar la sabiduría y el poder del Dios de Daniel.

Los relatos en 7–12 fueron las percepciones de Daniel con respecto al futuro político y al orden social de su propio pueblo. Daniel también actuó como un intercesor y oró para que Dios cumpliera su promesa de hacer volver a su pueblo a Jerusalén, después de 70 años de cautiverio (9:1; ver Jer. 25:12; 29:10). También externalizó la percepción de Dios sobre conflictos internacionales futuros, los cuales incluirían la persecución de los judíos. Estos enemigos matarían a muchos, profanarían el templo, se opondrían a Dios y cambiarían las leyes religiosas y sociales. Sin embargo al final, Dios los destruiría y resucitaría a los suyos para vida eterna (12:1-3). A medida que estas revelaciones se hicieron conocidas en su audiencia judía, el rol profético de Daniel fue reconocido.

Daniel no fue un orador profético típico que persuadía a las masas para someterse a Dios. Inicialmente (2; 4; 6), su rol fue el de interpretar y persuadir al rey para que creyera sus sueños misteriosos o la escritura en la pared. En segundo lugar, su registro escrito de estas historias fue un testimonio impactante para sus lectores judíos de que Dios gobierna sobre todas las naciones. Estas profecías alentaron a los lectores a perseverar y mantener su piedad judía, a pesar de tiempos futuros de severa persecución.

Interacción social

El libro de Daniel

Daniel 1:1–2:4a y 8:1–12:13 están en hebreo, mientras que 2:4b–7:28 están en arameo imperial.[9] Collins clasifica al libro como un apocalipsis histórico, con las formas literarias de visiones en sueños simbólicas en 7–8, un discurso angélico en 10–11, un midrás en 9, y relatos de conflictos de la corte en 1–6.[10] En estas escenas apocalípticas, los mensajeros celestiales revelaron secretos escondidos acerca de la historia, el juicio final y la salvación de los justos por parte de Dios, en mensajes extraños y simbólicos. Las visiones incluyen presentaciones espectaculares de grandes conflictos por venir en el futuro, con imágenes vívidas de eventos terrenales e indicios de agitación celestial. Estos mensajes fueron organizados en dos secciones principales:[11]

I. Dios gobierna las naciones y a sus siervos 1:1–6:28

    A. Dios les dio a sus siervos favor y sabiduría 1:1-21

    B. Dios reveló los misterios de los reinos 2:1-49

    C. Dios liberó a los que confiaban en Él 3:1-30

    D. Dios humilló y levantó a un rey 4:1-37

    E. Dios había pesado y dividiría a Babilonia 5:1-31

    F. Dios liberó al que confió en Él 6:1-28

II. Dios gobierna sobre su pueblo en tiempos malos 7:1–12:13

    A. El reino vendrá después de la persecución 7:1-28

    B. Persecución por parte de un cuerno pequeño 8:1-27

    C. Oración acerca del fin de los 70 años 9:1-27

    D. Guerra y persecución antes del fin 10:1–12:13

Daniel no predicó como un típico profeta, pero cuando transmitió su sabiduría a un rey, esto tuvo un efecto transformador impresionante. Cuando sus compañeros de exilio oyeron o leyeron estas palabras, sirvieron de gran aliento en los días difíciles.

I. Dios gobierna las naciones y a sus siervos 1:1–6:28

En el primer conflicto *Dios les dio a sus siervos favor y sabiduría* (1:1-21). La cosmovisión babilónica de Nabucodonosor lo condujo a creer que si elegía algunos hombres judíos de buen aspecto, inteligentes y corteses, ellos serían siervos leales en la corte del rey. Durante tres años, trató de volver a socializar a estos hombres, educándolos en la lengua y en la sabiduría de Babilonia. Les dio comida de calidad de su propia mesa, pero Daniel y sus amigos pensaban que esta comida los contaminaría.[12] Dios hizo que el oficial babilónico les permitiera comer otra comida. Una prueba creíble y limitada de diez días, evaluada por un oficial, legitimó el pedido de Daniel de ingerir una comida diferente. Dios les dio a Daniel y a sus amigos buena salud, y más sabiduría que la que tenían los consejeros del rey. Daniel podía interpretar sueños.[13]

Esta historia animó a los lectores judíos del exilio, a mantener su compromiso con un estilo de vida piadoso y legitimó su confianza en el poder soberano de Dios para protegerlos, cuando sus creencias estuvieran en conflicto con las prácticas paganas.[14]

Luego, en un sueño, *Dios reveló los misterios de los reinos* (2:1-49) a Nabucodonosor. Los adivinos, encantadores y caldeos de Babilonia entraron en conflicto con el rey porque no pudieron externalizar el nuevo sueño del rey, ni interpretarlo.[15] El fracaso de su sabiduría fue desenmascarada, porque no sabían lo que decían los dioses y no tenían manera de comunicarse con los dioses en el cielo (2:5-12).[16] Nabucodonosor ordenó que los ejecutaran, pero Daniel y sus amigos oraron, y Dios dio a conocer los misterios del sueño.

Con humildad, Daniel admitió que su sabiduría era limitada, pero que el Dios del cielo le había dado a conocer el sueño (2:26-30). El profeta reveló las características extraordinarias de la estatua del sueño del rey, e interpretó la cabeza de oro como un símbolo del rey Nabucodonosor (2:31-38). Vendrían reinos posteriores, pero serían destruidos por un instrumento divinamente enviado. Esta piedra introduciría el reino final de Dios (2:44-45).[17] La explicación de Daniel persuadió al rey, de modo que Daniel fue promovido y su Dios fue honrado (2:46-48). Con humildad, Daniel le pidió al rey que le diera alguna de estas responsabilidades a sus tres amigos.

Cuando los exiliados en Babilonia leyeron el relato de Daniel, se convencieron de la sabiduría y el poder de Dios y se persuadieron de no aceptar toda la retórica babilónica acerca de sus dioses. El sueño le aseguró al lector judío, que Dios un día derrotaría las fuerzas humanas que controlaban sus vidas y establecería su reino eterno. La conducta de Daniel legitimó la humilde piedad y dependencia de Dios que ellos tenían, en medio de un turbulento mundo gentil.

En el episodio siguiente, las carreras políticas de los tres amigos de Daniel estuvieron en peligro, pero *Dios liberó a los que confiaban en Él* (3:1-30). Este conflicto surgió cuando Nabucodonosor requirió que los sátrapas, los jueces, los magistrados, los gobernadores y los consejeros se inclinaran delante de una estatua y confesaran su lealtad a Nabucodonosor y a su dios (3:2-7).[18] Las creencias judías socialmente aceptadas de Sadrac, Mesac y Abed-nego prohibían esta conducta que se apartaba de lo normal. Estos hombres mantuvieron de manera obstinada su sistema judío de creencias,[19] porque Dios incluso podía librarlos de la muerte. Nabucodonosor los arrojó con ira dentro de un horno extremadamente caliente, pero un ser angelical los liberó de las llamas (3:25-27). Esta liberación milagrosa legitimó las afirmaciones de estos hombres sobre Dios y persuadió al rey de internalizar parte de la visión de Dios que ellos tenían (3:28-30).

Esta historia alentó a los lectores judíos en el exilio a que mantuvieran lealtad a Dios y no se sometieran a las presiones sociales de adorar a otros dioses. Dios podía liberar a los que confiaban en Él.

Algunos años más tarde, el rey Nabucodonosor tuvo un sueño acerca de un gran árbol y aprendió cómo *Dios humillaba y levantaba a reyes* (4:1-37). Otra vez, los sabios y adivinos no pudieron o no quisieron interpretar el sueño. Daniel (o Beltsasar) le dijo al rey que él era el árbol alrededor del cual todo se reunía. En el futuro, Dios lo removería del trono y él se comportaría como un animal hasta que reconociera que el Altísimo gobierna sobre toda la humanidad (4:17,25). Nabucodonosor era un rey terrenal orgulloso y poderoso, que hacía lo que deseaba, así que era difícil que internalizara esta perspectiva extraña. Todos los demás trataban al rey como si fuera un monarca absoluto y glorioso, de modo que Daniel era el único grupo soporte para esta nueva clase de reinado (4:27). Al final, el sueño se cumplió: el rey actuó como un animal y luego fue restaurado cuando le dio la gloria a Dios (4:28-34).[20]

Estos eventos llevaron a proclamaciones de alabanza al Dios de Daniel, que fueron leídas en todas la provincias de Babilonia (4:1-3,34-37). La conversión de un rey babilónico a una cosmovisión judía fue un evento que debió de haber alentado a los exiliados a creerle a Dios. Más de 20 años después, la noche en que las tropas persas capturaron a Babilonia (539 a.C.), una mano misteriosa escribió sobre la pared que *Dios había pesado y dividiría a Babilonia* (5:1-31). Esto ocurrió en un banquete de Belsasar, cuando él profanó los vasos de oro del templo de Jerusalén, bebiendo vino de ellos (5:2,23).[21] Los sabios caldeos no pudieron interpretar la escritura, así que Daniel interpretó el mensaje. Su interpretación fue legitimada por su percepción pasada, su habilidad para interpretar otros sueños, su espíritu pío y la recomendación de la reina madre (5:10-16).[22] Para persuadir al rey de la seriedad del mensaje, Daniel se apoyó en la experiencia del bisabuelo de Belsasar, quien había sido juzgado por su orgullo (5:18-21). La profanación orgullosa de los vasos del templo de Dios por parte de Belsasar no glorificó a Dios, de modo que Dios contó los días de su reinado (*MENE*), lo pesó en su balanza y lo encontró falto (*TEKEL*) y lo dividiría entre los medos y los persas (*PERES*). Esto ocurrió esa misma noche (5:25-30).[23]

En el período persa, una conspiración en contra de Daniel demostró que *Dios liberaría al que confiara en Él* (6:1-28).[24] Surgió un conflicto porque otros oficiales políticos estaban celosos de la sabiduría política de Daniel y del plan del rey de darle a Daniel mayor autoridad (6:3). Estos oficiales no pudieron encontrar ninguna corrupción ni falta en la conducta política de Daniel, así es que decidieron atacar el compromiso de Daniel de modelar su vida de acuerdo a la ley de Dios. Estos oficiales le tendieron una trampa al rey para que promulgara una ley imposible de cambiar, que hiciera ilegal que la gente le orara a cualquier persona que no fuera el rey (6:7). En contraste con esta ley, las creencias religiosas del grupo cultural de Daniel le permitían a la gente orar sólo a Dios. Estas creencias eran una legitimación de conducta más elevada que la ley secular del rey, así que Daniel no cambió su práctica habitual de orar abiertamente en la privacidad de su hogar. Pronto fue condenado a muerte en un foso de leones, porque la cultura persa no permitía que el rey cambiara ni siquiera una ley mala (6:16-17). El rey externalizó la creencia de que el Dios de Daniel podría librarlo,[25] y en la mañana encontró a Daniel vivo, protegido por un ángel de Dios (6:22). Esta experiencia hizo que el rey internalizara la visión de Dios que tenía Daniel y destruyera a los que habían acusado a Daniel falsamente.

Esta historia fortaleció la fe del lector del exilio en la liberación divina en tiempos de persecución. Legitimó una política de un compromiso intransigente con la ley de Dios en una cultura hostil. La experiencia de Daniel ejemplificó las recompensas del trabajo honesto y mostró que un rol político no tiene por qué destruir la fe de uno.

II. Dios gobierna sobre su pueblo en tiempos malos 7:1–12:13

Las visiones de Daniel en la segunda parte del libro no fueron percepciones relacionadas con un conflicto con un rey como en 1–6. Fueron revelaciones privadas que Daniel escribió, para advertir a sus compatriotas judíos. En el futuro, habría reyes extranjeros que perseguirían al pueblo de Dios, pero ellos debían mantenerse firmes en su compromiso de seguir a Dios.

La primera visión tiene algunas similitudes con el sueño de Nabucodonosor en el capítulo dos, pero esta visión enfatizó que *el reino vendría después de la persecución* (7:1-28). En esta visión, se transformó el punto de vista de Daniel sobre el día escatológico de Jehová. Él sabía que otras cuatro naciones vendrían y que Dios juzgaría a las naciones y establecería su reino (ver 2:36-45), pero esta visión cambió su comprensión del reino terrenal final y de la venida del reino de Dios.

Los alardes orgullosos y la naturaleza destructiva del cuarto reino, junto con el pequeño cuerno que creció de él, perturbaron a Daniel. El cuerno haría guerra contra los santos de Dios (como la persecución de Daniel) hasta que el Anciano de días destruyera el cuerno y le diera el reino a los santos (7:7-8,19-22). Este rey (el cuerno) atacaría a Dios verbalmente, aplastaría a los santos,[26] y cambiaría las leyes por tres años y medio.

Luego, el Anciano de días, el eterno y santo Dios, que se sienta sobre su trono rodeado de miles de adoradores, destruiría a la bestia y al cuerno (ver tradiciones de teofanías en Sal. 50:2-3; 97:1-5; Isa. 6; Ezeq. 1). Entonces el Anciano de días le daría el dominio sobre su reino al Hijo del Hombre que vendría desde el cielo. Esta persona no es una personificación de los santos, sino un gobernante del mundo, el Mesías (Sal. 2; Jer. 23:1-8; Ezeq. 37:24-28).[27]

Una visión similar de *persecución por parte del cuerno pequeño* (8:1-27) vino unos pocos años después. Dos animales que simbolizaban a Mediapersia y Grecia, precedieron a la aparición de un cuerno pequeño. Este cuerno atacó a la hermosa tierra de Palestina y a las huestes del cielo, pretendió ser igual a Dios y detuvo el sacrificio regular en el templo por más de tres años y medio. Estos cuernos pequeños en los capítulos 7 y 8 actuaron de modo similar, pero algunos identifican al cuerno en el capítulo 8 con Antíoco Epífanes, el gobernante griego blasfemo que profanó el templo en el período intertestamentario alrededor de 165 a.C.[28]

Estas dos visiones similares eran una advertencia para que los lectores de Daniel estuvieran preparados para una persecución más grande en el futuro. También engendraron esperanza en el poder soberano de Dios sobre cualquier rey que pudiera oponerse a Él, a su pueblo o a sus leyes religiosas.

Antes de explicar otras visiones acerca de esta persecución futura, Daniel insertó una oración que él hizo en el primer año del reinado de Ciro, antes de su decreto que permitía a los exiliados volver a Jerusalén. Daniel *oró acerca del fin de los setenta años* (9:1-27) de exilio en la profecía de Jeremías, dado que este período de tiempo ya estaba casi cumplido (Jer. 20:10). Él sabía a partir de textos como Levítico 26:34-35, que Dios sólo haría regresar a su pueblo a su tierra, cuando éste confesara sus pecados. Por lo tanto, Daniel ayunó y elevó una oración comunitaria de confesión.

El ángel Gabriel volvió a aplicar los 70 años de exilio, a 70 semanas de años futuros. En estas semanas, Dios removería todo pecado, pondría fin al pecado y cumpliría las profecías (9:24; soteriológico y escatológico). Inicialmente, Jerusalén sería reconstruida, y un líder ungido (mesiánico) se levantaría. Pero luego, Jerusalén y el templo serían destruidos y matarían al líder ungido (9:25-26). En la semana final, se rompería un pacto con los judíos. El sacrificio en el templo terminaría, cuando una cosa abominable fuera puesta en el templo, pero al final, la persona causante de la persecución sería derrotada (9:27). Algunos estudiosos de la Biblia tienen la hipótesis de que esto se cumplió en la era macabea (165 a.C.). Otros miran hacia el tiempo de la muerte de Jesús, pero aún otros afirman que la semana final se refería a eventos escatológicos.[29]

Las visiones finales de Daniel en el tercer año de Ciro se explayaron sobre temas anteriores de *guerra y persecución antes del fin* (10:1–12:13).

Daniel recibió otra visión angélica que le aseguró que sus oraciones habían sido contestadas, pero que el ángel estaba demorado debido a una batalla continua con poderes angélicos provenientes de Persia y de Grecia (10:10-21).[30] La visión era un relato detallado de guerras futuras por parte de reyes del norte y del sur, en contra unos de otros y en contra del pueblo de Judá, la tierra gloriosa (11:1-45). Al final de este tiempo, un rey orgulloso que se opondría a Dios, profanaría el templo con un ídolo abominable, detendría los sacrificios y cambiaría las leyes del templo (11:31-39), sería destruido. Esta persecución traería muerte a algunos, pero los sabios que entendieran lo que Daniel escribió les explicarían a otros lo que todo esto significa y conducirían a muchos a seguir los caminos rectos de Dios (11:33; 12:3).

Parte de esta visión estaba más allá de la comprensión de Daniel y fue sellada hasta el fin de los tiempos (12:4,8-9). A pesar de toda la terrible persecución que tendría lugar en estos días finales, la persona sabia (como Daniel) perseveraría sabiendo que Dios levantaría a los justos para vida eterna y a los malos para desgracia eterna (12:1-2).[31]

Consecuencias teológicas y sociales

El pueblo de Dios que vive en un entorno cultural pagano, inevitablemente se enfrentará con conflictos entre la cultura dominante, socialmente desarrollada, y sus propias creencias y prácticas religiosas. Estos conflictos pueden referirse a lo que uno come o bebe, a cómo actúa una persona en un contexto político, a cómo uno aconseja a un superior con humildad y sinceridad, o a la práctica regular de patrones de conducta religiosos.

Cuando viene la persecución, el ridículo o la intimidación, se levantan muchas preguntas. ¿Qué debo hacer? ¿Está realmente mal ceder en este tema? ¿Soy en verdad responsable si es que simplemente estoy cumpliendo órdenes? ¿Cuánto me va a costar la insubordinación? ¿Me protegerá Dios y me dará otro empleo, si es que sostengo lo que es correcto y termino perdiendo mi empleo? ¿Quién controla lo que me ocurre a mí: otros, yo mismo o Dios?

Daniel y los mensajeros de Dios de nuestros días pueden alentar a los que luchan con decisiones éticas y de fe. Cuando sus creencias y prácticas están en conflicto con las demandas de su entorno social, no necesitan someterse a las presiones sociales para llevar a cabo prácticas inaceptables. Dios está en control de su situación. Él gobierna sobre todo pueblo y nación. Él puede liberar a los que confían en Él. Aunque Dios no remueva toda fuente de amenaza e incluso permita que algunos creyentes mueran por su fe, no se olvidará de ellos, sino que los levantará para vida eterna.

Preguntas para debatir

1. ¿Por qué Dios habrá revelado su voluntad a un incrédulo como Nabucodonosor?

2. Contrastar las cosmovisiones dentro de los capítulos 3–6.

3. ¿De qué manera el clímax en los últimos pocos versículos de los capítulos 1–7 respaldan el principal tema teológico de Daniel?

4. ¿Cómo debiera una persona responder a la amenaza de persecución?

1. A. R. Millard, "Daniel 1–6 and History", *EvQ* 49 (1977), 68-69, explica la diferencia entre el tercer año de Nabucodonosor en Daniel 1:1 y el cuarto año en Jeremías 25:1, al sugerir que un sistema consideraba el primer año como el año de la ascensión y el año siguiente como el año uno, mientras que el otro contaba el año de la ascensión como el año uno. Otra solución fue sugerir que se usaron dos calendarios diferentes en los dos libros: uno comenzaba el año nuevo en la primavera, mientras que el otro comenzaba el año en el otoño.

2. W. H. Shea, "Nabonidus, Belshazzar, and the Book of Daniel: An Update", *AUSS* 20 (1982), 133-49, basa esta conclusión sobre la Inscripción de Harrán, la Crónica de Nabónido y el Relato en Verso de Nabónido. Esto explica la oferta de Belsasar de nombrar a un tercer gobernante en la tierra (5:16, su padre fue el primero y Belsasar el segundo).

3. P. Berger y T. Luckmann, *The Social Construction of Reality: A Treatise in the Sociology of Knowledge* (Garden City: Doubleday, 1966), 107-09, consideran que los poderosos tienden a imponer la visión propia del mundo sobre los más débiles.

4. J. J. Collins, "Daniel and His Social World", *Int* 39 (1985), 137-40, encuentra dos mundos diferentes detrás de 1–6 y 7–12. E. M. Yamauchi, *Persia and the Bible* (Grand Rapids: Baker, 1990), provee un trasfondo para la vida de Daniel durante el período persa.

5. A. Lacoque, *The Book of Daniel* (Atlanta: J. Knox, 1979), 11; Collins, "Daniel and His Social World", *Int* 39 (1985), 132-33.

6. J. Baldwin, *Daniel* en *TOTC* 21 (Leicester: InterVarsity, 1978), 35-46, basa su conclusión sobre la creencia de que el libro es un todo unificado. Dado que 1–6 eran del período babilónico, el resto también tiene que serlo. Ver también A. J. Ferch, "The Book of Daniel and the 'Maccabean Thesis'", *AUSS* 21 (1983), 129-41; S. Miller, *Daniel* en *NAC* 18 (Nashville: Broadman and Holman Press, 1994); Kenneth L. Barker, "Premillennialism in the Book of Daniel", *MSS* 4 (1993), 25-45.

7. Berger, *Social Construction*, 104, considera que estas exteriorizaciones ocurren cuando una persona proyecta un nuevo significado de la realidad, el cual no es parte de la visión del mundo existente.

8. Ibíd., 135-43. Berger encuentra una socialización secundaria en roles particulares y en subuniversos de conocimiento que pertenecen a ocupaciones específicas, pero esto no incluye la identificación emocional con una cosmovisión, que es característica de la socialización primaria.

9. G. F. Hasel, "The Book of Daniel and Matters of Language: Evidence Relating to Names, Words, and the Aramaic Language", *AUSS* 19 (1981), 211-25, llega a la conclusión de que el texto arameo del Targum de Job de Qumram fue posterior (siglo II o III a.C.) al arameo de Daniel.

10. J. J. Collins, *Daniel* en *FOTL* XX (Grand Rapids: Eerdmans, 1984), 6-10,42. Él rechaza el punto de vista de Lacoque (*The Book of Daniel 1*) de que el libro era un midrás. Para un estudio reciente de Daniel, ver A. S. Van der Woude (ed.), *The Book of Daniel in the Light of New Findings* en *BETL* (Leuven: Leuven University Press/Peters, 1993), 106.

11. D. W. Gooding, "The Literary Structure of the Book of Daniel and Its Implication", *TB* 32 (1981), 43-79, encuentra pares de capítulos 2–3, 4–5, 7–8, 9–12.

12. L. Wood, *A Commentary on Daniel* (Grand Rapids: Zondervan, 1973), 37, piensa que esta comida estaba contaminada porque podía incluir comida impura y podía estar ofrecida a un dios pagano. Baldwin, *Daniel* en *TOTC* 21, 83, sugiere que Daniel rechazó la comida porque lo comprometía con una relación de pacto de alianza, de lealtad y de dependencia del rey.

13. Daniel 1 no debiera ser considerado como un midrás sobre la vida de José, tal como lo sugiere Lacoque, *Book of Daniel*, 32.

14. Berger, *Social Construction*, 106-11, reconoce que todo universo de significado, creado por los seres humanos es inestable cuando está amenazado por otra cosmovisión, y considera que la visión teológica de una persona, de cómo Dios se relaciona con los seres humanos es una gran defensa contra perspectivas culturales alternativas.

15. Ibíd., 104. Berger sostiene que las personas son capaces de crear un nuevo significado, para hacer que su experiencia cultural sea significativa (externalizaciones), pero los sabios no tenían una fuente para crear el significado del sueño (contacto con Dios).

16. R. Perkins, *Looking Both Ways: Exploring the Interface Between Chrisitanity and Sociology* Grand Rapids: Baker, 1987) 58-59, considera que desenmascarar visiones falsas de la realidad es una tarea sociológica, pero Daniel también desacreditó sus afirmaciones sociales de ser sabios para el rey, socavando sus pretensiones teológicas de conocimiento.

17. J. Goldingay, *Daniel* en *WBC* 30 (Dallas: Word Books, 1989), 60, no piensa que Daniel interpretara la piedra mesiánicamente, pero reconoce que escritores posteriores del Nuevo Testamento relacionaron la piedra, en este y en otros pasajes, con Jesús. Ver también E. F. Siegman, "The Stone Hewn from the Mountain (Daniel 2)", *CBQ* 18 (1956), 364-79.

18. W. H. Shea, "Daniel 3: Extra-Biblical Texts and the Convocation on the Plain of Dura", *AUSS* 20 (1982), 29-52, relaciona este evento con una revuelta política contra Nabucodonosor en 594/593 a.C. Esto es posible, pero este compromiso era una lealtad político-religiosa que incluía la adoración del dios del rey, posiblemente Bel, tal como lo sugiere Goldingay, *Daniel* en *WBC* 30, 70.

19. Berger, *Social Construction*, 92-97, llamaría a este sistema de creencias, su universo simbólico. Este justificaba la conducta e integraba las partes de su ordenado mundo de significado.

20. Collins, *Daniel* en *FOTL* 20, 62, y Lacoque, *Book of Daniel*, 74-75, piensan que "La oración de Nabónido" del Qumram, fue el trasfondo para cosas atribuidas a Nabucodonosor, pero Baldwin, *Daniel* en *TOTC* 21, 116-18, da buenas razones para rechazar este punto de vista.

21. Ver Shea, "Nabonidus, Belshazzar, and Daniel", *AUSS* 20, 133-49, para un planteo de los problemas históricos en torno a estos dos reyes al final del Imperio Babilónico.

22. Berger, *Social Construction*, 119, se refiere a la importancia de los expertos para fortalecer la legitimidad de la visión de la realidad de un grupo social.

23. Goldingay, *Daniel* en *WBC* 30, 107, resume varios documentos del antiguo Cercano Oriente, que comentan sobre circunstancias en torno a la caída de Babilonia.

24. J. H. Whitcomb, *Darius the Mede* (Grand Rapids: Eerdmans, 1959), resume intentos de identificar a Darío el medo con un general, con el gobernador de Babilonia o con Ciro mismo.

25. Esta externalización fue la creación de un nuevo significado que no era parte de la cultura persa del rey, una idea que Daniel pudo haber plantado, relatándole al rey la manera en que Dios había liberado a su pueblo en el pasado.

26. G. F. Hasel, "The Identity of 'The Saints of the Most High' in Daniel 7", *Bib* 56 (1975), 173-92, examina acabadamente la tesis de M. Noth que afirma que los santos eran seres angélicos, y demuestra que estos eran seres humanos y no ángeles. Lacoque, *Daniel*, 126-27, acepta esta conclusión, pero J. Collins, *The Apocalyptic Vision of the Book of Daniel* (Missoula: Scholars Press, 1977), 123-47, concluye que el término se refería a ángeles.

27. Lacoque, *Daniel*, 146, concluye que esta figura era "la imagen perfecta del individuo justo". Aunque el reino le fue dado a los santos en 7:27, algunos ven a este hijo de hombre como un símbolo colectivo de los santos. Baldwin, *Daniel* en *TOTC* 21, 147-54, demuestra que esta figura tiene roles mesiánicos. Ver G. R. Beasley-Murray, "The Interpretation of Daniel 7", *CBQ* 45 (1983), 44-58. En el NT, Jesús es identificado como el Hijo del Hombre (Juan 8:28,53; 9:36; 12:36).

28. Baldwin, *Daniel* en *TOTC* 21, 162; E. J. Young, *The Prophecy of Daniel* (Grand Rapids: Eerdmans,1949), 276; y Wood, *Daniel*, 215, hacen una distinción entre los dos cuernos pequeños.

29. Ver los planteos en Goldingay, *Daniel* en *WBC* 30, 257-63; Baldwin, *Daniel* en *TOTC* 21, 167-77; Wood, *Daniel*, 243-63. Mateo 24:15 ubicó la abominación de Daniel (9:27) en el futuro y la relacionó con eventos de los tiempos finales.

30. Collins, *Apocalyptic Vision*, 108-18, piensa que estos seres angélicos eran una señal del sistema mítico que los hebreos habían tomado prestado de sus vecinos, pero Goldingay, *Daniel* en *WBC* 30, 284-85, encuentra numerosas conexiones verbales entre este pasaje y otros textos proféticos y de himnos.

31. Goldingay, *Daniel* en *WBC* 30, 306, piensa que esto era "un vuelo de la imaginación y no una creencia en la resurrección 'completamente desarrollada'", pero parece no haber razón para negar una creencia en la resurrección en este pasaje. Ver Baldwin, *Daniel* en *TOTC* 21, 203-5.

Capítulo 16

Hageo: ¿Cuáles son sus prioridades?

Introducción

El proceso de tomar decisiones incluye elegir una opción en lugar de otra, hacer que una cosa sea más importante que ninguna otra. Cuando las personas salen a caminar en lugar de terminar un trabajo, tienen la prioridad de relajarse o ejercitarse. Después de trabajar durante horas, puede ser que necesiten una oportunidad de andar a un ritmo lento, de modo que puedan ser más efectivas al retomar su trabajo.

Una prioridad se hace primero; es lo más urgente, la base más crítica para el éxito. Una prioridad es una necesidad que no puede ser ignorada. Puede que traiga fatiga, pero una prioridad es la fuerza de empuje que controla el pensamiento y la acción. Las metas casi imposibles pueden alcanzarse si es que se les da la prioridad número uno.

Es lamentable que muchas personas simplemente respondan a las demandas inmediatas a su alrededor y no analicen qué es lo que está controlando su conducta. El profeta Hageo desafió al pueblo a pensar acerca de las prioridades clave, en particular las espirituales. Los mensajeros de Dios de nuestros días, también pueden desafiar a las personas a que piensen

285

cómo hacen malabares con sus responsabilidades terrenales para ganarse la vida y con las prioridades celestiales de servir a Dios.

Entorno social

Contexto histórico

El profeta Hageo (y también Zacarías) le habló al pueblo en Jerusalén durante la era persa postexílica, en el segundo año del reinado de Darío (520 a.C.). Años antes, el rey persa Ciro había permitido que los judíos regresaran a Jerusalén (539 a.C.),[1] pero solamente alrededor de 50.000 hicieron el viaje de regreso desde Babilonia (Esd. 1–2). Trataron de reconstruir el templo bajo el liderazgo del sumo sacerdote Jesúa y del gobernador Zorobabel, pero cuando los judíos rechazaron la ayuda de la gente local en Palestina, los persas detuvieron la reconstrucción del templo (Esd. 3–4).[2]

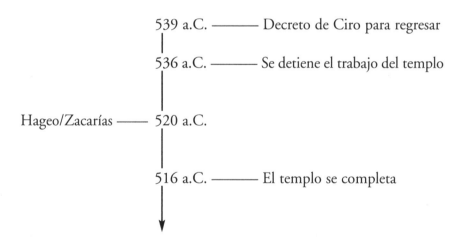

539 a.C. ——— Decreto de Ciro para regresar

536 a.C. ——— Se detiene el trabajo del templo

Hageo/Zacarías —— 520 a.C.

516 a.C. ——— El templo se completa

Esta situación desalentadora continuó hasta el segundo año de Darío (alrededor de quince años), cuando Hageo y Zacarías animaron al pueblo a hacer de la reconstrucción del templo una prioridad (Esd. 5).

La estructura del orden social

La interacción social en Jerusalén estaba condicionada por los persas, por la dificultad socioeconómica de vivir en una tierra que estaba en ruinas y por las tradiciones religiosas del pueblo, heredadas de sus ancestros.

La gente en Jerusalén se encontraba dentro del compasivo y benévolo Imperio Persa. Este permitió libertad cultural y religiosa, proveyó sostén económico y les dio autoridad legal para la reconstrucción del templo de Jerusalén (Esd. 1,6). Jerusalén estaba en la satrapía/provincia "del otro lado del río" (al oeste del Éufrates), gobernada por Tatnai, un gobernante que recaudaba impuestos y administraba las políticas locales. Este parecía oponerse a la reconstrucción del templo en Jerusalén (Esd. 5:3). Zorobabel, el gobernante judío local, probablemente había sido recién nombrado por Darío. Carecía de iniciativa y de confianza como líder y no estaba ansioso por desafiar a sus superiores con respecto a la reconstrucción del templo. Los hombres mas ancianos en la comunidad eran los formadores de opinión más importantes (2:39), pero los sacerdotes y los profetas (Hageo y Zacarías) también eran sumamente respetados (1:12; 2:10-14).

La vida diaria en Jerusalén era difícil, porque la ciudad no tenía una muralla segura ni una defensa policial fuerte. Los campos estaban crecidos con muchos años de desuso; las carreteras, las casas y los pozos necesitaban reparación. Había relativamente pocos judíos para hacer esta reconstrucción y los recién llegados no fueron bienvenidos por los que vivían en el área desde antes que los exiliados llegaran a Jerusalén.[3] Una de las principales estructuras sociales eran las "casas paternas" (Esd. 2:59; 8:1). Los grupos sociales en Judá incluían al pueblo de la tierra, los sacerdotes, los levitas, los príncipes (Esd. 9:1) y los hijos de los siervos de Salomón (2:55).[4] Ganarse la vida no era fácil, aunque algunos tenían casas muy lindas (1:4). La vida agrícola se empeoró debido a una sequía que redujo la cosecha (1:10; 2:17).

El sentido del orden religioso que tenía el pueblo estaba relacionado con el área del templo y con los sacerdotes que oficiaban en el altar (1:2; 2:10-14). La evidencia de una "comunidad de los ciudadanos del templo", que propone Weinberg era débil en tiempos de Hageo, pero se fortificó después que el templo fue construido. El pueblo era consciente de las tradiciones anteriores acerca del Éxodo (2:5) y tenía expectativas con respecto a lo que Dios haría cuando regresaran a Jerusalén (Isa. 40–66). Sus prioridades espirituales originales de adorar a Dios en el templo reconstruido, pronto ocuparon un segundo lugar, cuando las presiones políticas y las luchas económicas redujeron sus esperanzas de éxito.

La ubicación social y el rol del profeta

Hageo cumplió el rol de profeta (1:1,3,12; 2:2,10) o mensajero de Jehová (1:13). La idea de Beuken, de que Hageo era un campesino judío que nunca había estado en el exilio es cuestionable,[5] aunque la lista de Esdras de los que regresaron del exilio no incluyó su nombre. Por otro lado, la postura de que era un anciano que había regresado con los exiliados de Babilonia, no se puede probar simplemente porque él entendiera las quejas de los ancianos que habían visto el templo antes de la destrucción (2:3).[6] Blenkinsopp concluye que Hageo era un profeta cúltico, y Hanson cree que Hageo y Zacarías eran partidarios proféticos del programa de restauración de los sacerdotes de Sadoc. Sin embargo, estas ideas hacen una hipótesis mayor de lo que el texto evidencia.[7] Hageo era un profeta fundamental, que no trató dejar de lado a los líderes en Jerusalén, sino que los desafió a actuar con audacia.[8] Sus habilidades retóricas para predicar en forma efectiva aumentaron la obra del Espíritu en el corazón de su audiencia (1:14). Formuló preguntas, enfatizó temas por repetición, citó tradiciones autoritarias anteriores y, en un momento, usó una ilustración en forma de diálogo (2:10-12). Entendió la cosmovisión de su audiencia y proveyó argumentos persuasivos, para legitimar algunas nuevas prioridades.

Interacción social

El libro de Hageo

Los asuntos relacionados con la composición de Hageo se centran alrededor de la relación con fecha editorial de cada sermón y de unos pocos versículos en algunos sermones.[9] Algunos reubicaron 2:15-19 en el capítulo 1 y pusieron 1:15b como parte de la fórmula introductoria del capítulo 2.[10] Cada sermón estuvo marcado por su fecha.

I.   La prioridad de construir el templo 1:1–2:9

A. ¿Deberían ustedes construir sus casas o la de Dios? 1:1-15

B. ¿Deberían ustedes construir un templo inferior? 2:1-9

II. La prioridad de la santidad 2:10-19

III. La prioridad de la esperanza davídica 2:20-23

Estos sermones muestran cómo Hageo trató la debilidad dentro de la cosmovisión de la comunidad en lucha en Jerusalén. Al legitimar nuevas prioridades, los motivó a la acción, lo cual solidificó la identidad religiosa y social de la comunidad, fortaleció el liderazgo y glorificó a Dios.

I. La prioridad de construir el templo 1:1–2:9

Durante el segundo año del rey persa Darío I: Hystaspis (522–486 a.C.), Hageo se dirigió a los líderes judíos y a los laicos, quienes interrumpieron la cosecha de uvas y de higos para celebrar la fiesta de la luna nueva en el templo (el primer día del mes; ver Núm. 28:11).[11] Hageo sabía que había presión social para no reconstruir el templo en ese momento (1:2). Reconstruirlo no tenía sentido, porque los oficiales nacionales y provinciales estaban en contra de eso (Esd. 4:4-5), y el pueblo no tenía el dinero para financiar la reconstrucción debido a las sequías (1:10). El profeta le preguntó con valentía a su audiencia: *¿Deberían ustedes construir sus casas o la de Dios* (1:1-15)? Dado que los pobres no recubrían sus casas con madera de cedro, esta pregunta urticante acerca de las casas de ellos decoradas y la casa de Dios desolada confrontó las prioridades de los líderes ricos, incluidos Zorobabel y Josué.[12] Hageo externalizó una perspectiva sobre la situación de la nación que se desviaba de la visión común de los líderes de Judá.[13] Era incorrecto concluir que la sequía y las luchas financieras eran la razón para no reconstruir el templo. Eran la razón por la que debían reconstruirlo. Si no lo reconstruían, Dios maldeciría sus cultivos debido a prioridades mal ubicadas (1:9-11; ver las tradiciones del pacto en Lev. 26:26; Deut. 28:22-24,38-40). La solución de Hageo era establecer una nueva prioridad: agradar y glorificar a Dios reconstruyendo el templo (1:8).[14]

Los líderes sociales, Zorobabel y Josué, y el resto del pueblo temían a Dios e internalizaron lo que Dios dijo a través de Hageo (1:12-15).[15] Hageo se cuidó de sugerir que había sido su retórica hábil la que persuadió al pueblo. Dios movió el corazón y transformó la voluntad de ellos, prometiendo que su presencia eterna ayudaría a superar el temor del pueblo.

Un mes más tarde, después que el pueblo terminó de celebrar el día de expiación y la fiesta de los tabernáculos en Jerusalén (ver Lev. 23:3-36), era tiempo de continuar con el trabajo en el templo (2:1). Hageo otra vez desafió a los líderes de la comunidad, a Zorobabel y a Josué y al resto de la gente a trabajar. Esto era necesario porque algunos de los ancianos estaban comparando el templo de Salomón con el nuevo y preguntaban: *¿Deberían ustedes construir un templo inferior* (2:1-9)? Al comparar el tamaño más pequeño del complejo en general, las piedras partidas y la falta de oro, el pueblo sintió que esta estructura era vergonzosa. Los primeros y magros resultados estuvieron muy lejos de sus altas e irreales expectativas. Fue un desengaño artístico tal, que el pueblo quiso abandonar. Si no lo podían construir de modo correcto, no lo construirían en absoluto.

El sermón del profeta reconoció este sentimiento en su audiencia y llamó al pueblo a trabajar, porque Dios traería gran gloria a ese templo (2:4-9). Zorobabel y Josué tenían que enfrentar esta tarea con valentía y debían proveer una base de verosimilitud para que pensaran que el templo podía y debía ser construido (al igual que Josué en Jos. 1:6). Luego, el pueblo seguiría con valentía.[16]

Sus actos de arrojo tendrían sentido si es que transformaban la perspectiva de ellos y aceptaban las promesas y la visión de Dios para el templo. Dios estaría con ellos. Su Espíritu, que había ayudado al pueblo cuando salió de Egipto (Ex. 29:45), todavía estaba disponible para protegerlos. Dios conmovería a las fuerzas políticas que pudieran oponerse a ellos. Él proveería mucho oro de otras naciones para hermosear el templo (ver el cumplimiento en Esd. 6) y llenaría el templo con gloria y paz. Al parecer, el pueblo respondió y asimiló una nueva visión del templo, porque Esdras registró que el templo fue completado unos pocos años después (Esd. 6:15).

II. La prioridad de la santidad 2:10-19

Dos meses después, Hageo dio un mensaje a toda la comunidad (excepto a los samaritanos[17]), sin referencia alguna a sus líderes. Su sermón comenzó con una ilustración sobre cómo el pueblo había construido socialmente su visión de la pureza y la impureza (2:10-12). Los sacerdotes, quienes enseñaban la ley y daban interpretaciones autoritarias sobre la santidad (ver Lev. 10:10; Mal. 2:5-7), confirmaron que un objeto no llegaba a ser santo simplemente por tocar algo santo (Lev. 6:27). No obstante, la impureza ritual se pasaba por contacto con algo impuro (Lev. 11:28). Estas ilustraciones se relacionaban con la audiencia de Hageo. Ellos pensaban que el contacto con el templo los haría santos, pero eso no era cierto. Llegaron a la conclusión de que su pecado no los haría impíos, pero así era. Aparentemente, el pueblo se arrepintió,[18] porque en 2:15-19 Hageo predijo que habría un cambio tremendo en la producción agrícola. Antes, recibían poco, pero ahora, Dios los bendeciría con mucho.

III. La prioridad de la esperanza davídica 2:20-23

El último sermón de Hageo fue una palabra de aliento para Zorobabel. Como nuevo gobernador de Judá, no podía cumplir con su rol político, porque tenían recursos financieros mínimos, no tenía un ejército que protegiera a su pueblo y tenía poca habilidad para satisfacer de manera contundente las expectativas del pueblo. En un lenguaje similar al de 2:6-7, Hageo alentó al gobernante a volver a evaluar su identidad y su rol,[19] porque Dios usaría su poder para conmover los poderes políticos que controlaban al mundo. La identidad de Zorobabel debía estar basada en su función ante los ojos de Dios, y no en sus pares o críticos. Él era el siervo escogido por Dios en cuyo dedo Él colocaría su anillo de sello divino. Estaba en la línea de David, porque era el nieto de Joaquín, así que su regreso al poder marcó una nueva era en la historia de Judá. Cuando Dios destruyó Judá, Él tomó el anillo de sello del rey davídico Joaquín (Jer. 22:24), pero ahora Dios le estaba devolviendo su señal de aprobación a Zorobabel. Él era el heredero legítimo al trono de David y Dios obraría para llevar a cabo sus planes a través de él.[20]

Consecuencias teológicas y sociales

En medio de las presiones de tiempo, energía y compromiso, es fácil perder de vista lo que es importante. Lo urgente se hace, pero lo importante espera. Cuando las prioridades salen de línea, los seres queridos se dan por sentado, las responsabilidades espirituales son ignoradas y las excusas se multiplican. Las personas que quieren ser el pueblo de Dios no pueden poner sus deseos y comodidades por encima de la gloria de Dios (1:1-11), ni las comparaciones negativas por encima de los planes gloriosos de Dios (2:1-9). No pueden permitir que la buena acción religiosa reemplace la verdadera santidad (2:10-15), ni permitir que los pensamientos negativos acerca de sus habilidades o su rol empañen la manera en que Dios puede usar a sus siervos escogidos (2:20-23). Estas evaluaciones sociales hechas por otros o por nosotros mismos pueden llevar a ubicar mal las prioridades, a una mala teología, a falta de acción y a falta de confianza. Cuando esto ocurre, los líderes de Dios no actuarán con valentía, su obra no se llevará a cabo y Dios no será ni complacido ni glorificado.

Preguntas para debatir

1. ¿Cómo podrían relacionarse las prioridades tratadas en Hageo con las fortalezas y las debilidades en la iglesia hoy?

2. Contrastar el liderazgo del profeta Hageo con el liderazgo de Josué y Zorobabel.

3. ¿Cuáles son algunas de las claves del éxito de Hageo para persuadir al pueblo a transformar sus prioridades?

1. Los arqueólogos encontraron el decreto general de Ciro que permitía que mucha gente exiliada en Babilonia regresara a sus países (ver J. B. Pritchard, ed., "The Cyrus Cylinder", en *ANET*, 316). El decreto específico concerniente a la construcción del templo en Jerusalén se encuentra en Esdras 6:1-5.

2. D. L. Petersen, *Hageo y Zacarías 1–8* en *OTL* (Filadelfia: Westminster, 1984), 19-27, expone un extenso debate sobre el contexto histórico de esta época. Ver también E. M. Yamauchi, *Persia and the Bible* (Grand Rapids: Baker Book House, 1990).

3. Sobre la naturaleza de esta lucha, ver artículos de K. Hoglund "The Achaemenid Context" y D. L. Smith, "The Politics of Ezra: Sociological Indicators of Postexilic Judean Society", en *Second Temple Studies 1. Persian Period* (Sheffield: JSOT, 1991), 54-97.

4. Petersen, *Haggai and Zechariah 1–8* en *OTL*, 30-31, resume estudios de la situación económica y de la organización social de la gente en "casas de sus padres", la cual existía en partes del Imperio Persa. Ver J. Weinberg, *The Citizen-Temple Community* (Sheffield: JSOT, 1992) para un estudio demográfico y lingüístico detallado del entorno social en la era postexílica. J. Blekinsopp, "Temple and Society in Achaemenid Judah", en *Second Temple Studies 1. Persian Period* (Sheffield: JSOT, 1991), 22-53, cuestiona y confirma algunas de las conclusiones de Weinberg.

5. W. Beuken, *Haggai-Sacharja 1–8* (Assen: Van Gorcum, 1967), 221-29. H. W. Wolff, *Haggai: A Commentary* en *CC* (Minneapolis: Augsburg, 1988), 17, está de acuerdo con esta conclusión.

6. J. Baldwin, *Haggai, Zechariah, Malachi* en *TOTC* (Downers Grove: InterVarsity, 1972), 28.

7. J. Blekinsopp, *A History of Prophecy in Israel* (Filadelfia: Westminster, 1984), 232; P. Hanson, *The People Called: The Growth of the Community* (San Francisco: Harper, 1986), 257-62. P. R. Ackroyd, "Apocalyptic in Its Social Setting", *Int* 30 (1976), 413-21, rechaza muchos de los puntos de vista de Hanson. Wolff, *Haggai* en *CC*, 17, no piensa que Hageo fuera un profeta cúltico. Recientemente, D. S. A. Clines, "Haggai's Temple, Constructed, Deconstructed, and Reconstructed", *JSOT* (1993), 51-77, enfoca la realidad social detrás del texto.

8. R. R. Wilson, *Prophecy and Society in Ancient Israel* (Filadelfia: Fortress, 1980), 288, piensa que Hageo era un profeta central, pero no un sacerdote o profeta cúltico.

9. Beuken, *Haggai-Zecharja 1–8*, 231-32, argumenta que un editor de Crónicas agregó las fechas, porque hay temas comunes en Hageo y en Crónicas, pero R. Mason, "The Purpose of the 'Editorial Framework' of the Book of Haggai", en *VT* 27 (1977), 413-21, ve una conexión entre Hageo y temas deuteronómicos.

10. Ver P. R. Ackroyd, "Some Interpretive Glosses in the Book of Haggai", *JJS* 7 (1956), 163-67.

11. Baldwin, *Haggai, Zechariah, Malachi*, 37, vio esto como entorno. C. L. Meyers y E. M. Meyers, *Haggai, Zechariah 1–8* en *AB* 25B (Nueva York: Doubleday, 1987), 6, 20, llega a la conclusión de que estos sermones fueron fechados con el propósito teológico de ligarlos con el final de los 70 años de Jeremías y animar al pueblo a construir el templo para ese tiempo.

12. Baldwin, *Haggai, Zechariah, Malachi*, 40, y Meyers, *Haggai, Zechariah 1–8*, en *AB* 25, 23, se enfocan en los techos de las casas de la gente, pero E. Achtemeier, *Nahum-Malachi* en *IntCom* (Atlanta: John Knox, 1986), 98 y P. R. Ackroyd, *Exile and Restoration* en *OTL* (Filadelfia: Westminster, 1968), 155, acentúan la ornamentación de las casas de los ricos.

13. Berger, *Social Construction*, 52, 104, ve la externalización como la proyección humana de nuevos significados concernientes a la realidad y no como una mera reformulación de perspectivas sociales ampliamente sostenidas.

14. La *niphal* de *qbd* no se refiere a la gloria de Dios entrando al templo. Ver Petersen, *Haggai and Zechariah 1–8* en *OTL*, 51. Para la posición opuesta, ver P. A. Verhoef, *The Books of Haggai and Malachi* en *NICOT* (Grand Rapids: Eerdmans, 1987), 67.

15. Berger, *Social Construction*, 129, ve la internalización como el proceso de aceptar el significado de la realidad subjetiva de otra persona como el propio.

16. Ibíd., 154. Berger cree que si algunos seres humanos piensan que una idea o acción es plausible y que tiene sentido, otros la aceptarán y no pensarán que es una locura.

17. Aunque Baldwin, *Haggai, Zechariah, Malachi* en *TOTC*, 51, piensa que sí se refirió a los samaritanos, los argumentos en contra de esa posición son más persuasivos. Ver Petersen, *Haggai and Zechariah 1–8* en *OTL*, 80-81, o Verhoef, *Haggai and Malachi* en *NICOT*, 112-13.

18. Los comentaristas tratan 2:15-19 de maneras muy diferentes. Ackroyd, *Exile and Restoration* en *OTL*, 159, reubicó 2:15-19 después de 1:12-15 porque el cambio de corazón dado por sentado en 2:15-19 se describe en 1:12-15. En contraste, Petersen, *Haggai and Zechariah 1–8* en *OTL*, 89, sugirió que estos versículos reflejaban la ceremonia de poner la piedra fundamental para el templo (notar la referencia a la piedra, a este día y al cimiento del templo en 2:15-18).

19. Berger, *Social Construction*, 100, 173, describe cómo la identidad de una persona se forma sobre la base de la interacción social y cumpliendo con un conjunto de roles.

20. En contraste con aplicar este mensaje a Zorobabel mismo, R. L. Smith, *Micah-Malachi* en *WBC* 32, 162-63 toma esto como una profecía escatológica que fue cumplida cuando vino Cristo.

Capítulo 17

Zacarías: ¿Cuáles son los propósitos de Dios?

Introducción

Con frecuencia, la gente se pregunta por qué las cosas ocurren como ocurren. ¿Por qué perdí mi empleo? ¿Por qué mi amigo se enfermó de cáncer? ¿Hay un propósito detrás de lo que pasa, o es todo mala suerte? ¿Tiene Dios un plan para lo que ocurre?

El profeta Zacarías y los mensajeros de Dios de nuestros días tienen la tarea de entender la acción de Dios en el pasado, ayudando a la gente a descubrir el propósito y la dirección de Dios para hoy, y a discernir los planes de Dios para el futuro (1:6; 8:13-15). Esta responsabilidad incluye dar palabras de advertencia, de consejo y de aliento. Nadie puede conocer la mente de Dios en forma completa ni comenzar a entender todos sus propósitos, pero en algunos asuntos, sus planes son conocidos. Cuando sus propósitos son comprendidos, la visión de Dios del presente y del futuro trae fuerza, así como una sumisión humilde.

Entorno social

Contexto histórico

El profeta Zacarías (y también Hageo) le habló a la gente en Jerusalén en el período persa postexílico, en el segundo (1–6) y cuarto (7–8) año del rey Darío (520–518 a.C.). Anteriormente, el rey persa Ciro había permitido que los exiliados regresaran a Jerusalén (539 a.C.), pero el pueblo no pudo reconstruir el templo por la oposición local (Esd. 1–4). No se hizo ningún progreso hasta el segundo año de Darío (520 a.C.), cuando Hageo convenció al pueblo de reconstruir el templo.

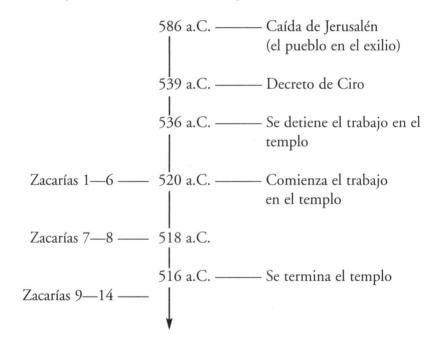

586 a.C. ———— Caída de Jerusalén
(el pueblo en el exilio)

539 a.C. ———— Decreto de Ciro

536 a.C. ———— Se detiene el trabajo en el templo

Zacarías 1—6 —— 520 a.C. ———— Comienza el trabajo en el templo

Zacarías 7—8 —— 518 a.C.

516 a.C. ———— Se termina el templo
Zacarías 9—14 ——

Las profecías sin fecha en 9–14 no están ubicadas en un contexto histórico específico. Algunos estudiosos de la Biblia piensan que se presume la conquista de Alejandro Magno en 330 a.C. o el período macabeo alrededor de 165 a.C., debido a eventos descritos en 9:1-10. Sin embargo, es posible sugerir una fecha entre 500–480 a.C.[1] Estos oráculos no tienen referencias directas al entorno de la audiencia, de modo que es mejor enfocarse en su función retórica general. Le dieron aliento a un pueblo en lucha que estaba confundido acerca de los propósitos de Dios. El plan de Dios era derrotar a los enemigos de Judá, tener compasión de su pueblo y establecer su reino.

La estructura social

El desorden internacional asociado con la conquista de Egipto por parte de Persia, la muerte del rey persa Cambises y el posterior surgimiento de los griegos afectó la manera en que los superiores políticos trataban a las autoridades judías. La vida judía quedó atrapada entre el rey Ciro, quien permitió a los judíos construir el templo en 539 a.C. (pero luego rescindió el permiso) y el sátrapa que gobernaba la provincia "del otro lado del río", quien desconfiaba de cualquier signo de nacionalismo judío (Esd. 4:3-5). Esto socavó el liderazgo de Zorobabel y Josué, los líderes políticos y religiosos de Judá. Había pocas maneras en que pudieran influir en la estructura del orden social, iniciar nuevas políticas o cumplir con las obligaciones que sus roles suponían (Zac. 3–4).

La vida en Judá también era difícil porque había muy pocas personas para la reconstrucción y mucho trabajo para hacer. Judá tenía cierta diversidad económica y estratificación social del pueblo (príncipes, sacerdotes, hijos de los siervos de Salomón, pueblo de la tierra; ver Esd. 2), pero la mayor parte de la gente estaba organizada en unidades sociales llamadas "casas de los padres" (Esd. 2:59; 8:1).[2] Estas familias extendidas proveían identidad, compartían recursos económicos, protección de la opresión externa y la seguridad de una pureza cultural y religiosa. La desventaja de estos grupos de relaciones estrechas era que podían llegar a orientarse tan hacia adentro, que era difícil para la comunidad más grande iniciar proyectos conjuntos. Hay una evidencia mínima de conflicto entre los sadoquitas y los levitas, sugerida por Hanson.[3]

Zacarías proveyó algo de información acerca de la cosmovisión religiosa del pueblo. Los comentaristas han enfatizado la importancia del templo, pero irónicamente, construirlo no era tan importante para el pueblo (Hag. 1–2:9).[4] Ellos interpretaban mal la idea de santidad (Hag. 2:10-14), trataban injustamente a la gente (Zac. 5:1-4), ayunaban para ellos mismos y no para Dios (7:6), y necesitaban arrepentirse de sus pecados (1:1-6). A su líder espiritual, el sumo sacerdote Josué, le faltaba confianza en su rol como mediador entre Dios y el género humano (3:1-10) y no tuvo un liderazgo dinámico en la reconstrucción del templo. En contraste, Zacarías captó la visión de los propósitos de Dios para los enemigos de Judá, sus líderes y la adoración comunitaria (8:13-15). Este plan proveyó la base para una transformación de sus perspectivas.

La ubicación social y el rol del profeta

Hay alguna evidencia que sugiere que el profeta (1:1,7) era también un sacerdote, o por lo menos venía de una familia sacerdotal. Puede que haya sido el Zacarías que encabezaba la casa sacerdotal de Iddo (Neh. 12:4,10,16). Ayudaba a los que venían al área del templo a recibir consejo sobre el ayuno (7:1-3), estaba bien familiarizado con el rol del sumo sacerdote y hablaba de perdón, arrepentimiento e impureza (1:3; 3:9; 5:3-11). Desafió el pensamiento y la inacción de los líderes en Jerusalén, pero parecía funcionar como un profeta principal.[5]

Como orador que declaró mensajes de Dios, Zacarías motivó de manera persuasiva a su audiencia, para que mirara su presente y futuro a la luz de los propósitos de Dios. Las ocho visiones, altamente simbólicas, en los capítulos 1–6 fueron agrupadas en pares (2–3, 4–5, 6–7), con paralelos entre la primera y la última visión. Zacarías no explicó toda la imaginería en las visiones, pero sí entendió el mensaje teológico para su audiencia.

Los oráculos "gravosos" en 9–14 repiten temas de la destrucción de los enemigos de Judá, la respuesta de la nación al Mesías y la restauración de Judá, de manera complejamente organizada, usando un lenguaje que tiene similitudes con la escatología apocalíptica.[6] El profeta aludió a ideas en profetas anteriores para relacionar el futuro con el pasado y legitimar sus mensajes.[7]

Interacción social

El libro de Zacarías

Las visiones con fecha en 1–8 atribuidas a Zacarías y las "cargas" anónimas sin fecha en 9–14 tratan temas similares (juicio de las naciones, el Mesías y la restauración de Judá), pero cada sección es prácticamente única. Sobre la base de un período histórico, contenido, estilo y teología diferentes, algunos eruditos atribuyen partes de 9–14 a autores posteriores y unos pocos tienen la hipótesis de un autor anterior al exilio para 9–11. Es posible mantener la unidad de todo el libro.⁸ Estos mensajes fueron organizados en tres secciones principales:⁹

I. Visiones de los propósitos de Dios para Jerusalén 1:1–6:15

    A. Llamado al arrepentimiento 1:1-6

    B. Visiones para Jerusalén 1:7–6:8

    C. Rol simbólico de Josué 6:9-15

II. ¿Cuál es el propósito del ayuno? 7:1–8:23

III. Oráculos gravosos acerca de los propósitos de Dios para el futuro 9:1–14:21

    A. Primer oráculo 9:1–11:17

    B. Segundo oráculo 12:1–14:21

La interacción social de Zacarías con su audiencia persuadió a los líderes de Judá a volver a examinar los propósitos de Dios para Judá, bajo una nueva luz. Él motivó al pueblo para que transformara su camino.

I. Visones de los propósitos de Dios para Jerusalén 1:1–6:15

Zacarías predicó estos sermones en el mismo año que Hageo alentó a la nación a reconstruir el templo (520 a.C., el segundo año de Darío). Su sermón inicial fue un *llamado al arrepentimiento* (1:1-6). Zacarías legitimó un cambio de conducta señalando la experiencia de fracaso de los ancestros. Ellos no internalizaron el llamado profético al arrepentimiento (ver Jer. 25:4-5; 35:15), de modo que muchos murieron en el exilio. Las maldiciones por rechazar a Dios y a sus estatutos se cumplieron (ver Deut. 28:15). En respuesta, la audiencia de Zacarías se arrepintió y cambió.¹⁰

A continuación, Zacarías animó al pueblo con noticias sobre los planes de Dios de cambiar la situación política, social y teológica de Judá. Las ocho *visiones para Jerusalén* (1:7–6:8) externalizaron la visión de Dios del presente y el futuro, para contrarrestar la oscura construcción popular de la realidad social entre los que habían regresado.[11] Las revueltas en contra de Darío en 522–521 a.C. ya se habían terminado y parecía no haber esperanza de escapar de la autoridad persa. El pueblo se cuestionaba si Dios se preocuparía por ellos.

La primera visión (1:7-17) cambió el concepto que la audiencia tenía de Dios. La cabalgata encabezada por el ángel del Señor demostró que Dios sabía lo que estaba ocurriendo en todo el mundo. La oración del ángel pidiendo compasión sobre Jerusalén al final de los 70 años, les aseguró a los oyentes que ellos tenían un poderoso abogado delante de Dios.[12] La respuesta de Dios también les aseguró que Él estaba determinado a actuar con rigor. Dios estaba enojado con las naciones que estaban reposadas y sentía compasión por Sión. Su plan era reconstruir su templo y Jerusalén, y aumentar el número de personas en la ciudad.[13] Esta visión mostró que Dios no los había abandonado como algunos pensaban.

La segunda visión (1:18-21) y la tercera (2:1-13) formaban un par y ampliaron la primera. ¿Cómo afectaría la ira de Dios a las naciones que estaban reposadas en 1:15? La segunda visión ilustró cómo cuatro naciones fuertes (los cuernos), que habían derrotado y esparcido al pueblo de Dios, serían derribadas (por los carpinteros). El pueblo también quería saber más acerca de la compasión de Dios por Jerusalén. La tercera visión (2:1-13) proyectó una ciudad reconstruida, grandemente expandida, con un enorme número de personas.[14] La gloria de Dios estaría en Jerusalén y Él los protegería del peligro. Judíos y gentiles reconocerían al enviado de Dios contra las naciones.[15] Juntos adorarían a Dios con gozo.

El siguiente par de visiones desafió a Josué, el sumo sacerdote (3:1-10) y a Zorobabel, el gobernador (4:1-14), a que volvieran a evaluar su propia identidad personal. La visión de la purificación de Josué delante del trono de Dios le aseguró al sumo sacerdote que Dios había perdonado sus pecados y lo había hecho un sumo sacerdote aceptable (3:1-6). Necesitaba rechazar cualquier limitación social de su rol[16] y aceptar la identificación de sacerdote perdonado, que Dios tenía de él. Podía cumplir el rol de intercesor ante Dios. A medida que él cumpliera con su rol, Dios cumpliría sus promesas. Dios un día traería al Mesías, el Renuevo, pondría sus ojos sobre las piedras del templo, limpiaría a la nación y traería prosperidad para todos (3:8-10).[17] Josué no era una figura insignificante en el plan de Dios.

La visión complementaria en 4:1-13 describió un candelabro que extraía aceite de dos olivos. Simbolizaba la manera en que la comunidad descansaba en el liderazgo de Josué y de Zorobabel. La visión desafiaba a Zorobabel, el gobernador, a depender del Espíritu de Dios para tener fortaleza, a los efectos de poner la última piedra del templo. Zorobabel debía internalizar la creencia de que Dios podía hacer que un problema grande como una montaña se transformara en un montículo, que sus ojos estaban vigilando todo, que Dios no despreciaba los comienzos pequeños. Muchos judíos, y Zorobabel mismo, podrían haber dudado de la posibilidad de terminar el templo, o podrían haber cuestionado el valor de un templo tan pequeño (ver Hag. 2:3); pero el propósito de Dios era ver a Zorobabel terminarlo.

El último par de visiones (5:1-4,5-11) confrontó al pueblo pecador de Judá con el plan de Dios de remover la maldad (pecados contra Dios y contra los demás) de la tierra.[18] Las maldiciones del pacto escritas en el rollo que volaba vendrían sobre los malvados y los destruirían (ver Deut. 28). La visión siguiente describió la remoción de la maldad de Babilonia, para purificar la tierra (5:5-11).

Las series de visiones terminaron con un mensaje similar al de la primera visión (comparar 6:1-8 y 1:7-17). Zacarías le aseguró a su audiencia que todos estos propósitos podían hacerse realidad, porque las fuerzas de Dios controlaban a todas las naciones, especialmente a los enemigos de Judá.

Un mensaje final explicó cómo *el rol simbólico de Josué* (6:9-15) se relacionaba con el futuro de la nación. Zacarías y algunos de los que habían regresado de Babilonia hicieron una corona elaborada y la colocaron simbólicamente sobre Josué, el sumo sacerdote. Esta ceremonia y la corona le recordaron al pueblo la esperanza que el Mesías davídico (el Renuevo) algún día sería coronado rey y funcionaría como sacerdote (ver tradiciones en Sal. 110:4).[19] Todo esto tendría lugar si es que el pueblo seguía la voluntad de Dios para sus vidas (6:15).

II. ¿Cuál es el propósito del ayuno? 7:1–8:23

Dos años más tarde, dos hombres de Bet-el le preguntaron a Zacarías si el pueblo debía continuar ayunando y conmemorando el incendio de Jerusalén y del templo (7:1-3; ver 2 Rey. 25:8). Dado que el nuevo templo estaba reconstruido por la mitad, algunos pensaban que los ayunos debían terminar.

Zacarías les preguntó si sus ayunos eran para beneficio de Dios o para el de ellos.[20] ¿Estaban ellos manteniendo estos rituales institucionalizados para sentir lástima de sí mismos o para humillarse delante de Dios? ¿Recordaban que Dios les había pedido a sus antepasados que practicaran la justicia y que dejaran de oprimir a los débiles (ver Jer. 7:5-6; 22:3)? ¿Pensaban en por qué Dios había destruido la ciudad? Había sido porque ellos no escucharon las indicaciones de Dios concernientes a la conducta social apropiada (7:8-14).

Si el pueblo aprendía estas lecciones a partir del ayuno, había esperanza para el futuro. Dios quería intensamente transformar a Sión. Quería regresar a su monte santo, para establecer a Sión como una ciudad de la verdad (8:1-3; ver 1:14,16). El universo simbólico del profeta incluía un reino utópico futuro, lleno de niños, de ancianos y de mucha gente que había regresado del exilio.[21] La situación social de la audiencia de Zacarías era muy diferente de esto, pero no debían dudar de las promesas de Dios. El profeta persuadió a sus oyentes para que vieran el futuro con fe y valentía (8:9,13,16), como lo habían hecho dos años antes, cuando comenzaron a reconstruir el templo (Hag. 1). Si ellos transformaban su vida y evitaban la conducta que Dios odia, los propósitos de Dios para Jerusalén se harían realidad (8:14-17). Sus ayunos serían transformados en banquetes de alegría y muchos extranjeros llegarían a adorar al Dios de Israel (8:19-23).[22]

III. Oráculos gravosos acerca de los propósitos de Dios para el futuro 9:1–14:21

En dos mensajes que imponían una gran carga, Zacarías desarrolló una nueva perspectiva sobre el futuro de Israel y de las naciones.[23] El *primer oráculo* (9:1–11:17) del profeta reconocía días difíciles por delante y propuso que el futuro sería un producto de los propósitos poderosos de Dios, o el rechazo de sus caminos por parte de ellos.

Los propósitos de Dios se cumplirían sobre la tierra, porque sus ojos verían lo que ocurriría en ella, en especial lo que ocurriría en Jerusalén (9:1,8). Él es el poder supremo y el Guerrero último, quien pondría fin a las guerras entre los pueblos.[24] Dios destruiría a los vecinos de Judá y haría de un remanente de las naciones, su propio pueblo (9:1-8). Una figura central en estos eventos sería el Mesías, el que liberaría a Judá, gobernaría sobre toda la tierra y traería paz verdadera (9:9-10, ver Isa. 9:6-7; 11:1-5; Jer. 23:4-6).[25] Este rey no cumpliría con las expectativas de tal rol que muchos tenían, porque sería humilde y no orgulloso como otros gobernantes.

Dios liberaría a su pueblo que estaba todavía en el exilio, porque Él tenía un pacto con ellos. El Guerrero divino, en una teofanía vívida, pisotearía a sus enemigos. Dios salvaría a su pueblo, porque ellos eran sus joyas preciosas (9:16-17).

Antes de continuar con estos temas en 10:3–11:3, el profeta hizo una pausa breve para advertir a su audiencia de no ser engañada por la cosmovisión política, social o religiosa de los falsos profetas, de los adivinos o de los líderes políticos (pastores), quienes podrían tratar de persuadirlos para ver el futuro de manera diferente. Estas eran ilusiones, mentiras falsas.[26] El pueblo debía depender de Dios, porque Él era el único que podía satisfacer sus necesidades (10:1-2). Dios castigaría a los líderes malvados y los reemplazaría por líderes confiables (que tuvieran las características positivas de una piedra angular o de un arco de guerra). A pesar de la visión desesperanzada que el pueblo tenía del futuro, Dios fortalecería a su pueblo y tendría compasión de él (10:6). Traería a muchos de regreso a la tierra, en un nuevo éxodo (10:10; ver Isa. 11:11-15). Él destruiría a los opresores extranjeros orgullosos y fortalecería a los que siguieran los caminos de Dios (10:11–11:3).[27]

En la sección final del primer oráculo (11:3-17), Dios castigó a los líderes políticos inservibles, los cuales destruían el rebaño de Dios. Zacarías, en forma simbólica, jugó el papel de un buen rey pastor, quien gobernaba con gracia para traer unidad al pueblo (ver Ezeq. 37:15-23). Cuando el pueblo rechazó a este rey bueno y siguió a un líder malvado (11:15-17), el buen pastor casi no recibió paga y la unidad terminó (11:10-14). Esta dramatización gráfica fue una advertencia para no permitir que líderes malos los engañaran o que rechazaran al rey mesiánico que Dios enviaría para unificar a la nación.[28]

El *segundo oráculo* (12:1–14:21) describió cómo un cambio dramático en la actitud de Judá precedería a la destrucción final de las naciones por parte de Dios, y al establecimiento de su reino sobre la tierra. Dios transformaría la actitud del pueblo y lo haría mirar la realidad de una manera nueva (comparar con Ezeq. 36:25-26). Usando imágenes del herido en Isaías 53:5,[29] el profeta se refirió a un día futuro en el que el pueblo llegaría a una nueva comprensión del que sería atravesado por clavos (el pastor rechazado de 11:4-14 de acuerdo a Achtemeier).[30] Luego, gente de todas las familias de Israel se lamentaría y confesaría sus pecados (12:10). La idolatría y los falsos profetas serían rechazados (13:2-6). El pueblo reconocería al Señor como su Dios y Él lo contaría como su pueblo (13:9).

Esta transformación milagrosa de Judá coincidiría con grandes cambios en la relación de Judá con las naciones. Judá sería atacada por naciones de toda la tierra (12:1-2; 14:1-3), pero Dios aparecería en poder para rescatar a su pueblo (12:1-6; 14:3-5,12-15). Se establecería un nuevo orden mundial: luz nueva, agua nueva, rey nuevo, tierra nueva, paz nueva, adoración nueva en Jerusalén por parte de naciones extranjeras y una santidad nueva entre los seres humanos (14:6-11,15-21). Esta externalización les dio esperanza a los que estaban luchando con un liderazgo interno débil (8:1-2) y bajo el peso de la dominación extranjera.

Consecuencias teológicas y sociales

Los líderes políticos y espirituales pueden perder la visión de los planes de Dios, de su poder para cumplir sus propósitos y de su propia habilidad para persuadir al pueblo para actuar en fe. El pueblo de Dios necesita buenos líderes, que comprendan el propósito de Dios para las personas y tengan una percepción de los planes de Dios para el futuro. Estos siervos escogidos necesitan aceptar las responsabilidades de su liderazgo y entender los recursos espirituales que Dios les da (Zac. 3–4). Estos propósitos llegan a ser la fuente de la visión del ministerio que tiene el líder y el marco para desarrollar los planes de acción. Esta visión no puede estar basada sobre valores humanos que tengan en poco los comienzos pequeños (4:10) ni sobre la suposición de que Dios no puede usar a pecadores perdonados (3:1-7). Cuando surge el desaliento y las circunstancias políticas son desoladoras, Dios todavía está anhelando cumplir sus planes (1:14-16). Un buen líder pastor puede ser rechazado, pero eventualmente, Dios incluso usará tal rechazo para cumplir su plan. Los fracasos, las demoras y la oposición de los seres humanos no cambiarán el propósito de Dios de establecer su reino sobre toda la tierra. Esta esperanza motiva la acción de hoy y les da ánimo a los que desean cumplir con los propósitos divinos.

Preguntas para debatir

1. ¿De qué manera los planes de Dios para Jerusalén y las naciones (1:6–2:13) diferían de las perspectivas sociales y políticas del pueblo?

2. ¿De qué modo la visión de Zacarías acerca de Zorobabel en el capítulo 4 ayudó al gobernador a entender los propósitos de Dios para él?

3. ¿Cómo se comparan los capítulos 9,11 y 12 con otros pasajes mesiánicos?

1. R. K. Harrison, *Introduction to the Old Testament* (Grand Rapids: Eerdmans, 1969), 949-57, estudia las varias teorías para fechar porciones de Zacarías. P. Hanson, *The Dawn of Apocalyptic* (Filadelfia: Fortress, 1975), 27, 400, argumenta a favor de una fecha entre 550 y 475 a.C. La revisión más extensa de este período se encuentra en C. L. Meyers y E. M. Meyers, *Zechariah 9–14* en *AB* 25C (Garden City: Doubleday, 1993), 18-28. A. E. Hill, "Dating Second Zechariah", *HAR* 6 (1982), 105-32, presenta una evidencia lingüística extensa a favor de una fecha alrededor de 500–475 a.C.

2. J. Weinberg, *The Citizen-Temple Community* (Sheffield: JSOT, 1992), trata la organización social del templo de los ciudadanos. Sus puntos de vista son criticados por varios autores en P. R. Davies, *Second Temple Studies 1. Persian Period* (Sheffield: JSOT, 1991), pero todos consideran a la casa paterna como la unidad social básica.

3. P. Hanson, *The People Called* (San Francisco: Harper, 1986), 257-68, piensa que Hageo y Zacarías fueron partidarios de peso del programa de restauración de los sadoquitas. Sus puntos de vista son criticados por R. Carroll, "Twilight of Prophecy or Dawn of Apocalyptic?" *JSOT* 14 (1979), 3-35.

4. J. Baldwin, *Haggai, Zechariah, Malachi* en *TOTC* (Downers Grove: InterVarsity, 1972), 18-21, aborda el tema de la teología del templo, pero fracasa en mostrar que la audiencia de Zacarías aceptó esta teología o actuó conforme a esta perspectiva.

5. R. R. Wilson, *Prophet and Society in Ancient Israel* (Filadelfia: Fortress, 1980), 289.

6. Ver los debates de puntos de vista alternativos en el estudio en R. L. Smith, *Micah-Malachi* en *WBC* 32 (Waco: Word, 1984), 173-75.

7. Meyers y Meyers, *Zechariah 9–14* en *AB* 25, 35-45, proveen un catálogo extenso de conexiones con otras tradiciones bíblicas.

8. La mayoría de los comentaristas han enfatizado la falta de unidad entre Zacarías 1–8 y 9–14, pero Baldwin, *Haggai, Zechariah, Malachi*, 78-83, en *TOTC* y P. Lamarche, *Zecharie i–xiv: Structure, Litteraire, et Messianisme* (París: Gabalda et Cie, 1961), sugieren una fecha temprana con gran unidad entre las dos secciones.

9. M. Butterworth, *Structure and the Book of Zechariah* (Sheffield: JSOT, 1992) provee un amplio debate de varios abordajes al análisis de la estructura de este libro.

10. C. L. Meyers y E. M. Meyers, *Haggai, Zechariah 1–8* en *AB* 25B (Nueva York: Doubleday, 1987), 96, relaciona este viraje con el cambio de conducta del pueblo concerniente a la reconstrucción del templo en Hageo 1:12-15, mientras que Petersen, *Haggai and Zechariah 1–8* en *OTL* (Filadelfia: Westminster, 1984), 134, piensa que el profeta se estaba refiriendo al arrepentimiento de los antepasados de la audiencia.

11. P. Berger y T. Luckmann, *The Social Construction of Reality* (Garden City: Doubleday, 1966), 104, se refieren al proceso humano de dar significado a la realidad y crear una cosmovisión. La mayoría de las cosmovisiones provienen de contactos sociales con otros dentro de esa cultura, pero es posible dar nuevos significados (externalizaciones) que no están determinados por el contexto social de uno.

12. Smith, *Micah-Malachi* en *WBC* 32, 191, presenta diferentes interpretaciones de los 70 años. Aquí el número debe referirse a los años entre la destrucción y la construcción del templo.

13. Baldwin, *Haggai, Zechariah, Malachi* en *TOTC*, 101-3, enfatiza la naturaleza de pacto del accionar de Dios.

14. Petersen, *Haggai and Zechariah 1–8* en *OTL*, 168-72, demuestra un número de conexiones entre la visión de Zacarías y Ezequiel 40–48. En la visión de Zacarías, la ciudad era más grande que en Ezequiel.

15. En 2:8,9,11, Zacarías habla en primera persona, pero parece poco posible que sea una referencia al profeta, tal como algunos comentaristas lo sugieren. ¿Podría ser el ángel del Señor?

16. Berger, *Social Construction*, 130-34, describe cómo los roles sociales y la identidad se establecen durante la socialización.

17. Para las numerosas diferentes maneras de interpretar 3:8-10, ver Meyers, *Haggai, Zechariah 1–8* en *AB* 25B, 198-213.

18. Y no de todo el planeta, como lo sugirió Petersen, *Haggai and Zechariah 1–8* en *OTL*, 249.

19. E. Achtemeier, *Nahum-Malachi* en *IntCom* (Atlanta: John Knox, 1986), 130-32, tiene una interpretación mesiánica cumplida en Jesús. Hay pocas razones para seguir a Petersen, *Haggai and Zechariah 1–8* en *OTL*, 276, quien llega a la conclusión de que fue Zorobabel y no Josué el que fue coronado.

20. Smith, *Micah-Malachi* en *WBC* 32, 225, concluye que 7:7-10 fue una cita que Zacarías hizo de profetas anteriores, pero otros comentaristas también ven 7:5-6 como parte de lo que dijeron profetas anteriores.

21. Berger, *Social Construction*, 95-99, ve el universo simbólico como un cuadro mental que ordena e integra la vida. La visión de Zacarías no estaba basada en su situación social presente en Jerusalén, sino que exteriorizaba ideas de parte de Dios, conocidas por otros profetas (Isa. 2:2-4; 66:18-21; Jer. 3:17; Ezeq. 36:23).

22. Meyers, *Haggai, Zechariah 1–8* en *AB* 25B, 433-34, sugiere posibles eventos recordados en estos días de ayuno adicionales.

23. Smith, *Micah-Malachi* en *WBC* 32, 242-49 y Butterworth, *Structure of Zechariah*, 166-237, resumen y critican los enfoques estructurales de Lamarche, Otzen, Hanson y Willi-Plein.

24. Hanson, *Dawn of the Apocalyptic*, 293, concluye que este himno del Guerrero divino presentó las expectativas de los visionarios que estaban en contra de los sacerdotes sadoquitas en Jerusalén, pero el enfoque político de Hanson no trata adecuadamente la dependencia que 9–14 tiene de 1–8, ni analiza adecuadamente 9:1-17 (ver Butterworth, *Structure of Zechariah*, 196).

25. Los escritores del Nuevo Testamento pensaban que esta profecía se cumplió cuando Jesús entró en Jerusalén sobre un asno, en el ahora llamado Domingo de Ramos (Mat. 21:5 y Juan 12:15). Ver Achtemeier, *Nahum-Malachi* en *IntCom*, 150-54.

26. Berger, *Social Construction*, 114, describe una manera de deslegitimar socialmente una cosmovisión desviada, dándole a su concepción de la realidad un estatus ontológico negativo. Es falsa.

27. No hay indicación alguna de que este oráculo se opusiera a los líderes sacerdotales tal como lo sugirió Hanson, *Dawn of the Apocalyptic*, 347.

28. Achtemeier, *Nahum-Malachi* en *IntCom*, 155-59, sigue esta interpretación mesiánica confirmada en Mateo 26:15; 27:9-10, mientras que Smith, *Micah-Malachi* en *WBC* 32, 272, rechaza cualquier referencia mesiánica por parte de su autor original. Paul Redditt,

"The Two Shepherds in Zechariah 11:4-17", *CB* 255 (1993), 676-86, analiza los roles sociológicos de estos pastores.

29. D. R. Jones, *Haggai, Zechariah, Malachi* en *TBC* (Londres: SCM, 1962), 163.

30. Achtemeier, *Nahum-Malachi* en *IntCom*, 161. Juan 19:37 vio este versículo cumplido en Jesús.

Capítulo 18

Malaquías: ¿A quién honran ustedes?

Introducción

Las relaciones sociales de una persona con otras están influidas en gran manera por la concepción que tiene cada persona de la audiencia a la que se está dirigiendo. Algunas veces, la gente tiene una mala impresión de una persona, porque defiende algo (punto de vista político, regla social o creencia religiosa) que no es aceptado. Por otra parte, la gente honra a los estudiantes que se gradúan de la universidad, le da un reconocimiento especial a un muy buen vendedor o les agradece públicamente a los que contribuyen con proyectos cívicos.

Cuando un grupo honra a una persona, esto dice algo acerca de lo que se valora. Si se valora una gran habilidad musical, se le puede pedir al músico que ejecute en un evento especial. Si se valoran diez años de servicio voluntario en un hospital, se puede honrar a esa persona humanitaria con un banquete. La gente es honrada por características de personalidad y de conducta que son apreciadas. Honrar a alguien supone decir por qué tal persona es especial. La práctica de honrar a la gente, también dice algo acerca de las personas que muestran tal aprecio. Estas se dan cuenta de las cosas buenas y afirman estas contribuciones valiosas.

El profeta Malaquías levantó una serie de preguntas probatorias, que intentaban ver si es que honrar a Dios hace alguna diferencia. Si uno decide que es importante, es necesario preguntar: ¿Qué debiera uno hacer para honrar a Dios? y ¿cómo pueden honrarlo sus actuales mensajeros?[1]

Entorno social

Contexto histórico

Esta profecía no estuvo abiertamente relacionada con algún rey en la historia israelita. En cambio, un príncipe estaba gobernando al pueblo (1:8). Esto implica que el profeta predicó después que el pueblo regresó del exilio (después de 539 a.C.), cuando los persas nombraban a los gobernantes. Dado que el templo estaba en uso (1:7-14) y la gente era muy laxa con respecto a la adoración en él, estos sermones vinieron años después que Hageo y Zacarías alentaron a la nación para que terminara de construir el templo (516 a.C.; Esd. 6:14-15).

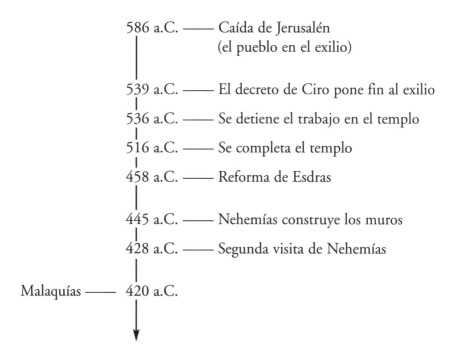

586 a.C. ——— Caída de Jerusalén
(el pueblo en el exilio)

539 a.C. ——— El decreto de Ciro pone fin al exilio

536 a.C. ——— Se detiene el trabajo en el templo

516 a.C. ——— Se completa el templo

458 a.C. ——— Reforma de Esdras

445 a.C. ——— Nehemías construye los muros

428 a.C. ——— Segunda visita de Nehemías

Malaquías ——— 420 a.C.

Muchos comentaristas piensan que el profeta escribió alrededor del tiempo de Nehemías, porque ambos libros se refieren a problemas con matrimonios mixtos (Esd. 9–10; Neh. 13:23-29; Mal. 2:10-12), a la falta de diezmos (Neh. 10:32-38; 13:10-14; Mal. 3:6-12), a la corrupción del sacerdocio (Neh. 13:7-9; Mal. 2:1-9), y a la opresión de los pobres (Neh. 5; Mal. 3:5). Aunque Dumbrell ubica a Malaquías antes de Nehemías (antes de 445 a.C.) y Kaiser lo coloca entre las dos visitas de Nehemías (después de 433 a.C.; ver Neh. 13:6-7),² es mejor fechar a Malaquías después de la segunda visita de Nehemías (posiblemente 420 a.C.). El problema de los matrimonios mixtos en Esdras y en Nehemías se resolvió animando a la gente a divorciarse de sus esposas paganas. No obstante, Malaquías luchó contra un problema posterior de demasiados divorcios (2:14-16). En los días de Malaquías, las personas habían liberado tanto esta práctica, que incluso se divorciaban de sus esposas de origen judío.³

La estructura del orden social

La cosmovisión del pueblo en Palestina no fue demasiado afectada por las experiencias de sus padres y abuelos, quienes habían regresado del exilio más de cien años antes (539 a.C.). Sus ancestros habían luchado por limpiar la tierra, volver a establecer sus viejos hogares, construir el templo (516 a.C.) y reparar los muros de Jerusalén (445 a.C.). Pero esta generación estaba bien establecida en la tierra. Los sacerdotes judíos se desempeñaban en el templo y se ofrecían sacrificios, de modo que no había mayores crisis que subvirtieran la expresión religiosa.⁴

Hanson ve un conflicto, en la comunidad postexílica, entre los sacerdotes sadoquitas corruptos que estaban en el poder y los hijos de Leví,⁵ pero O'Brien demuestra que los sacerdotes y los levitas no eran dos grupos diferentes.⁶ Si este conflicto no existía, entonces la tensión estaba entre los puntos de vista teológicos de Malaquías de la conducta apropiada conforme al pacto, y los puntos de vista socialmente desarrollados de los sacerdotes y del pueblo de Israel.

Malaquías describió una tendencia a la secularización.⁷ La gente estaba más concentrada en los asuntos prácticos de ganarse bien la vida en medio de una plaga agrícola (3:11), que en preocuparse por lo que Dios quería. Las reglas normales que gobernaban las ofrendas sacrificiales eran ignoradas (3:7-12). No había problema si la gente se casaba con no judíos o si se divorciaban de sus esposas judías (2:10-16). Muchos cuestionaban si era realmente importante observar todas las exhaustivas leyes judías del pasado (3:13-15). La gente comenzó a practicar la hechicería, el adulterio y la opresión de los pobres. Los sacerdotes no observaban estrictamente las leyes del pacto y no enseñaban al pueblo a honrar a Dios (1:6), ni a creer en su justicia (2:17).

La ubicación social y el rol del profeta

Numerosos eruditos llegan a la conclusión de que "Malaquías" no era el nombre del profeta que escribió este libro. En cambio, ellos traducen 1:1 como: "la palabra del Señor de Israel a través de mi mensajero".[8] Sugieren que un editor posterior tomó la expresión "mi mensajero" de 3:1 y la introdujo en 1:1. Pero es poco probable que un editor afirmara que el mensajero futuro de 3:1 ya hubiera venido.[9] El Targum agregó después de las palabras "mi mensajero", el calificativo "cuyo nombre era Esdras", y la *LXX* sugiere que este no era el nombre de un profeta. Childs y Verhoef consideran que estos testimonios no son convincentes y piensan que Malaquías era el nombre del profeta.[10]

Achtemeier tiene la hipótesis de que el profeta tomó el rol de un sacerdote (el sacerdote es llamado mensajero de Dios en 2:7), y llevó los asuntos tratados en el libro delante de una corte levítica, para argumentar sobre cada caso.[11] Parece mejor relacionar el método de disputa de los sermones del profeta, con el rol de un orador público.[12] Las habilidades retóricas del profeta son evidentes en la estructura regular y en la argumentación lógica de estos sermones cortos. Cada sección tiene:

(a) una afirmación inicial;

(b) la objeción del pueblo a esta aseveración,

(c) evidencia para respaldar la declaración inicial y

(d) una promesa, amenaza o aliento como conclusión.[13]

La oposición de Malaquías al sacerdocio establecido sugiere que no era un profeta principal.

Interacción social

El libro de Malaquías

La mayoría sostiene la unidad del texto de Malaquías, pero algunos eruditos han cuestionado unos pocos versículos, particularmente 4:4-6.[14] La estructura, de alguna manera regular, de las discusiones ayuda a definir el bosquejo del libro.[15]

    I. ¿Saben ustedes que Dios los ama? 1:1-5

    II. ¿Honran ustedes a Dios en la adoración? 1:6–2:9

       A. ¿Honran ustedes a Dios con sus sacrificios? 1:6-14

       B. Los sacerdotes no honran a Dios 2:1-9

    III. ¿Honran ustedes a Dios en su matrimonio? 2:10-16

    IV. ¿Creen ustedes en la justicia de Dios? 2:17–3:6

    V. ¿Honran ustedes a Dios con sus diezmos? 3:7-12

    VI. ¿Honran ustedes a Dios sirviéndolo? 3:13–4:3

    VII. Exhortación final 4:4-6

En estas disputas en forma de sermón, Malaquías argumentó de manera persuasiva a favor de la transformación de la teología y la conducta de los sacerdotes y del pueblo. A continuación, el proceso de secularización presente cambiaría de manera radical la identidad de la nación y traería un fuego purificador (3:2).

I. ¿Saben ustedes que Dios los ama? 1:1-5

El profeta comenzó su sermón desafiando la visión que el pueblo tenía de Dios. La afirmación de Malaquías de que Dios los amaba encontró escepticismo, porque Dios no tenía un rol clave en sus objetivaciones socialmente construidas.[16] La evidencia que probó la validez del amor de Dios provino de las diferentes maneras en que Dios trató a Jacob y a sus descendientes (la audiencia a la cual Malaquías se dirigió) y a Esaú y a sus descendientes (los edomitas). Dios eligió a Jacob y no a Esaú (Gén. 25:23). Hizo regresar a los israelitas otra vez a su tierra, después del exilio, pero permitió la desolación de Edom, porque ellos se abusaron de los judíos cuando la ciudad de Jerusalén fue destruida (Abd. 10–16; Sal. 137:7; Ezeq. 36).[17] Evidentemente, el razonamiento de Malaquías no persuadió a muchos, pero él llegó a la conclusión de que algún día en el futuro, el pueblo de Dios vería la obra de Dios en otras naciones y se daría cuenta de que no podía eliminar a Dios de su cosmovisión. Entonces, confesarían que Dios vive y es digno de alabanza (1:5).

II. ¿Honran ustedes a Dios en la adoración? 1:6–2:9

La segunda disputa, inicialmente desafió a los sacerdotes con la pregunta: *¿Honran ustedes a Dios con sus sacrificios* (1:6-14)*?* Malaquías declaró que los sacerdotes no honraban a Dios como Padre celestial ni como Señor. Los sacerdotes rechazaron el cargo de Malaquías, pero el profeta argumentó que los sacerdotes fracasaban en honrar a Dios cuando ofrecían sus sacrificios durante la adoración. Ellos despreciaban el nombre de Dios al ignorar las tradiciones levíticas concernientes a traer a Dios sólo los mejores animales (Lev. 1:3,10; 3:1,6; 4:3; 22:17-25). ¿Realmente pensaban que Dios aceptaría animales cojos, ciegos y enfermos que eran socialmente inaceptables para las autoridades políticas terrenales? Si es que estaban tan aburridos de honrar a Dios, era menos hipócrita simplemente clausurar el templo del todo. Malaquías repite dos veces su conclusión (2:11,14): en un día futuro muchas naciones temerían a Dios, su Rey y honrarían su nombre (ver Isa. 2:1-4; 49:6; Amós 9:12; Jer. 3:15-19).[18] Ellas rechazarían la cosmovisión secular de la audiencia de Malaquías.

La maldición de Dios vendría sobre los líderes religiosos porque *los sacerdotes no honraban a Dios* (2:1-9) guardando el pacto con Leví.[19] El pacto de Dios con los levitas (Ex. 32:26-29; Núm. 25:11-13; Deut. 33:8-11) requería ciertas cualidades personales y funciones sociales de parte de los sacerdotes. La bendición de paz de parte de Dios estaría sobre ellos, si es que los sacerdotes honraban el nombre de Dios, enseñaban la ley de Dios (Lev. 10:11; Deut. 17:10-11), rechazaban la injusticia, caminaban con Dios y alejaban a la gente del pecado. Si ellos internalizaban estas conductas características de su rol, entonces tendrían la función social de mantener la perspectiva divina en medio del pueblo.[20] A través de su enseñanza, ellos serían los mensajeros de Dios (2:5-8).

Los sacerdotes rechazaron estos roles y apartaron al pueblo de Dios con sus instrucciones y sus decisiones legales (2:8). Por lo tanto, Dios comenzó a enviar maldición sobre ellos (2:2). Malaquías trató de persuadir a los sacerdotes de que transformaran sus caminos,[21] porque de lo contrario Dios traería rechazo social por parte de la gente, rechazo levítico debido a la impureza y una maldición divina mayor (2:2-3,9).

III. ¿Honran ustedes a Dios en su matrimonio? 2:10-16

Malaquías interactuó con un grupo de hombres que se casaban con esposas no judías (2:10-12) y con algunos que se divorciaban de sus cónyuges judías (2:13-16). Malaquías basó esta disputa sobre dos hipótesis teológicas que su audiencia aceptaría. El sentido de identidad judío y la cohesión social estaban fundados sobre la convicción de que tenían un padre y un Dios (2:10).[22] Los matrimonios infieles, con gente que adoraba a otros dioses, profanaban el pacto sagrado con Dios y amenazaban con destruir la unidad del grupo (ver Deut. 7:1-7). Dios cortaría a esas personas, aun cuando algunos adoraban en el templo (2:12).[23]

Anteriormente, Esdras y Nehemías ya habían animado a las personas a divorciarse de sus cónyuges no judíos (Esd. 9–10; Neh. 13). En este entorno pluralista, las normas tradicionales que rodeaban la institución del matrimonio estaban cambiando y se estaban desprendiendo de sus reglas religiosas.[24] El secularismo y la preferencia social hacían que algunos de los oyentes de Malaquías se divorciaran de sus esposas judías (2:13-16). Eran infieles al pacto del matrimonio judío que habían hecho delante de Dios. Más tarde, estas personas estuvieron angustiadas y atónitas porque Dios no aceptaba sus sacrificios. Malaquías sostenía que las personas espirituales que esperaban criar hijos piadosos no hacían eso, y dado que Dios odia esa clase de conducta, no daría su bendición.[25] Malaquías estaba persuadiendo a estas personas para que volvieran a evaluar su infidelidad, que volvieran a estimar sus prioridades espirituales a la luz de las consecuencias trágicas y que no se divorciaran de una esposa hebrea, como conducta normativa (ver Deut. 24:1; Mat. 19:3).

IV. ¿Creen ustedes en la justicia de Dios? 2:17–3:6

Algunas personas, incluidos algunos sacerdotes en la audiencia de Malaquías (3:3), se habían desilusionado y se habían puesto cínicos con respecto a la religión. Declaraban que Dios trataba con la gente de manera injusta. Les parecía que Dios realmente estaba mostrando favoritismo hacia los malvados en la sociedad (2:17). La desviación entre los principios teológicos dentro de su universo simbólico (Dios es justo) y la realidad social que los rodeaba (el mal no se juzga) había socavado su fe en Dios.[26]

El profeta reafirmó la justicia de Dios. Le recordó a su audiencia que profetas anteriores habían dicho que Dios enviaría un mensajero para preparar el camino antes que Él volviera a gobernar su reino y que un día su gloria volvería a llenar el templo (Isa. 40:1-11; Ezeq. 43).[27] El carácter de Dios no cambia. En el día de Jehová, Él volvería a refinar y a purificar a los sacerdotes levíticos y traería justicia sobre los adúlteros y los opresores que no honraban a Dios (3:2-6)

V. ¿Honran ustedes a Dios con sus diezmos? 3:7-12

Durante una plaga agrícola, la audiencia de Malaquías no estaba siguiendo las normas del pacto de Dios de traer al templo el diez por ciento de sus ganancias (ver Lev. 27:30).[28] Le estaban robando a Dios. El profeta desafió a la gente a arrepentirse y a honrar a Dios trayendo su diezmo al templo. Si hacían esto, Dios pondría su favor sobre ellos y les daría su bendición.

VI. ¿Honran ustedes a Dios sirviéndolo? 3:13–4:3

El último mensaje de disputa simplemente indicó hasta qué punto el proceso de secularización había cambiado la cosmovisión de un grupo de personas en Judá.[29] Un grupo arrogante afirmaba que no hacía ninguna diferencia si una persona servía a Dios. Antes, ellos se habían lamentado y arrepentido de sus fracasos pasados, pero esta actividad religiosa nunca había resultado una ventaja para ellos (3:14). En realidad, podían señalar casos de malvados que parecían recibir la bendición (3:15). ¿Por qué se iban a preocupar por Dios, si es que no hacía ninguna diferencia?

Malaquías no pudo declarar que la justicia de Dios trajera bendición inmediata sobre los justos y juicio sobre los malvados, porque la experiencia probaba otra cosa. Posiblemente, no iba a poder persuadir a estos cínicos endurecidos que habían rechazado a Dios, pero podía animar a los que todavía temían a Dios. Las personas justas hablaron unas con otras, reafirmando la credibilidad de sus conductas (3:16).[30] Malaquías les aseguró a estas personas que tenía sentido temer a Dios, aun cuando no había una devolución inmediata, porque Dios estaba llevando un registro de todos los que honraban su nombre. El profeta les aseguró que ellos tenían una identidad especial ante los ojos de Dios. Ellos eran su pueblo, sus posesiones especialmente preciadas (ver Ex. 19:5), sus seres profundamente amados. Esta evidencia respaldó la declaración que Dios un día distinguiría entre los justos y los malvados (3:16-18). En ese día, los malhechores arrogantes arderían en juicio, pero los que honraban a Dios serían salvados y liberados en un tiempo de gran gozo.[31]

VII. Exhortación final 4:4-6

El libro concluye con una breve exhortación a permitir que las instrucciones de Dios en los escritos mosaicos fueran una guía para la vida, con un recordatorio de su promesa de enviar a otro gran profeta antes del día de Jehová (el mensajero de 3:1) y con una promesa de que la restauración espiritual de ellos incluiría un nuevo orden social de relaciones entre la gente.

Consecuencias teológicas y sociológicas

La secularización de la religión en los días de Malaquías era probablemente sólo una pálida precursora de la enorme perspectiva de ausencia de Dios, que muchos tienen hoy. La gente todavía duda que haya tal cosa como el amor de Dios, en este mundo violento e inhumano. ¿Cómo puede uno tener un concepto de la justicia de Dios, cuando los poderosos se hacen cada vez más fuertes y los débiles son pisoteados militar, económica y racialmente? ¿Vale realmente la pena servir a Dios y honrar su nombre? La cosmovisión secular de la realidad sin Dios parece tener sentido lógico y es aceptada por la gente educada.

El mensajero de Dios moderno enfrenta una batalla cuesta arriba con las fuerzas del secularismo. Esto afecta a la gente de tres maneras. Algunos se inclinan ante la presión social y se unen a un grupo social, que no le da a Dios un lugar significativo en su perspectiva. Muchos han probado la religión en su niñez, pero ya no piensan que tenga valor alguno (ver 3:13-15). En consecuencia, concluyen en forma arrogante que es una total pérdida de tiempo. Otros practican las costumbres religiosas socialmente aceptadas, pero en realidad se aburren y no tienen disciplina para honrar a Dios. Incluso los líderes religiosos siguen las reglas, pero no tienen ningún deseo ardiente de cambiar la vida de las personas (ver 1:6–2:9). Un tercer grupo tiene temor de Dios y espera ese día escatológico de la vindicación (ver 3:16-18).

¿Cómo puede uno hablarle con credibilidad a estos grupos distintos? Uno tiene que escuchar y entender la cosmovisión de cada audiencia, como para poder dirigirse a ella. Malaquías sabía lo que la gente decía y pensaba. Así es que evitó ser aburrido e irrelevante. También usó un método atípico para comunicar estas cuestiones con un abordaje bastante directo de disputa lógica. Llamó a las cosas por su nombre y sugirió con audacia la idea sorprendente de cerrar el templo. Trató los difíciles asuntos sociales y morales del dinero y el matrimonio. Fundamental para su pericia retórica, fue su habilidad de traer la discusión al campo principal de cómo el accionar de ellos se relacionaba con sus creencias acerca de Dios. Si sólo podía convencer al pueblo de temer a Dios, el Creador, Gobernante y Juez de todas las naciones, ellos automáticamente honrarían su nombre con su conducta.

Preguntas para debatir

1. ¿De qué manera se puede comparar el rol del sacerdote con el mensajero de Dios en el día de hoy (2:4-9)? Hacer una lista de similitudes y diferencias.

2. ¿Cuáles son las características teológicas clave de Dios desarrolladas en este libro? Dar una consecuencia práctica que se pueda extraer de esas características.

3. ¿Cómo se relacionan las instrucciones de Malaquías sobre el matrimonio (2:10-16) y los diezmos (3:7-12) con las prácticas de hoy?

1. B. Glazier-McDonald, *Malachi: The Divine Messenger* (Atlanta: Scholars Press, 1987), 2, reconoce la importancia de honrar a Dios en los mensajes de Malaquías.

2. W. J. Dumbrell, "Malachi and the Ezra-Nehemiah Reforms", *RTR* 35 (1976), 42-52; W. C. Kaiser, *Malachi: God's Unchanging Love* (Grand Rapids: Baker, 1984), 16-17; o G. L. Klein, "An Introduction to Malachi", *CTR* 2 (1987), 23-26.

3. G. V. Smith, "Malachi", en *ISBE* III (1986), 226-28.

4. Ver Glazier-McDonald, *Malachi, 10-13*, sobre políticas persas.

5. P. Hanson, *The People: The Growth of the Community in the Bible* (San Francisco: Harper, 1986), 253-90; Dumbrell "Malachi and the Ezra-Nehemiah Reforms", *RTR* 35 (1976), 43.

6. J. M. O'Brien, *Priest and Levite in Malachi* (Atlanta: Scholars Press, 1990), 24-48.

7. C. R. Wells, "The Subtle Crisis of Secularization: Preaching the Burden of Israel", *CTR* 2 (1987), 39-62. P. Berger, *The Sacred Canopy* (Garden City: Doubleday, 1967), 107, define la secularización como el proceso de eliminar partes de la cultura del dominio de instituciones o símbolos religiosos.

8. J. A. Soggin, *Introduction to the Old Testament* (Filadelfia: Westminster, 1976), 343, usó esta traducción, dado que no había mención ni de los ancestros ni del lugar de nacimiento del profeta, como en otras introducciones.

9. T. C. Vriezen, "How to Understand Malachi 1:11", en *Grace upon Grace* (Grand Rapids: Eerdmans, 1975), 128-31 y E. Achtemeier, *Nahum-Malachi* en *IntCom* (Atlanta: John Knox, 1986), 171, piensan que no tiene sentido ver al profeta como el antecesor de 3:1.

10. B. S. Childs, *Introduction to the Old Testament as Scripture* (Filadelfia: Fortress, 1979), 390-92.

11. Achtemeier, *Nahum-Malachi* en *IntCom*, 172.

12. P. A. Verhoef, *The Books of Haggai and Malachi* en *NICOT* (Grand Rapids: Eerdmans, 1987), 166; C. Westermann, *Basic Forms of Prophetic Speech* (Filadelfia: Westminster, 1967), 201, también trata las disputas.

13. Verhoef, *Haggai-Malachi* en *NICOT*, 171, llama al tercer elemento motivación, mientras que E. R. Clendenen, "The Structure of Malachi: A Textlinguistic Study", *CTR* 2 (1987), 3-7, sigue el enfoque de discurso de Longacre y desarrolla una estructura diferente.

14. J. M. O'Brien, *Priest and Levite in Malachi* (Atlanta: Scholars Press, 1990), 51-56.

15. El texto hebreo tiene sólo tres capítulos. Así es que 4:1-6 estaban en 3:19-24 en el hebreo. Nuestro bosquejo sigue la numeración en español.

16. P. Berger y T. Luckmann, *The Social Construction of Reality* (Garden City: Doubleday, 1966), 28-34, describen la manera en que la perspectiva cultural de cada grupo se desarrolla a través de la interacción social.

17. La fecha de la destrucción de Edom todavía se desconoce. Ver Glazier-McDonald, *Malachi*, 38-41, por la posible influencia de Nabónido o de los nabateos en la destucción de Edom.

18. Verhoef, *Haggai and Malachi* en *NICOT*, 225-31 y Glazier-McDonald, *Malachi*, 57-61, debaten los argumentos a favor y en contra de definir a la gente que honraría a

Dios en 1:11 y 14. Algunos han pensado que Malaquías se refirió a: (a) paganos en la era mesiánica, (b) prosélitos o (c) judíos en el exilio.

19. O'Brien, *Priest and Levite en Malachi*, 27-48, demuestra que los levitas y los sacerdotes eran el mismo grupo. Esta interpretación es mejor que la de Hanson, la cual hace una distinción marcada entre los sadoquitas corruptos y los levitas. Ver Hanson, *The People Called*, 282.

20. Berger, *Social Construction*, 117-18, 152, trata de cómo la conversación (enseñanza) por parte de expertos de tiempo completo (los sacerdotes) ayuda a mantener una construcción social pura de la realidad, frente a las cosmovisiones que compiten.

21. J. Baldwin, *Haggai, Zechariah, Malachi* en *TOTC* (Downers Grove: InterVarsity, 1972), 232, reconoce la posibilidad del arrepentimiento.

22. Tal como lo sostiene Glazier-McDonald en *Malachi*, 86, el profeta no está anunciando una hermandad universal de todas las personas, porque este pasaje se enfoca en la unidad del pueblo judío bajo un Dios y un padre. Verhoef, *Haggai and Malachi* en *NICOT*, 265, cree que el padre era Dios, pero parece que Malaquías basó sus conclusiones tanto sobre la unidad teológica como sobre la unidad genérica de la nación. Ver Baldwin, *Haggai, Zechariah, Malachi* en *TOTC*, 227-30.

23. Muchos piensan que la expresión difícil de entender "al que vela y al que responde", era una forma idiomática de decir "todos". Glazier-McDonald, *Malachi*, 95-98, presentan la hipótesis de una connotación sexual: "al que se excita y a su amante", para que se adapte al contexto del matrimonio.

24. Berger, *Sacred Canopy*, 144-47, describe la socavación de las tradiciones religiosas en un contexto pluralista.

25. Para los problemas textuales y para un estudio de asuntos interpretativos en 2:15 ver Verhoef, *Haggai and Malachi* en *NICOT*, 275-81.

26. Berger, *Social Construction*, 92-98, trata el universo simbólico y en 106-07 aborda el problema de mantener un universo simbólico cuando la experiencia real señala en una dirección diferente.

27. D. L. Peterson, *Late Israelite Prophecy: Studies en Deutero-Prophetic Literature and Chronicles* (Missoula: Scholars Press, 1977), 42, sugiere que el mensajero en 3:1 era el profeta Malaquías, pero esto no se ajusta a la tradición anterior ni a la historia de los tiempos de Malaquías. Mateo 11:10-14 identificó al mensajero con Juan el Bautista. C. Blomberg, "Elijah, Election, and the Use of Malachi in the New Testament", *CTR2* (1987), 99-118, trata el cumplimiento de 3:1. El mensajero del pacto se compara con el ángel del Señor asociado con el pacto mosaico (Ex. 23:20-23; Gál. 3:19; Hech. 7:38). A la luz del pacto eterno con la simiente de David (Isa. 55:3; Ezeq. 34:25; 37:24-26), muchos identifican a esta persona con el Mesías.

28. El asunto de dar los diezmos en la actualidad fue abordado por G. B. Davis en "Are Christian Supposed to Tithe?" *CTR* 2 (1987), 85-98.

29. Verhoef, *Haggai and Malachi* en *NICOT*, 318, llega a la conclusión de que estas personas no eran paganas sino judías.

30. Berger, *Social Construction*, 154, bosqueja la importancia de tener un grupo de respaldo social, el cual valide que está bien pensar como uno piensa. Sin un grupo de

credibilidad, una persona comenzaría a pensar que sus ideas son absurdas y cambiaría debido a la presión social.

31. Verhoef, *Haggai and Malachi* en *NICOT*, 327-30, describe varias interpretaciones del "sol de justicia". Aunque el orador puede haber tomado la idea del símbolo de un disco alado del sol, del antiguo Cercano Oriente, el foco de la atención debiera estar sobre su fuente (Dios), su carácter (justicia) y su función (salvación).

Capítulo 19

El ministerio profético

Los registros escritos de los profetas los retratan como personas normales, que predican a audiencias diversas, en una amplia variedad de entornos. Cada uno cumplió con el llamado de Dios, al comunicar un mensaje transformador de vidas, que requería volver a evaluar el modo en que sus audiencias concebían los fenómenos en el mundo. Este reordenamiento causó impacto sobre las maneras socialmente definidas de entender a Dios/los dioses, a ellos mismos, la naturaleza, la vida económica y política, su relación con Dios y sus relaciones con otros. A una sola voz, los profetas se opusieron a las explicaciones seductoras y engañosas que los grupos sociales desarrollaban para ordenar sus patrones culturales de conducta y de pensamiento. La meta profética fue transmitir de manera fiel, de parte de Dios, un nuevo significado para la vida y el mundo, comunicarlo de una manera persuasiva que fuera significativa para el oyente, y transformar la cosmovisión y la conducta de sus audiencias. Se vieron a ellos mismos como mensajeros que comunicaban la palabra de Dios, a una audiencia que necesitaba el amor, la sabiduría, el poder y la gracia de Dios.

El mensaje profético

La perspectiva teológica central del mensaje profético era que el Dios de Israel estaba en control de todo pueblo, naturaleza y poder en el cielo y en la tierra. Dios es el primero y el último (Isa. 48:12); el que creó el mundo de la naturaleza y de los seres humanos (Isa. 44:24; 45:12). Él estableció las naciones y las controla (Isa. 40:15-17; 44:7). Dios planeó tanto las cosas anteriores que ocurrieron en el pasado, como las que vendrán en el futuro (48:3-6). Dios levantó a reyes gobernantes y destruirá a los reyes malvados y a sus naciones en el futuro (Jer. 25; Dan. 4). Dios es el Rey soberano de las huestes del cielo y de la tierra (Isa. 6; Dan. 7; Mal. 1:14). Todos los otros dioses son engaños; todos los ejércitos no son nada; todos los que confían en el poder, la sabiduría y la riqueza de los seres humanos son insensatos (Jer. 9:23-24). Si la audiencia del profeta no internalizaba la creencia de que Dios gobernaba al mundo, tendría poca razón para temerlo y obedecerlo.

Los profetas describieron el gobierno de Dios sobre la naturaleza y sobre las personas de dos maneras: a) Él actuó en justicia y b) Él actuó con libertad de acuerdo a sus planes. Dado que Dios es santo, su justicia ordena sus relaciones con las personas y con la tierra donde ellos viven. La justicia de Dios traería juicio a los que se rebelaran, fueran infieles y desobedecieran sus indicaciones (Isa. 6). Él juzgaría el orgullo, la violencia y el uso opresivo del poder por parte de naciones e individuos (Isa. 2:6-21; 13-23; Abd. 1-4; Miq. 3:1-4; Hab. 1–2; Nah. 1–3:8), pero traería bendición justa sobre los que se arrepintieran del pecado, actuaran con justicia y buscaran a Dios (Jer. 3:12-18, Amós 5:14-15; Jon. 3:5–4:2; Joel 2:12-14). La justicia de Dios se aplicó tanto a las naciones paganas como a las comunidades del pacto de Israel y Judá. La justicia de Dios fue particularmente dura sobre líderes políticos, sociales y religiosos que se abusaban de sus posiciones de privilegio, confianza y poder. Cuando no gobernaron con justicia y rectitud como vicerregentes de Dios sobre la tierra, su poder y posición de liderazgo fueron removidos.

Dios no siempre actuó con justicia, ya que muchas veces actuó libremente conforme a sus sabios planes. Estos actos fueron más misteriosos porque Dios nunca les dijo a los profetas qué era lo que gobernaba a estas acciones. Los planes soberanos de Dios incluyeron la creación sabia del mundo (Isa. 40:12), la elección amorosa de individuos y naciones para servir a sus propósitos (Isa. 42:1; 44:1; 49:5-6, Ezeq. 2–3), el envío compasivo de un mensajero para advertir a naciones indignas (Jer. 1; Jon. 3) y la decisión de enviar al Espíritu Santo de manera inusual en el futuro (Joel 2:28; Ezeq. 11:18-29). Estos actos estaban fuera de los parámetros de recompensa y castigo. Dios obró milagrosa y libremente para lograr sus propósitos, sin considerar si sus acciones eran justificadas para los receptores. Aunque Dios es confiable, sus caminos están más allá de lo que los seres humanos pueden entender en forma acabada desde esta perspectiva terrenal.

Cada uno de los mensajes proféticos era una noticia del deseo soberano de Dios de interactuar con la audiencia de modo que: (a) los rebeldes pudieran transformar su incorrecta comprensión de la vida y decidir temerlo y servirlo, o (b) los justos pudieran ser alentados a mantener su esperanza en el poder de Dios y en su plan de establecer su reino. Para legitimar lo que decían, los profetas comunicaron principios que eran conocidos a partir de tradiciones antiguas en la Torá o en profetas anteriores. También presentaron nuevas exteriorizaciones imaginativas que iban en contra de la cosmovisión cultural de sus audiencias. Sus enseñanzas con frecuencia se basaron en la revelación pasada de la ley, pero no fueron limitadas por ideas que habían sido formuladas para ser aplicadas a personas dentro de un contexto cultural anterior.

La comunicación del mensaje

El método de comunicación desempeñó una parte importante en el proceso de transformar el pensamiento de la audiencia. Cuando Amós y Oseas le hablaron al pueblo en Israel, pensaron cómo podían convencer a sus oyentes de volver a mirar lo que estaban haciendo y transformar su conducta. Bajo la dirección de Dios, Amós ignoró en gran manera la adoración de Baal en Israel y se enfocó en el trato injusto que ellos daban a los demás (2:6-8; 3:9-10; 4:1-3; 5:10-13; 8:4-6), en su adoración inaceptable (4:4-5; 5:21-24) y en su mala comprensión de las verdaderas tradiciones israelitas (3:1-2; 5:18-20; 9:7-10). Unos pocos años después, Oseas les habló a algunas de esas mismas personas y eligió una táctica completamente diferente. Centró su predicación en la unión sincretista de la adoración de Baal y de Yahvéh por parte de Israel. Ambos profetas usaron de manera creativa problemas importantes en el contexto cultural de sus audiencias, para desafiar la conducta pecaminosa religiosa y social. Ambos métodos eran legítimos. Oseas diseñó sus sermones conforme a la estructura literaria de un pleito en las cortes, pero Amós usó oráculos de guerra y de lamentación, visiones y disputas, que eran comunes en su cultura. Ambos profetas estaban interesados en comunicar de forma persuasiva y en enmarcar sus mensajes en formatos significativos para la audiencia.

Existen diferencias similares al comparar la predicación de Jeremías en Jerusalén, con los mensajes de Ezequiel en el exilio. Ezequiel frecuentemente permaneció silencioso. Dado que la gente probablemente no hubiera escuchado si él hablaba, el drama llegó a ser un método intrigante para ganar sus oídos (Ezeq. 4–6). Cuando Ezequiel sí habló, describió visiones misteriosas de la gloria de Dios (Ezeq. 1; 8–11; 43) o parábolas y alegorías no tradicionales, que abordaban viejos problemas en forma creativa y de manera única (Ezeq. 15–17; 19–20). Como contraste, Jeremías no tuvo ninguna visión de la gloria de Dios, presentó pocas dramatizaciones (Jer. 13; 19) y relató pocas parábolas (Jer. 24). Se lamentó repetidamente e intercedió por la nación (Jer. 8:18–9:2; 14:1-9,13,19-22) y se lamentó por la persecución que recibió (11:18–12:6; 15:10-21; 20:7-18). Aun así, tanto Ezequiel como Jeremías atacaron la comprensión errónea por parte de sus audiencias, sobre la condición invencible de Jerusalén, la vileza de los pecados de Judá y la enseñanza engañosa de los falsos profetas. Éstas fueron personas diferentes que experimentaron la vida de modos alternativos. Ambos profetas recibieron mensajes de parte de Dios y fueron fieles a su llamado, pero tuvieron la libertad de comunicar la palabra divina de manera apropiada para la audiencia judía a la que ellos se dirigieron.

Los profetas hablaron acerca de todos los aspectos de la vida. Tuvieron cosas para decir con respecto al dinero, al sexo y al poder. No evitaron atacar asuntos de adoración, guerra ni mujeres. No tuvieron miedo de condenar a reyes hambrientos de poder, a oficiales de la corte deshonestos, a terratenientes estafadores ni a sacerdotes malvados. La honestidad de los profetas, su descripción ajustada de la situación, su identificación con los que sufrían, su valentía y su pericia retórica les dieron credibilidad frente a sus oyentes. La mayoría habló en estilo poético con un uso libre de la imaginación y del brillo creativo. En distintas ocasiones, sus mensajes fueron sarcásticos (Amós 4:4-5), llenos de una tristeza emocionalmente perturbada (Jer. 14), vibrantes y rebosantes de entusiasmo (Isa. 40:12-31), razonados con deducciones lógicas (Mal. 2:1-9) o salvajemente visionarios (Dan. 7–8). Ellos comunicaron el mensaje de Dios, pero estamparon su propio estilo emocional y literario en la manera en que lo presentaron.

La transformación de la audiencia

Los profetas comunicaron el mensaje de Dios a su audiencia de modo efectivo, porque conocían lo que sus oyentes creían, cómo pensaban y el marco en el cual estas ideas interactuaban (su realidad objetiva). Ezequiel oyó a la gente usar el proverbio popular que sugería que estaban sufriendo erróneamente por los pecados de sus padres (Ezeq. 18:1-3). Nahum sabía que Josías no podría llevar a cabo sus reformas, si Dios no quitaba el control de Judá por parte de Asiria. Amós empleó una forma modificada del oráculo de guerra, parecido al que oyó cuando estaba en la fortaleza militar de Tecoa (Amós 1–2). Oseas y Jeremías ilustraron sus sermones con las alusiones sexuales de la adoración de Baal, que era popular en esos días (Os. 4; Jer. 2); Malaquías sabía que algunas personas en su entorno postexílico cuestionaban el amor y la justicia de Dios (Mal. 1:1-5; 2:17–3:5).

Los profetas tenían una perspectiva cultural sobre las leyes, los roles sociales y las obligaciones religiosas, diferente a la de sus oyentes. Pero estas diferencias no impidieron que la gente entendiera lo que los profetas decían. Cuando los profetas exteriorizaban sus mensajes, estaban generando nuevas maneras de mirar la realidad, maneras diferentes que no eran parte integrante de las comprensiones culturales dominantes de su audiencia. Por ejemplo, Israel estaba en la cima de su fuerza militar bajo Jeroboam II, cuando Amós les transmitió la noticia inimaginable e impopular de que la nación sería destruida y llevada al exilio (Amós 7:7-17). La externalización de Ezequiel acerca de la gloria de Dios que abandonaba el templo de Jerusalén y aparecía en suelo de Babilonia hizo pedazos la perspectiva cultural de los exiliados, la cual limitaba el poder protector de Dios al templo de Jerusalén (Ezeq. 1; 8–11). Si Dios estaba con ellos en el exilio, eso significaba que no los había abandonado por completo, tal como muchos pensaban. Cuando Senaquerib estaba a punto de atacar a Ezequías en 701 a.C., la lógica indicaba hacer un tratado con los egipcios (Isa. 30–31) o negociar con el general asirio Rabsaces (Isa. 36). Pero el profeta Isaías externalizó la visión de que una alianza con Egipto no sería de provecho alguno y que Dios destruiría al rey de Asiria (Isa. 30–33; 37:22-29). Cada profeta propuso una nueva manera de entender la vida desde el punto de vista de Dios. Estos desafíos requerían que la audiencia abandonara un marco de referencia, que sus amigos y asociados aceptaban como verdad automanifiesta. La esperanza demandaba la transformación de la mente, una disposición de no ser presionados a conformarse a las interpretaciones socioculturales de este mundo y una aceptación por fe de la manera de pensar de Dios.

La comunicación efectiva no significa simplemente que los profetas hablaron de una manera culturalmente comprensible y así externalizaron fielmente el mensaje de Dios dentro de un contexto no amistoso. También significa que hicieron todo lo posible por persuadir a su audiencia para que internalizaran el mensaje. Esta no fue tarea fácil, porque la audiencia frecuentemente tenía una cosmovisión socialmente desarrollada, que contradecía la perspectiva profética. Zacarías usó visiones celestiales para convencer a Zorobabel, el desanimado gobernante, para que no depreciara las pequeñas cosas, sino que confiara en el poder del Espíritu que lo ayudaría a terminar la reconstrucción del templo postexílico (Zac. 4). Animó a Zorobabel, recordándole que los ojos de Dios estaban de manera soberana sobre este proyecto y prometiéndole que colocaría la última piedra del templo en medio de gran regocijo.

Abdías animó a los que habían quedado después de la destrucción de Jerusalén en 586 a.C., convenciéndolos de que Dios juzgaría el orgullo de los edomitas, los castigaría por su violencia contra Judá durante y después de la conquista de Jerusalén y les devolvería a los judíos la tierra de Judá (Abd. 1-21). Las declaraciones del profeta acerca de lo que Dios haría estuvieron respaldadas por la evidencia lógica, por las tradiciones que bosquejaban lo que Dios había demandado en el pasado, por el testimonio de la experiencia pasada y por las promesas de Dios. Esta información no le probó nada al oyente no receptivo, al escéptico cegado, a los agentes de poder intrigantes o a los rebeldes testarudos. Sin embargo estas ideas sí generaron arrepentimiento en los quebrantados de corazón y esperanza a los ojos de los que se atrevieron a creer.

Consecuencias teológicas y sociales

¿Quién es sabio

para que entienda esto,

y prudente para que lo sepa?

Porque los caminos de Jehová son rectos,

y los justos andarán por ellos;

mas los rebeldes caerán en ellos (Os. 14:9).

Glosario de términos

Cosmovisión: manera en que una persona ve el mundo. Incluye el significado que la gente otorga a todos los fenómenos, a las relaciones sociales y al universo simbólico.

Desviación: pensamiento o acción que está fuera del reino de lo que es aceptable para un grupo específico.

Estructuras de plausibilidad: grupo de individuos que acepta una visión del mundo en común. Su existencia permite que una persona crea que este enfoque de la vida tiene sentido.

Externalización: proceso de introducirle nuevas visiones de la realidad a otra persona o grupo.

Fenomenología: acercamiento a la comprensión de la realidad, basado en los fenómenos a disposición de los sentidos. Dios, la libertad y las preguntas últimas no pueden abordarse mediante este método.

Función social: parte o rol que desempeña la actividad de una persona dentro de un grupo social.

Institucionalización: proceso grupal de definir y aceptar modos predeterminados de actuar dentro de un contexto específico, como normativos para la conducta humana.

Internalización: proceso de aceptar los pensamientos o conducta de otra persona como propios.

Legitimación: proceso de explicar o justificar un punto de vista o acción. La razón, la experiencia, la tradición y el universo simbólico justifican las acciones de una persona.

Objetivación: proceso de darse cuenta del significado subjetivo que otra persona le ha dado a un fenómeno en el mundo.

Reificación: proceso de atribuirle una característica absoluta o inalterable a lo que en realidad es una creación humana que puede ser cambiada.

Realidad subjetiva: lo que una persona piensa acerca del mundo.

Socialización: proceso de imbuir a una persona de las características socioculturales de un grupo.

Universo simbólico: creencias filosóficas abstractas acerca de cómo operan la economía, la sociedad, la política y la religión. Esta información explica e integra el rol de la realidad en un nivel abstracto.